国家棉花市场监测系统

- 国家电子政务工程重点项目
- 中国棉花行业市场监测与信息发布权威渠道
- 中储棉花信息中心有限公司承担建设与运行管理任

国家棉花市场监测系统是国家为满足棉花市场宏观调控决策需要而专门批准设立的棉花市场监测体系，是国家重点电子政务工程建设项目之一，主要职能是“满足棉花市场宏观调控决策需要，正确引导国内棉花生产和消费”。

国家棉花市场监测系统（下称“监测系统”）依托覆盖全国主要棉花产销区的全产业链立体化监测网络体系开展监测工作。目前监测网络体系包括国家棉花监测网络信息中心（即中储棉花信息中心）、区域办事处、监测站和农户监测点四个层次，年数据采集量超过30万条，年发布相关监测报告120余份。

依托国家棉花市场监测系统产出的监测成果包含“棉花价格指数”“专项调查报告”“市场分析报告”三大类和一个国家棉花数据中心（产业数据库），为政府决策提供科学依据，正确引导国内棉花生产和消费发挥了重要作用。其中，国家棉花价格指数是国家研究实施棉花产业宏观调控政策的重要参考，是中央储备棉轮换底价的重要组成部分，监测系统上报的政策建议、数据报表、行业信息等历年来均得到国家有关部门的肯定和运用，近年来通过集团上报的信息数据多次被中共中央办公厅和国务院办公厅采用。

国家棉花数据中心是依托国家棉花市场监测系统建立的官方数据库，主要为满足棉花市场宏观调控决策需要，同时服务好涉棉企业。汇聚和融入了监测系统多年的研究成果，收录了国内外涉棉产业链各个环节海量一手数据，具有时间跨度长（从1949年的棉花产销存数据开始到最新的各类数据）、覆盖范围广（包括国内外涉棉行业价格、国内外涉棉行业产需数据、国内外宏观经济数据等三大板块70多类数据，近千万条历史数据）、时效性强（实时数据能够每日同步更新）的独特优势，为国家相关部门和行业研究者随时了解掌握国内外市场最新形势和相关数据提供便捷服务，切实发挥大数据的动态分析与趋势预测作用。

地址：北京市海淀区紫竹院路116号嘉豪国际中心B座15层　　网址：http://www.cncotton.com
电话：010-58931122-284　　传真：010-58931123　　邮政编码：100097

中国储备棉管理有限公司
China National Cotton Reserves Ltd. Company

中国储备棉管理有限公司（简称中储棉公司）成立于2003年，总部位于北京，是执行国家宏观调控政策的国有独资公司，2016年11月整体并入中国储备粮管理集团有限公司，成为中储粮集团全资专业化子公司。中储棉公司具体负责国家储备棉的经营管理，承担中央直属棉花储备库建设任务，履行保护棉农利益、保障纺织供应、稳定棉花市场的职责。中储棉公司下辖26家直属企业，其中仓储类企业23家，非仓储类企业3家。公司自2003年成立以来，累计吞吐棉花总量4355万吨。2016年至2021年末，累计实现营业收入1495.57亿元，累计利润总额18.39亿元，累计净利润14.89亿元，资产总额995.37亿元。中储棉公司自成立以来，认真落实国家下达的宏观调控任务，有效平衡了国内棉花产需供求，平稳了棉花市场价格，为国家供给侧结构性改革做出积极贡献，促进了棉花及纺织产业持续健康发展。

经营范围
BUSINESS SCOPE

中央储备棉的购销、存储、加工、进口及物流运输；仓储设施的租赁、服务；棉花储备库的建设、维修、管理；相关信息咨询服务。

经营宗旨
BUSINESS AIM

确保中央储备棉数量真实、质量良好、储存安全、调运畅通，确保国家储备棉储得进、管得好、调得动、用得上，维护国家利益，服务宏观调控；强化管理，搞活经营，不断提高中央储备棉的经营管理水平和经济效益，确保国有资产保值增值。

全资子公司
SUBSIDIARY COMPANY

中储棉徐州有限公司
中储棉漯河有限公司
中储棉九江有限公司
中储棉武汉有限公司
中储棉阜阳有限公司
中储棉盐城有限公司
中储棉绍兴有限公司
中储棉新乡有限公司
中储棉岳阳有限公司
中储棉兰州有限公司
中储棉西安有限公司
中储棉菏泽有限责任公司
中储棉山东诸城有限公司
中储棉如皋有限公司
中储棉永安有限公司
中储棉四川有限责任公司
中储棉阿克苏有限公司
中储棉乌鲁木齐有限责任公司
中储棉新疆有限责任公司
中储棉花信息中心有限公司
华远盈盛有限公司
中储棉德州有限责任公司

控股子公司
HOLDING COMPANY

中储棉库尔勒有限责任公司
中储棉广东有限责任公司
天津中储棉有限公司
中储棉青岛有限公司

地址：北京市西城区华远街17号
邮编：100032
电话：010-83326505

郑州商品交易所
Zhengzhou Commodity Exchange

郑州商品交易所简介

郑州商品交易所（以下简称郑商所）成立于1990年10月，是国务院批准成立的期货市场试点单位，由中国证监会管理。

郑商所按照《期货交易管理条例》和《期货交易所管理办法》履行职能。依据《郑州商品交易所章程》《郑州商品交易所交易规则》及其实施细则和办法实行自律性管理。遵循公开、公平、公正和诚实信用的原则，为期货合约集中竞价交易提供场所、设施及相关服务，对期货交易进行市场一线监管，防范市场风险，安全组织交易。

郑商所实行会员制。会员大会是郑商所权力机构，由全体会员组成。理事会是会员大会常设机构，下设咨询顾问委员会和品种、交易、监查、自律管理、财务与审计、技术、风险管理等7个专门委员会。目前共有会员164家；指定交割仓（厂）库、车船板服务机构344家；指定保证金存管银行15家。

郑商所内设办公室（党委办公室）、商品一部、商品二部、商品三部、期货衍生品部、市场发展部、会员管理部、交易部、结算部、交割部、市场监查部、信息科技一部、信息科技二部、风险管理部、法律事务部、党务工作部、纪检办公室、人力资源部（党委组织部）、财务部、审计部等20个职能部门，北京服务与发展中心、上海服务与发展中心、乌鲁木齐服务与发展中心等3个分支机构和新加坡工作组1个驻外机构，易盛信息技术有限公司、郑州商品交易所期货及衍生品研究所有限公司、未来大酒店和未来商业运营有限公司4个下属单位。

郑商所目前上市交易普通小麦、优质强筋小麦、早籼稻、晚籼稻、粳稻、棉花、棉纱、油菜籽、菜籽油、菜籽粕、白糖、苹果、红枣、动力煤、甲醇、精对苯二甲酸（PTA）、玻璃、硅铁、锰硅、尿素、纯碱、短纤、花生等23个期货品种和白糖、棉花、PTA、甲醇、菜粕、动力煤等6个期权，范围覆盖粮、棉、油、糖、果和能源、化工、纺织、冶金、建材等多个国民经济重要领域。

2022年上半年，郑商所累计成交量为10.3亿手，占全国市场份额的33.76%。成交金额为44.7万亿元。

郑商所实行保证金制、每日涨跌停板制、每日无负债结算制、实物交割制等期货交易制度。积极适应市场创新发展要求，不断优化制度安排。

郑商所拥有功能完善的交易、交割、结算、风险监控、信息发布和会员服务等电子化系统。会员和投资者可以通过远程交易系统进行期货交易。期货交易行情信息通过路透社、彭博资讯、世华信息等多条报价系统向国内外同步发布。

郑商所注重加强对外交流与合作。1995年6月加入国际期权（期货）市场协会。2012年10月加入世界交易所联合会（WFE）。2019年3月加入国际期货业协会（FIA）。先后与美国芝加哥期权交易所、芝加哥商业交易所，印度多种商品交易所，中国香港交易及结算所有限公司，墨西哥衍生品交易所，泰国农产品期货交易所，加拿大多伦多蒙特利尔交易所集团，德国德意志交易所，俄罗斯莫斯科交易所，马来西亚交易所等多家期货交易所签订了友好合作协议，定期交换市场信息，进一步扩大了郑商所在国际上的影响力。

面向未来,郑商所将继续坚持以习近平新时代中国特色社会主义思想为指导，立足新发展阶段，贯彻新发展理念，服务新发展格局，坚持系统观念，统筹发展和安全，贯彻资本市场“建制度、不干预、零容忍”方针，坚持“四个敬畏、一个合力”监管理念，践行“让实体看见方向、助经济稳健运行”的使命，秉持“守正、创新、专业、担当”的核心价值观，统筹推进产品创新、市场服务、技术支撑、风险防控等各项工作，为实现“领先行业的风险管理平台、享誉世界的商品定价中心”的愿景努力奋斗，更好服务“十四五”时期经济社会高质量发展。

联系方式 contact

- 通讯地址：郑州市郑东新区商务外环路30号
- 邮政编码：450018
- 电话：0371-65610069
- 传真：0371-65613068
- E-mail：czce@czce.com.cn
- 网址：www.czce.com.cn

中储棉花信息中心有限公司
CHINA NATIONAL COTTON INFORMATION CENTER LTD. COMPANY

ABOUT CNCIC
中储棉花信息中心有限公司

专注于提供世界一流的棉花综合信息服务

Devote to provide world's first-rate integrative cotton information service

中国棉花网是中储棉花信息中心有限公司运营的全球权威的棉花专业信息网站和专业网络媒体，秉承“及时、准确、全面、权威”的服务宗旨，与国内外主要涉棉机构、企业均建立了长期稳定的合作伙伴关系，在国内外棉花行业颇具影响力。

中国是全球棉花生产和消费大国，生产和消费均占世界总量的三分之一左右。党的十九届五中全会提出：坚决把解决好“三农”问题作为全党工作重中之重，走中国特色社会主义乡村振兴道路。棉花关系着广大棉农收益、纺织就业和经济增长。中国棉花网作为专注于棉花的专业媒体，将亲历产业转型升级的点滴业绩，见证产业蓬勃向上的辉煌成就。

品牌优势：

※ 凝练十余年的行业口碑和品牌影响力

※ 覆盖全国的棉花市场监测网络体系

※ 详实、全面而有效的专业数据库

※ 专业团队打造前瞻性报告

※ 遍布上下游快速而有针对性的信息传播

※ 细致入微的商务服务和个性化企划宣传

※ 不断突破的技术与持久追求的创新力

国家棉花数据中心是中储棉信息中心、国家棉花市场监测系统自主研发的大型数据终端，主要为在满足棉花市场宏观调控决策需要的基础上，更好地服务于涉棉企业。综合运用了智能监测，涵盖了宏观经济数据、行业产需数据、市场价格数据、个性化分析等内容，展现了国内外棉花全产业链各环节数据，包含棉花价格指数体系、各类棉花价格、植棉面积、棉花历史产量、消费量、库存量、进出口等重要数据。

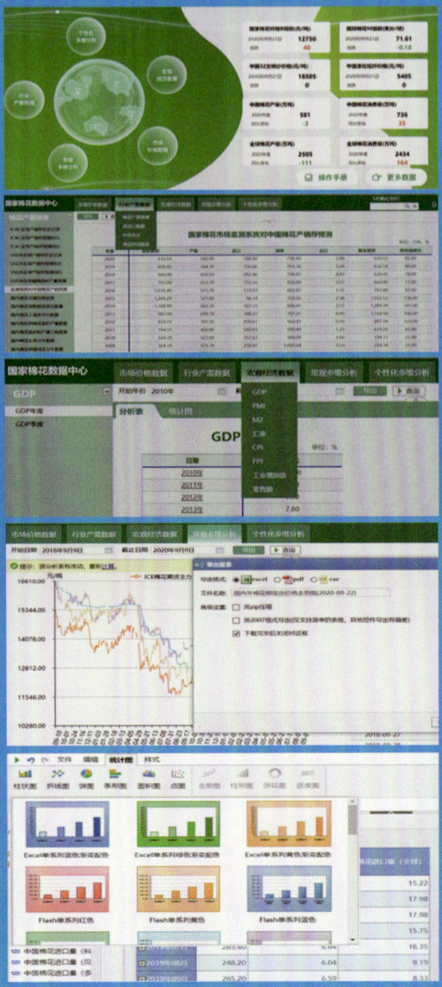

中国棉花网联系电话：010-58931122　18510527781

2020/2021

中国棉花年鉴

CHINA COTTON ALMANAC

中储棉花信息中心有限公司 编著

Edited by China National Cotton Information Center Ltd.Company

中国纺织出版社有限公司

内 容 提 要

本书全面系统地介绍了2020/2021年度棉花行业发展概况、我国主要产棉区概况、年度报告、监测报告、统计资料、大事记、政策文件等内容，具有内容丰富、重点突出、数据翔实、观点鲜明、指导性强的特点，对研究和指导棉花行业发展具有重要作用。

本书适合棉花行业及上下游产业相关专业技术及管理人员参考阅读。

图书在版编目（CIP）数据

中国棉花年鉴. 2020/2021 / 中储棉花信息中心有限公司编著. -- 北京：中国纺织出版社有限公司，2022.8
ISBN 978-7-5180-9540-7

Ⅰ. ①中…　Ⅱ. ①中…　Ⅲ. ①棉花－作物经济－中国－2020-2021－年鉴　Ⅳ. ① F326.12-54

中国版本图书馆 CIP 数据核字（2022）第 084298 号

2020/2021ZHONGGUO MIANHUA NIANJIAN

责任编辑：范雨昕　　责任校对：王花妮　　责任印制：王艳丽

中国纺织出版社有限公司出版发行
地址：北京市朝阳区百子湾东里A407号楼　邮政编码：100124
销售电话：010—67004422　传真：010—87155801
http: //www.c-textilep.com
中国纺织出版社天猫旗舰店
官方微博http: //weibo.com/2119887771
北京华联印刷有限公司印刷　各地新华书店经销
2022年8月第1版第1次印刷
开本：880×1230　1/16　印张：22.5
字数：445千字　定价：480.00元
京朝工商广字第8172号

前 言

2020/2021年度，世界经济在新冠肺炎疫情的冲击中逐渐复苏，全球棉花消费增加，整体棉花产不足需。中国疫情防控取得重大战略成果，国内纺织生产逐渐恢复，纺织品服装出口稳中向好，国内存在巨大产需缺口，储备棉轮出保障了棉花供应。本书全面、系统、客观地反映了2020/2021年度中国棉花市场运行情况，主要涵盖棉花行业发展概况，我国主要产棉区概况、年度报告、监测报告、统计资料、大事记、政策文件等内容。

《中国棉花年鉴》（以下简称《年鉴》）是一部集中反映棉花行业年度发展与趋势的工具书，集权威性、史实性、研究性、收藏性于一体，主要面向国内外棉花加工流通、纺织企业、金融与投资、贸易与咨询、科研与教育机构以及各级政府管理部门和行业社会团体组织发行。

本书涉及大量统计数据和资料，总体上按照棉花年度计算（2020年9月1日至2021年8月31日）。除国家棉花市场监测系统外，统计数据主要来源于国家统计局、棉花主产省（市、自治区）统计局、中国海关总署、中国纺织品进出口商会、郑州商品交易所、美国农业部（USDA）、国际棉花咨询委员会（ICAC）和美国洲际交易所（ICE）等相关涉棉机构。

为增强可持续性，我们在编写过程中对部分数据进行了二次整理，相应部分的原始数据以原出版单位为准，年度报告中所涉及的数据、资料、观点均由文章作者提供，政策文件部分均采用相关部门的政策原文，未标明来稿单位的文章均由本书编委会编撰。

在本书编写过程中，相关部门给予了大力支持，各相关单位、地方有关机构也给予了热情帮助，在此表示诚挚的感谢。

由于编写时间较紧，书中难免有不足之处，望各位读者不吝赐教，我们将认真改进，把《年鉴》做得更好，为推动中国棉花行业发展贡献微薄之力。

编委会

2021年1月

目　录

第一部分

棉花行业发展概况

1 棉花行业运行概况

2020/2021年度（2020年9月1日至2021年8月31日），世界经济在新冠肺炎疫情的历史性冲击中逐渐复苏，全球棉花消费增加，整体棉花产不足需。中国疫情防控取得重大战略成果，国内纺织生产逐渐恢复，纺织品服装出口稳中向好，国内存在巨大产需缺口，储备棉轮出保障了棉花供应。在全球货币宽松政策的影响下，全球大宗商品市场价格出现大幅上涨，国内外棉花价格也一路震荡向上。

1.1 棉花价格震荡上行

2020/2021年度，国内纺织生产和需求回升，推动棉花价格上涨。尤其是2020年的十一假期，国内迎来疫情后的消费峰值，国内棉价突破15000元/吨后继续上涨；直到2021年春节前后，受疫情带来消费动力不足的影响，棉价涨势暂时放缓；但资本力量主导行情继续攀升；2021年2月底，国内棉价接近17000元/吨，8月下旬突破18000元/吨。同时，受全球棉花产不足需的影响，国际棉价也一路上涨，ICE棉花期货价格更是达到了2014年以来的高位，超过90美分/磅。

1.2 政策保障行业平稳运行

2020/2021年度，新疆棉花目标价格补贴政策和储备棉轮出政策继续实施。目标价格补贴政策充分保障了新疆棉农的收益，新疆棉花产量保持稳定。为了抑制快速上涨的棉价，国家有关部门从2021年7月开始轮出储备棉，保障了棉花供应，有效发挥了保供稳市作用，抑制了棉价快速上涨，有力推进棉花产业做好“六稳”工作，落实“六保”任务。

1.3 全球棉花供求关系趋紧

2020/2021年度，全球经济复苏促使棉花需求持续向好，全球棉花产不足需。据全球棉花协会（ICAC）数据显示，2020/2021年度全球棉花产量为2430.0万吨，消费量2566.0万吨，期末库存为2035.0万吨；据国家棉花市场监测系统数据显示，2020/2021年度我国棉花产量为595.0万吨，消费为861.0万吨，消费量快速恢复到疫情前水平，期末库存为628.0万吨，储备棉去库存政策继续实施，保障了国内棉花供应。

2 棉花生产

2021年新疆棉花生产呈现“一升两降”特点，即单产升、质量升、总产降。2021年新疆春季低温时间长，夏季局部阶段性干旱，对棉花生产造成不利影响，但后期气象条件转好，农户加强田间管理，新疆棉花单产量稳中回升，新棉各项质量指标均高于去年。据国家棉花市场监测系统调查，2021年我国棉花实播面积同比减少321.9万亩，减幅7.0%，棉花总产量预计为568.0万吨，同比下降4.5%，棉花平均单产量134.3公斤/亩，同比增长3.1%。

2021年9月初，新疆高温天气增多，棉花加快吐絮，棉花长势良好弥补了初期极端天气带来的影响，整体受病虫害影响较轻，采摘时间有所延后。综合2021年棉花长势以及2020年新疆天气好于常年，产量创历史高位，存在基数效应，2021年新疆产量为514.9万吨，同比下降1.9%。初期低温天气对单产量形成一定影响，预计2021年新疆棉花单产量148.6公斤/亩，同比下降0.6%。

黄河流域棉花单产量和产量下降。2021年黄河流域天气情况差于2020年，主要受7月河南、河北等地暴雨洪涝影响较大，大部分棉田出现倒伏，8月末阴雨天气造成底部烂铃增加，受病虫害程度相对较轻。整体看，预计2021年黄河流域棉花单产量74.5公斤/亩，同比下降2.3%，预计2021年黄河流域棉花产量34万吨，同比下降25.8%。

长江流域单产量增加，总产量下降。2021年长江流域连阴雨天气少于去年，病虫害发生率较轻，棉花单产量增加，产量继续下降。预计2021年长江流域单产量56.9公斤/亩，同比增加12.1%，较6月调查下调10.1%，预计2021年长江流域棉花产量14.9万吨，同比下降20.7%。

3 棉花收购

2021年棉花价格一路走高，在国庆节后出现“井喷”上涨行情，郑棉期货价格也创出10年以来的新高。我国棉花加工产能严重过剩，轧花企业为了保证足量加工资源，在收购时不断抬价抢收，籽棉价格持续上涨，导致新棉成本与市场期现价格出现倒挂。

9~11月，新疆籽棉收购价高开高走，从开始收购时的8~9元/公斤涨至11~11.5元/公斤高位区间，为了控制疯涨的棉价，国家继续轮出储备棉充分发挥保供稳市作用，籽棉价格止涨回落，逐步降至10元/公斤以内。

截至12月，全国400型棉花加工企业3128级籽棉平均收购价格仅为8.1元/公斤，同比上涨22.3%，环比下跌18.1%。其中，新疆籽棉收购价格8.0元/公斤，同比上涨21.3%，环比下跌20.9%；长江流域籽棉收购价格为9.1元/公斤，同比上涨39.8%，环比下跌8.0%；黄河流域收购价格9.4元/公斤，同比上涨36.8%，环比下跌7.1%。当月，收购加工企业已将重心逐渐转移到皮棉销售，由于市场价格低于收购加工成本，造成各轧花厂皮棉积压滞销，现货销售率仅13%左右，较上年度下降20个百分点。

4 棉花加工

2020/2021年度棉花加工技术现状及发展趋势。一是科技助力兵团棉花质量追溯与监管，棉花质量追溯系统实现了从棉农信息采集、籽棉品质快速检验、籽棉信息化收购到皮棉成包的全程质量可追溯；二是从“保险+期货+银行”到“棉农+合作社+加工企业”，为农服务模式不断丰富；三是通风除尘技术改造快速推进，棉花加工环境得到极大改善。

2020/2021年度棉花加工企业经营效益情况及结构变化。一是棉花交售成本大幅提升，机采籽棉价格一路飙升至最高11.5元/公斤，出现籽棉交售价格与皮棉期货价格极度不匹配的现象，棉花加工经营风险加剧，致使多数棉花加工企业采取停止收购的方式规避风险；二是面对籽棉交售、棉花加工人员工资等成本增加，棉花加工运营成本增大，节能降耗迫在眉睫。

2020/2021年度棉花加工设备销售变化情况。一是棉花质量追溯装备与系统需求旺盛，其装备与系统必将是未来我国棉花加工行业重要的销售增长点；二是国产采棉机技术日渐成熟，通过近十多年来不懈努力，我国在采棉机国产化领域取得巨大突破，市场占有率稳步提升；三是技术改造相对低迷，通风除尘、清理设备技术改造稳步提升。

2020/2021年度棉花加工设备销售额呈现下降趋势，但棉花加工品质较往年呈现下滑趋势的影响，棉花加工行业发展需求出现新的方向。一是建议加大棉花加工自动化技术研发，破解技术工人流失难题；二是加强政府与行业协会引领，助推棉花全产业链信息化、智能化建设。

5 棉花消费

2020/2021年度，世界经济在新冠肺炎疫情的历史性冲击中逐渐复苏，棉花消费量增加。根据国家棉花市场监测系统数据测算，全年度国内棉花消费量861万吨，相比疫情和中美贸易摩擦交织的2019/2020年度增长15.2%，如图1-5-1所示。

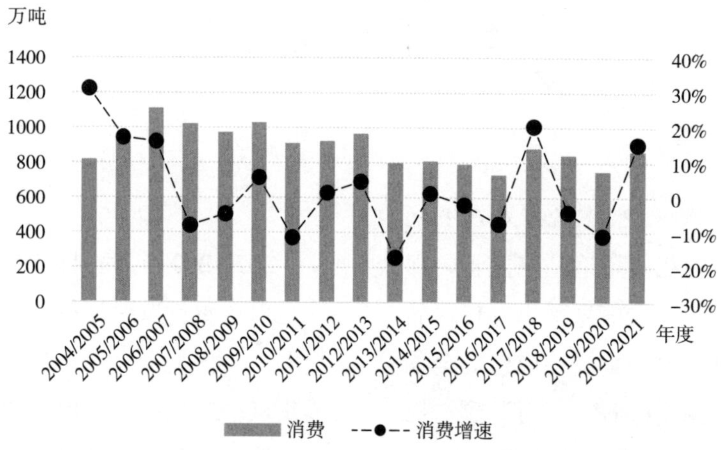

图1-5-1 2004/2005至2020/2021年度我国棉花消费量及同比增幅

5.1 纺纱产量同比上年增加，低于往年均值水平

随着我国疫情防控取得战略性成果，2020/2021年度，国内纺织生产逐渐恢复，纱产量同比增加，但疫情对经济和产业造成的影响不可避免，纺纱产量整体低于往年均值水平。据国家统计局数据显示，2020/2021年度我国纺纱产量2897.3万吨，同比增加9.2%，较过去三年均值下降7.7%，如图1-5-2所示。

5.2 棉花消费空间分布相对集中，大部分省区产量增加

近年来，我国纺纱集中在福建、山东、江苏、河南、湖北、新疆等地区。据国家统计局数据显示，2020/2021年度，福建省纱产量577.4万吨，连续三年超越山东位居全国首位，占全国纱产量的20.4%，山东省、江苏省纱产量位居全国第二、第三，分别为389.6万吨、355.2万吨，占比分别为13.7%、12.5%。整体来看，2020/2021年度，除了湖南、河北、河南纱产量同比分别下

降29.6%、19.8%、0.3%，其余各省纱产量均有不同程度的增加，见表1-5-1。

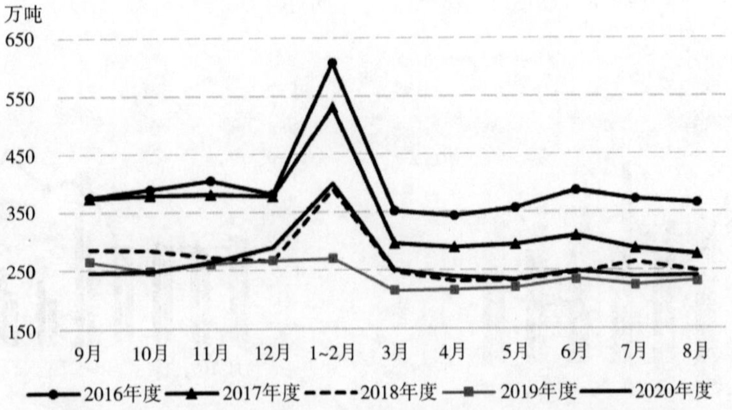

图1-5-2　2016/2017至2020/2021年度我国纺纱产量分月对比

表1-5-1　2020/2021年度我国主要地区纱产量及占比情况

排名	地区	纱产量（万吨）	同比（%）	占比（%）
1	福建	577.4	8.3	20.4
2	山东	389.6	26.7	13.7
3	江苏	355.1	33.4	12.5
4	河南	309.1	–0.3	10.9
5	湖北	307.0	16.6	10.8
6	新疆	224.2	22.9	7.9
7	江西	158.0	7.0	5.6
8	浙江	154.6	24.5	5.5
9	湖南	88.4	–29.6	3.1
10	安徽	75.9	1.1	2.7
11	四川	70.4	17.6	2.5
12	河北	58.8	–19.8	2.1
13	陕西	39.0	32.1	1.4
14	广东	27.3	9.1	1.0
合计	全国	2834.7	12.4	100

数据来源：国家统计局

5.3　纺织品服装出口稳中向好

2020/2021年度，我国外部贸易环境面临疫情与多重因素叠加的困难与危机，中国纺织服装行业抓住难得的海外订单回流机会，推动纺织服装出口稳中向好。据海关总署统计，2020/2021年度，我国纺织品服装累计出口额为3027.85亿美元，同比增长7.45%。分结构看，受国外防疫物品需求回落影响，纺织品出口有所下降，服装出口保持正增长，全年度纺织品累计出口额为1419.67亿美元，同比下降2.55%；服装累计出口额为1608.17亿美元，同比增长18.15%，如图1-5-3和图1-5-4所示。

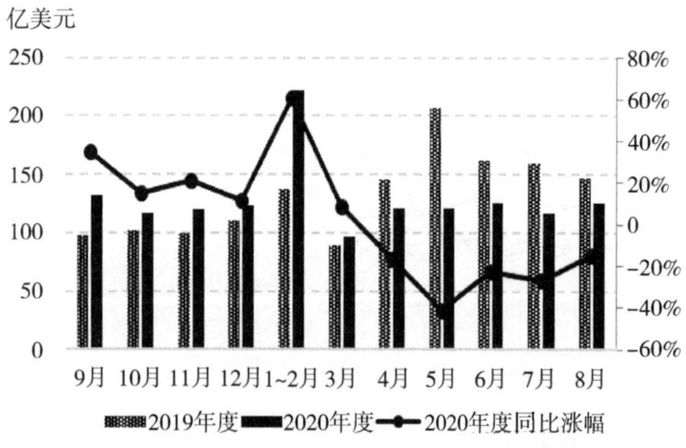

图1-5-3　2020/2021年度我国纺织品出口额变化

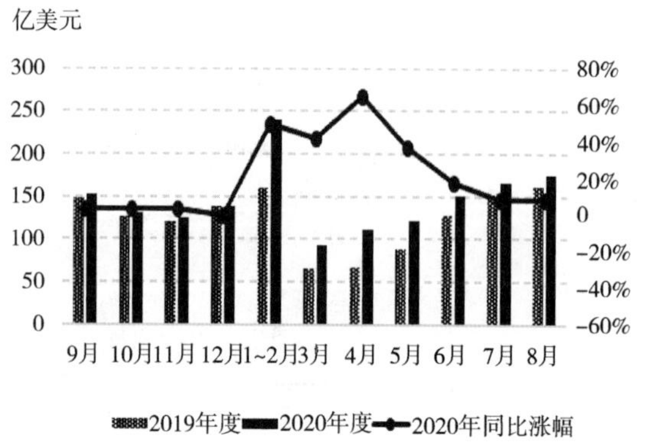

图1-5-4　2020/2021年度我国服装出口额变化

6　棉花进出口

2020/2021年度，我国棉花进口量为274.66万吨，同比增加114.32万吨，增幅71.30%；出口量为2510吨，同比减少2.31万吨，减幅90.2%。

6.1　棉花进口量同比增长

6.1.1　按国别和地区统计

2020/2021年度，我国棉花进口量为274.66万吨，同比增加114.32万吨，增幅71.30%，见表1-6-1。

6.1.2　按时段统计

2020/2021年度，我国棉花进口基本分为三个阶段。2020年9月至2020年11月进口量保持稳定，月均进口20.5万吨。2020年12月至2021年1月大幅增加，月均进口37.79万吨。2021年2月起明显回落，之后进口量逐步下降，月均进口19.65万吨。2020年9月至2021年8月，我国棉花月均进口量为22.89万吨，同比增加9.5万吨。全年度最高进口量为2021年1月，达到40万吨，如图1-6-1所示。

表1-6-1　2020/2021年度中国棉花进口分地区统计

国家及地区	数量（万吨）	国家及地区	数量（万吨）
合计	274.66	马里	2.45
美国	119.50	墨西哥	1.66
巴西	71.38	缅甸	1.56
印度	51.84	塔吉克斯坦	1.20
澳大利亚	7.25	土耳其	1.14
布基纳法索	4.49	科特迪瓦	0.98
苏丹	3.11	多哥	0.30
贝宁	3.08	其他	4.00

数据来源：中国海关总署（不含已梳的棉花）

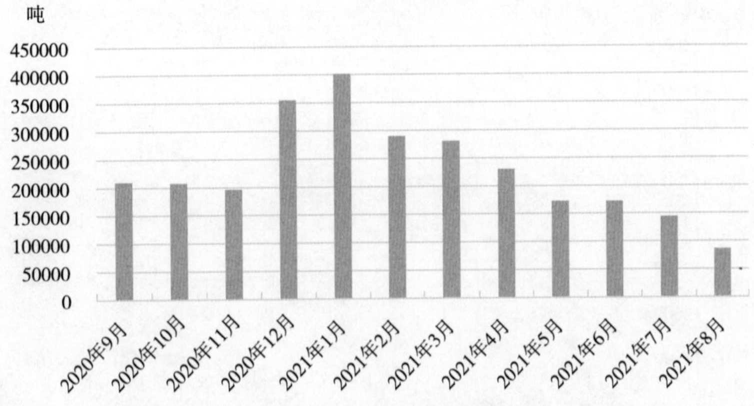

图1-6-1　2020/2021年度中国棉花进口分月统计

6.2　棉花出口量同比下降

2020/2021年度，我国棉花出口量为2510吨，同比减少2.31万吨，减幅90.2%，见表1-6-2。

表1-6-2　2020/2021年度中国棉花出口分地区统计

国家及地区	数量（万吨）	国家及地区	数量（万吨）
合计	0.252	巴基斯坦	0.004
越南	0.167	泰国	0.002
马来西亚	0.079	其他	0

数据来源：中国海关总署（不含已梳的棉花）

7　棉花价格

7.1　收购价格冲高回落

2020/2021年度，国内主要产棉区天气适宜，利于棉花生长，全国棉花产量稳中有升，年度初期，新疆籽棉收购企业积极抢收，各地开秤价格不断抬高，随后受美国计划禁止新疆产品和南疆疫情影响，籽棉收购价格冲高回落。据国家棉花市场监测系统数据显示，新疆棉花籽棉平均收购价格从开秤初的6元/公斤左右，上涨至10月中旬的7.2元/公斤左右开始回落。在中国疫情防控取得成效、下游生产需求反弹的带动下，2021年底新疆收购价格以翘尾结束，如图1-7-1所示。

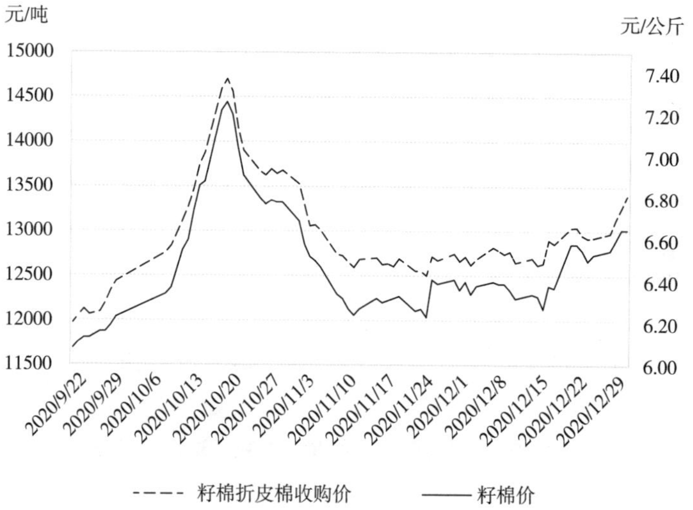

图1-7-1 2020/2021年度新疆棉花收购价格走势

7.2 棉花价格震荡上行

2020/2021年度初期，中国疫情防控取得重大战略成果，居民外出消费增加，生产和需求回升，海外流动性充裕纷纷抓住机会，推动棉花价格上涨。尤其是2020年十一假期，国内迎来疫情后的消费峰值，国内棉价突破15000元/吨后继续上涨；直到2021年春节前后，受疫情带来的消费动力不足影响，棉价涨势暂时放缓；但资本力量主导行情继续攀升，2021年2月底，国内棉价接近17000元/吨，8月下旬（2020年度末）突破18000元/吨。同时ICE棉花期货价格也达到了2014年以来高位，超过90美分/磅。

7.3 国内棉价高于进口棉折人民进口成本

2020/2021年度，国际棉花指数（M）1%关税折人民币进口成本平均为14132元/吨（不含港杂费和运输费），滑准税折人民币进口成本平均为15130元/吨，国内棉花价格B指数年度均价为15383元/吨，国内棉价整体高于1%关税进口棉成本1251元/吨，高于滑准税进口棉成本73元/吨，如图1-7-2所示。

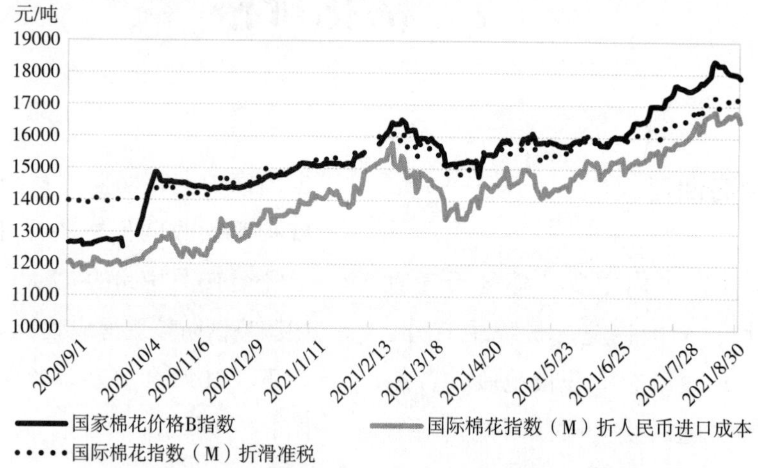

图1-7-2 2020/2021年度国内外棉花现货价格走势

8　国际市场

8.1　概述

根据美国农业部（USDA）的数据，2020/2021年度全球棉花期初库存增加22%，产量减少7.7%，进口量增加20.1%，消费量增加17.3%，出口量增加17.7%，期末库存减少8.9%。虽然全球期初库存大幅增加，但由于产量同比大减且消费大增，上年度的供大于需转变为供不足需，期末库存大幅增加，基本面由上年度的明显宽松转变为明显偏紧。

2020/2021年度，ICE棉花期货近月合约平均价80.43美分/磅，同比上涨18.25美分/磅，涨幅29.4%；国际棉花指数（M）平均价88.96美分/磅，同比上涨16.89美分/磅，涨幅23.44%。2021年8月31日，ICE棉花期货主力合约（2021年12月合约）收盘价为93.91美分/磅，同比上涨28.75美分/磅，涨幅44.1%，见表1-8-1、图1-8-1。

表1-8-1　2020/2021年度全球产销存预测表

项目	期初库存（万吨）	产量（万吨）	进口量（万吨）	消费量（万吨）	出口量（万吨）	期末库存（万吨）
2020/2021年度	2118.1	2432.1	1067.1	2632.8	1055	1928.6
2019/2020年度	1735.2	2634.2	888.5	2244.2	896.4	2118.1
同比增减	382.9	−202.1	178.6	388.6	158.6	−189.5

数据来源：美国农业部

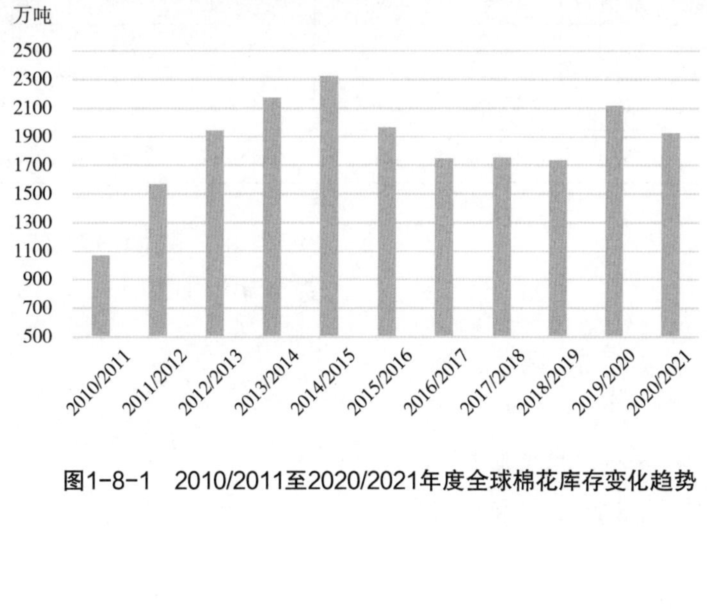

图1-8-1　2010/2011至2020/2021年度全球棉花库存变化趋势

8.2 产需状况

8.2.1 产量

2020/2021年度，除中国和澳大利亚产量增加外，巴基斯坦、土耳其、印度、美国、巴西和西非的产量减少，乌兹别克斯坦产量没有变化。中国产量增加49万吨，为642.3万吨澳大利亚产量增加47.4万吨，为61万吨；印度减少19.6万吨，为600.9万吨；美国减少115.5万吨，为318.1万吨；巴基斯坦减少37万吨，为98万吨；巴西减少64.4万吨，为235.6万吨；土耳其减少12万吨，为63.1万吨；西非减少22万吨，为103.4万吨；乌兹别克斯坦为76.2万吨，见表1–8–2。

表1-8-2 2020/2021年度主要国家棉花产量同比对比

项目	中国	印度	美国	巴基斯坦	乌兹别克斯坦	巴西	土耳其	澳大利亚	西非
2020/2021年度（万吨）	642.3	600.9	318.1	98	76.2	235.6	63.1	61	103.4
2019/2020年度（万吨）	593.3	620.5	433.6	135	76.2	300	75.1	13.6	125.4
同比增减	49	–19.6	–115.5	–37	0	–64.4	–12	47.4	–22

数据来源：美国农业部

8.2.2 消费量

2020/2021年度，随着全球经济的复苏，各国的棉花消费量普遍增加。中国消费量增加152.4万吨，为870.9万吨；印度消费量增加108.8万吨，为544.3万吨；巴基斯坦消费量增加28.3万吨，为233吨；孟加拉国消费量增加34.9万吨，为185.1万吨；土耳其消费量增加23.9万吨，为167.6万吨；越南消费量增加15.2万吨，为158.9万吨；乌兹别克斯坦消费量增加1.1万吨，为69.7万吨，见表1–8–3。

表1-8-3 2020/2021年度主要国家棉花消费量同比对比

项目	中国	印度	巴基斯坦	孟加拉国	土耳其	越南	乌兹别克斯坦
2020/2021年度（万吨）	870.9	544.3	233	185.1	167.6	158.9	69.7
2019/2020年度（万吨）	718.5	435.5	204.7	150.2	143.7	143.7	68.6
同比增减	152.4	108.8	28.3	34.9	23.9	15.2	1.1

数据来源：美国农业部

8.2.3 进口量

2020/2021年度，中国、孟加拉国、越南、巴基斯坦、土耳其和墨西哥的进口量增加，印度尼西亚的进口量减少。中国进口量增加124.6万吨，为280万吨；孟加拉国增加27.2万吨，为190.5万吨；越南增加18.1万吨，为159.2万吨；巴基斯坦增加29.4万吨，为115.9万吨；土耳其增加14.3万吨，为116万吨；墨西哥增加3.2万吨，为23.4万吨；印度尼西亚减少4.5万吨，为50.2万吨，见表1–8–4。

表1-8-4　2020/2021年度主要国家棉花进口量同比对比

项目	中国	孟加拉国	越南	巴基斯坦	土耳其	印度尼西亚	墨西哥
2020/2021年度（万吨）	280	190.5	159.2	115.9	116	50.2	23.4
2019/2020年度（万吨）	155.4	163.3	141.1	86.5	101.7	54.7	20.2
同比增减	124.6	27.2	18.1	29.4	14.3	-4.5	3.2

数据来源：美国农业部

8.2.4　出口量

2020/2021年度，全球主要出口国家和地区的出口量均有所增加。美国出口增加18.7万吨，为356.4万吨；巴西增加45.2万吨，为239.8万吨；印度增加65.1万吨，为134.8万吨；澳大利亚增加4.5万吨，为34.1万吨；西非增加10.9万吨，为111万吨；希腊增加3.6万吨，为35.5万吨，见表1-8-5。

表1-8-5　2020/2021年度主要国家棉花出口量同比对比

项目	美国	巴西	印度	澳大利亚	西非	希腊
2020/2021年度（万吨）	356.4	239.8	134.8	34.1	111	35.5
2019/2020年度（万吨）	337.7	194.6	69.7	29.6	100.1	31.9
同比增减	18.7	45.2	65.1	4.5	10.9	3.6

数据来源：美国农业部

8.2.5　期末库存

2020/2021年度，多数国家的棉花期末库存下降，中国、澳大利亚和孟加拉国的库存增加。中国增加62.2万吨，为865.6万吨；印度减少59.8万吨，为292.6万吨；巴西减少71.5万吨，为242.1万吨；美国增加减少89.3万吨，为68.6万吨；澳大利亚增加26.1万吨，为43.6万吨；土耳其减少1.2万吨，为59万吨；孟加拉国增加8.3万吨，为63.1万吨，见表1-8-6。

表1-8-6　2020/2021年度主要国家棉花期末库存同比对比

项目	中国	印度	巴西	美国	澳大利亚	土耳其	孟加拉国
2020/2021年度（万吨）	865.6	292.6	242.1	68.6	43.6	59	63.1
2019/2020年度（万吨）	803.4	352.4	313.6	157.9	17.5	60.2	54.8
同比增减	62.2	-59.8	-71.5	-89.3	26.1	-1.2	8.3

数据来源：美国农业部

8.3　价格走势

2020/2021年度，ICE棉花期货走势总体呈震荡上涨趋势，大体可分为三个阶段，第一个阶段是2020年9月1日至2021年2月，这段时间ICE期货持续上行至90美分；第二个阶段是2020年3月至4月初，这段时间ICE期货前期高点回落约10美分；第三个阶段是2021年4月至年度结束，这段时间ICE期货重新进入上涨通道，直至年度结束涨到全年的最高点96美分。

2020/2021年度，ICE期货近月合约最高价是2021年8月27日的96.27美分，较2019/2020年度高24.74美分，最低价是2019年9月8日的63.19美分，较2019/2020年度高14.78美分，年度平均价为80.43美分，较2019/2020年度上涨18.25美分。

2020/2021年度，代表进口棉中国主港到岸均价的国际棉花指数（M）与ICE棉花期货近月合约走势保持一致，最高价是2021年8月18日的106.83美分，较2019/2020年度高26.72美分，最低价是2020年9月9日的70.23美分，较2019/2020年度高10.03美分，年度平均价为88.47美分，较2019/2020年度上涨16.58美分，如图1-8-2和图1-8-3所示。

图1-8-2　2020/2021年度ICE棉花期货走势及同比对比

图1-8-3　2020/2021年度国际棉花指数（M）走势及同比对比

第二部分

我国主要产棉区概况

1　新疆维吾尔自治区

1.1　棉花生产情况

1.1.1　种植面积、总产量和单产量

据国家统计局公布数据显示，2020年新疆棉花种植面积为3752.8万亩（其中，地方2454.9万亩、兵团1297.9万亩），同比减少1.5%；总产量为516.1万吨（其中，地方302.7万吨、兵团213.4万吨），同比增加3%；单产量137.5公斤/亩（其中，地方123.3公斤/亩，兵团164.4公斤/亩），同比增长4.8%。

1.1.2　棉花成本及收益情况

据新疆维吾尔自治区（以下简称自治区）发改委调查数据显示，2020年新疆棉花亩均成本2316.19元，与上年相比增加79.27元，增幅3.54%。其中:物质与服务费用1025.05元，与上年相比增加8.24元，增幅0.81%；人工成本866.82元，与上年相比增加51.33元，增幅6.29%；土地成本424.32元，与上年相比增加19.7元，增幅4.87%。

受棉花亩产增加、价格上涨因素影响，每亩净利润、现金收益均增加。2020年平均每50公斤皮棉出售价格为689.38元，较上年相比增加97.52元，增幅16.48%；每亩净利润7.39元，较上年相比增加526.41元，减亏101.42%；每亩现金收益830.27元，较上年相比增加569.67元，增幅218.6%。

1.1.3　棉花目标价格政策实施情况

一是完善政策机制，制定改革实施方案。经国务院同意，从2020年起在新疆完善棉花目标价格政策，棉花目标价格水平三年一定，保持在18600元/吨。在全面总结评估2014~2019年棉花目标价格改革试点工作的基础上，新疆维吾尔自治区发展改革委提请政府印发了《自治区完善棉花目标价格政策实施方案》，在保留原有政策机制的基础上，对补贴资金分配比例进行调整，取消南疆四地州基本农户面积补贴，将特种棉补贴标准按陆地棉标准1.3倍核定调整为按1.4倍核定。同时提请政府印发了《2020~2021年度自治区贯彻落实棉花目标价格政策工作要点》，细化任务分工，明确完成时限。

二是强化市场监管，引导企业诚信经营。自治区发展改革委分6批公示了647家棉花加工企业2019年度诚信经营评价等级评定结果（其中，A级企业592家，B级企业30家，C级企业15家，D级企业10家）。分9批公示了729家参与2020年度棉花目标价格改革的棉花加工企业（其中，新验收合格企业33家）。2020年12月14日至12月23日，自治区组成2个督导组分别赴乌鲁木齐市、昌吉州、巴州、阿克苏地区等地进行指导检查。

三是防范套补风险，健全数据比对机制。自治区发展改革委会同财政厅、税务局联合印发了《关于规范籽棉收购发票备注栏信息填写工作的

通知》，对棉花加工企业填写籽棉收购增值税普通发票备注栏信息进行规范，建立磅单信息比对机制。为有效防范“疆外棉”套取补贴，密切监控“疆外棉”进疆的运输渠道，比对进疆货车的交通数据和信息平台加工数据。

四是加强宣传培训，确保政策平稳实施。自治区发展改革委编制印发了《致广大植棉户的公开信》和《致棉花加工企业的公开信》，并将其内容编写成“易懂、上口、押韵”的顺口溜，积极引导棉农有序交售、加工企业诚信经营。以网络直播的形式组织举办了政策视频培训班，植棉地（州、市）、县（市）业务人员约500人次、棉花加工企业700余家参加了培训。

1.1.4 生产特点

1.1.4.1 籽棉收购价格高于同期

2020年9月中旬开秤以后，价格波动呈现“前期高开、持续回落、逐渐平稳”态势，整体价格高于往年。2020年自治区籽棉收购平均价格为6.78元/公斤，同比上涨22.38%；皮棉平均销售价格为14755.29元/吨，同比上涨11.14%。

1.1.4.2 籽棉收购加工快于往年

截至2021年1月31日，全疆931家加工企业开秤收购，累计收购籽棉1553.66万吨（其中，地方977.77万吨，兵团575.89万吨），同比增长9.05%。截至2021年3月1日，累计加工皮棉567.03万吨（其中，地方356万吨，兵团211.03万吨），同比增长10.95%。

1.1.4.3 皮棉入库公检秩序良好

2020年8月初，全国棉花交易市场启动了新疆棉花专业仓储监管仓库年度审核工作，全区45个专业监管仓库通过年度审核实现入库。截至2021年3月1日，累计实际入库皮棉533.58万吨（其中，地方325.77万吨，兵团207.81万吨），同比增长11.95%。123家承检机构（其中，新疆14家，内地109家），1110人在疆参与公检（其中，新疆253人，内地857人）。

1.1.4.4 棉花质量下滑明显

2020年，自治区棉花各项主要质量指标与上年相比均有不同程度的下降，用棉企业感受明显。主要质量指标中：白棉1~3级占比85.84%，较上一年度下降0.16个百分点；平均长度28.54毫米，较上一年度下降0.39毫米；平均断裂比强度27.97cN/tex，较上一年度下降0.37cN/tex；马克隆值A+B级（棉纤维细度和成熟度指标）占比68.12%，较上一年度减少15.58个百分点；平均长度整齐度指数82.10%，较上一年度下降0.17个百分点。

1.2 纺织行业发展情况

2020年初，受新冠疫情影响，纺织消费出现下滑；2020年10月到2021年，随着国内疫情逐渐好转，加之国外疫情蔓延，印度、孟加拉国等国家的订单回流我国，纺织市场出现转机。

据新疆统计局数据显示，2020年，新疆全区规模以上纺织服装企业完成工业增加值较上年同期下降1.9%。纺织业完成增加值比上年同期增长3.9%，其中，棉纺织及印染精加工增长5.1%，家用纺织制成品制造下降30.4%；纺织服装、服饰业完成工业增加值比上年同期下降8.5%。纺织服装企业生产的主要产品产量：棉纱147.4万吨，同比增长7.1%；棉布4.67亿米，同比增长30.0%。

2021年1~8月，新疆全区规模以上纺织服装企业完成工业增加值较上年同期增长26.6%。纺织业完成增加值比上年同期增长29.4%，其中，棉纺织及印染精加工增长30.6%，家用纺织制成品制造增长25.4%；纺织服装、服饰业完成工业增加值比上年同期下降6.5%。纺织服装企业生产的主要产品产量：棉纱111.4万吨，同比增长31.5%；棉布3.74亿米，同比增长35.1%。

截至2020年底，新疆全区纺织业规模以上企业180家，形成纺纱产能2048万锭，全年生产纱194.7万吨，其中纯棉纱147.4万吨。

（新疆维吾尔自治区发展改革委、工业和信息化厅）

2 新疆生产建设兵团

2.1 棉花生产情况

2.1.1 棉花种植增产丰收

一是棉花总产量增幅显著。2020年棉花生产形势总体较好，新疆生产建设兵团（以下简称兵团）棉花种植面积1297.97万亩，在种植面积小幅减少前提下，棉花产量213.41万吨，增长5.2%，占全疆产量的41.4%，占全国棉花产量的36.1%。二是植棉收益持续增加。2020年棉农种植积极性高，涉及植棉职工13万人，受棉花增产和籽棉销售价格上涨推动，棉农收益持续增加。2020年棉花目标价格政策籽棉补贴标准1.356元/公斤，长绒棉补贴标准1.898元/公斤。

2.1.2 棉花质量有所下降

2020年兵团棉花质量下降明显。据中国纤维质量检测数据中心2021年1月数据显示，2020年兵团参与棉花公检企业264家，加工企业累计公检皮棉197.13万吨，除轧工质量指标提升外，其他几项质量指标较上年均有下降。其中：白棉1~3级占比81.05%，较上年下降5.05%；轧工质量P1+P2比率99.31%，提高0.68%；平均长度28.43mm，较上年下降0.81mm；平均长度整齐度指数82.02%，较上年下降0.44%；马克隆值级A+B比率72.17%，较上年下降20.16%；平均断裂比强度27.95cN/tex，较上年下降0.87cN/tex。

2.2 棉花加工及销售情况

2.2.1 加强棉花加工产能调控

2020年兵团棉花加工产能出现过剩现象，棉花加工市场主体持续增多，为抢购棉花资源放宽收购质量要求，棉农质量意识淡化，发生采摘中掺水掺杂行为。兵团高度重视棉花质量问题，2020年11月底积极开展加工产能评估，严格控制新增产能，加强精准调控，停止棉花加工企业新增备案生产线。

2.2.2 棉花现货期货价格上扬

2020年新棉上市以来，籽棉收购、皮棉销售价格均高开高走，采摘和收购节奏明显快于往年。籽棉收购价格平均在6.5元/公斤左右，折合皮棉成本11000元/吨左右，皮棉平均销售价格在14700元/吨左右。相较现货市场，2020年棉花期货价格呈波动性上涨，1~9月棉花期货小幅下跌后基本维持在13000元/吨左右，10月新棉上市棉花期货持续上扬，直至2021年9月棉花期货上涨至18000元/吨。

2.3 纺织行业发展情况

2.3.1 纺织规模平稳增长

截至2020年底，兵团纺织服装企业100家（南疆师市纺织服装企业56家），其中规模以上纺织服装企业67家，59家为纺织企业、6家服装企业和2家化纤企业。主导产业棉纺的生产能力达到565万锭，占全疆棉纺生产能力的27.7%。吸纳就业2.44万人。

2.3.2 纺织产值略微下降

2020年规模以上纺织服装企业完成工业总产值208.45亿元，较上年下降1.1%。其中纺织业完成产值170.51亿元，较上年增长1.3%；化纤制造业完成产值21.81亿元，较上年减少36%；纺织服装、服饰业完成产值16.13亿元，8.59亿元，较上年增长87.7%。三类分别占纺织服装产业规上工业总产值的81.7%、10.4%、7.7%。

2.3.3 主要纺织工业产品产量有增有降

其中纱产量68.38万吨，较上年增长6.6%；布1.72亿米，较上年下降1.1%；化学纤维19.7万吨，较上年下降43.8%；服装480万件，较上年增长34.7%。

数据来源：棉花种植、纺织行业各数据来自《新疆生产建设兵团2021年统计年鉴》，棉花质量数据来自兵团市场监督管理局

（新疆生产建设兵团发展改革委　张云云）

3 山东省

3.1 棉花生产情况

3.1.1 种植面积、总产量和单产量

棉花是山东省重要的经济作物和主要的纺织原料，作为我国传统棉花产业经济大省，尤其是纺织经济更是支柱产业。2020/2021年度山东省棉花生产总体情况呈面积减，总产量减，单产量减的“三减”态势。据统计部门数据显示，2020/2021年度全省棉花播种面积165.2万亩，比上年减少49.15万亩，减少22.9%；总产量14万吨，比上年减少4.3万吨，减少23.5%，面积和产量均居全国第三位。单产量84.86公斤/亩，比上年减少0.51公斤/亩，减少0.6%。

3.1.2 2020/2021年度棉花生产的主要特点

山东作为我国内地棉花主要产区，在内地棉区棉花种植面积和产量持续下降的情况下，2020/2021年度，棉花种植面积继续减少，见表2-3-1。

表2-3-1 山东省近年棉花种植面积、总产量、单产量情况

年度	种植面积（万亩）	总产量（万吨）	单产量（公斤/亩）
2017/2018	436.2	34.5	79.1
2018/2019	253.95	19.6	77.2
2019/2020	214.35	18.3	85.37
2020/2021	165.3	14.0	84.86

目前，山东省棉花种植区域主要分布为济宁、菏泽两市为代表的围绕金乡大蒜种植为主的高附加值的鲁西南片区，以滨州、东营两市为代表的

以盐碱地种植为主的鲁东片区，以德州市为代表的鲁北片区。三个片区的种植呈现出如下特点。

3.1.2.1 棉花品种多

如今市场上棉花新品种数量多，更新换代速度快。目前，山东主要品种为鲁棉研37号、鲁棉研28号、山农棉14号、国欣棉3号、瑞杂816、鲁H424、鲁棉研38。但种植时，局部区域有表现出品种杂乱的现象。

3.1.2.2 植棉成本基本稳定

据山东省农村农业厅信息中心棉花生产成本收益与劳动生产率基点调查显示，山东棉花生产成本稳定在上年水平的基础上略有增加，遏制了继续上涨态势，其中增加部分主要表现在人工方面，而物化成本维持上年水平。

3.1.2.3 种植面积、产量持续减少

棉花种植面积和产量持续下滑是山东省棉花产业的最大问题。20世纪80年代末，山东省棉花种植面积达到峰值，棉花种植面积曾达到2356万亩，总产量172万吨，占全国年产量的27.5%。2008年全球金融危机爆发后，受各种因素的影响，山东棉花种植面积和产量大幅下滑，近几年更是下滑惊人。2019/2020年度，棉花种植面积214.万亩，产量18.3万吨，占全国产量的3.1%；2020/2021年度棉花种植面积约为165.3万亩，产量为14万吨，占全国产量的2.37%，创造了历年最低点。

3.1.2.4 棉花质量略有提高

2020/2021年度山东气候基本正常，棉花质量形势总体稳中有升，从棉花质量监管部门在公证检验和质量监管工作中掌握的情况看，2020/2021年度山东省新体制企业加工细绒棉综合质量与上年相比有所提升。但除少数质量指标高于全国平均水平外，其他质量指标低于全国平均水平，尤其是低于新疆水平，总体质量水平低于全国平均水平。同时，受棉花品种、采摘、收购、加工等环节因素影响，棉花质量一致性差、异性纤维等质量问题比较突出，也影响棉花质量水平进一步提高。

3.1.3 目标价格补贴政策落实情况

按照省财政厅等部门下发的棉花目标价格改革补贴资金补贴方案，2021年4月开始，全省享受棉花目标价格补贴的种棉农户，按照每亩150元的标准获得补贴，已全部到位。

3.2 棉花收购、加工及销售情况

3.2.1 棉花收购情况

2020/2021年度，山东省棉花参与公证检验的有东营、济宁、德州、聊城、滨州、菏泽6个产棉市，上报公检的加工企业76家，检验量46.3万包，10.4万吨。山东省总产量14万吨，送检数量74%，约26%的棉花未送检就直接销售或自用，见表2-3-2。

表2-3-2 山东省棉花仪器化公检量对比

地区	2020/2021年度			2019/2020年度			检验量与同期变化（%）
	轧花厂（家）	检验量（万吨）	占全国比重（%）	轧花厂（家）	检验量（万吨）	占全国比重（%）	
全国	1050	592.1	100	962	592.3	100	11.9
内地	122	15.3	2.6	152	16.2	3.1	–5.6
山东	76	10.4	1.8	86	10.9	2.1	–4.6

3.2.2 棉花轧工情况

从2020/2021年度新体制棉花检验情况来看，山东省棉花的轧工质量主要集中在中档，占99.82%，高于全国中档棉花轧工质量1.33个百分点。但好档棉花轧工质量低于全国好档棉花轧工质量0.84个百分点。

3.2.3 棉花销售情况

2020/2021年度，随着新冠病毒在全国范围内蔓延与控制，后疫情时代到来。10月初，棉花加工厂开始零星收购，整个年度收购进度比较迟缓，基本是随收购、随加工、随销售，价格随行就市。在收购过程中价格由低到高，随着期货价格震荡上行。籽棉收购价格从10月初开秤的2.8~2.95元/斤，到11月上旬的3.1~3.3元/斤，到12月中旬的3.6~3.8元/斤，籽棉收购价格上涨至3.7~3.9元/斤。

白棉3级销售从9月初的12000~12400元/吨，到11月中旬涨至14500~14600元/吨，到12月中旬15300~15500元/吨，春节前后涨至15700~15800元/吨，到春节后3、4月突破16000元/吨，个别地方达到16500元/吨以上，最高达近17000元/吨。2020/2021年度籽棉收购和皮棉销售价格一路上涨。

3.3 棉花公检质量情况

根据棉花公检情况看，2020/2021年度山东省新体制企业加工细绒棉综合质量与上年相比有所提升。从颜色级来看，颜色级指标区域化差异趋于减小，白棉占比总体有了较大提高，与全国平均水平差距缩小；从纤维长度来看，平均长度出现小幅下降，28毫米长度级及以上长度棉花有所降低，较上年降低了0.84个百分点；平均长度整齐度也出现小幅下降，高级以上档的棉花降低4.63个百分点，但长度整齐度整体总体平稳，略高于全国平均水平；从纤维内在品质来看，马克隆值指标A+B级占比大幅增加，B2档标准级棉占比大幅增加。平均断裂比强度同比下降0.03cN/tex，但仍高于全国平均水平2.5 cN/tex。综合来说，2020/2021年度山东省新体制棉花断裂比强度指标明显高于全国平均水平，长度整齐度和轧工质量指标与全国平均水平基本持平，颜色级、长度指标仍低于全国平均水平，但差距明显减小。

山东省棉花质量不同地区间也存在较大质量差异，2020/2021年度山东省六个产棉市公检质量主要指标排名中，济宁、菏泽棉区在纤维长度、长度整齐度指标及断裂比强度等指标方面表现较好，但颜色级表现较差；而德州棉区棉花在颜色级表现较良好，而纤维长度、长度整齐度指标方面表现较差；滨州、东营棉区棉花马克隆值指标表现较差，其他指标等方面表现比较均衡。各指标具体情况如下。

3.3.1 颜色级

全省棉花颜色级以白棉、淡点污棉类型居多,2020/2021年度山东省白棉3级所占比例最多，其次是淡点污1级，白棉占比较上年度上升32.8个百分点。与全国检验结果相比，山东省白棉所占比例偏低。

3.3.2 长度

全省棉花长度检验结果集中在26~29毫米，30毫米以上和25毫米以下的检验结果偏少，29毫米及30毫米占比明显低于全国检验结果。全省新体制棉花加工细绒棉检验平均长度值为27.96毫米，低于全国平均值（28.48毫米）0.52毫米。

3.3.3 马克隆值

全省新体制棉花细绒棉马克隆值级A级占比3.29%，较上年下降0.9个百分点，A级占比低于全国平均水平1.17个百分点；C级占比13.93%，比去年减少6.94百分点，C级占比低于全国平均水平17.48个百分点；B级占比82.78%，比去年增加7.85个百分点。总体来看，山东省棉花马克隆值指标较去年有所提高，但A级占比偏低，B级占比偏高。

3.3.4 断裂比强度

全省新体制棉花细绒棉平均断裂比强度值30.52cN/tex,同比提高0.03cN/tex，高于全国平均值2.5cN/tex。山东省棉花断裂比强度指标较好，明显高于全国平均水平。

3.3.5 长度整齐度

全省新体制棉花细绒棉平均长度整齐度指数为82.23%，低于全国平均水平0.13个百分点。

3.4 纺织生产与棉花消费

2020/2021年度，山东省纺织企业在新冠肺炎疫情的影响下，整个行业在外需低迷、内需趋缓的市场大环境下保持生产，实现较快恢复。于纺织行业而言，可谓是“喜忧参半”的一年。一方面国内疫情防控形势基本平稳，为企业有序开展各项生产经营活动提供了有力保障；另一方面得益于国内外市场需求持续释放，消费拉动作用不断增强，国内外消费市场循环畅通成为行业稳定复苏的重要支撑。据工信部数据，2021年1~12月，全国规模以上纺织企业实现营业收入51749亿元，同比增长12.3%；实现利润总额2677亿元，同比增长25.4%。全国限额以上单位服装鞋帽、针纺织品类商品零售额13842亿元，同比增长12.7%；全国网上穿类商品零售额同比增长14.1%。

2020年，山东全省纺纱产量为339.9万吨，布为41.1亿米，其中纯棉布35.8亿米，服装18.6亿件。规模以上纺织企业1638家，实现营业总收入1895.3亿元，利润总额58.4亿元，限额以上单位纺织、服装及家庭用品批发及零售总额2140.5亿元。

（国家棉花市场监测系统山东办事处　张共伟）

4 河北省

4.1 棉花生产情况

4.1.1 种植面积、总产量和单产量

2020/2021年度河北省棉花生产总体情况呈“三减”态势，即面积减、总产量减、单产量减。据统计部门数据，2020/2021年全省棉花播种面积283.8万亩，比上年减少23.05万亩，减7.5%（总面积未完成国家下达的300万亩任务）；单产量73.5公斤/亩，比上年减少0.85公斤/亩，减少1.1%；总产量20.9万吨，比上年减少1.8万吨，减少7.9%，面积和产量均居全国第二位。

4.1.2 种植成本与收益

据对河北10个棉花种植大县百户棉农调研，河北省棉花产值1573.6元/亩，总成本1281.6元/亩，物资成本300.4元/亩，其中棉种32.7元/亩，地膜23.2元/亩，农药72.3元/亩，化肥103.6元/

亩，水电费68.6元/亩。物资成本中，主要是化肥、农药和水费。当年人工总成本550.3元/亩，主要构成为人工拾花用工费，占80%以上，其他用工为田间管理费（整地、播种、中耕、施肥、灌溉）。机械作业成本65.4元/亩，主要包括整地/播种、中耕等动力费。土地租赁成本365.5元/亩，规模种植户与一般农户土地租赁成本差距较大，规模农户租赁成本为每亩500~800元，而一般农户仅为每亩200~400元。当年有21%棉农认为种植成本提高，主要原因是人工成本的提高；85%棉农认为棉花种植效益低于当地小麦—玉米种植模式，见表2-4-1。

表2-4-1 2020/2021年度河北省棉花种植成本与收益

序号	项目	数值
1	产值（元/亩）	1573.6
2	总成本（元/亩）	1281.6
3	物质费用（元/亩）	300.4
4	机械作业（元/亩）	65.4
5	人工成本（元/亩）	550.3
6	土地成本（元/亩）	365.5
7	净利润（元/亩）	292.0

数据来源：十县百户调查数据

4.1.3 棉花生产特点

一是棉花生产进一步向优势区集中，位于黑龙港流域的邯郸、邢台、衡水、沧州播种面积268万亩，占全省总面积的94.4%，万亩大方14个，千亩大方152个，比去年增加28个；二是苗情差于常年，4月中下旬温度持续偏低，尤其是夜温长期在10℃以下，部分地区影响了出苗，由于气温偏低，苗期病害重于常年；三是伏前桃少于常年，6月底至7月初，河北主产棉区出现大面积连续降雨，雨季来临早，降雨次数多，降雨量大，棉花普遍长势偏旺，下部成铃率低，蕾铃脱落严重，伏前桃较往年减少；四是单产量略低于去年，花铃期遭遇连阴雨，下部果枝大量烂铃，多的有4~5个，上部蕾铃脱落严重，单产量和品质略差于去年；五是棉花蓟马与蚜虫危害严重，棉铃虫中等发生。

4.1.4 棉花补贴情况

河北省在2019/2020年度按照保护区280元/亩、非保护区217元/亩进行种植补贴。2020/2021年开始补贴政策有所调整，按照向重点区域倾斜、向规模化种植倾斜、补贴资金统筹使用的原则，以1万亩以上算作重点植棉县市，稍微增加补贴，以1万亩以下的为非重点植棉县市，适当减少补贴，不再搞大平均。

4.2 棉花收购、加工及销售情况

4.2.1 加工企业生产情况

2020/2021年度，河北省棉花参与公证检有邯郸、邢台、沧州、衡水、唐山5个产棉地市，上报公检的加工企业25家，比上年度的37家减少12家，送检企业总数量比上年度减少30%多。年检验量79208包，约合17642.7281吨（上年度89121包，约合19938.7563吨），送检数量占全国总送检量的0.31%（上年度0.38%）。按照河北省总产量20.9万吨计算,送检数量约占8.5%，有91.5%的棉花未送检就直接进行销售。

4.2.2 收购及销售情况

从2020年9月开始到2021年3月底，河北唐山收购进度达100%、邢台约85%、邯郸约85%、衡水约95%、沧州约95%，各地收购进度虽不均衡，总体交售量达90%多，尚有不足10%的籽棉没有收购上来，主要集中在邯郸、邢台区域。

河北区域籽棉收购价格从9月初开秤的2.8~2.95元/斤，到10月上旬的3.1~3.3元/斤，到11月中旬的3.6~3.8元/斤，元旦前后稍有回调至3.5~3.7元/斤，春节前后受新冠疫情影响，收购企业基本暂停，春节后的3月、4月疫情缓解后，籽棉收购价格上涨至3.7~3.9元/斤，不过资源已经很少，籽棉收购是一路上涨的态势。

地产白棉3级销售从9月初的12700~12900元/吨，到10月中旬涨至14500~14700元/吨，到11月中旬15200~15500元/吨，春节前后涨至15500~15700元/吨，到春节后3月、4月突破16000元/吨，个别地方达到16500元/吨以上，唐山区域好棉花最高近17000元/吨。2020/2021年度籽棉收购和皮棉销售价格一路上涨，收购进度加快，这也是企业送检不积极，河北区域公检量小的因素之一。

4.3 棉花公检质量情况

据河北省纤维检验部门统计，2020/2021年度河北省有25家加工企业送检棉花合计79208包，约合17642.7281吨（送检比例较小，预计总产量20.9万吨）。从送检的棉花质量检验结果分析。

4.3.1 长度

32毫米6包、31毫米3包、30毫米409包（占0.52%）、29毫米1580包（占1.99%）、28毫米20653包（占26.07%）、27毫米46488包（占58.69%）、26毫米9900包（占12.5%）、25毫米169包，实际平均长度27.63毫米，加权平均长度27.19毫米。

4.3.2 颜色值级

白棉总体占70.2%，其中白棉2级占4.5%、白棉3级占61.8%、白棉4级占12.7%、白棉5级0.1%；淡点污棉总体占20.0%，其中淡点污棉1级占8.1%、淡点污2级占8.1%；淡黄染棉占0.9%。河北省棉花颜色级优于上年度。

4.3.3 轧工质量

棉花轧工质量为P2档占91.77%，加工质量较好。

4.3.4 马克隆值

A档（3.7~4.2）6257包（占7.9%）；B档占59.2%，其中：B1档（3.5~3.6）13包（占0.02%）、B2档（4.3~4.9）46877包（占59.18%）；C档占32.9%，其中：C1档（≤3.4）7包（占0.01%）、C2档（≥5.0）26054包（占32.89%）。马克隆值B2档和C2档是主体，河北省棉花马克隆值普遍偏高。

4.3.5 断裂比强度

断裂比强度很差（≤23.9）4包（占0.01%）、差（24.0~25.9）317包（占0.4%）、中等（26.0~28.9）19625包（占24.78%）、强（29.0~30.9）46195包（占58.32%）、很强（≥31.0）13067包（占16.5%）。断裂比平均强度达到29.73，强级及以上的占74.82%，中等级及以上占99.6%。河北省棉花强度值与上年度大体相当。

综合来看，本年度河北省棉花内在质量特点是长度较好、强度很好、色泽较好、加工质量较好、马克隆值普遍偏高是河北棉花的特点。

4.4 纺织行业发展情况

4.4.1 行业增加值增速低速回升，增速维持七大主导产业第五名

全省纺织服装行业1~12月累计增加值增速完成3.5%，低于全省规模以上工业增速1.4个百分

点，符合预测水平。纺织服装行业与全省工业差距越来越小，在全省七大主导行业累计增加值增速排名上升一位，位列第四，纺织行业增加值占全省工业比重3.44%，与上半年相比增长0.05个百分点。增加值增速通过半年的回升仍低于上半年水平1.08个百分点，如图2-4-1所示。

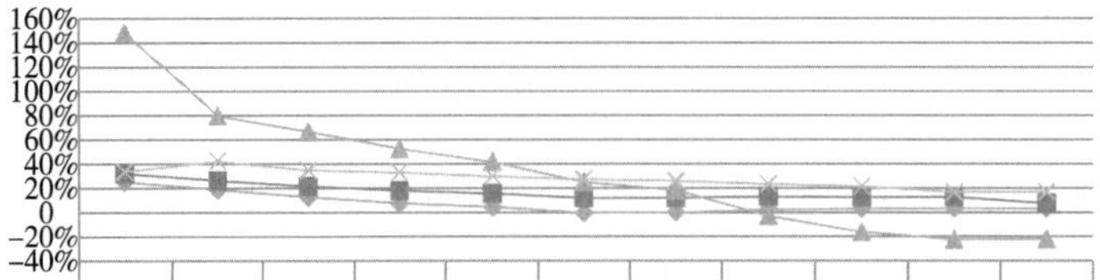

	1~2月	1~3月	1~4月	1~5月	1~6月	1~7月	1~8月	1~9月	1~10月	1~11月	1~12月
增加值增速	25.28	18.91	12.75	7.64	4.58	−0.2	−0.1	2.5	3	3.6	3.5
营业收入增速	32.1	26.3	21.6	18	15.7	12	12.1	13.2	12.5	12.7	7.6
利润总额增速	148.1	79.7	66.7	52.7	41.7	25	18.4	−2.9	−16.2	−22.7	−22.3
用电量增速	33.85	42.31	34.86	32.91	29.82	27.34	26.01	23.53	21.45	16.89	17.04

图2-4-1　2021年1~12月主要指标累计完成情况走势

四个子行业中累计增加值增速纺织业实际完成-6.04%，环比下降0.03个百分点，纺织服装、服饰业增速实际完成2.46%，回升1.44个百分点，皮革、毛皮、羽毛及其制品和制鞋业增速实际完成8.16%，增速增长0.07个百分点，化学纤维制造业增速实际完成0.34%，增速下滑0.61个百分点，行业运行仍处于波动调整趋势。

四个子行业出口交货值增速持续增长，纺织业累计完成13.3%，环比下降1.9个百分点；纺织服装服饰业累计完成26.3%，上升2.2个百分点；皮革、毛皮、羽毛及其制品和制鞋业累计完成-6.8%，下降4个百分点；化学纤维业累计完成2.6%，上升2.8个百分点。

2021年1~12月，规模以上企业主要大类产品产量中纱、印染布、毛条、毛纱、毛机织物、化纤长丝机织物、服装、轻革、鞋正增长，布、绒线、非织造布、口罩和化学纤维大类负增长，其中口罩类同比下滑38.7%。

在细分37个品类中产量同比上升的有19个，占比51.35%；下降的有18个，占比48.65%。

4.4.2　全行业用电量大幅增长，增幅持续放缓

2021年1~12月全行业累计用电量继续延续增长态势，但增速持续放缓，12月当月完成18.45%，扭转了下滑趋势，四个子行业当月用电量全部由11月的下滑转为不同程度的增长，1~12月累计用电量增长17.04%，增速下滑趋势减缓，增速与上半年相比下降12.78个百分点，四个子行业累计用电量全部保持增长，见表2-4-2。

表2-4-2　2021年1~12月纺织工业用电量　　单位：万千瓦·时

行业名称	用水量本月（万千瓦·时）	用电量上年同月（万千瓦·时）	本月同比（%）	用电量本年累计（万千瓦·时）	行业比重（%）	用电量上年累计（万千瓦·时）	本年同比（%）
纺织总计	93847.83	79228.45	18.45	967410.68	100.0	826585.36	17.04
纺织业	65381.70	52109.08	25.47	662777.11	68.51	553896.89	19.66

续表

行业名称	用水量本月（万千瓦·时）	用电量上年同月（万千瓦·时）	本月同比（%）	用电量本年累计（万千瓦·时）	行业比重（%）	用电量上年累计（万千瓦·时）	本年同比（%）
纺织服装、服饰业	7746.21	6856.79	12.97	75525.72	7.81	65428.04	15.43
皮革、毛皮、羽毛及其制品和制鞋业	13074.97	12726.72	2.74	130197.34	13.46	116167.27	12.08
化学纤维制造业	7644.96	7535.85	1.45	98910.52	10.22	91093.15	8.58

4.4.3 固定资产投资和技术改造投资继续大幅下滑，下滑速度略有收窄

2021年1~12月纺织工业固定资产投资增速同比下降14.5%，环比回升4个百分点，低于全省工业固定资产投资增速15.2%个百分点；占全省工业投资比重由2020年底的3.3%下降到2.8%，在全省七大主导行业中增速位列第六。

2021年1~12月纺织工业技术改造投资下滑20.4%，环比回升2个百分点，低于全省技改投资增速18.1个百分点，占全省工业技改投资比重由2020年底的3.6%下降到2.9%，在全省七大主导行业中技改投资增速同样位列第六。

在四个子行业固定资产投资中纺织业完成-10.1%，纺织服装、鞋、帽制造业-37.7%，皮革、毛皮、羽毛及其制品和制鞋业-11.7%，化纤业-9.2%，四个子行业投资环比均出现回暖趋势。

在四个子行业技术改造投资中纺织业完成-9.7%，是环比出现下降的唯一子行业，纺织服装、鞋、帽制造业完成-46.1%，皮革、毛皮、羽毛及其制品和制鞋业-41.4%，化纤业完成-30.8%，四个子行业环比呈现一降三回暖。

4.4.4 行业收入增速持续增长，利润总额增速连续四个月负增长，下降幅度有趋缓态势，亏损企业数量持续走低，亏损额大幅下降

2021年1~12月规模以上入统企业总数1116家，其中纺织业568家，纺织服装、鞋帽业142家，皮革毛皮羽毛业357家，化学纤维制造业49家。

1116家规上企业2021年1~12月营业收入完成1679.04亿元，同比增长7.6%，与1~11月相比下降5.1个百分点，利润总额完成71.84亿元，同比下降22.3%，利润总额增速2021年连续4个月负增长，下滑速度有趋稳态势，利润总额下降的主要原因是皮革、毛皮、羽毛及其制品和制鞋业大幅下滑，1~12月下降幅度达39.8%，环比回升2.6个百分点，同比利润总额绝对数减少了34.85亿元，由于皮革、毛皮、羽毛及其制品和制鞋业利润总额在全行业占比69.11%，其他三个子行业增速再高也无法抵消其下滑；销售费用和管理费用分别增长27.5%和28.7%，维持高位运转，销售费用和管理费用的大幅增长，企业、行业运行困难依旧。

亏损企业133家，同比减少31家，同比下降17.4%，全行业亏损面11.92%，比1~11月下降2.31个百分点。

纺织业亏损72家，下降25.8%，亏损面12.68%；纺织服装、鞋帽业17家，下降41.4%，亏损面11.97%；皮革毛皮羽毛业33家，同比增加14家，增长73.7%，亏损面9.24%；化学纤维业11家，下降31.3%，亏损面22.45%。

亏损总额3.74亿元，同比下降66%，纺织业

亏损1.81亿元，同比下降44.1%，纺织服装、鞋、帽制造业亏损0.55亿元，同比下降1.4%，皮革、毛皮、羽毛及其制品和制鞋业亏损0.41亿元，同比下降87%，化学纤维业亏损额0.97亿元，同比下降76.1%。

全行业从业人员平均人数25.8万人，同比下降8.2%。

4.5 附表

4.5.1 近三年纺织行业增加值走势（图2-4-2）

4.5.2 2021年累计增加值增速（图2-4-3）

4.5.3 2021年1~12月河北省纺织行业产量汇总（表2-4-3）

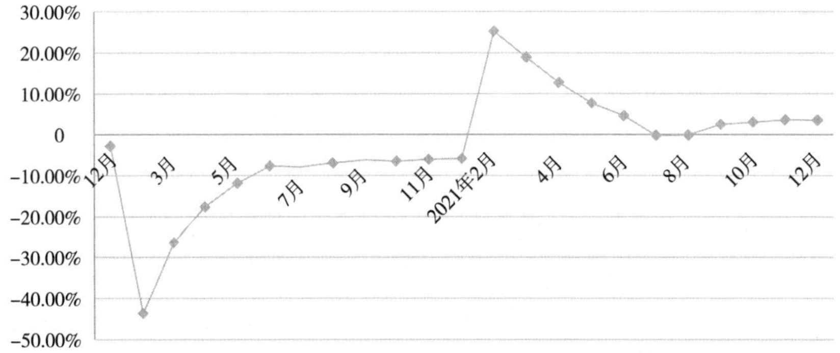

图2-4-2 近三年纺织行业增加值走势

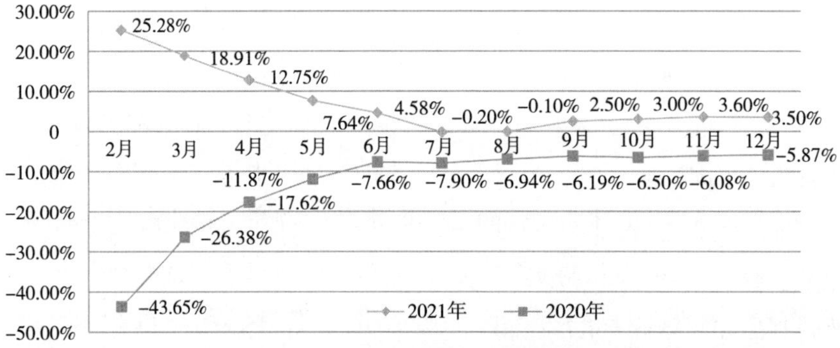

图2-4-3 2021年累计增加值增速

表2-4-3 2021年1~12月河北省纺织行业产量汇总

名称	本月	本月止累计	本月增速	累计增速
纱	56643.82吨	602238.41吨	-10.6%	0.2%
布	9639.18万米	88697.98万米	-11.9%	-9.0%
印染布	8264.93万米	78134.22万米	31.7%	44.3%
毛条	273吨	3065.5吨	-16.0%	3.2%
绒线（俗称毛线）	1349.41吨	119545.02吨	-21.9%	-6.3%
毛纱	430.57吨	4113.85吨	5.2%	21.3%
毛机织物（呢绒）	133.55万米	1863.03万米	-13.4%	33.3%

续表

名称	本月	本月止累计	本月增速	累计增速
化纤长丝机织物	1670.72万米	18143.81万米	3.7%	32.7%
非织造布（无纺布）	22269.23万件	182246.92万件	6.5%	-35.9%
口罩	2106.33万个	25326.7万个	-50.4%	-38.7%
服装	1133.01万件	14544.63万件	-14.8%	1.4%
梭织服装	1098.9万件	14234.63万件	-14.3%	3.1%
针织服装	34.11万件	310万件	-28.0%	-41.7%
轻革	14316709.12平方米	198169820.2平方米	11.4%	10.5%
鞋	1170.99万双	9561.42万双	46.8%	8.7%
化学纤维	69450.96吨	900411.59吨	-20.5%	-6.7%
人造纤维（纤维素纤维）	54016吨	702526.07吨	-25.1%	-9.3%
合成纤维	13980.96吨	182460.52吨	0.9%	5.0%
生物基化学纤维	1454吨	15425吨	1.3%	-7.7%

4.5.4 2021年1~12月河北省纺织行业主要经济技术指标（表2-4-4）

表2-4-4 2021年1~12月河北省纺织行业主要经济技术指标

行业名称	企业数			其中：亏损企业		
	本期实际（家）	去年同期	累计增长	本期实际（家）	去年同期（家）	累计增长（%）
总计	1116			133	161	-17.4
纺织业	568			72	97	-25.8
纺织服装、鞋、帽制造业	142			17	29	-41.4
皮革、毛皮、羽毛及其制品和制鞋业	357			33	19	73.7
化学纤维制造业	49			11	16	-31.3

行业名称	营业收入			利润总额		
	本期实际（千元）	去年同期（千元）	累计增长（%）	本期实际（千元）	去年同期（千元）	累计增长（%）
总计	167903860	156025260	7.6	7184150	9244690	-22.3
纺织业	48982897	47947290	2.2	1348617	1074622	25.5
纺织服装、鞋、帽制造业	10178308	9521636	6.9	286498	254957	12.4

续表

行业名称	营业收入			利润总额		
	本期实际（千元）	去年同期（千元）	累计增长（%）	本期实际（千元）	去年同期（千元）	累计增长（%）
皮革、毛皮、羽毛及其制品和制鞋业	93438644	86500311	8	4964683	8249905	-39.8
化学纤维制造业	15304011	12056023	26.9	584352	-337794	

行业名称	亏损企业亏损额			从业人员平均人数		
	本期实际（千元）	去年同期（千元）	累计增长（%）	本期实际（人）	去年同期（人）	累计增长（%）
总计	374392	1100340	-66.0	25.8	28.1	-8.2
纺织业	181394	324438	-44.1	5.4	6.1	-11.5
纺织服装、鞋、帽制造业	54785	55537	-1.4	3	2.8	7.1
皮革、毛皮、羽毛及其制品和制鞋业	40838	313018	-87	16.3	18.1	-9.9
化学纤维制造业	97375	407347	-76.1	1.1	1.1	0

（国家棉花市场监测系统　王彦章）

5　安徽省

据安徽省统计局数据，2020年全省棉花种植面积51.2千公顷，较2019年的60.3千公顷下降15.1%；2020年棉花产量为4.1万吨，较2019年的5.5万吨下降25.5%。2020年棉花的每亩总成本为1901.6元，较去年的1698.0元，增加203.6元，增幅为12.0%。

2020/2021年度安徽省棉花种植主要有以下几个特点。

5.1　棉花单产量下降

2020年安徽省棉花单产量为800.8公斤/公顷，较2019年的912.1公斤/公顷，降幅为12.2%。

5.2　棉花种植成本增加

2020年安徽省棉花种植生产成本和土地成本都有所增加，其中生产成本中的人工成本增幅较大，是导致总成本增加的主要原因，具体情况如下。

5.2.1　生产成本增加

2020年棉花每亩生产成本为1729.4元，较去年的1538.9元增加190.5元，增幅12.4%。

5.2.1.1　生产成本中的物质费用略有下降

今年种植棉花的每亩物质费用为446.5元，较去年的481.3元减少34.8元，减幅7.2%。其中：种子费、化肥费、农药费和租赁作业费较去年分别下降7.9%、5.8%、12.1%和15.4%。其中化肥费和农药费的降值和降幅较为明显。化肥费下降的主要原因：一是化肥用量减少，今年化肥的折纯后的用量下降2%；二是化肥价格下跌，主要化肥品种价格都有所下跌；农药费下降的主要原因是农药购置价格下跌。

5.2.1.2　生产成本中的人工成本涨幅明显

今年棉花每亩人工成本为1282.8元，较去年的1057.6元增加225.2元，增幅21.3%。

5.2.2　土地成本增加

2020年全省棉花每亩土地成本为172.2元，较2019年的159.1元增加13.1元，增幅8.2%。国家持续加大对农业的支持，是支撑棉花流转地价格持续走高的主要原因。安徽省棉田北为旱地，南为沙洲圩区，农业产出较低，耕地改造需要巨大投入，棉田土地成本增幅有限。

5.2.3　籽棉价格上涨

2020年全省籽棉收购均价6.6元，较去年的5.7元上涨0.9元，涨幅达16.3%。

5.2.4　植棉净利润下滑

2020年全省棉花种植收益继续下滑。每亩净利润为-597.0元，较2019年的-471.6元下降125.4元；每亩现金收益止跌上升，2020年为819.6元，较2019年的716.9元增加102.7元，增幅14.33%。

（安徽省棉麻有限责任公司　陶劲春）

6　河南省

6.1　棉花生产情况

6.1.1　种植面积和总产量

河南省自然生态条件适宜棉花生产，是传统的产棉大省，棉花曾经是农民收入的主要来源。特别是近十年来，由于经济形势的变化以及农村产业结构的调整以及棉花种植、收购过程中用工过多等条件的制约，棉花面积急剧萎缩，棉农植棉积极性严重受挫。2020/2021年度河南省植棉面积仍继续下降，据国家统计局数据，植棉面积24.3万亩,总产量1.8万吨。

近年来，河南省紧紧围绕棉花提质增效目标，完善相关配套技术，加大模式创新、技术创新、机械创新和机制创新，并取得了显著成效。改传统的麦棉两熟套种为多熟高效套种；改麦套春棉为春育夏栽麦棉连作；改人工移栽管理为机械化移栽管理。初步形成了以棉田多熟高效套种和春育夏栽为主体的种植模式，为棉花生产的恢复和发展奠定了一定的技术基础，一定程度上降低了棉花面积的下滑幅度。

目前，河南省棉花种植主要集中在豫东、南阳盆地和豫北地区，多为零散分布种植。由传统的宜棉地区向黄河滩涂、丘陵地带不适合机械化种植大田作物的地方转移，一些地方出现了一些规模种植户。

6.1.2 发展棉花生产面临的问题

6.1.2.1 棉花生产机械化程度难以提高

河南省大部分棉花种植为夏播棉，受与前茬作物（一般为小麦）生育期重叠影响，一般采用育苗移植麦行套栽方式种植，在栽植环节影响机械化推广；在用工最多的采摘环节，由于土地细碎化和缺少经济实用的小型采摘机械，难以实现棉花生产中机械对劳动力的替代，棉花生产用工矛盾难以缓解，劳动强度大，用工成本高。

6.1.2.2 植棉成本过高

据初步测算，河南省棉花每亩生产的物化成本及人工成本合计达到1250元（每亩生产资料450元，用工800元），若加上土地折价360元/左右，亩成本高达1610元。而按照亩产籽棉200公斤，棉花市场价格按7元/公斤匡算，亩收入仅1400元，亩亏损210元左右；即使算上目标价格补贴136元/亩，每亩仍有74元的亏损。

6.1.3 发展棉花生产的前景和希望

（1）河南自然条件适宜种植棉花，历史最高年份，棉花收购量达到90万吨。许多农民有种植棉花的技术和习惯。

（2）有一大批从事棉花生产栽培研究的科研人员队伍，技术力量雄厚，并且近年来仍致力于发展棉花生产。

（3）棉花种植模式不断创新。麦棉套种就是河南省的创造。近年来，根据各地特点，不断创新出新的种植栽培模式，如瓜棉套种，蒜棉套种，棉花与荷兰豆套种等；也有企业积极扶持，在丘陵地带种植棉花等。

6.1.4 发展棉花生产的建议

（1）提高各级政府对棉花生产的重视程度。由政府扶持并组织适合内地棉区的小型化各环节生产机械的研发，或组织交流这方面的经验做法。

（2）调动科研人员积极性，把先进的棉花栽培模式、技术向棉农传授；加强对棉花生产的生产性服务组织和产后销售服务组织的扶持。从补贴资金拿出一部分用于新技术的试验与示范工作，从而引导群众通过新品种、新技术、新机械、新模式的推广应用，实现棉花生产的恢复和发展。

（3）出台相关政策、确保对棉农补贴到位，切实调动棉农植棉积极性。

6.2 纺织工业经济运行情况

2020/2021年度，面对国内外风险挑战增多的复杂局面，纺织行业持续巩固疫情防控成果和产业循环畅通稳定，积极应对局部疫情汛情等考验，企业效益稳步改善，投资信心持续恢复，主要运行指标在上年同期较低基数之上实现平稳回升，总体保持修复发展态势。

据统计数据，2020年河南省纱产量297.54万吨，布12.85亿米，服装7.2亿件。

河南省纺织行业继续呈现投资增长趋缓的特点：河南省纺织企业投资规模继续萎缩。部分地市县区承接产业转移，进度加快，特别是豫东地区织造设备引进速度加快，为后续投资增长增加新动能。重点企业的技术改造和规模扩张，为行业发展增加了动力。中国平煤神马集团牵头，在平顶山建设中国尼龙城，重在打造尼龙产业链；新野纺织、新乡化纤、平煤神马、恒天永安、许昌裕丰纺织有限公司等重点企业正在扩容，为行业发展增加了新动能。

在全国增速放缓的大背景下，河南由于内部结构调整优化，有发展动能，高质量发展是效益增长的驱动。纺织行业继固定资产投资延续趋缓态势。

（河南省棉花协会　魏勇）

7　江苏省

7.1　棉花生产与成本收益

7.1.1　种植面积、总产量和单产量

据国家统计局统计，2020/2021年江苏全省棉花面积为12.6万亩，同比下降 4.8万亩，降幅27.6%，连续14年下降，再创历史新低，仅为最高年份（1984年，1082万亩）的1.2%，植棉面积占全省种植面积的0.11%，棉花种植已经从江苏农业的主力品种变成一个可以忽略的边缘品种。种植方式上，育苗移栽约11.7万亩，仍是主体育苗类型，其中轻简育苗约1.1万亩、直播棉约0.9万亩，育苗移栽减少，轻减育苗和直播相对稳定。全省平均单产量84.6公斤（统计部门数据），比上年上升12.5公斤，增幅17.3%，主要因为播种育苗期间，产区升温平稳，光照充足，雨日较少，对棉花播种出苗有利，基本实现一播全苗，7月初淮北地区出现强降雨天气，丰县等地遭遇短时间强降水袭击，致使棉花生产严重受损。灾后，省农技推广总站及时出台了全省棉花生产管理意见，各级农技推广部门积极组织抗灾自救，各地栽培管理措施到位。

7.1.2　种植成本及收益

2020/2021年度棉花价格受疫情、原油暴跌、美国禁用新疆棉等多重因素打压，价格整体相对较低。据统计分析，全省籽棉平均收购价约6.5元/公斤。受成本刚性上涨、产量下降和收购价格低等综合因素影响，今年植棉效益普遍较差。在成本中，棉花种、管、采收未实现机械化，人工投入多是刚性成本支出的主要部分，占总成本的70%以上，其次是肥料成本、再次是农药和种子成本，分别占15%、8%和4%。另外，农药、化肥、地膜投入也大于水稻、玉米等粮食作物。江苏省耕地面积相对少，又是沿海经济发达地区，城市化进程快、比例高，对时鲜蔬菜、水果的消费需求快速增加。现代高效农业发展也较快，毗连大中城市的农村大力推广“一乡一品”特色农业，虽然棉花种植有300元/亩的政府补贴，但与时鲜蔬菜、水果收益比明显低，从近几年的发展趋势看，随着乡村振兴战略实施，资本下乡增加，土地向高收益品种流转、集中加快，棉花和传统粮食的种植面积呈持续减少趋势，棉花可能趋于消失。

7.2　棉花收购、加工及销售情况

7.2.1　棉花收购加工企业构成及变化情况

2020/2021年度，由于棉花种植面积大幅减少，缺少籽棉资源，江苏收购加工企业也逐年减少，从国家公检数据看，全年只有泰州一家企业参与公检，与上年相同，公检数量2165吨，减少4856吨，据了解这一家参与公检企业的籽棉资源大部分来自周边外省安徽、江西、湖北。一些200型及以下的轧花企业、小打包也有参加收购加工，但每户的量都很少，一般只有50~200吨，总体户数也大幅减

少，为了生存，大都是棉、粮、蔬菜、水果兼营。

7.2.2 棉花收购、加工、销售成本及利润情况

2020年江苏省棉区开秤收购普遍晚于周边地区。收购主体分散，400型、200型企业都有参加，200型企业大都是与后道纱厂签订协议，锁定渠道、价格，以订单式收购加工为主。400型企业专门生产加工仓单棉，在期货市场价格较高时销售给期货市场，遇期货市场波动较大时做阶段性滚动套利降低成本增加收益，数量做的相对比较大，由于资源减少，其经营数量大幅下降，总收益下降。

2020/2021年度，受贸易战和新冠疫情影响，石油及大宗商品普跌，棉花价格大幅波动。郑棉5月合约从2020年9月底的13500元/吨左右，一路上涨到2021年8月中旬的18500元/吨左右。江苏中小加工企业收购量小，大都快购快销，上涨行情中，获利相对较好。大企业以加工注册仓单为主及时在期货上卖出，价格上涨总体效益相对较好，贸易企业套保的利润有限，未套的利润丰厚。江苏棉花的销售市场主要求集中在江苏省内，小厂销售主要集中在周边熟识的纱厂，由于纱厂资金紧张，新棉集中上市期间阶段性供大于求，赊欠现象比较普遍，大厂主要在附近交割库注册仓单卖给大的贸易公司或资金公司，最终销售到江苏省内或周边省份的纱厂。

7.3 纺织生产与棉花消费

7.3.1 纺织生产及销售情况

据江苏省统计局数据，2020年全省纱产量311万吨，同比降14%；布产量53.4亿米，同比降17.6%。从国家发改委公示的配额申报企业看，2020年江苏共有79家纺织企业参与申报，同比没有变化，但公示的名单中实际有部分已经关停。2020年度江苏纺织企业整体效益有所改善，省行业协会统计的846家企业，盈利企业707家。

7.3.2 棉花消费情况

2020年度，江苏省纺织企业用棉主要以外购新疆棉、国储棉、进口棉为主，地产棉份额很少，可以忽略。江苏是一个相对发达地区，劳动力市场整体缺口较大，纺织行业由于行业盈利能力差，工资水平低（8小时4000~5000元/月）、劳动强度大、工作环境差，企业普遍存在招工难、用工困难，员工普遍以45岁以上群体为主；棉纺织规模在逐渐萎缩，主要是自然关停，少量转移新疆、甘肃和国外。在消费结构上，棉花与化纤差价大，被价格便宜的涤纶、粘胶的替代量在持续增加。纱支整体提高变细，用棉量相对减少，2020年全年用棉量在80多万吨，棉花消耗总量延续下降趋势。

7.3.3 纺织行业经济运行特点

2020年，受中美贸易战和疫情影响，江苏省纺织行业总体运营艰难，规模收缩，效益不佳，尤其出口型企业，冲击更大。原料、产品价格大幅波动，原料供应上，国储棉常态化轮出，稳定了供应渠道，国储棉轮出价格与国际市场联动，稳定了内外棉花差价，保持了国内纺织产品的国际竞争力。在新疆棉占主体的原料供应中，江苏虽远离新疆棉花主产区，运输成本相对较高，但仓储业发达，是新疆移库的优选目的地，拥有全国最大的后道织造加工产业链，江苏生产的棉纱主要在本地销售和出口，棉纱销售运输成本低，运输综合成本不高。床上用品、服装等终端产业聚焦度高，可以及时掌握后道需求信息，开发新特品种。江苏棉纺企业普遍规模相对较小，60%以上企业在1万~5万锭，不求规模效益，注重技术、设计、信息优势，围绕市场变化不断探索适合自身的生存发展之路。

（江苏省农垦棉业有限公司　何银官）

8　江西省

8.1　棉花生产情况

8.1.1　种植面积、总产量和单产量

作为长江流域五个棉区之一的江西棉区（鄱阳湖棉区），地形以山地和丘陵为主，盆地、谷地广布，具有亚热带季风气候。全省近年来棉花种植面积、总产量呈逐年下降趋势，具体情况见表2–8–1。

表2–8–1　棉花种植面积、总产量及单产量

年份	种植面积（千公顷）	单产量（公斤/公顷）	总产量（万吨）
2017年	50.6	1516.2	7.7
2018年	45.6	1495.7	6.8
2019年	42.6	1546.7	6.6
2020年	35.0	1511.5	5.3

数据来源：国家统计局数据

8.1.2　收购加工、成本及收益

2020年，江西棉花质量良好，皮棉等级以白棉三级居多。分类看，生产资料成本450元/亩；抗旱成本50元/亩；人工成本500元/亩，总成本1000元/亩。2020/2021年度棉花平均亩产220公斤，平均出售价6.6元/公斤，产值合计约1452元，亩均收益452元。

全省以小包加工企业和纺企一条龙收购加工为主，收购量在150万~300万斤，平均收购价格达到3.3元/斤左右（衣分39%~41%）。2020年籽棉收购价格低开高走，呈现一路上涨态势。

8.2　纺织行业经济运行特点

据统计局数据，2020年江西省纱产量143.5万吨，同比降8.3%;布产量7.7亿米，同比下降20.1%，其中纯棉布产量4.9亿米，同比下降24.5%；服装产量9.0亿件，同比下降24.6%。全省纺织行业1~12月累计增加值增速为–7.2%。规模以上纺织企业302家，盈利企业560家，实现营业总收入761.3亿元，利润总额47.6亿元。

（国家棉花市场监测系统江西办事处　张岩岩）

9　湖南省

9.1　棉花生产情况

9.1.1　种植面积和总产量

据统计数据显示，2020年湖南省棉花种植面积89.2万亩，比上年下降5.5%，棉花产量7.4万吨，同比下降9.8%。湖南省棉花主要集中在洞庭湖区和衡阳盆地，常德、岳阳、益阳、衡阳四市集中了全省93%以上的植棉面积，产量也在95%

以上。

9.1.2 种植品种

当前湖南棉种市场中依旧延续着“多、乱、杂”的特点，据统计，目前在售棉种将近20多种，包括湘农大棉1号、荆杂棉142、鄂棉23号、鄂杂棉10号等；另外，还发现普遍存在农户自制毛棉籽交易的情况，并呈上升趋势。整个湖南棉种市场的品种更新滞后。

9.2 棉花收购加工与销售情况

9.2.1 棉花收购加工企业构成及变化情况

近年来，湖南省400型大型棉花加工企业因籽棉收购加工无法上量，大部分已经基本停摆或转型，目前湖南市场上以200型小型轧花企业为收购主体。

9.2.2 棉花收购、加工、销售成本及利润情况

湖南省籽棉收购价格随行就市，加工基本均在在春节前结束，2020年平均籽棉收购价格在6.7元/公斤。

2020年，湖南省收购及加工进度良好，无卖棉难现象，收购加工企业生产的皮棉均能实现顺价销售，无商品库存积压。

9.3 纺织生产及销售情况

2020年，湖南全省纺产量为102.6万吨，布产量为1.31亿米，其中纯棉布产量0.81亿米，服装产量13.3亿件。规模以上纺织企业640家，盈利企业266家，实现营业总收入637.0亿元，利润总额22.5亿元。

（国家棉花市场监测系统湖南办事处　张露）

10 甘肃省

10.1 棉花生产情况

2020年甘肃棉花生产呈现“两减一增”的发展态势。据甘肃省统计局数据显示，2020/2021年度全省棉花种植面积24.89万亩，比上年减少4.11万亩，下降14.17%；总产量3.01万吨，同比减少0.26万吨，下降7.95%；单产量120.98公斤/亩，同比增加8.22公斤/亩，增长7.29%。

10.2 纺织行业经济运行情况

2020年，甘肃纺织行业规模以上工业企业10个，比上年增加1个。2020年甘肃纺织行业规模以上工业企业总资产贡献率2.05%，比上年下降1.84个百分点；产品销售率85.85%，同比下降7.22个百分点。

（国家统计局甘肃调查总队　徐英花）

11　浙江省

11.1　棉花生产情况

11.1.1　种植面积、总产量和单产量

根据国家统计局统计，2020年度浙江省棉花种植面积4.81千公顷，上年为5.60千公顷；总产量0.69万吨，上年为0.80万吨；平均单产量1221.0公斤/公顷，较上年的1454.8公斤/公顷同比增长16.1%。作为零星产区，棉花种植依然是黄土丘陵、河滩沙地（盐碱地）等土壤质量相对较差的区域。

11.1.2　种植品种、成本和收益

2020年度，全省棉花主要种植品种为湘杂棉8号、中棉所87、中棉所63，还有少量的农民上年自留种籽。相对于经济作物，种棉效益偏低；而且较种粮（水稻、鲜食大豆、鲜食玉米）、蔬菜的效益也偏低，因此仅是不计工本的一些老年人在参与种棉。

11.2　棉花收购和加工情况

由于浙江省棉花多数市县的加工企业因加工数量不能达到规模化生产的要求和无力承担质检体制改革的目标，2020年整个棉花年度，全省没有一家棉花加工企业按照棉花质量检验体制改革方案的要求加工棉花并进行公证检验。

由于棉花数量少、皮棉加工水平低，全省没有形成完善的收购市场。本省加工企业中尚有部分皮辊棉加工，呈散、小、弱的特征，由于生产量小且分布在多个市县，并且浙江省棉农的植棉收入占总收入的比例较小，据估计全年的棉花产值也不足一个亿。

11.3　纺织行业经济运行情况

据浙江省统计局统计数据显示，全年规模以上纺织行业总产值6137.4亿元，较上年的6671.2亿元下降8.0%。其中：纺织业总产值4231.8.8亿元，较上年的4494.6亿元减少5.9%。全年规模以上纺织服装、服饰业总产值1905.6亿元，较上年的2176.6亿元减少12.5%。

从产量上看，2019全年纱产量136.98万吨，较上年的149.09万吨同比减少8.1%；全年织造企业生产布64.99亿米，较上年的76.36亿米同比减少14.9%。全年化纤总产量2968.18万吨，较上年的2822.84万吨增长5.1%。

全年纺织服装出口交货值4938.28万亿元，较上年的4912.46万亿元同比增长0.5%。其中，纺织纱线、织物及制品出口3174.95万亿元，较上年的2913.61万亿元同比增加9.05%；服装及衣着附件出口1763.33万亿元，较上年的1998.85万亿元同比下降11.8%。出口总值仅次于机电产品，依然居于浙江省的出口商品第二位。

全年进口纺织服装138.4亿元，同比减少4.7%；其中进口纺织纱线、织物及制品120.9亿元，较上年同比减少4.7%。进口纺织原料48.4亿元，同比减少21.0%。

综上所述，2020年纺织行业砥砺前行，面对严峻复杂的国内外环境特别是新冠肺炎疫情的严重冲

击，化解综合成本增加、环保任务艰巨、市场竞争加剧等困难，坚持深化转型升级，迎难而上，并竭尽全力保障了重要防疫物资的供给，稳步推进复工复产，抢抓疫情机遇，保持了出口规模的总体平稳。

（1）全年总产值下滑较大，这主要是因为年初疫情暴发初期，受实体商业关闭、居家隔离、减少社交活动等防疫措施的影响。

（2）从大中型工业企业的主要指标上看，今年企业的亏损面继续扩大，利润总额下降也较大。

（3）出口规模做到了东方不亮西方亮，克服了服装及衣着附件的大幅下降，抓住了防疫物资的出口机遇，总体保持了与上年度的平稳，并略有增长。2018~2020年总产值、大中型工业企业主要指标及出口交货值见表2-11-1。

表2-11-1　纺织行业运行情况

项目	总产值				
	2018年	2019年		2020年	
	总产值（亿元）	总产值（亿元）	较上年增减（%）	总产值（亿元）	较上年增减（%）
纺织业	4319.7	4494.6	4.0	4231.8	-5.8
纺织服装、服饰业	2064.6	2176.6	5.4	1905.6	-12.5
合计	6384.3	6671.2	4.5	6137.4	-8.0

项目		大中型工业企业主要指标						
		亏损企业数（家）	总值企业数（家）	亏损企业个数占比（%）	总产值（亿元）	利润总额（亿元）	利润总额/总产值比例（%）	平均用工人数（万人）
2019年	纺织业	41	438	9.4	1759.07	119.01	6.8	26.73
	纺织服装、服饰业	37	254	14.6	1150.6	83.37	7.2	19.62
	合计	78	692	11.3	2909.67	202.38	7.0	
2020年	纺织业	65	415	15.7	1499.84	124.31	8.3	25.27
	纺织服装、服饰业	54	230	23.5	1025.5	51.24	5.0	17.67
	合计	119	645	18.4	2525.34	175.55	7.0	

项目	出口交货值				
	2018年	2019年		2020年	
	出口交货值（亿元）	出口交货值（亿元）	较上年增减（%）	出口交货值（亿元）	较上年增减（%）
服装及衣着附件	2040.7	1998.85	-2.1	1763.33	-11.8
纺织纱线、织物及制品	2686.05	2913.61	8.5	3174.95	9.0
合计	4726.75	4912.46	3.9	4938.28	0.5

数据来源：《2020年浙江统计年鉴》、浙江省商务厅统计数据、杭州海关统计数据

（国家棉花市场监测系统浙江办事处　张建华）

12 四川省

12.1 棉花生产情况

根据国家统计局统计，2020/2021年度四川全省棉花播种面积2.1千公顷，单位面积产量960.7公斤/公顷，总产量0.2万吨，受四川地理位置和多雨气候影响，区域内棉花产量在国内棉花总产量中占比基本可以忽略。因此，区域内纺织企业主要使用新疆棉和进口棉为主。

12.2 纺织生产与棉花消费情况

12.2.1 纺织生产构成及变化情况

国内知名企业入驻，纺织产能扩建，棉花用量明显增加。从国家发改委公布进口关税配额申请企业信息表显示，笔者对24家川内纺织企业统计显示，2021年，纺纱能力148万锭，棉花用量7.6万吨，纱线产量14.7万吨，其中纯棉纱产量1.9万吨。2022年纺纱能力155万吨，棉花用量9.03万吨，较去年增量18%，纱线产量15.02万吨，纯棉纱2.39万吨，较去年增加25%。

2021年6月，深圳前海升华旗下圣善纺织与芦山县政府签订总投资20亿元，分两期建成50万锭棉纺项目，将全线配备国内一流智能化设备以及数字化管理系统，致力于建设示范性数字化、信息化的智能纺纱工厂。与我国纺织机械龙头在科技创新应用方面进行深度合作，为我国纺织机械的研发改进，以及智能系统的集成应用提供良好的试验和实践平台。

12.2.2 纺织生产及销售情况（量、价及其变化）

通过对川内大部分规模以上纺纱、织布和印染企业调研走访得知，2020年度纱线端的利润基本长期维持在高位，而下游坯布和服装环节的利润相对不佳，可能的原因是闲置产能的影响。对纱线端企业，在2020年下游去库存后，产能偏紧，所以利润较高；在乐山土主市场坯布加工企业了解到，坯布端和服装端，进入门槛较低，内卷非常严重，利润被上游和下游压缩，因此利润较差。

下半年，随着消费转弱，纱线端的利润也明显变弱。9月新花上市后，随着新疆棉高价抢收，国庆后棉花现货成本从节前的18000元/吨瞬间上涨至23000元/吨，纱厂利润逐渐走弱，随着下半年雅安地区大量的纱线新产能出现，新疆高额补贴，底成本纱线的涌入，纱线端的内卷不可避免。

12.2.3 棉花消费（棉纺织、棉花消耗、各类纺织原料消费的构成等）情况

2021年1~10月，棉花市场整体走势非常强劲，持续保持旺盛的需求，高额的纺纱利润，东南亚需求转向中国，国内社会库存维持低位。受纱线高利润影响，原来混纺企业纷纷转变加工品种，其中乐山、遂宁、达州等区域纺织企业在去年的基础上压缩混纺产能，转向加工利润高需求大的纯棉普梳C32S、C40S等品种上来，棉花需求

较上一年度明显增加。

12.2.4　纺织行业经济运行特点

中国内疫情率先得以控制，加之东南亚疫情反复，促使外贸订单回流，上半年纱线产销出现火热局面，淡季不淡明显，2021年国家除了发放89.4万吨1%关税进口配额外，还增发了70万吨滑准税配额，据四川省发改委了解到，今年绝大部分滑准税配额均全部使用完成。在上年度使用进口棉9236.34吨的基础上，本年度实际使用进口棉10999吨，较去年同期增加19.08%，现客户主要采购美棉、巴西棉和墨西哥棉为主。但随本年度新花收购成本高企，需求端不断减弱，纺纱织布企业面临利润不断收窄，国庆后纱布企业利润或许会维持亏损边缘。

（国家棉花市场监测系统西南办事处　聂广富）

中储粮
SINOGRAIN

中储棉漯河有限公司

中储棉漯河有限公司，系中国储备棉管理有限司全资子公司。主要职责是承担国家储备棉的储保管、履行保护棉农利益、保障纺织供应及稳定花市场的“两保一稳”的宏观调控任务。

公司位于河南省漯河市孟南工业区纬三路中段，具有区位优越、交通发达的地理优势，漯河市是家二类交通枢纽城市。距郑州新郑国际机场不足小时车程，京广高铁、京广、漯宝（丰）、漯阜阳）4条铁路和京港澳高速、宁漯高速、107国道5条省道贯穿全境，构成河南省重要的铁路和高速路“双十字”交通枢纽。铁路专用线距京广铁路上孟庙车站约2公里，是全国棉花重要集散地之一。其前身漯河直属库是国家计委于2001年3月批准立

项，由国家财政预算内拨款4000多万元兴建的棉花专用储备库。仓库于2003年12月开工建设，2004年底完工，占地面积194.12亩，库房29栋，铁路专用线长度1200米，可同时装卸一个专列。高低货位站台面积近10000平方米，钢罩棚面积3100平方米，库区道路及停车场面积30000多平方米，棉花仓储能力达10万余吨。

中储棉漯河有限公司在现储存量的基础上，又在平顶山舞钢市购置一个库区，2021年9月份已投入使用，新购置的库区占地面积328亩，共21911平方米，可存放棉花12万余吨。新购置库区位于舞钢市产业聚集区，地理置优越，库区周边有纺织企业近20家，生产规模120万枚纱锭，年用棉量10万余吨。新购置库区投入使用后，中储棉漯河有限公司总库存量将达到20万吨。

联系方式：朱龙　15703950307

公司地址：漯河市郾城区嫩江路与祁山路交叉口

中储粮
SINOGRAIN

华远盈盛有限公司

华远盈盛有限公司是中国储备棉管理有限公司的全资子公司，于2013年10月16日正式成立。公司以执行国家棉花宏观调控任务为基础，坚持储备棉轮换经营服务，通过国际和国内两个市场、两种资源，拓展经营方式和渠道，围绕服务国家棉花宏观调控、服务储备棉轮换、服务集团管控，不断增强中储棉公司服务国家宏观调控的能力，保障纺织企业需求，促进棉花行业可持续发展。

系电话：010-83020101

司地址：北京市石景山区京原路19号院1号楼11层

中储粮
SINOGRAIN

中储棉德州有限责任公司

中储棉德州有限责任公司（以下简称“德州公司”）于201
9月4日正式投入运营，是隶属于中国储备棉管理有限公司（以下
称“中储棉公司”）的全资子公司，注册资金6013.76万元，主
从事国家储备棉的储存保管、商品棉代储代运等业务。公司整体
地面积14万平方米，建筑面积3.6万平方米，其中生产生活辅助
施4000平方米，现有库房16栋，设计仓容5万吨。公司现设3个
室，分别为安全与业务管理科、综合科、财务科，现有员工42人，
均年龄37岁，其中党员13人，大专以上学历员工人数占84%。

运营至今，公司以党建为引领，坚持聚焦主业主责，坚定不移履行“两个确保”责任，不折不扣完成好国家棉花宏观调控任务。建库9年，累计吞吐国储棉20余万吨，忠诚履行国家储备棉管理职能，并实现了业务零差错、客户零投诉的既定目标。公司严格贯彻执行安全生产全员责任制，强化安全动态管控和安全生产保障，持续加大安全管理费用投入力度，每年在安全管理方面的投入金额平均达到30万元，最大限度保障在库储备棉绝对安全及人员绝对安全。不断创新管理理念，全面深化企业改革，努力提高企业效益和工作效率，公司管理基础水平持续提升，全面完成了中储棉公司赋予的各项工作任务。

2017年11月，德州公司接管山东、河北两地15家社会承储企业的监管指导工作，
棉量共计90余万吨，工作量之大、任务之重前所未有。经过连续三年去库存，片区承储
业数量减至5家、26.88万吨，但监管压力依然艰巨。为确保片区时刻处于安全稳定运行
状态，公司派驻骨干力量到辖区各社会承储企业24小时驻库监管，每月定期进行全面安
业务检查，发现隐患立即督促整改落实到位，高标准和严要求，换来了建库至今，片区
全生产零事故的目标，用实际行动践行了听党话、管好粮、不出事、效益好的总体要求
目标，真正做到了让员工放心，让领导放心，让国家放心，向着“主业突出、调控有力
机制完善、管理严格、安全可靠”的高质量发展目标持续迈进。

地址：德州市湖滨北大道北首
电话：0534-7062215

中储棉广东有限责任公司

中储棉广东有限责任公司，是国家发改委2001年批准立项50万吨棉库建设项目之一。2010年8月项目建成并投入使用，2011年8月注册成立广东公司，是中国储备棉管理有限公司控股的独立法人单位，产权归属中央。经营范围为国家储备棉的储存、仓储、货物装卸、代办货物运输手续、批发和零售贸易、货物进出口、技术进出口。

公司地处广州市黄埔区，占地面积150
，建有库房15栋，设计库容5万吨，有铁
专用线1条，线长1375米，西距广深铁路
元站1.8公里，南距黄埔港码头5公里、新
港10公里，地理位置优越，交通便利。

地址：广东省广州市黄埔区（萝岗区）宏达路33号

电话：020-82060252

中储棉九江有限公司

公司基本情况：公司总占地面积243.98亩，拥有库房26栋（建筑面积50028.02平方米），其中砖混结构库房25栋，钢结构库房1栋，铁路专运线264米，一次可对10节车皮，棉花实际仓容量达8.5万吨。

公司组织架构：公司下设三个科，即：综合科、财务科、安全与业务管理科，现有员工42人，党员20人。

公司地理位置：九江公司位于江西省九江市濂溪区新港镇，所在地为九江市城东港区,距九江市中心约12公里。库区北临长江，距江西煤炭储备中心5000吨级(丰水期万吨)码头约2里，西南距铜九铁路线上的琵琶湖站约8公里，南距杭瑞高速公路入口约1.8公里，库区东接九湖公路，水、陆交通条件较为优越。

公司设施设备：公司配有作业设备夹包机17台、高空作业平台1台、移动式登车桥4台；库区设有安防监控探头，每栋库房安装可视光截面感烟红外烟报警器、公司配有墙壁式消火栓166个、地上式消火栓27个、灭火器508具；地下式消防水池3座，蓄水量达1800立方米；设有专用消防泵房和配发电室，有发电机组及3台消防水泵等完善的安全设施。

地址：江西省九江市濂溪区新港镇
联系电话：0792-8734600、8734688

地址：新疆库尔勒市火车西站大二线原农资二级站院内
联系人：窦超美
联系电话：0996-6878088　　13070009393

中储粮
SINOGRAIN

中储棉绍兴有限公司

中储棉绍兴有限公司是隶属于中储粮集团的一家三级企业，位于浙江省绍兴市越城区亭山工业园区，是2002年10月由国家投资建成的大型棉花专用仓储企业，占地185亩，建有棉花标准库房19栋，棉花总仓容量6.3万吨。配备有夹包机16台，牵引车2台，平板车12台，日最高作业量500吨。库内配备有安防监控系统、火灾报警系统、消防联动系统、电子巡更系统。配备消防水池1200立方米，消防车两台。

· 维护国家利益

· 服务宏观调控

· 严守三条底线

绍兴公司地理位置优越，距离省会杭州市60公里、宁波北仑港140公里、上海港200公里。沪杭甬、上三、甬金、诸甬等高速公路环绕绍兴城；距104国道仅5公里，距最近高速公路绍诸高速仅8公里，交通状况极为便利。所储棉花不仅能在本地收储、销售，还可迅速调运、辐射长江三角洲，甚至整个华东地区。

听党话　管好粮　不出事　效益好

通讯地址：浙江省绍兴市越城区二环西路368号
联 系 人：卓旭昇
电　　话：0575-88061651

中储棉武汉有限公司

中储棉武汉有限公司（以下简称“武汉公司”）位于武汉市江夏区大桥新区。东邻京广铁路，南连京珠、沪蓉高速，西依107国道，北靠长江水运码头。武汉公司成立于2004年7月，主要承担国家储备棉储备管理和开展代储代运等开拓经营业务。公司占地面积13万平方米，总建筑面积4.1万平方米。生产区建有16栋平房仓，设计仓房容量为5万吨，总投资为0.56亿元。

公司设三个部门，即综合科、财务科、安全与业务管理；现有在册员工46人，其中含6人内退人员；在岗干部、工共40人，其中公司领导3人（1正2副）；中层管理人员（2正4副）；员工平均年龄 43岁，其中中层管理人员平年龄 37岁；大专以上学历35人；党员22人。

多年来，武汉公司在中储棉公司党委的正确领导下，围绕国有资产“保值增值”中心工作，突出“安全发展，和谐建库”主题，强调以人为本，加强基层党建工作，注重反腐倡廉教育，强化企业内部控制，大胆探索，不断学习、吸收先进的管理理念和方法，逐渐形成了一套简洁实用、特色鲜明的管理方法，有力保证了各项工作顺利进行。

公司地址：湖北省武汉市江夏区大桥新区三合街环岭路18号
联系人：盛智
电话：13437199370

中储粮 SINOGRAIN

中储棉徐州有限公司

组织机构及人员配置

公司目前有员工47人，其中：本科学历20人，大专学历12人，高中、中专学历15人；男38人，女9人；党员20人。公司经理室成员3人，下辖综合科、安全科、业务科、财务科四个部门。

公司规模

公司占地310.5亩，有标准库房31栋，仓容总量11.6万吨，加上室外观察场和钢罩棚共可存放棉花13万吨。其中，一期工程于2001年3月开工建设，12月建成，建有标准房18栋；二期工程于2013年9月开工建设，2014年7月建成，建有标准库房13栋。公司册资金3000万元。

听党话 · 管好粮 · 不出事 · 效益好

运营情况

徐州公司以党建为引领，不断推进公司"细化管理"进程。制定了涵盖所有工作岗位、有工作流程、所有管理环节的系列规章制度，步形成了部门配合协调、工作责任明确、员工为规范的良好局面。在历次国储棉大规模收储抛储工作中，徐州公司坚定不移地执行上级下的国储棉保管和轮换任务，切实担负起棉花宏调控的主力军作用，2011年以来储备棉吞吐40余万吨，最多时辖区有12家社会承储库，放国储棉近30万吨，均保持了"安全零事故、务零差错、客户零投诉"的良好纪录。在确保家储备棉安全存储、快速调运的前提下，徐州司牢固树立过"紧日子"的理念，以"青穗"愿者活动为抓手，不断培养员工自主作业能力储备棉补包、场地刷漆、设备维修等工作坚持己动手。积极开展创效业务，实现国有资产的值增值，十多年商品棉吞吐量60多万吨，创效润2000余万元，营利能力一直排在中储棉直企业前列。

通讯地址：徐州市铜山新区华夏路7号　　联系电话：0516-66665958

第三部分

年度报告

1 2020/2021年度中国棉花生产形势分析

农业农村部农村经济研究中心 翟雪玲

【作者简介】翟雪玲，毕业于中国农业大学，现任农业农村部市场贸易研究室主任、研究员、国家棉花产业技术体系产业经济研究室主任、农业农村部棉花专家顾问组专家、农业农村部农产品贸易棉花预警救济专家组成员。

2020/2021年度，全国棉花种植面积、产量继续“双下降”。棉花生长期间，大部分棉区气候正常，自然灾害和病虫害轻度发生，棉花长势一般，棉花质量整体正常。棉花生产成本增长，其中人工成本由于机械化的推进略有下降，但物质费用和土地成本增加。受需求恢复带动棉花收购价格同比上涨明显，农户植棉效益和现金收入增加。

1.1 2020/2021年度全国棉花生产情况

1.1.1 棉花种植面积、产量继续“双下降”

根据国家统计局对全国31个省（区、市）的统计调查，2021年全国棉花播种面积3028.1千公顷（4542.2万亩），比2020年减少140.8千公顷（211.2万亩），下降4.4%。其中，新疆地区棉农种植意愿比较稳定。2021年新疆棉花播种面积为2506.1千公顷（3759.1万亩），比上年增加4.1千公顷（6.2万亩），增幅0.2%，占全国棉花播种面积的82.8%。内地棉区棉花播种面积继续下降。2021年新疆以外地区植棉面积522.1千公顷（783.1万亩），比上年减少144.9千公顷（217.4万亩），同比下降21.7%，连续13年下降。2021年，全国棉花单产量1892.6公斤/公顷（126.2公斤/亩），比2020年增加27.4公斤/公顷（1.8公斤/亩），同比增长1.5%。全国棉花总产量573.1万吨，比2020年减少18.0万吨，下降3.0%。

1.1.2 全国棉花长势一般

一是全国棉花品种较多。从监测来看，全国棉种品种较多[1]。其中长江流域填报了91个品种，使用率排在前三位分别是中棉所系列13个、鄂杂棉系列11个品种和国欣棉系列7个品种。黄河流域棉填报了29个棉种品种，使用率排在前三位的分别是鲁研所系列棉种8个品种、中棉所系列棉种5个品种和冀丰5个品种。新疆维吾尔自治区棉种相对集中，填报了33个棉种品种，81.8%使用了新陆（新陆早、新陆中）系列棉种，共24个，品种使用较为集中。

从棉种价格看，不同区域间棉种价格差异较大。长江流域每亩平均用种量0.6公斤，棉种平均价格143.9元/公斤；黄河流域每亩平均用种量

[1] 指棉花种植品种居示范县前三位的种子。

1.8公斤，棉种平均价格30.8元/公斤；新疆维吾尔自治区棉区每亩平均用种量1.8公斤，棉种平均价格27.6元/公斤。

二是一类苗比重较高。根据监测县统计，截至2020年8月，全国一类苗的比例为66.3%，二类苗比例为22.4%，三类苗比例为11.3%，分别比去年提高13.5个百分点、降低6.2个百分点、降低7.3个百分点。区域之间苗情比例差异大，黄河流域和新疆棉区棉花长势明显好于长江流域棉区。其中，黄河流域棉区一类苗占比59.1%，新疆棉区一类苗占比73.2%，长江流域棉区一类苗占比为35.0%。监测县棉花平均收获密度为3956.43株/亩，其中长江流域为1897.7株/亩，黄河流域4588.7株/亩，西北内陆为12600.0株/亩。

三是棉花成铃少于上年度。2020年9月15日前后，监测县棉花平均成铃数为19.3个/株，比去年同期少0.3个/株。其中长江流域为28.4个/株，比去年同期多0.6个/株；黄河流域为12.2个/株，比去年同期少1.6个/株；新疆棉区平均为6.3个/株，比去年同期少0.2个/株。

1.1.3 棉花生产区域气候整体正常，病、虫灾害发生较轻

2020/2021年度，全国棉花主产区生长期内气候整体正常，但部分地区遭受自然灾害影响。新疆维吾尔自治区春季低温时间长，夏季局部阶段性干旱，对棉花生产造成不利影响。长江流域部分棉区雨水偏多，黄河流域部分地区遭遇干旱气象灾害。总体来看，2020/2021年度棉区气象条件总体较为适宜。病害轻度发生，以黄萎病和枯萎病为主。其中黄萎病发生面积为10.7万亩，占监测县面积的0.7%，主要发生在长江流域，占发生面积的56.0%，其次发生在新疆棉区；枯萎病发生面积5.3万亩，占监测县面积的0.9%，主要发生在新疆棉区，占发生面积的64.5%；苗病发生面积4.0万亩。虫害多发，但程度较轻。虫害以棉蚜和红蜘蛛为主。其中棉蚜虫和红蜘蛛分别为39.5万亩和19.1万亩，分别占监测县面积2.6%和1.3%。这两种虫害主要发生在新疆。另外，部分地区也发生了盲椿和棉铃虫。

1.2 棉花生产成本收益分析

1.2.1 籽棉价格下降，收购进度正常

2020/2021年度，全国棉花生产监测县籽棉平均收购价为6.4元/公斤，同比上涨0.9%。其中，2020年9~12月，手摘棉平均价格为6.5元/公斤，新疆机采棉平均价格为6元/公斤。后期籽棉质量下降，价格也随之下降。新棉收购进度正常。截至2020年12月底，监测县棉花收购进度达到90%以上，收购进度正常。

1.2.2 农户植棉总成本增加

根据《全国农产品成本收益资料摘要2021》数据分析，全国棉花平均总成本增加，每亩2307.5元，同比增加2.1%。新疆棉花生产总成本为每亩2244.6元，同比增加3.1%，较全国平均成本低62.9元，见表3-1-1。

表3-1-1 2020年棉花全国平均和新疆棉区生产成本变化

项目	全国平均（元）	同比（%）	新疆（元）	同比（%）
总成本	2307.54	2.09	2244.62	3.05
每亩物质与服务费用	866.3	3.73	1025.05	0.81
每亩人工成本	1068.9	−0.27	795.25	5.10
土地成本	372.34	5.33	424.32	4.87

数据来源：《全国农产品成本收益资料汇编2020》《全国农产品成本收益资料汇编2021》

根据《全国农产品成本收益资料汇编》分类，棉花生产总成本划分为物质与服务费用、人工成本和土地成本三大部分。

1.2.2.1 物质与服务费用大幅增加

2020年全国棉花生产物质与服务费用每亩866.3元，同比增加3.7%。与全国相比，新疆棉花物质与服务费用每亩1025.1元，同比增加0.8%，比全国高出158.8元。物质与服务费用主要是指在棉花生产过程中投入的各类农业生产资料和固定资产折旧、保险费等服务费用。分类别看，2020年农药费、机械作业费、排灌费增加较为明显，同比分别增长11.5%、7.2%和9.5%。间接费用的支出增长2.1%，见表3-1-2。

表3-1-2 2020年全国平均和新疆棉花生产物质与服务费用变化

项目	全国平均（元）	同比（%）	新疆（%）	同比（%）
每亩物质与服务费用	866.3	3.73%	1025.05	0.81%
（一）直接费用	762.73	3.95%	888.04	1.54%
1.种子费	56.52	0.86%	56.9	1.50%
2.化肥费	231.86	-0.58%	252.85	-1.50%
3.农家肥费	15.02	-5.18%	18.24	-5.74%
4.农药费	84.01	11.51%	86.2	13.59%
5.农膜费	42.08	-1.61%	51.32	-6.02%
6.租赁作业费	274.83	7.17%	345.19	2.53%
机械作业费	155.26	5.65%	192.37	1.05%
排灌费	119.57	9.48%	152.82	4.47%
其中：水费	36.92	9.78%	48.28	4.43%
畜力费		-100.00%	8.77	
7.燃料动力费	6.87	0.44%	1.5	-83.43%
8.技术服务费	1.09	15.96%	56.01	3988.32%
9.工具材料费	41.76	5.40%	8.53	-84.82%
10.修理维护费	6.84	10.68%	2.53	-68.45%
11.其他直接费用	1.85		137.01	0.00%
（二）间接费用	103.57	2.13%	38.01	0.00%
1.固定资产折旧	29.15	2.82%	73.95	0.00%
2.保险费	56.07	-1.67%	0.25	0.00%
3.财务费	4.94	4.00%	6.77	0.00%
4.销售费	13.23	17.18%	18.03	0.00%

数据来源：《全国农产品成本收益资料汇编2019》《全国农产品成本收益资料汇编2020》

注 “管理费”为0，已剔除。

1.2.2.2 人工成本略有下降

2020年，种植棉花人工成本全国平均为每亩1068.9元，同比略减少0.3%；新疆每亩795.3元，比全国平均水平低273.6元，同比增加5.1%。雇工费用同比增加12.4%，雇工天数同比增加3.3%，雇工工价同比上涨8.9%。由于机械化的快速推进，新疆地区人工投入明显较全国少，每亩家庭用工天数4.3天，较全国平均水平少4.2天。新疆2020年雇工工价上涨9.3%,见表3-1-3。

表3-1-3　2020年全国平均和新疆棉花生产人工成本变化

项目	全国平均	同比	新疆	同比
每亩人工成本	1068.9元	-0.27%	795.25元	5.10%
1.家庭用工折价	757.93元	-4.69%	381.79元	5.39%
家庭用工天数	8.44日	-8.32%	4.25日	1.34%
劳动日工价	89.77元	3.92%	89.77元	3.92%
2.雇工费用	310.93元	12.44%	413.45元	4.83%
雇工天数	2.5日	3.31%	3.31日	-4.06%
雇工工价	124.39元	8.86%	124.91元	9.26%

数据来源：《全国农产品成本收益资料汇编2020》《全国农产品成本收益资料汇编2021》

1.2.2.3 土地成本同比继续上涨

2020年，种植棉花土地成本全国平均为每亩372.3元，同比增加5.3%。流转地租金同比增加17.2%，自营地折租同比增加3.9%。新疆土地成本为每亩424.3元，比全国平均水平高52元，同比增长4.6%，流转地租金同比增加15.9%，自营地租金增长3.0%，见表3-1-4。

表3-1-4　2020年全国平均和新疆棉花生产土地成本变化

项目	全国平均（元）	同比（%）	新疆（元）	同比（%）
土地成本	372.34	5.33	424.32	4.64
1.流转地租金	45.02	17.15	54.81	15.93
2.自营地折租	327.32	3.89	369.51	2.97

数据来源：《全国农产品成本收益资料汇编2019》《全国农产品成本收益资料汇编2020》

1.2.3 农户植棉净收益为负，但亏损程度减轻

2020年棉花种植每亩产量同比增长11.9%，为121.6公斤。亩均产值增加，为2068元，同比增加29.2%。新疆每亩主产品产量为137.8公斤，同比减少增加14.5%，每亩产值合计2323.6元，同比增加35.3%，产值降幅较大。全国棉花总体利润为负，但相比上年亏损程度减轻。2020年，全国平均每亩净利润为-239.5元，较上年亏损减少420元。成本利润率为-10.4%，较上年提高18.8个百分点。不计家庭劳动成本，现金收益每亩845.7元，同比增加87.6%。2020年，新疆平均每亩净利润为79.0元，较上年增加539.2元，成本利润率为3.5%，较上年提高24.6个百分点。不计家庭劳动成本现金收益为每亩830.3元，同比增加2.2倍，见表3-1-5。

表3-1-5　2020年全国平均和新疆棉花生产收益

项目	全国平均	同比	新疆	同比
每亩主产品产量	121.56公斤	11.88%	137.79公斤	14.48%
产值合计	2068元	29.18%	2323.58元	35.26%
主产品产值	1683.83元	27.99%	1899.8元	33.34%
副产品产值	384.17元	34.70%	423.78元	44.55%
总成本	2307.54元	2.09%	2244.62元	3.05%
净利润	-239.54元	63.68%	78.96元	117.16%
现金成本	1222.29元	6.28%	1493.31元	2.47%
现金收益	845.71元	87.63%	830.31元	218.61%
成本利润率	-10.38%	64.4%	3.52%	116.7%

数据来源：《全国农产品成本收益资料汇编2020》《全国农产品成本收益资料汇编2021》

1.3 相关政策建议

1.3.1 加强内地棉花生产布局规划，执行好内地棉花支持政策

2019年以来，美国持续以人权问题为借口，实施了一系列以抵制使用新疆棉为目的的措施，对我国棉花产业及纺织业的发展造成了极大不利

影响。为避免被轻易扼住咽喉的风险，针对当前内地棉花面积急剧下降的严峻形势，要及时调整全国棉花生产区域布局，落实好内地棉花补贴政策，追踪补贴政策执行情况，做好政策评估，完善补贴方式，稳定农户植棉预期，推动内地棉花面积恢复，平衡国内棉花生产的布局，提高我国棉花产业的安全水平。

1.3.2 加快生产模式转型，加强内地机采棉推广和相关技术配套

近年来，生产规模小、机械化水平低、配套加工设备缺乏等严重阻碍内地棉花生产，推进规模化经营和机械化生产是恢复内地棉花产业的必由之路。建议：一方面，要推动内地棉花生产的适度规模经营，提高棉农经营规模与收入水平；另一方面，要继续加强适宜内地种植的机采棉品种研发和推广力度，强化配套栽培技术和农机装备的研究及应用，提高内地棉花生产的机械化水平；此外，还要落实棉花收购加工配套措施，加大对相关企业的支持力度，装备适应机采棉加工需要的专业设备，为棉花全程机械化生产创造条件。

1.3.3 推进政、企、协合作协同，化解“涉疆法案”的不良影响

针对美国“涉疆法案”的不断升级，我国纺织企业和行业协会组织要充分发挥桥梁和纽带作用。积极跟进涉疆法案进展，评估行业影响，创造各种沟通平台。政府部门要充分利用“一带一路”、RCEP等国际贸易合作平台，与相关国家加强合作，拓展棉花贸易与纺织品服装市场。同时，建议继续就“涉疆”问题加强政府间谈判，通过谈判解决问题。

1.3.4 强化市场调控，发挥好棉花配额和国储棉稳定市场的作用

在当前国内棉花价格风险日益累积，未来消费不确定性较大的情况下，要综合考量国内外棉花供需形势、疫情变化、贸易摩擦等因素影响，谨慎确定棉花滑准税配额发放规模和发放节奏，适时启动国储棉轮入和轮出，充分发挥其调节市场的作用，维护国内棉花市场平稳运行。

2 2020/2021年度中国棉花加工行业运行现状

中华全国供销合作总社郑州棉麻工程技术设计研究所 史书伟

2.1 2020/2021年度棉花加工技术现状及发展趋势

2.1.1 科技助力兵团棉花质量追溯与监管

面对2019/2020年度棉花加工质量整体下滑的局面，新疆维吾尔自治区发展和改革委员会与市场监督管理局于2021年1月26日发布《关于加强棉花收购和加工环节质量管理的通知》，新疆生产建设兵团于2021年3月19日发布《兵团棉花质量提升行动工作方案》，从加强组织管理、强化政策激励、规范收购加工管理等方面，提出了具体的工作方案与指导方法，特别是提出的建立质量可追溯体系，开展棉花质量追溯体系建设，

探索从籽棉到皮棉质量可追溯路径。

2020/2021年度，由石河子大学牵头，中华全国供销合作总社郑州棉麻工程技术设计研究所、北京智棉科技有限公司、山东天鹅股份有限公司等科研院所与行业龙头企业联合研发的棉花质量追溯系统，在兵团第八师、第十二师得到应用推广。棉花质量追溯系统实现了从棉农信息采集、籽棉品质快速检验、籽棉信息化收购到皮棉成包的全程质量可追溯。该系统的推广和应用将进一步增强各级机构和企业为农服务水平、助力兵团棉花产业高质量发展。

2.1.2 从“保险+期货+银行”到“棉农+合作社+加工企业”，为农服务模式不断丰富

为了降低棉农种植棉花风险，保险公司、期货公司和银行等多方企业开发了“保险+期货+银行”模式，该模式是保险公司和期货公司以商品期货交易所公布的价格为基础，设计棉花价格保险产品，棉农购入保险公司棉花产品价格保险，当保险期内约定价格低于保险金额时，棉农则通过保险公司获得赔付，同时保险公司行使看跌期权，期货公司根据合约进行赔付，减轻了保险人的负担。该模式保障了棉农的收入，降低了棉农的风险。

按照《兵团棉花质量提升行动工作方案》提出的积极建立利益联结机制、逐步提升棉农经济效益的要求。新疆生产建设兵团第七师胡杨河市探索“棉农+合作社+加工企业”模式，棉花合作社依托社员与种棉大户的自有土地为担保，承租、经营棉花加工企业，在保证社员棉花保质加工、获得棉花加工质量补贴的同时，把经营棉花加工企业所获得的利润以分红的形式分发给社员，通过多重方式确保棉农增收。胡杨河市已经在128团和130团探索开展“棉农+合作社+加工企业”模式，随着该模式的不断完善，并逐步推广应用，必将提高胡杨河市辖区内棉农的整体收入水平。

2.1.3 通风除尘技术改造快速推进，棉花加工环境得到极大改善

为了改善棉花加工企业作业环境，降低粉尘污染的影响，自2019年以来，新疆棉区开展棉花通风除尘技术改造工作，随着多层圆笼除尘技术的不断提高，2020/2021年度，新疆生产建设兵团第二师、第五师棉花加工企业加大技术改造力度，已基本完成通风除尘技术改造工作，第一师、第七师开展通风除尘改造试点工作，探索适用于棉花加工工艺特点的通风除尘设备与系统。通过2020/2021年度通风除尘技术改造的试点应用，多层圆笼除尘机组生产厂家针对南、北疆棉区粉尘特点，进行针对性的技术升级，必将极大地助推2022年度加工企业通风除尘技术的升级改造。

2.2 2020/2021年度棉花加工企业经营效益情况及结构变化

2.2.1 棉花交售成本大幅提升，棉花加工经营风险加剧

2020/2021年度，受土地租赁、农资等成本增加以及资本市场运作多重因素的影响，棉花交售价格较往年大幅提升，机采籽棉达到8.75元/公斤，由于各加工企业疯抢资源，机采籽棉价格一路飙升至11.5元/公斤，出现了籽棉交售价格与皮棉期货价格极度不匹配的现象，棉花加工企业运营风险大幅增加，致使多数棉花加工企业采取停止收购的方式规避风险。随着棉花交售双方逐渐趋于“冷静”，在短暂出现停收停交之后，机采籽棉价格逐步稳定在10.7元/公斤左右。

从整体来看，2021年度的籽棉交售价格，达到近十年来籽棉交售价格的最高峰，而整个全球

棉纺织行业受中美贸易摩擦、全球新冠肺炎疫情等不确定因素的影响，棉花期货走势并不明朗，棉花加工经营企业经营风险大幅提升。目前，棉花加工企业收购加工成本与实际销售价格、期现价格倒挂情况严重，差价在2000~4000元/吨，棉花加工企业亏损严重，造成各轧花厂积压滞销，企业还贷困难，金融风险增大，其后续走势势必会对2022年度棉花种植、加工造成影响。

2.2.2 棉花加工运营成本增大，节能降耗迫在眉睫

面对籽棉交售、棉花加工人员工资等成本增加，棉花加工经营成本大幅增加，因此，为了管控风险、降低运营成本，棉花加工过程的节能降耗十分重要。棉花加工过程中的物料输送基本依靠风力输送，而在生产线建设时，风机选型多存在“大马拉小车”的现象，风力输送能耗改造空间相对较大；另外，棉花回潮率的调控是影响棉花加工品质的重要因素，在实际加工过程中，为了追求棉花加工效率，常存在过度干燥的现象，随着棉花调湿清洁环保热源的改造，目前多采用电热风炉、燃气热风炉以及生物质热风炉，棉花干燥成本大幅提升，棉花回潮率的精确调控成为加工生产线节能降耗的重要环节。

2.3 2020/2021年度棉花加工设备销售变化情况

2.3.1 棉花质量追溯装备与系统需求旺盛

2020/2021年度，受棉花加工质量管控政策及市场需求因素影响，棉花采收、交售、加工不同环节的质量追溯设备和系统需求旺盛，棉花加工行业内的科研院所、科技公司、装备制造企业，根据自身技术优势研发出不同类型的质量追溯产品并投入应用。棉花质量追溯是提高我国棉花加工行业特点、适合行业发展趋势的发展方向，随着棉花质量追溯技术的进一步提高，其装备与系统必将是未来我国棉花加工行业重要的销售增长点。

2.3.2 国产采棉机技术日渐成熟，市场占有率稳步提升

受采棉机核心技术的制约，我国采棉机国产化进程缓慢，整机设备和配件长期依赖进口，限制了我国机采棉加工技术的发展。随着国内棉机制造企业和科研院所加大技术研发力度，通过近十多年来的不懈努力，2020/2021年度，我国在采棉机国产化领域取得巨大突破。铁建重工新疆有限公司研发的4MZ-3和4MZ-6型采棉机和山东天鹅棉业机械股份有限公司研发的4MZD-3和4MZ-6D型采棉机得到快速推广应用。国产采棉机的应用推广，提高了我国棉花加工领域主机装备的国产化率，必将加快我国机采棉种植加工的步伐。

2.3.3 技术改造相对低迷，通风除尘、清理设备技术改造稳步提升

由于2020/2021年度投资过剩、棉花质量下降、棉花期货市场波动大等因素的影响，棉花加工企业经营风险大幅提升，致使2021年度棉花加工设备技术改造整体呈现低迷状态。但是受环保政策因素影响，通风除尘技术改造仍然稳步推进，兵团第一师、第七师逐步开展通风除尘技术改造试点工作，南北疆地方棉花加工企业也在快速推进通风除尘技术改造，尤其以南疆喀什地区巴楚县改造力度最大，已基本完成县域内棉花加工企业除尘设备改造工作；受棉花加工品质管控政策及市场需要因素影响，影响棉花加工品质的籽棉清理与皮棉清理设备技术改造需求旺盛，一度出现了棉花加工过程中进行皮棉清理设备改造的现象。棉花通风除尘和清理设备技术改造，助推了相关设备和系统的市场销售。

2.4 棉花加工行业高质量发展建议

2020/2021年度，棉花加工行业受市场因素影响，棉花加工设备销售额呈现下降趋势，但棉花加工品质较往年呈现下滑趋势的影响；棉花加工行业发展需求出现新的方向。因此，为了确保棉花加工行业高质量发展，提出以下两个方面的建议。

2.4.1 加大棉花加工自动化技术研发，破解技术工人流失难题

随着新疆生产建设兵团团场综合配套改革的稳步推进，棉花加工企业的自主经营灵活性增强、经营负担相对降低，但是由于棉花加工季节性强、作业环境差、加工劳动强度大等多重因素影响，致使原有加工企业技术工人流失严重，甚至影响到棉花加工正常生产。因此，在改善现有作业环境的同时，研发适合我国棉花加工现状的自动化控制技术，提高棉花加工自动化、降低设备运行故障率、降低劳动强度与用工人数，采用技术手段解决棉花加工技术人员短缺的问题。

2.4.2 加强政府与行业协会引领，助推棉花全产业链信息化、智能化建设

“智慧农业”是现代农业发展的高级阶段，能够促进传统农业的转型升级、提质增效和现代化。通过智慧农业技术，实现农业生产精细化、高效化、绿色化是我国农业发展的必由之路。目前，棉花种植、采收、交售、加工等棉花全产业链不同环节存在着“信息孤岛”的现象，且不同环节信息化、智能化水平差异较大，因此，为了确保棉花产业高质量发展，应加强政府和行业协会引领，破除行业壁垒，加快棉花产业全产业链信息化、智能化建设，尽快实现棉花产业“智慧农业”。

3 2021年中国纺织行业经济运行情况概述

国家棉花市场监测系统研究室主任　郗今

2021年是我国“十四五”新发展周期的开局之年，纺织行业面临的发展形势仍将错综复杂，全球疫情尚未彻底缓解，外需持续低迷、贸易环境风险上升等风险因素仍然存在，对产业链供应链稳定性造成的不利影响尚未消除，纺织行业在国际市场上仍面临较大发展压力。同时，纺织行业身处深度调整转型阶段，在应对外部复杂形势的同时，仍需化解综合成本增加、环保任务艰巨、市场竞争加剧等困难问题，保持平稳运行面临诸多考验。总体来看，内需扩大和消费升级是我国纺织行业发展的最大动力，城乡居民收入增长、新型城镇化建设以及二孩政策全面实施等发展红利和改革红利叠加，推动纺织品消费增长。

3.1 2021年市场回顾

3.1.1 国内经济形势总体向好

国家统计局数字显示，2021年，我国国内生产总值114.4万亿元，同比增长8.1%；出口总额

21.7万亿元，同比增长21.2%；社会消费品零售总额44.1万亿元，同比增长12.5%；固定资产投资完成额54.5万亿元，同比增长4.9%。

3.1.2 行业景气度上升

根据中国纺织工业联合会数据，2021年四季度纺织行业景气指数为62.3，较三季度上涨3.6个百分点。至此，纺织行业景气指数已连续7个季度位于枯荣线之上。全年规模以上纺织工业增加值同比增长4.4%。

3.1.3 国内销售增长

2021年，随着经济生活有序恢复，居民消费活动日渐活跃，在国家各项促进消费政策的良好支持下，纺织行业内需市场销售逐步改善。根据中国纺织工业联合会数据，2021年度全国限额以上单位服装鞋帽、针纺织品零售额为1.38万亿元，同比增长12.7%。

3.1.4 出口销售改善

据中国海关总署统计，2021年我国纺织品服装出口额为3154.6亿美元，同比增长8.3%，其中纺织品出口额1452亿美元，同比下降5.6%；服装出口额1702.6亿美元，同比增幅24%。

3.1.5 企业效益好转

国家统计局数字显示，2021年我国规模以上纺织企业实现营业收入5.18万亿元，同比增长12.3%；利润总额2676.8亿元，同比增长25.4%；纺织业、服装业和化纤也固定资产投资额同比分别增长11.9%、4.1%和31.8%。

3.1.6 服装行业表现突出

在国内外市场需求复苏向好、海外订单回流等积极因素的有力推进下，我国服装行业生产增速逐步趋于稳定，产量基本恢复至疫情前规模。

根据国家统计局数据，2021年我国服装行业规模以上企业工业增加值同比增长8.5%，增速比上年同期提高17.5个百分点，两年平均下降0.6%（以2019年相应同期数为基数，采用几何平均的方法计算，下同）；规模以上企业完成服装产量235.41亿件，同比增长8.38%，增速比上年同期提高16.03个百分点。从服装主要品类产量来看，受益于出口带动，针织服装生产保持较快增长，增幅达10.86%；机织服装产量同比增长4.85%。

我国对传统市场服装出口起到主要拉动作用，对“一带一路”出口保持快速增长。根据中国海关数据，2021年，我国对美国服装出口额为395.55亿美元，同比增长36.22%，拉动我国服装出口增长7.66个百分点，对欧盟、日本和东盟服装出口同比分别增长21.32%、6.31%和27.29%，以上四个国家和地区合计占我国服装出口总额的58.89%，拉动服装出口增长14.57个百分点。同时，我国对“一带一路”沿线国家和地区服装出口同比增长28.46%，拉动服装出口增长6.68个百分点，其中对吉尔吉斯斯坦、沙特阿拉伯、阿联酋服装出口同比分别增长252.33%、44.68%和67.27%。此外，我国对韩国、澳大利亚服装出口同比分别增长22.81%和29.35%，对非洲、拉丁美洲服装出口同比分别增长26.91%和49.26%。

3.2 2022年市场展望

2022年，全球经济复苏进程和国际市场需求恢复速度将有所放缓，我国经济也将面临较大的下行压力，但宏观经济韧性强、长期向好的基本面不会变。在此发展背景下，我国服装行业经济运行具备平稳向好的条件和基础，基于2021年行业恢复性增长的高基数效应和市场复苏力度减弱，预计2022年服装行业经济总体将呈低速运行态势，逐渐回归至常态化复苏轨道。

从国内市场来看，随着上年基数升高，宏观经济环境更趋复杂，网络渠道渡过疫情带来的红利集中释放期，服装内销市场将继续保持恢复性增长，但增长速度将呈现边际放缓。我国坚定实施扩大内需战略部署，将有效采取提振大众消费、培育新型消费、扩大城市消费、畅通农村消费等一系列政策措施，持续推动新业态、新场景、新产品、新品牌蓬勃发展，助力国内服装市场呈现产品创新、品质提升、品牌升级的高质量发展态势。

从国际市场来看，在国家出台多项稳外贸政策、海外需求回暖、区域贸易协定实施以及产业链优势等积极因素的支撑下，2022年我国服装出口有望在高基数上继续保持平稳运行，但仍将面临国际市场消费需求恢复的不确定性增加、海外订单回流形势或将逐渐消退以及国际物流不畅、运费上涨、地缘政治、涉疆法案、人民币汇率波动等诸多下行风险和挑战。

4　2020/2021年中国棉纺织运行状况及展望

中国棉纺织行业协会　刘春芳

【作者简介】中国棉纺织行业协会（简称中棉行协）是经中华人民共和国民政部核准登记的全国性社团组织，成立于1995年。协会现有会员单位近1000家，聚集了全国棉纺织、色织、牛仔布等大型骨干生产企业、事业单位和社会团体，会员企业生产的纱、布、色织布（含牛仔布）工业产值占全国棉纺织工业总产值约70%。协会主要任务是：在会员单位和政府部门之间起桥梁和纽带作用，传达贯彻政府的意图，反映企业的愿望和要求，根据政策法令维护会员的合法权益，竭诚为会员提供多方面的服务。

说明：文中所有数据采集时间为2021年1月1日至2021年12月31日。

摘要：2021年，在全国经济及各行业运行波浪式前进和螺旋式上升过程中，棉纺织行业尽管面临着新冠疫情冲击、原料价格波动、部分地区限电限产等因素影响，仍保持稳字当头、稳中求进，高质量发展取得新成效，行业依旧表现出强大的发展韧性与活力，实现了“十四五”良好开局。

4.1　行业运行质效

4.1.1　生产情况

2021年，国内疫情防控成果显著，纺织产业链供应链循环更加畅通，为棉纺织行业有序生产提供了有力保障，另外，全球消费市场正在缓步恢复，国内消费需求持续释放，出口订单平稳向好。中国棉纺织行业协会（以下简称中棉行协）跟踪重点企业及棉纺织集群的最新数据，截至2021年12月底，跟踪重点企业纺纱设备利用率为94.15%，织造设备利用率为92.99%，行业设备利用率整体处于合理水平。

1~12月，棉纺织企业纱产量同比增长11.75%，布产量同比增长5.43%，增速总体呈现放缓态势，其中第一季度纱、布产量增幅较大，主要是由于2020年一季度基数较低，如图3-4-1所示。

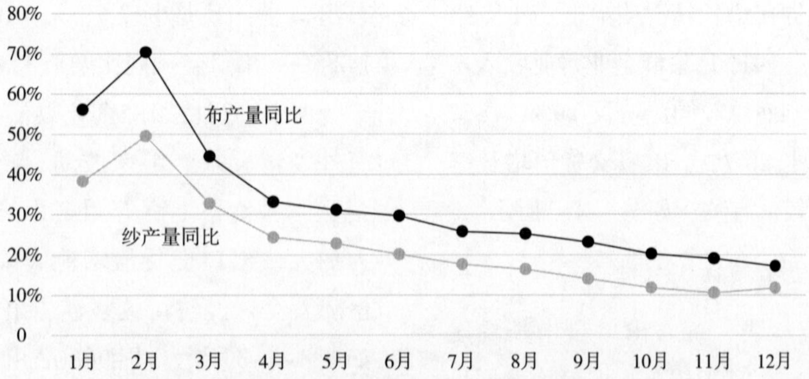

图3-4-1 2021年跟踪重点企业纱、布产量同比变化情况
数据来源：中国棉纺织行业协会

产业集群方面，据对棉纺织产业集群的跟踪调查，1~12月，集群企业设备利用率平均在83%左右，同比增长2.2%，其中规上企业设备利用率在90%左右。产量方面，1~12月集群企业各类纱线产量同比增长8.7%，其中规上企业同比增长8.5%；布产量同比增长8.3%，其中规上企业同比增长7.9%。

4.1.2 主要经济指标情况

据中棉行协跟踪企业数据显示，2021年我国棉纺织行业主营业务收入累计同比增长18.43%，利润总额累计同比增长44.23%，亏损面持续收窄，经营质效有所好转（图3-4-2）。2021年初市场明显好于去年同期，同时国家出台一系列减税降费等纾困惠企政策持续发力显效，企业经营

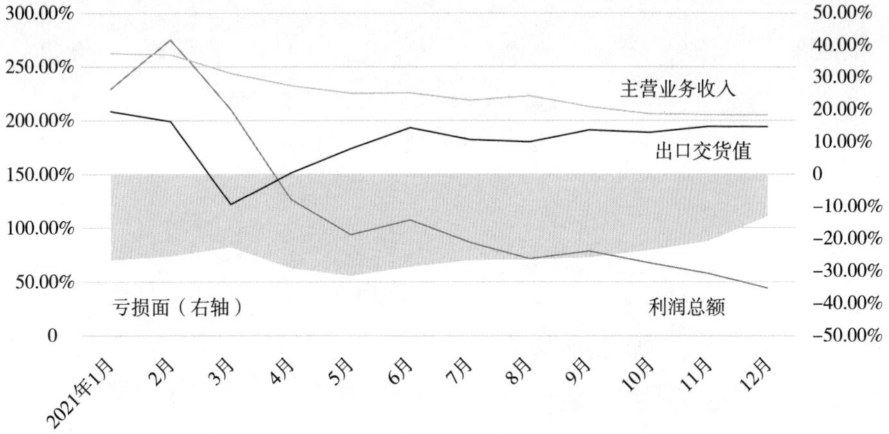

图3-4-2 2021年跟踪重点企业主营业务收入、利润总额、出口交货值、亏损面变化情况
数据来源：中国棉纺织行业协会

成本下降，叠加2020年1~3月整体基数较低等因素，一季度利润总额增速水平较高。

从跟踪的棉纺织产业集群情况看，集群企业营业收入利润总额同比增长情况明显低于重点跟踪企业。数据显示，1~12月集群企业营业收入累计同比增长5.3%，利润总额同比增长0.9%，出口交货值累计同比增长20.7%，出口交货值增长率较高与上一年基数较低有关，如图3-4-2所示。

4.1.3 棉纱、棉布出口情况

出口方面，棉纱线、棉布出口量增长幅度持平，棉纱线涨价幅度高于棉布。据海关数据显示，2021年我国纺织品服装累计出口总额3154.6亿美元，同比增长8.38%；其中纺织纱线、织物及制品出口1452.0亿美元，同比下降5.6%。其中，棉纱线出口量同比增长7.8%，出口单价同比增长19.97%，出口金额同比增长29.32%；棉布出口量同比增长7.79%，出口单价同比增长14.85%，出口金额同比增长23.8%。

据中棉行协跟踪企业数据显示，除3月，受海外疫情反复、汇率波动、物流受阻且费用高企、原料价格上涨等因素影响，棉纺织外贸压力加大，出口交货值增速大幅下降外，其余月份随着全球经济持续复苏，出口订单持续好转，如图3-4-3所示。棉纺织品出口相对较为平稳，增长韧性足，但由于年内棉价涨价幅度较高、海运费较疫情前大幅上涨、人民币升值等因素影响，订单利润被压缩。

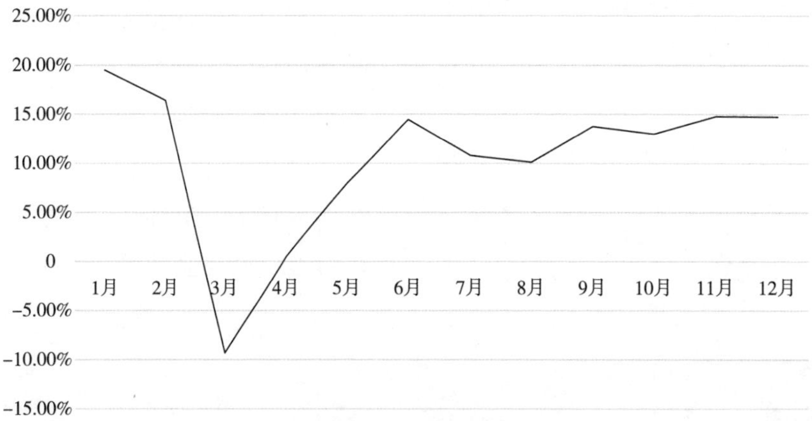

图3-4-3 2021年跟踪重点企业出口交货值

数据来源：中国棉纺织行业协会

4.1.4 行业景气度

中国棉纺织景气指数由7个分类指数构成，即原料采购指数、原料库存指数、生产指数、产品销售指数、产品库存指数、经营指数、企业信心指数，50为临界点。从2021年中国棉纺织景气指数可以看出，2021年1~8月，棉纺织景气指数在临界线上下波动，自9月起，受“双控”政策影响，企业生产受限，加上下游需求启动不及预期，景气指数开始在临界线下徘徊。10月原料价格大幅上涨，用电压力逐步缓解，产品销售情况好转，景气度有所提升。随后进入传统淡季，市场稳中放缓，如图3-4-4所示。

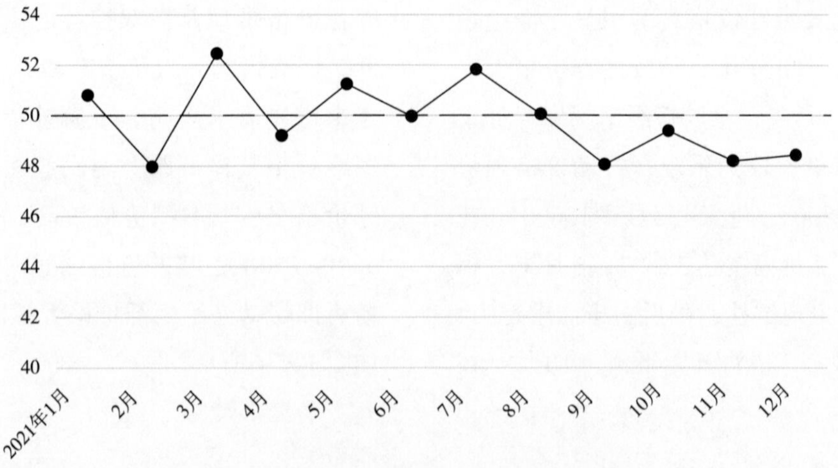

图3-4-4 2021年中国棉纺织景气指数走势

数据来源：中国棉纺织行业协会

4.2 原料及纱布市场

4.2.1 原料供应

4.2.1.1 全年棉花及非棉纤维价格走势

国内棉价前三季度总体稳中有升，第四季度强势走高，如图3-4-5所示。2021年，随着全球经济复苏，国内外市场逐步回暖，需求缓步释放，支撑棉价走强。10月初，受外棉价格走高、新疆籽棉收购价格大幅上升、新疆棉区雨雪天气的影响，资金借机炒作，国庆节后郑棉期货开盘涨停，拉动现货涨价，3128B级棉花现货价格近23000元/吨，为近十年来的高位。随后国家加大期现货市场监管力度，并于10月8日开启2021年度第二次储备棉投放，以稳定棉价、保障纺企用棉需求，棉价随即走弱。从价格上来看，截至12月31日，国内3128级棉花价格较1月初上涨45.41%。另外，年内国内棉价持续高于国际棉价，内外价差一度扩大至4489元/吨，纺企外贸价格竞争压力加大。

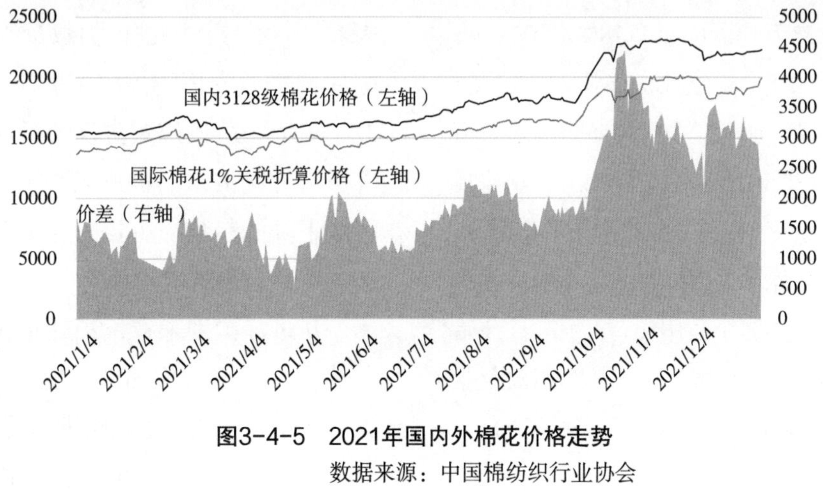

图3-4-5 2021年国内外棉花价格走势

数据来源：中国棉纺织行业协会

2021年，粘胶短纤价格震荡明显，涤纶短纤价格相对平稳。2021年，粘胶短纤价格大致呈现两次涨落。1月起，粘胶短纤市场库存处于低位，可执行订单量较为乐观，拉动价格强势上扬，从年初11800元/吨涨至2月底15600元/吨的年内最高点，涨价幅度达32.2%，3月末，棉粘价差甚至一度出现倒挂，随后由于需求乏力，厂家库存压力加大，价格开始下滑。10月，在棉花价格带动及“双控”的影响下，开工率降低，厂商惜售，报价节节攀升，出现一波小涨。年末仍受需求影响，下游补货意愿不强，粘胶短纤价格整体下跌。与粘胶短线相比，涤纶短纤价格虽经历M型价格波动，但价格基本处于6500~7500元/吨的价格区间内，10月受原料先扬后抑带动涤纶短纤价格大幅冲高后有所回落，如图3-4-6所示。

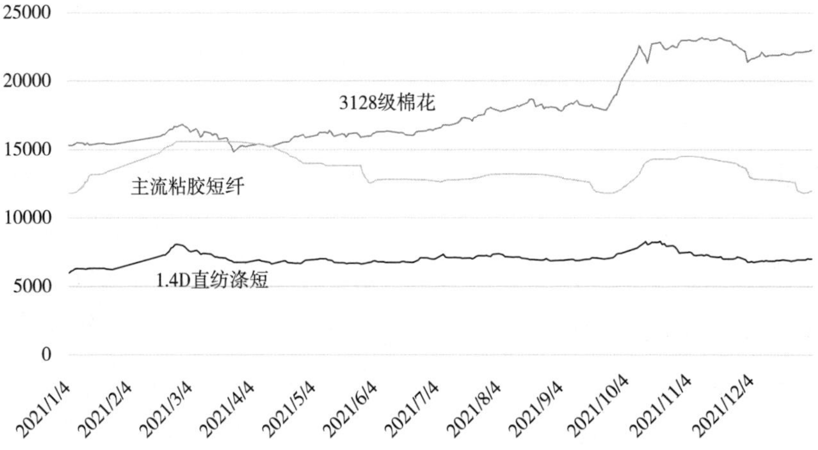

图3-4-6　主要棉纺织原料价格走势

数据来源：中国棉纺织行业协会

4.2.1.2　储备棉投放

2021年度，国家共向市场投放储备棉154.24万吨，实际成交120.27万吨，成交率78%。2021年，国内棉花价格涨至10年内高位且波动幅度较大，纺企用棉成本及采购风险加大。为保障纺企用棉，国家先后3次启动储备棉轮出。储备棉轮出有效抑制了棉价上涨过快的势头，促进了棉花市场平稳运行，发挥了平抑棉价、保障纺企用棉的重要作用。本次轮出期间，为了保障实体企业用棉，8月24日开始至第二批中央储备棉投放结束，仅限纺织用棉企业参与竞买，非纺织用棉企业停止参与储备棉竞拍。

4.2.1.3　棉花进口

海关数据显示，2021年我国累计进口棉花214.4万吨，同比下降0.6%；进口贸易方式中一般贸易排在首位，占比为38%。从月度进口数据来看，1~6月我国进口棉数量维持高位，主要受国内良好的疫情防控政策影响，下游需求旺盛，及中美第一阶段经贸协议的履行，增加了对美棉等进口棉的需求。但进入7月以后月度进口量呈持续下降的趋势，主要因为东南亚纺织国家的复产复工，订单再度转移。

从进口国别来看，2021年我国进口棉花仍以美棉为主，但占比缩减，巴西棉占比增长明显，见表3-4-1。2021年我国进口美棉82.89万吨，占总进口量的38.7%；进口巴西棉64.39万吨、印度棉41.08万吨，分别占总进口量的30%和19.2%。

截至2021年12月31日，国际棉花1%关税折算价格为19938元/吨，内外棉价差2332元/吨，进口棉成本优势明显，预计2022年棉花进口仍将保持一定的数量。

表3-4-1 2021年我国棉花进口情况

国别	数量（万吨）	同比（%）	占比（%）
总计	214.42	-0.6	—
美国	82.89	-15.1	38.7
巴西	64.39	4.2	30
印度	41.08	62.4	19.2
澳大利亚	3.49	-70.3	1.6

数据来源：中国海关总署

2021年国家在发放89.4万吨1%关税配额的基础上增发70万吨棉花关税配额外优惠关税税率进口配额，全部为非国营贸易配额，其中，40万吨限定用于加工贸易方式进口；30万吨不限定贸易方式，获得配额的企业申领配额证时可自行选择确定贸易方式。企业可单独申请加工贸易配额或不限定贸易方式的配额，也可同时申请。这是连续第四年发放滑准税棉花进口配额，为纺织企业签约进口棉提供了充足的条件，但是仅30万吨配额不限定贸易方式，低于市场预期。

4.2.2 棉纺织代表产品价格走势

从全年价格数据来看，棉纱、布价格呈波动上行态势，大致有3个较为明显的价格波动，其中纱、布价格波动幅度最大的时间是10月初，如图3-4-7所示。10月上旬，棉花现货价格涨幅近2000元/吨，纺企用棉成本明显增加，产品价格硬性上涨。随后受棉花政策以及市场需求偏弱的影响，纱、布价格开始回落。从价格方面来看，32支纯棉纱价格从1月初的23150元/吨涨至10月中旬的最高位29600元/吨，涨幅27.9%；10月中旬，纯棉坯布（32×32130×702/147″ 斜纹）价格涨至6.60元/吨的高位，与年初相比，涨幅达到26.68%，坯布涨价慢于纱线，幅度低于纱线。

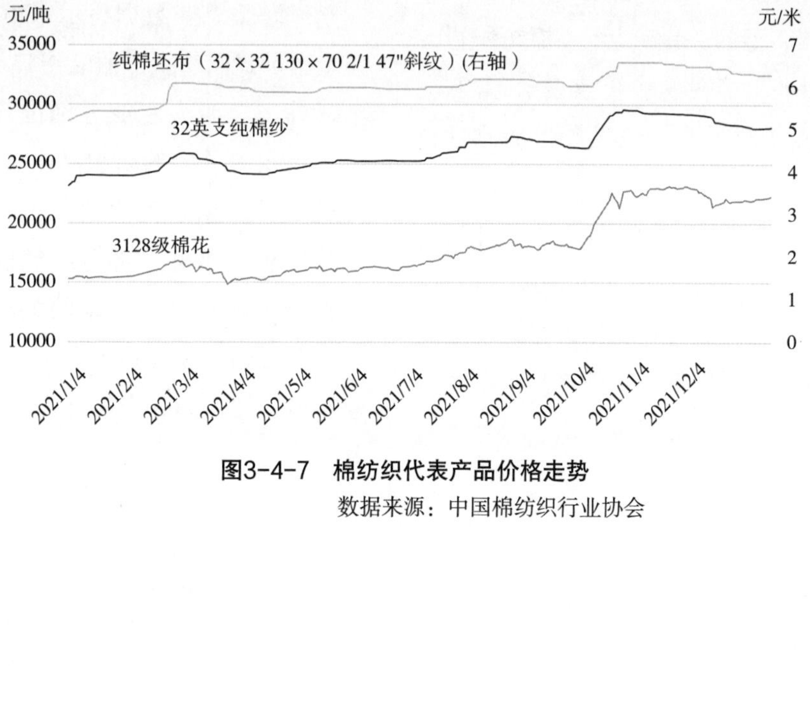

图3-4-7 棉纺织代表产品价格走势

数据来源：中国棉纺织行业协会

4.3 2022年行业发展趋势

4.3.1 消费升级引领创新

2021年，尽管面临新冠疫情影响持续、全球经济复苏放缓等因素影响，我国经济复苏进程仍保持稳健，全国居民收入延续恢复性增长态势，消费市场持续复苏。国家统计局数据显示，2021年，全国居民人均可支配收入比上年名义增长9.1%，扣除价格因素，实际增长8.1%；全国居民人均消费支出比上年名义增长13.6%，扣除价格因素影响，实际增长12.6%。其中人均衣着消费支出增长14.6%，增速高于人均消费总支出。数据展示出2021年我国消费市场红利正持续释放，注重品质、品牌、文化的消费占比不断加大。消费需求迭代赋能纺织行业持续向“科技、绿色、时尚”的定位发展，在“国内国际双循环”的新发展格局下，洞察新需求、满足新消费，加快孕育行业发展新生机。

4.3.2 绿色制造助力行业提质增效

“十四五”时期是我国应对气候变化、实现碳达峰目标的关键期和窗口期，也是我国棉纺织行业实现绿色低碳转型的关键五年。《棉纺织行业“十四五”发展指导意见》中重点表示，“双碳”战略目标对棉纺织行业绿色发展形成刚性需求。

多年来，棉纺织行业不断加快绿色、低能耗生产技术研究和推广，加快行业绿色升级改造，提高绿色产品开发能力和循环再利用纤维的应用比例，开发低能耗、高附加值的纺织产品；研发推广低耗绿色生产工艺；建立绿色工厂、绿色生产示范企业（生产线）；完善棉纺织绿色工厂评价指标体系及相关标准等。在我国构建“双循环”“双碳”战略新发展格局的背景下，立足新发展阶段，加快行业绿色转型。

4.3.3 国际市场再调整，外贸形势可能出现新变化

新冠肺炎疫情持续，国际产业链、供应链挑战持续，国外贸易保护主义有加剧趋势，全球各主要经济体通胀水平持续上升等因素给2022年世界经济走势增加了不确定性，也对国际消费能力有所抑制。另外，随着疫情演变，东南亚、南亚地区国家纺织供应链产业链或将逐步恢复，回流中国的订单可能出现逆回流，棉纺织企业需谨慎应对。

与此同时，《区域全面经济伙伴关系协定》（RCEP）陆续在15个成员国正式生效，这标志着全球人口最多、经贸规模最大、最具发展潜力的自由贸易区正式落地。RCEP将释放众多国际贸易和投资政策红利，为我国纺织服装行业的国际化发展和全球纺织服装供应链的巩固与整合带来重大利好。

据海关总署数据显示，RCEP成员国中，东盟十国是我国纺织品服装出口的第二大市场，日本、韩国、澳大利亚分别位列第三、第五、第十，是我国重要的纺织品服装出口市场。RCEP实施后，受惠于关税的逐步取消和贸易投资政策的便利化措施，部分纺织服装产品将可以享受到超出原有自贸协定的关税减让，建议棉纺织企业加强对RCEP原产地规则的学习，优化产业布局，加强国际产能合作，进一步提高国际竞争力。

5 2020/2021年度郑州棉花期货市场运行情况

江苏南京弘一期货公司 王晓蓓

2020/2021年度是郑州商品交易所棉花期货（以下简称“棉花期货”）上市的第16个年度。

本年度处于疫情后消费恢复期，在消费的带动下棉价整体上呈震荡上行走势，但在疫情不断突发的情况下棉价仍避免不了大幅波动。近年国内棉花市场先后受中美贸易和新冠肺炎疫情影响，现货企业稳定经营难度加大，尤其需要使用相关风险类工具规避现货经营风险。在此背景下，郑棉期货市场良好地发挥了期货服务现货实体的功能，为现货企业的稳定经营保驾护航，为其提供有效的风险规避场所。新冠疫情继续影响国内外棉花消费，多点、频发、传播快等特点导致棉价剧烈、多频波动，涉棉企业对于利用棉花期货规避风险的需求强烈。2020/2021年度，郑州棉花期货市场共计交割棉花68992手，共计期转现306944手；日均持仓量和成交量分别为70.9万手和51.4万手。棉花期货良好的市场流动性以及广大现货企业的参与更加促进了郑棉期价与现货价格的相关性。2020/2021年度，全年度棉花期现货价格相关性达到0.99；同时，国内外棉花期货价格继续保持高度相关，与国际棉花期货价格相关系数为0.93。

规则制度上，为了更好地服务现货，郑州商品交易所对棉花交割仓库进行了调整。同时，结合市场情况，免收2021年9月1日至2021年12月31日期间标准仓单作为保证金的手续费，进一步降低了现货企业参与期货市场的费用。

5.1 2020/2021年度棉花期货市场运行情况

5.1.1 价格震荡走高（图3-5-1）

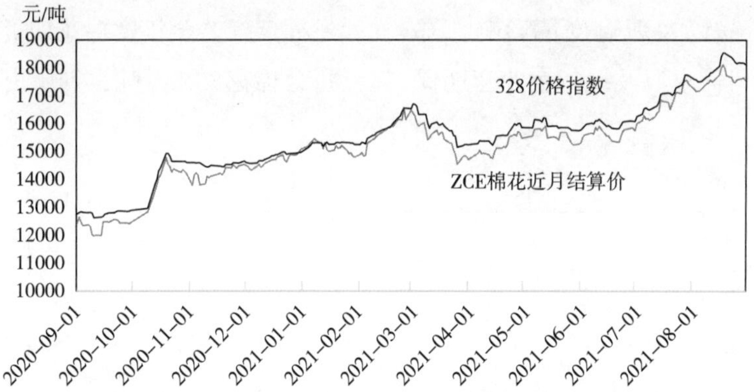

图3-5-1 价格震荡走势

2020/2021年度，郑棉期货延续疫情后消费恢复行情，价格整体上呈震荡上涨走势，大体可分为两个阶段：2020年9月至2021年2月为一个阶段，2021年3月至2021年8月为另一个阶段。

第一阶段，2020年10月，国内新花集中上市，轧花厂抢收导致该月棉花价格大幅度走高，至10月中旬，最高涨幅超2500元/吨；2021年2月，在宏观宽松、美国农业部多以及新棉播种面积预期下降的众多利多因素支撑下，郑棉快速拉升，2月涨幅近1700元/吨。

第二阶段，2021年3月呈显著回落走势。最初，新棉播种面积降幅低于预期；3月中旬，外围市场迎来加息潮，诸如巴西、土耳其、俄罗斯等国先后加息；3月底，欧洲个别跨国集团宣布禁止使用新疆棉将国内郑棉期价推入了阶段性底部。随后，在减产、下游消费恢复等利多的支撑下，郑棉一路震荡上扬。

2020/2021年度，棉花期货市场近月结算价累计上涨5100元/吨，涨幅高达41%；最大波幅为6130元/吨，较上年度显著扩大。郑棉主力合约年度内最低值为12910元/吨，在9月初录得；2021年8月中旬录得年度内最高值18505元/吨。2020/2021年度，棉花现货价格整体走势与期价较为一致，全年度整体上涨5356元/吨，涨幅42%；最大波幅5909元/吨，期现货价格相关性为0.99。

5.1.2 日均成交活跃，流动性良好

近年，受中美贸易以及新冠疫情影响，郑棉波动幅度较大，投机需求以及现货企业套期保值等规避风险需求加大，日均持仓量维持较高水平。2020/2021年度，棉花期货的日均持仓量为61.5万手，日均成交量为46.01万手，均为棉花期货上市以来第四高，如图3-5-2所示。

从日均持仓的变化趋势来看，与国内新棉上市有着明显的季节性。2020年9月至2021年3月，国内新棉集中上市、仓单集中注册期，郑棉期货市场日均持仓量整体上呈增加趋势；随着新棉销售进程的推进，郑棉期货的日均持仓量也随之下降，2021年4月至2021年8月，整体上呈下降趋势。日均成交量方面，10月日均成交量为全年度之最，为779979手，概因本月国内棉花期货价格涨势显著；其次是2021年3月，日均成交量为546433手，该月在年度内跌幅较大。从整个年度来看，除去10月，2020/2021年度，棉花期货月度日均持仓量和日均成交量波动均较平稳，如图3-5-3所示。

5.1.3 仓单量维持高位，期货销售平台作用继续较好发挥

2020/2021年度，棉花交割数量继续保持高位，期货市场辅助棉花现货销售的平台作用继续发挥良好。全年度棉花期货仓单峰值为21417张，折合棉花85.7万吨，创历史次新高；棉花交割和

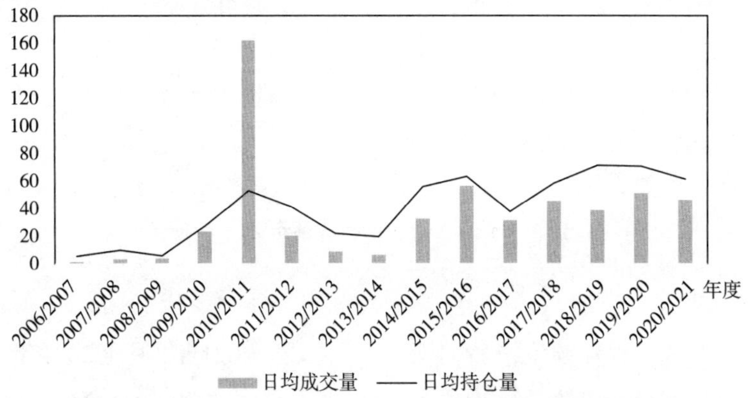

图3-5-2 2020/2021年度棉花期货日均持仓量和日均成交量

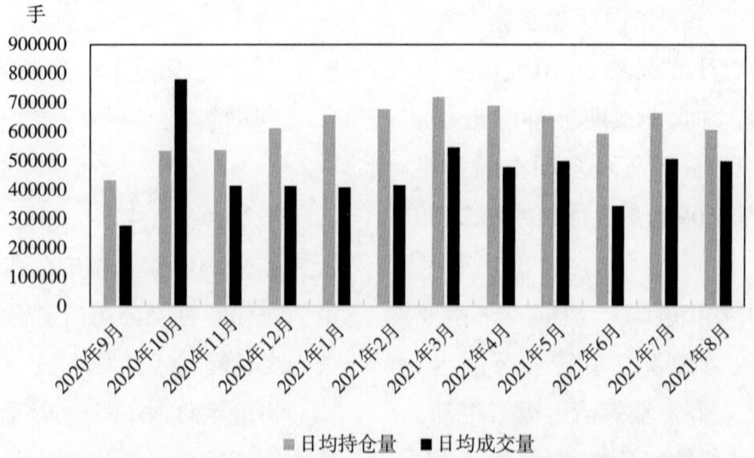

图3-5-3 2020/2021年度棉花期货月度日均持仓量和日均成交量

期转现量共计188万吨，较上一年度同比增长7.6%。从基差情况分析，棉花基差绝大部分时间处于正值，即大部分时间处于期货贴水现货的状态。2021年8月24日，棉花期现货基差达到本年度正向市场极值924元/吨，较上个年度正向市场极值扩大237元/吨。全年度基差反向市场极值出现在2020年9月1日，为417元/吨，较上个年度的反向市场极值收敛545元/吨，如图3-5-4所示。

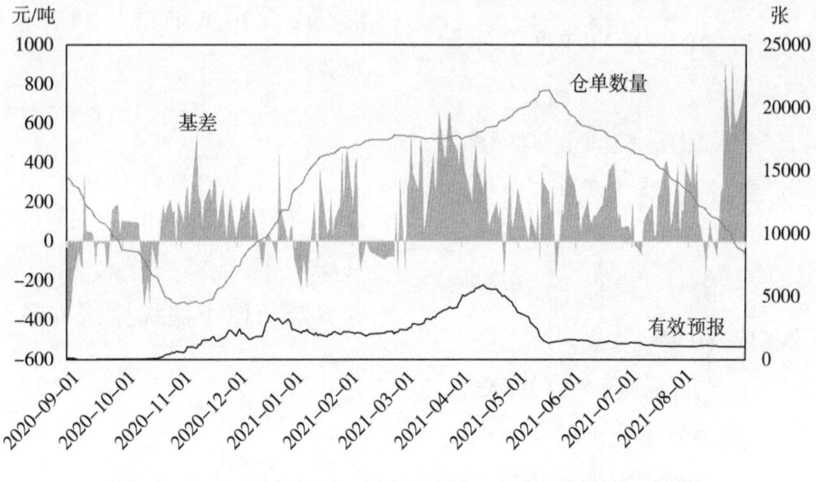

图3-5-4 2020/2021年度棉花基差、仓单数量及有效预报

5.2 2020/2021年度国内外棉花市场影响因素分析

5.2.1 国内棉花市场行情

2020/2021全年度棉花期货价格走势整体上可分为三个阶段：2020年9月至2021年1月，快速拉升后温和上涨；2021年2月至2021年3月，快涨快跌；2021年4月至2021年8月，温和上涨。

2020/2021年度初，籽棉上市，轧花厂抢收，叠加下游订单放量，国内郑棉期货价格在9月、10月呈快速上涨走势，随后进入温和涨势一直持续至2021年1月。

第二阶段，郑棉呈冲高回落走势。在宏观宽松、美农报告利多以及新棉播种面积预期下降的众多利多因素支撑下，国内郑棉快速上涨，彼时主力2109合约2月涨幅约2000元/吨；3月，新棉播种面积降幅低于预期、外围市场、加息潮以及“新疆棉事件”等众多利空因素使棉价大跌，彼时主力2109合约3月跌幅约2200元/吨。

国内天气影响引发棉花减产预期、东南亚地区部分国家新冠疫情加重订单转移至国内、黑色等大宗商品价格强势上涨等诸多因素带动，2021年4月至8月，郑棉期货价格整体呈温和上涨走势。主力2201合约在8月中旬达到18505元/吨的阶段性新高，该阶段累计涨幅约2000元/吨。

2020/2021年度，国储棉轮出共计成交51.2万吨，总成交率100%。

5.2.2 国际棉花市场

美棉期货价格走势在2020/2021年度也分为三个阶段。

2020年9月至2021年2月，整体上呈震荡上扬走势，主逻辑为新冠疫情后消费恢复、新棉产区天气不利影响、中美贸易第一阶段协议的实施以及美棉出口强劲。在此阶段，美棉主连涨幅高达46.8%，涨势高于国内。

2021年3月至4月，先抑后扬。美棉植棉面积降幅及中美贸易新一轮谈判不及预期，美棉在3月大跌，跌幅约12%；4月在天气的加持下美棉低位反弹至90美分附近。

2020年5月至8月，得益于天气以及强劲的出口数据，美棉整体上呈震荡回升走势，并在8月中旬录得全年度最高96.71美分/磅。该阶段，美棉连续累计涨幅13%左右。

5.3 2020/2021年度棉花期货市场政策调整情况

2020年9月4日，郑商所发布《关于取消指定棉花交割仓库资格的公告》。经研究决定，取消南通棉麻有限公司指定棉花交割仓库资格，自公告之日起实施。

2020年11月13日，郑商所发布《关于调整棉花期货替代交割品升贴水的公告》。自2021/2022年度生产的棉花开始实施。

2020年11月20日，郑商所发布《关于增设指定棉花交割仓库的公告》。为更好地发挥棉花期货市场功能，经研究决定，增设新疆中锦胡杨河仓储物流有限公司和新疆兵棉宏泰物流有限公司为指定棉花交割仓库。以上新增指定棉花交割仓库自2020年11月27日起开展棉花期货交割业务。

2020年12月9日，郑商所发布《关于暂停中储棉徐州有限公司棉花期货入库业务的公告》。根据《郑州商品交易所指定商品交割仓库管理办法》第二十六条相关规定，经研究决定，即日起暂停中储棉徐州有限公司棉花期货入库业务。

2021年7月20日，郑商所发布《关于取消指定棉花交割仓库资格的公告》。经研究决定，取消山东省禹城棉麻有限公司的指定棉花交割仓库资格，自公告之日起实施。

2021年8月24日，郑商所发布《关于暂免收取标准仓单作为保证金手续费的通知》。经研究决定，免收2021年9月1日至2021年12月31日期间标准仓单作为保证金的手续费。

6　2020/2021年度国际棉花和纺织市场形势分析

中储棉信息中心研究室主任　郗今

6.1　全球棉花产需总体情况

2020/2021年度，全球棉花产量同比减少183万吨至2430万吨，消费量同比增加297万吨至2630万吨，出口量同比增加140万吨至1060万吨，期末库存同比减少191万吨至2035万吨。德尔塔变异病毒对纺织行业开工率的影响应将持续，预计2021/2022年度，全球棉花消费量可能有所减少，国际棉花现货均价预测为98.2美分/磅，最低价为76美分/磅，最高价为126美分/磅。

6.2　区域动态

6.2.1　中国

2020/2021年度，中国棉花消费量为840万吨，同比增幅16%，占全球棉花消费量的三分之一；进口量280万吨，同比增幅80%，创7年以来最高纪录，占全球进口总量的27%。全球纺织品服装消费需求的逐步恢复，中美双方在2020年1月签署的关于中国增加从美国进口包括棉花在内的农产品数量的协议，以及美国限制新疆棉制品的举动等是刺激中国棉花进口量增加的主要因素。

6.2.2　印度

2020/2021年度，印度棉花产量为600万吨，占全球总产量的四分之一；消费量为570万吨，同比增幅28%，创历史最高纪录。2020年底开始，印度纺织企业开始陆续复工，导致棉花消费量大幅增加。同时，印度棉花出口量同比也大幅增加，由2019/2020年度的70万吨增至2020/2021年度的133万吨，主要出口目的地包括孟加拉国、中国、印度尼西亚、巴基斯坦和越南。一般情况下，印度出口的棉花都是纤维长度在28.5毫米以上的，而进口的棉花品种则是多种多样的。

6.2.3　美国

2020/2021年度，美国棉花产量为318万吨，同比减幅27%；出口量为363万吨，同比增幅5%，占全球棉花出口总量的36%。产量的减少和出口量的增加导致期末库存由2019/2020年度的123万吨锐减至26万吨。

6.2.4　巴基斯坦

2020/2021年度，由于种植面积减少、天气状况不够理想且病虫害严重，巴基斯坦棉花产量同比减少33%至89万吨，创历史最低记录。棉花种植面积减少的主要原因是巴基斯坦政府出台了相关优惠政策鼓励农民种植甘蔗和玉米。在这种情况下，预计在2021/2022年度棉花种植面积也很难增长。2020/2021年度，巴基斯坦棉花消费量同比增长了9%至215万吨。在棉花大幅减产的情况下，巴基斯坦进口110万吨棉花以满足纺织用棉需求，同比增幅26%。值得关注的是，2019年巴基斯坦曾宣布暂停与印度的双边贸易关系，不再从印度进口棉花。同时，印度也宣布取消巴基斯坦最惠国待遇，对巴基斯坦商品征收200%关税。然而，从2021年4月开始，为保障国内棉花供应，巴基斯坦不得不恢复对印度棉的进口。

6.2.5 孟加拉国

2020/2021年度，孟加拉国棉花进口量为169万吨，同比增幅13%，占全球棉花进口总量的16%，主要进口来源为非洲（37%）、印度（26%）和美国（11%）。孟加拉国纺织厂十分青睐印度棉，因为价格便宜且质量尚可。

6.2.6 越南

2020/2021年度，越南棉花消费量为152万吨，同比增幅5%；进口量为155万吨，同比增幅为10%。近年来，越南政府通过出台优惠政策招商引资，使纺织行业发展迅速，用棉需求不断攀升。近期，越南的新冠肺炎确诊病例有增长态势，纺织企业随时面临停产，交通运输也将面临困难。预计2021/2022年度，越南棉纱出口需求将进一步增长。主要原因是美国限制新疆棉制品出口将导致中国棉纱进口需求大幅增长，而越南一直都是中国最大的棉纱供应国。

6.2.7 韩国

2020/2021年度，韩国棉花进口量同比增长11%至13.8万吨。但从总体上看，自2014/2015年以来，韩国棉花进口需求一直呈下降趋势，主要原因如下：一是韩国纺织制造业不断向要素成本更低的国家转移；二是韩国货币持续升值；三是智能纺织、数码印花和纳米材料纺织的兴起。

6.2.8 印度尼西亚

2020/2021年度，疫情对印度尼西亚纺织业的影响仍在持续，棉花消费量为50万吨，同比减幅10%；进口量为47.7万吨，同比减幅13%。

6.2.9 乌兹别克斯坦

2020/2021年度，乌兹别克斯坦棉花产量为103万吨，同比增幅94%；棉花消费量79.6万吨，同比增幅10%。近几年，为促进经济发展，乌兹别克斯坦政府出台优惠政策大力招商引资，吸引了大量国外企业投资建厂。随着各国纺织企业的进入，乌兹别克斯坦的棉花消费量不断增加。2020/2021年度，为满足纺织企业用棉需求，乌兹别克斯坦棉花种植面积大幅增加。

6.2.10 土耳其

2020/2021年度，土耳其棉花产量65.6万吨，同比减幅19%；消费量157.7万吨，同比增幅7%。产量的减少与消费量的增加导致棉花进口量同比增加14%至116万吨。

6.2.11 巴西

2020/2021年度，巴西棉花产量为236.6万吨，同比减幅22%；棉花出口量为239.8万吨，同比增幅23%。巴西棉花主要出口目的地包括中国（30%）、越南（17%）、巴基斯坦（12%）、土耳其（12%）和孟加拉国（11%）。

6.2.12 澳大利亚

2020/2021年度，澳大利亚供水状况得到改善，棉花产量为60.8万吨，同比增幅429%；出口量34万吨，同比增幅15%。

6.3 价格走势

2020/2021年度，代表国际棉花现货价格水平的考特鲁克A指数均价为84.96美分/磅，较2019/2020年度上涨19%，是过去7个年度中的第二高点。2020年，全球棉花种植面积同比下降7%。导致棉花种植面积减少的主要原因是，与棉花有竞争关系的作物种植面积均有所增加。全球大豆、小麦、玉米和稻谷种植面积同比分别增加了4.2%、2.6%、1.6%和1.3%。同时，新冠病毒疫苗的逐步应用，限制出行的疫情防控禁令逐步放开，国际商品流通不断加速。以上这些因素共同刺激棉花消费需求增长，推动棉价逐步走高。

7 2020/2021年度棉花市场预警报告

中储棉信息中心总经济师 冯梦晓

2020年度[1]，全球棉花市场供求水平仍较宽松，中国产需缺口有所扩大。百年一遇的新冠疫情重创世界经济。眺望后疫情时代，在流动性巨浪与现实竞争环境中求生存、谋发展成为牵引本年度棉花市场的基本力量。

7.1 2019年度全球棉花消费锐减，供给显著过剩

贸易摩擦硝烟未尽，新冠疫情接踵而至，2019年度全球棉花消费大幅下降，供给显著过剩。

7.1.1 全球棉花消费陷入近15年来的低谷

在中美贸易摩擦形势严峻，棉花下游出口前景黯淡的背景下，时间进入2019棉花年度。2019年12月13日，中美就第一阶段经贸协议文本达成一致。2020年1月15日中美签署第一阶段经贸协议。2019年末2020年初，新冠疫情暴发。为保护生命，中国及海外一度采取隔离封闭措施。2019年度全球棉花消费约2223.6万吨（美国农业部9月），创2004年度以来新低，同比下降幅度超过15%，为1989年度以来最大降幅。根据国家棉花市场监测系统发布的数据，中国棉花消费量降至701.4万吨，同比下降12%，如图3-7-1所示。

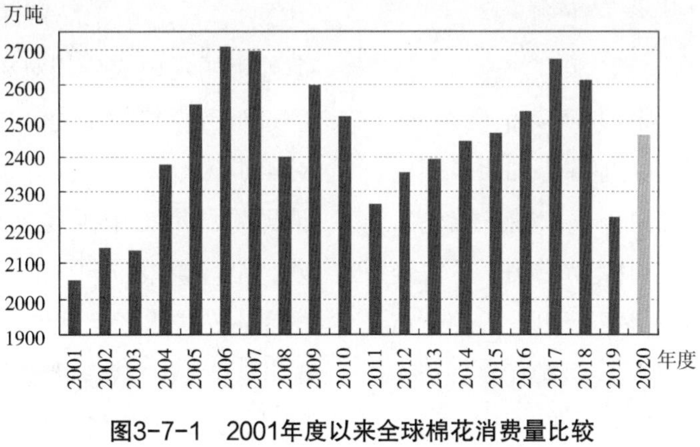

图3-7-1 2001年度以来全球棉花消费量比较

数据来源：国家棉花市场监测系统、美国农业部

[1] 2020/2021年度，简称2020年度，具体为2020年9月至2021年8月。

7.1.2 全球棉花供求关系由显著宽松走向更为宽松

与棉花消费端的萎缩相比，作为大宗农产品的棉花，其供给端难以随之变化。供给刚性与需求弹性之间的不可协调性成为新冠疫情背景下棉花市场的主要矛盾。从2020年2月至7月，国际机构将2019年度全球棉花期末库存消费比由69%一路上调至98%，登上30多年来的高峰，如图3-7-2所示。

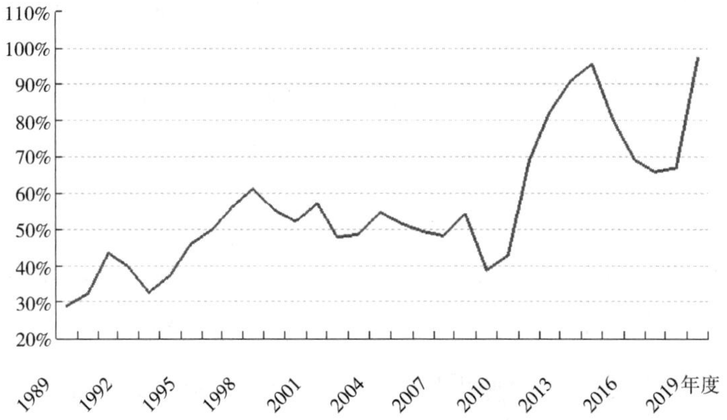

图3-7-2 1989年度以来全球棉花市场期末库存消费比

数据来源：国家棉花市场监测系统、美国农业部

7.2 国内外棉花价格一波三折，年度均价大幅下跌

外部环境对2019年度棉花市场造成猛烈冲击，海量资金、市场情绪、行业运行指标、资本市场走势及其边际效应占据棉花市场定价机制主导地位。

7.2.1 悲观、减压与希望

2019年度之初，面对棉花增产与消费黯淡，市场情绪悲观，中国较高的商业库存加大了国内棉价下降幅度。2019年12月，国家储备棉轮入政策启动，棉花供给减压。中美贸易第一阶段经贸协议取得进展。悲观氛围逐步淡出，人们对市场前景寄予希望。随着棉价风险明显释放，资本借势布局。郑棉主力合约从2019年10月上旬至2020年1月中旬一路上扬，由12085元/吨上涨至14370元/吨，涨幅约18.9%。ICE棉花期货主力合约由2019年9月初的57.86美分/磅攀升至2020年1月13日的71.53美分/磅，涨幅超过23.6%。国内外棉花市场抵御了北半球皮棉集中上市的压力，行情保持波动上行态势。

7.2.2 抗疫、观望与惊恐

2020年初，新冠疫情暴发，市场先后经历了快速下跌与恐慌性暴跌。2020年1月14日至2月3日，不足10个交易日，国内棉价下跌11.8%，海外市场观望成分相对居多，棉价跌幅为6.6%。经过艰苦卓绝的努力，中国扭转了疫情局势。2月4日至19日，棉价企稳上行。正当人们认为疫情即将结束，中国复工复产之际，海外疫情暴发，全球警报拉响。2月下旬至3月，全球60个国家宣布进入紧急状态，部分国家宣布进入“战时状态”或“战争状态”。部分大国疯抢防疫物资，全球金融市场一片惊恐，价格暴跌，美国股指四次熔断，恐慌指数连创新高，美国原油期货5月合约跌入负值。27天时间，国内、国外棉价跌幅分别达22.23%、30.49%。

7.2.3 舒缓、修复与贪婪

得益于多重有利因素，棉价不惧纱价跌势，行情重心上移。其一，世界各国纷纷出台巨额经济援助政策，财政支持力度推向新高度，货币政策宽松水平刷新历史新高。其二，随着欧美疫情趋稳，特别是美国纽约市呼吸机等防疫物资短缺问题逐步得到缓解，市场恐慌氛围边际趋缓。其三，3月17日美国纳斯达克股票指数止跌，3月19日黄金、白银及铜等贵金属快速反弹，充裕的流动性纷纷抓住上涨机会，4月初资本市场上涨已成燎原之势。国内外棉价企稳反弹。其四，中国服装类商品零售及出口同比降幅先后于4月、5月后收窄，边际向好态势不断呈现（图3-7-3）。6月下旬，因担心国储棉出库市场承压，价格略有下滑。《关于组织2020年中央储备棉轮出销售的公告》发布后，明确了2019年度棉花市场最后的供给增量，政策多项保护性工具平复了市场情绪。随着“利空出尽”，7月棉价企稳上行态势确立。截至2019年8月底，郑棉主力合约反弹至13000元/吨附近，比3月底低点上涨26.4%,ICE棉花主力合约反弹至65美分/磅一线，比3月底低点上涨35.5%（图3-7-4）。

图3-7-3 2019年度以来中国服装国内零售及出口同比
数据来源：国家统计局、国家棉花市场监测系统

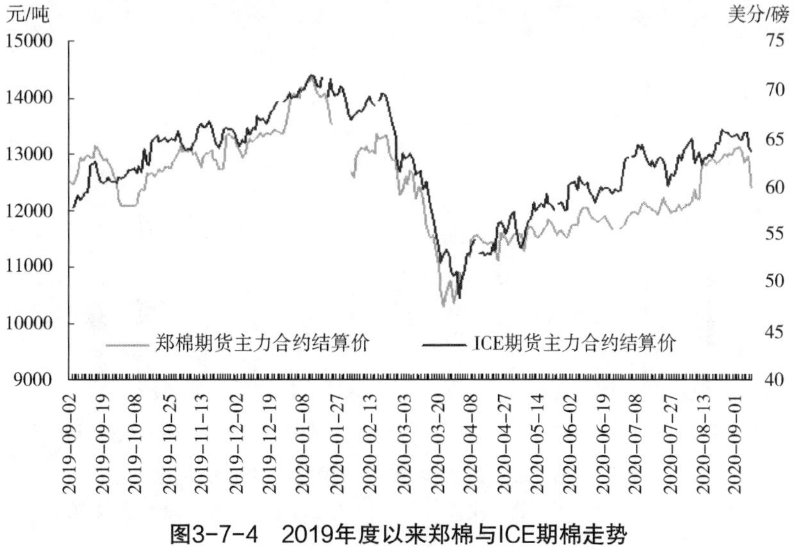

图3-7-4 2019年度以来郑棉与ICE期棉走势
数据来源：国家棉花市场监测系统

随着美国股市不断"收复失地"，6月中旬之后，纳斯达克股票指数超越疫情暴发前高点，朝着创造历史新高不断推进。与居高不下的失业率形成强烈反差。资本贪婪的秉性暴露无遗，为金融市场后期运行埋下隐患。

整体来看，中美贸易争端及全球新冠疫情大流行两件大事基本覆盖了2019全年度。重压之下，代表国棉现货价格的国棉B指数年度均价下降至12515元/吨，为10年来新低，比上年下降17.6%。ICE棉花期货主力合约均价跌至62.29美分/磅，创2009年来新低，同比下降幅度14.11%，为2015年来的最大降幅。

7.3 2020年度棉花市场风险预警

世界处于动荡变革时期，新冠疫情加剧了外部环境的复杂性。大国博弈、科技争端再度升级，部分国家强调"国家安全"优先，效率不再成为全球价值链唯一导向。市场在全球资源配置中发挥的作用进一步降低。

7.3.1 2020年度国内外棉花供求格局分析

2020年度，全球棉花期初库存显著扩大，产量有所下滑，消费略有增加，供给仍明显大于需求。中国产需缺口或略有增加。若后期宏观经济恢复乏力，不排除棉花市场供求关系进一步宽松的可能性。

7.3.1.1 全球棉花市场较为宽松，期初库存创五年来新高

根据美国农业部9月发布的报告，2020年度，全球棉花期初库存2165万吨，同比增加24%，增幅为近8年来新高，与近五年平均期初库存1937万吨相比，增加了324万吨，增幅16.7%。印度、巴西期初库存分别达389万吨、305万吨，均创历史新高。2019年度，全球棉花产量2552万吨，下降了3.9%，但与近五年平均产量2563万吨相比，差别不大；消费量2454万吨，同比增加10.3%，近五年平均消费量为2499万吨，相差仅45.8万吨；期末库存消费比为92.3%，比上年下降5.1个百分点，但远高于近五年的平均水平78.34%。从主产棉国看，印度产量653万吨，比上年增加约11万吨。中国产量593万吨，巴基斯坦产量135万吨，均与上年持平。减产较为明显的美国、巴西，产量分别为372万吨、261万吨，减幅分别为14.3%、10.5%，如图3-7-5所示。

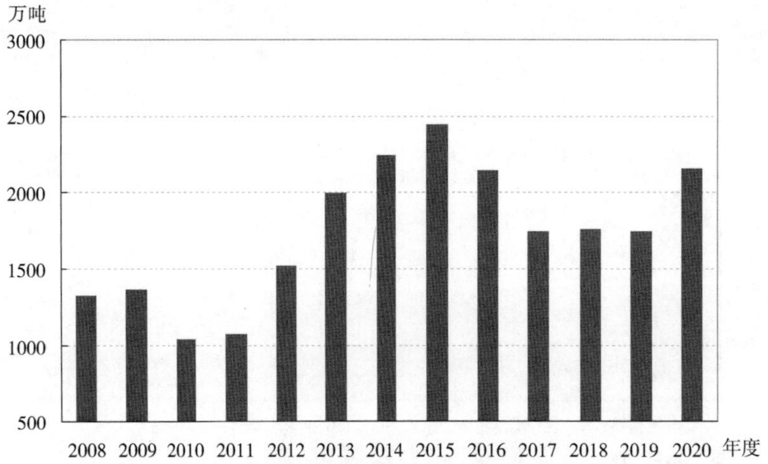

图3-7-5 2008年度以来全球棉花期初库量对比

数据来源：国家棉花市场监测系统、美国农业部

7.3.1.2　中国棉花收购环节市场空间收窄，企业心态纠结复杂

9月上旬，美股暴跌引发棉花期货深度震荡，美国对中国新疆棉花产业链动作频频，新年度在杂音纷扰中拉开帷幕。目前，全国新棉采摘、收购均慢于上年。根据国家棉花市场监测系统发布的《中国棉花购销周报》，截至9月18日，全国新棉采摘进度为1.6%，同比下降1.0个百分点，全国交售率为5.5%，同比下降9.3个百分点。棉农预期售价升高，资金面充裕，而下游纺织运行乏力，留给收购企业辗转腾挪的空间大幅收窄。其一，棉农预期价格提高。其二，企业担心资金大户提价收购，抢占资源，自己收不到足够多棉花，甚至收不上花。其三，出价到位收上籽棉后，企业对后期能否顺价销售皮棉存有较大疑虑。目前，部分企业开秤价在5.45~5.6元/公斤，这一价基本能收上籽棉，大致折算皮棉成本在13000元/吨左右，而当前市场价格在12700元/吨左右，价格倒挂。部分承包厂的收购成本更高，在13400元/吨左右。

在前面观察全球棉花市场供求格局部分，国际机构预计2020年度全球棉花消费量将增加10.3%，这一增长幅度与2020年度经济回暖态势是否匹配？

7.3.2　全球经济前景面临较大不确定性

7.3.2.1　全球及主要国家经济景气指标边际向好，但中国出口订单指数有待突破

中国制造业PMI低谷出现在2月，为35.7，为有记录以来的新低。美国、欧元区及全球于4月触底，PMI分比为41.5、33.4、39.6。日本PMI触底于5月，为38.4。这一阶段，欧元区经济降温较为显著。随着景气水平提高，8月PMI，除日本为47.2，其他主要国家经济体均突破50荣枯线。中国经济景气V形反转较为典型，由2019年9月的49.8缓慢上移，11月升至50.20，2020年2月触底后，3月回升至52之后持续保持在50以上。值得注意的是，中国制造业出口订单指数，2月录得28.7后恢复向好，8月为49.1，仍不足50，如图3-7-6所示。

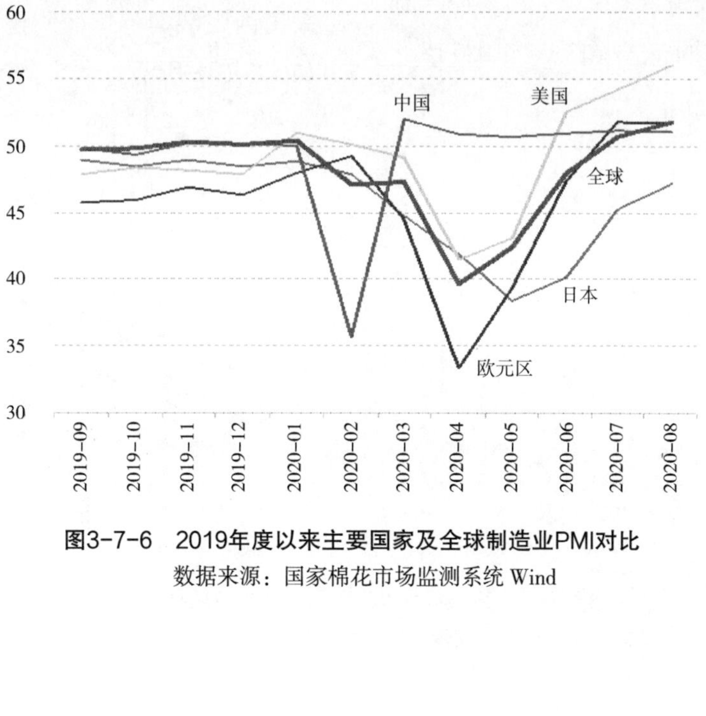

图3-7-6　2019年度以来主要国家及全球制造业PMI对比

数据来源：国家棉花市场监测系统 Wind

7.3.2.2　海外疫情秋冬反弹已现端倪

根据世卫组织实时统计数据，截至9月20日，全球累计新冠肺炎确诊病例超过3067万例，累计死亡病例95万例。法国单日新增病例数创新高，超过1.3万例。德国新增病例为4月以来最高值。英国首相约翰逊表示，英国出现第二波新冠疫情“不可避免”，政府考虑在全国范围内实施新的限制措施。以色列于9月18日启动第二次全面封锁。9月21日，美国每日新增病例仍高于3万例，印度每日新增确诊人数达10万人左右。市场再次担忧疫情激增或导致新一轮封锁，9月21日欧美股市大幅下跌，纳斯达克、标准普尔、德国DAX收盘价与9月17日相比，下跌幅度分别为1.2%、2.3%、5.0%。

7.3.2.3　经济前景迷雾笼罩

国际货币基金组织预计，若经济于2020年二季度触底，2020年全球经济将萎缩4.9%，若避免第二波疫情暴发，2021年增长5.4%。经济合作与发展组织认为，2021年世界经济仍然存在较大的不确定性。如果疫情得到有效控制，2021年世界经济增速为5.2%，如果疫情二次爆发，经济增速为2.8%。目前，海外疫情秋冬反弹为后期经济前景蒙上阴影。此外，国际贸易摩擦、大国科技争端能否停歇成为全球经济回归正常的关键。世界银行担心中国与一些主要贸易伙伴的双边紧张局势升级，有可能导致全球经济复苏脱轨。

7.3.3　中国棉花产业链运行不畅

中国服装内外需求接连遭受冲击，布的库存一度大幅增加，价格显著波动。4月以来，服装消费边际改善。值得注意的是，在全球经济“蛋糕”萎缩的背景下，花纱布价格传导不畅的情况突出。

7.3.3.1　服装出口及国内消费边际向好态势持续，但与整体修复格局尚有较大距离

疫情暴发，让刚刚初现贸易摩擦曙光的中国服装出口再度承压。2020年1~5月，服装出口下降22.14%。其中3月下降达30.31%。4月以来中国服装出口降幅有所收窄，8月出口转正为3.23%。据国家统计局发布的数据，国内服装消费在疫情严控期间大幅萎缩，2月、3月、4月服装消费同比增速分别为–33.2%、–36.9%、–20.7%。5月以来边际改善增强，5月、6月、7月服装消费增速分别为–1.5%、–2.0%、–4.2%，如图3–7–7所示。

2020年8月中国服装内需恢复至同比增长4.40%。不过，纵向回溯这一增幅，为2001年以来国内服装类零售额同比增速最弱的8月数据，如图3–7–8所示。

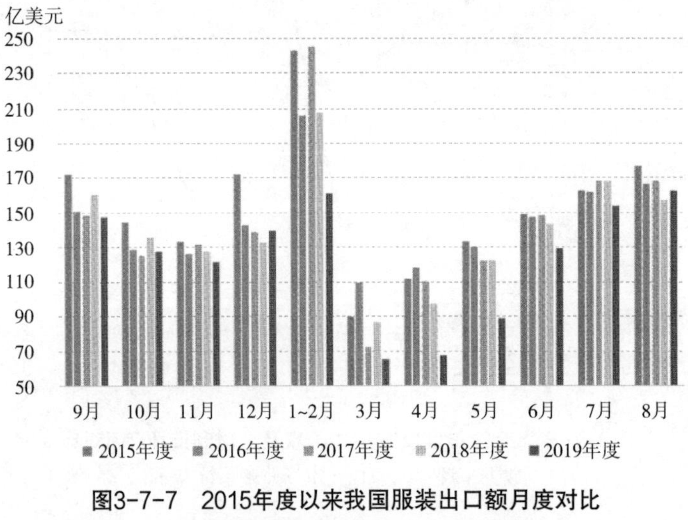

图3–7–7　2015年度以来我国服装出口额月度对比

数据来源：国家棉花市场监测系统

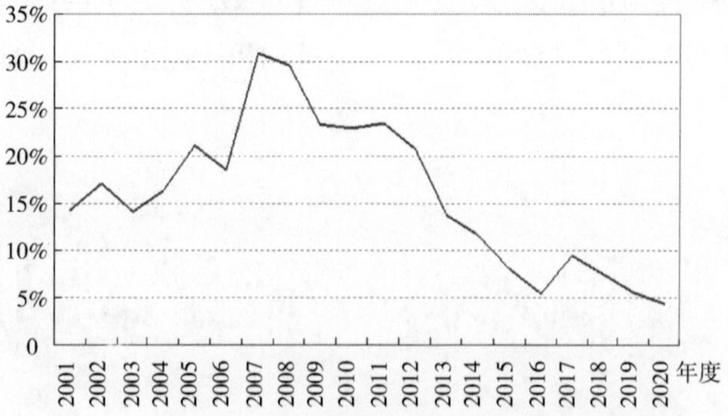

图3-7-8 2001年度以来我国服装内需8月同比增速对比

数据来源：国家棉花市场监测系统

消费意愿和能力是服装消费量的决定因素。当我们走出疫情，进入后疫情时代，感染顾虑消除，消费意愿增加，市场有可能迎来一段时间的消费热潮。不过，相对有限的经济增速将在一定程度上制约消费能力，服装消费的持续增长面临压力。2019年度中国服装出口下降11.34%，为2000年度以来新低。2019年度以来，服装外贸大幅萎缩，中期外部环境明显改善尚有变数，整体修复格局存在较大距离，如图3-7-9所示。

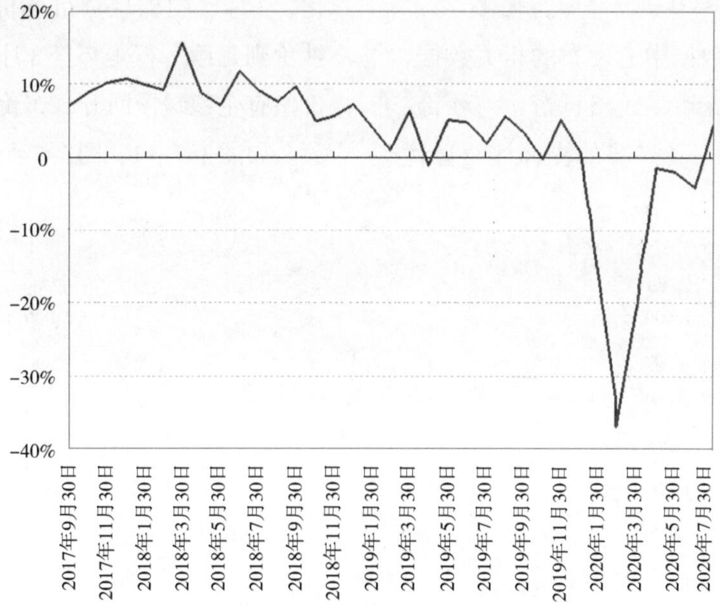

图3-7-9 2017年度以来我国服装内需增速对比

数据来源：国家棉花市场监测系统

7.3.3.2 *纱布销势疲弱*

国家棉花市场监测系统《中国棉花工业库存调查报告》发布的数据显示，2020年2月，纱和布产销率分别降至73%、63%，为2007年以来新低。2~8月，纱布产销边际向好，9月疲弱再现。2019年度纱库存平均为27.4天的销量，比2018

年度下降-71%，但布库存平均为49.1天，增加了28%。2~3月布的库存骤然升高，月度平均超过112万吨，为十年来新高，之后库存波动下降，近期积压迹象再起，如图3-7-10所示。

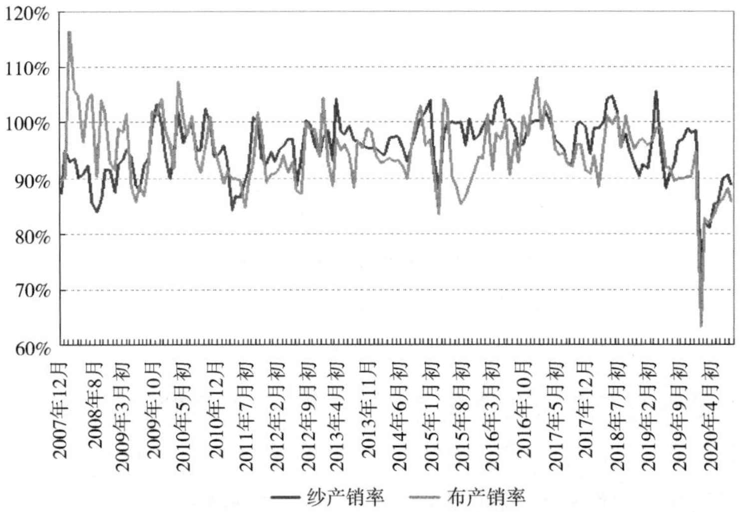

图3-7-10　近年来我国纱布产销率对比

数据来源：国家棉花市场监测系统

7.3.3.3　花、纱、布价格协调水平亟待优化

根据中国棉花网数据中心发布的相关数据，2020年4月以来的棉花市场价格行情，与纱价、布价形成背离之势。三者走势的协调性亟待优化，3月底国棉现货市场价格触底后波动反弹；纱价则延续下行走势至8月底，新年度以来，纱价略有企稳缓慢回升；布价至今仍未出现企稳迹象，如图3-7-11、图3-7-12所示。

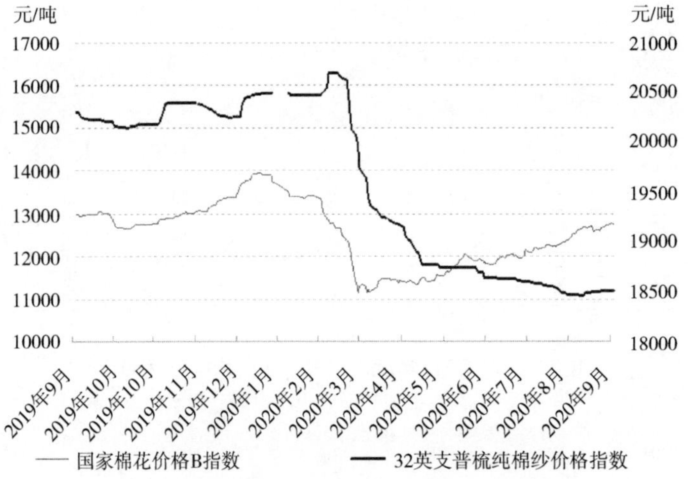

图3-7-11　2019年度以来国内花、纱价格走势对比

数据来源：国家棉花市场监测系统

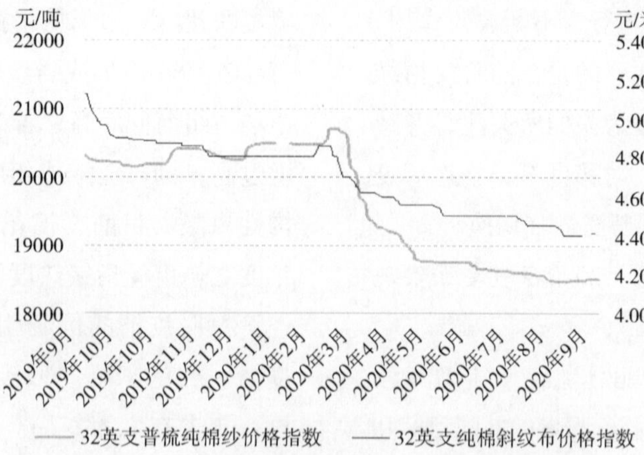

图3-7-12 2019年度以来国内纱、布价格走势对比

数据来源：国家棉花市场监测系统

7.3.4 2020年度棉花市场风险

疫情冲击下，资本对棉价的影响明显增强。全球经济增长乏力，棉花实体企业竞争有增无减。2020年度横跨疫情后期及后疫情时代。棉花市场价格定价逻辑面临切换。

7.3.4.1 警惕后疫情时代全球经济步入低速增长期

乐观看，疫情结束后，全球经济步入低速增长阶段；悲观看，可能滑入萧条。其主要原因，一是追求国家经济安全发展，即使由此付出降低经济增速的代价，已经成为疫情暴发以来多国关注的焦点。二是在若干影响经济的重大问题上，大国间协调难度较大，彼此内耗颇多。三是全球人口老龄化问题突出。四是全球债务高企。为应对2008年金融危机，全球主要经济体背负的债务水平本已较高，并一直未能明显缓解。应对疫情，全球债务加速激增。有机构跟踪，2020年第一季度末，全球债务增至258万亿美元，相当于世界国内生产总值（GDP）的331%。即全球债务是全球经济规模的3倍还多。国际金融协会专家表示，2020年全球债务总额可能比2019年增长20万亿美元，有史以来首次超过275万亿美元。

7.3.4.2 警惕金融市场动荡再起

当前，全球流动性极度充沛，中国金融开放加快，人民币国际化进程提速，推动国际金融格局变迁的基本要素正逐步形成。美国、欧洲以及日本等西方发达国家背负巨大债务，政策利率将在较长时间维持零和负值水平。目前，经济景气回升相对较快的美国、德国，其股市已明显偏高。传统制造业产能普遍过剩，全球投资机会匮乏。为寻求投资机会，全球资本跨国流动概率增加。国际资本市场水大浪急，在大国博弈背景下，国际金融市场蕴含较多不确定性。为我国实体经济转型升级构筑良好生态环境，面临较大挑战。

7.3.4.3 警惕后疫情时代棉花价格定价机制面临切换

疫情暴发后，借助疫情引发资本市场坍塌形成的巨大洼地效应，传统金融机构借势拉高行情，在经济一片黯淡中，形成"灯塔"，引发包括抗疫资金在内的大量资金蜂拥入市，并形成羊群效应。资本市场成为为数不多具有较大影响，适合广泛参与及财富增长功能的疫情避风港。疫情下风险资产定价逻辑："行情强行拉升+市场情绪回稳+经济或行业基本面边际改善"进而"支撑市场并推升行情”，资金与行情不断彼此作用，行情重心波动上移。值得注意的是，随着疫情结束，经济写实的一面将再度为人们所关注，并将构成行情运行的主要支点。时移世易，临近后疫情时代，风险资产定价逻辑势必面临切换。

7.3.4.4 全球免疫屏障能否于2020年度全面实现仍存变数

接种新冠疫苗，实现“群体免疫”，是现价段全球各国人民控制新冠疫情持续爆发的共同目标和唯一希望。截至9月初，全球共有10支新冠疫苗进入临床三期试验。预计2020年内全球总产能最多10亿剂级，对应保护人群仅约5亿人。若疫苗研发推进顺利，预计欧美等发达经济体将凭借充裕的订单率先于2020年底至2021年上半年实现大规模接种，建立起群体免疫屏障。由于核酸疫苗等技术路线的产能容易扩大，预计2021年全球产能有望迅速放大至数十亿剂，乃至上百亿剂，届时亚太、南美等发展中国家将开始大规模接种，全球疫情得到较好控制。圣诞节、新年、春节等节日是服装消费重要力量，届时海内外市场回暖前景仍较复杂。

7.3.4.5 “流动性大桥”能否与棉花实体经济无缝衔接

当前，人们关注疫苗接种，期待群体免疫屏障尽快建立。市场情绪在2020年度的时间序列分布与2019年度形成强烈对照。整体看，2019年度市场情绪前低后高。若2020年度之初市场情绪温度过高，则可能酿成年度市场价格前高后低的结构性风险。目前，棉花市场最为显著的特点是，年度之初市场情绪热度明显高于上年。市场对于经济摆脱疫情的信心明显增强，人们憧憬着后疫情时代的来临。回到现实，新冠疫情加剧世界百年未有之大变局。全球贫富分化快速演进，民粹主义、反全球化浪潮此起彼伏。世界债务高企，经济增长乏力。9月以来，国际金融市场理性思辨有所回归，人们开始正视美国股市与现实经济的过度背离。棉花市场等大宗商品行情受到牵制，部分过度上涨的品种面临“清算”。从2020年4月推演至今，眼下纱价刚有所企稳，布价仍在下探，下游支撑棉价的力量尚有待整固。朴素的道理提醒我们，来自产业链终端自下而上的力量，方能牵引棉花市场行情走向远方。

2020年度已经到来，衷心祝愿棉花行业的朋友们把握机会，规避风险，行稳致远！

8 2020/2021年度储备棉轮出及投放情况概述

中储棉信息中心媒体专员　李伟

2020年9月到2021年8月，在全球央行放水政策影响下，郑棉开启了一轮牛市行情，从2020年9月份起涨时的13000元/吨附近涨至2021年8月的18000元/吨，面对疯狂的棉市行情，2021年7月，国家有关部门为稳定市场预期，积极发挥调控作用，发布了储备棉轮出政策，轮出时间为2021年7月5日至2021年9月30日的国家法定工作日，总量为60万吨。

轮出期间，下游企业积极参与竞拍，不仅保持高成交率，而且轮出期间郑棉上涨幅度得到有效控制，稳定了市场价格。这次轮出成交结果高于市场预期，一是储备棉竞拍价格低于市场现货价格，性价比优势明显；二是国外防控疫情效果很差，感染病例持续增加，国外订单回流加上国内消费复苏，需求显著增加，企业订单充裕，车间满负荷运转，甚至有些企业的订单排至半年以后。为了保证稳定生产，企业积极备库存，市场呈现供需两旺的局面；三是在2020/2021年度，国内棉纺产业发展生机勃勃，棉纱利润高达3000~4000元/吨，刺激棉纺企业加大生产力度，这在以往时期很少出现。

储备棉轮出数据（图3-8-1）：

7月5日至9月29日，中国储备棉管理有限公司累计挂牌储备棉63.08万吨，其中新疆棉44.23万吨，地产棉18.85万吨。

7月5日至9月29日，储备棉轮出成交均价17153元/吨，平均价加1792元/吨，折标准级（3128）价格18431元/吨，最高成交价19700元/吨，最低价 15950元/吨；其中新疆棉成交均价17244元/吨，平均加价1923元/吨；地产棉成交均价16902元/吨，平均加价1484元/吨。

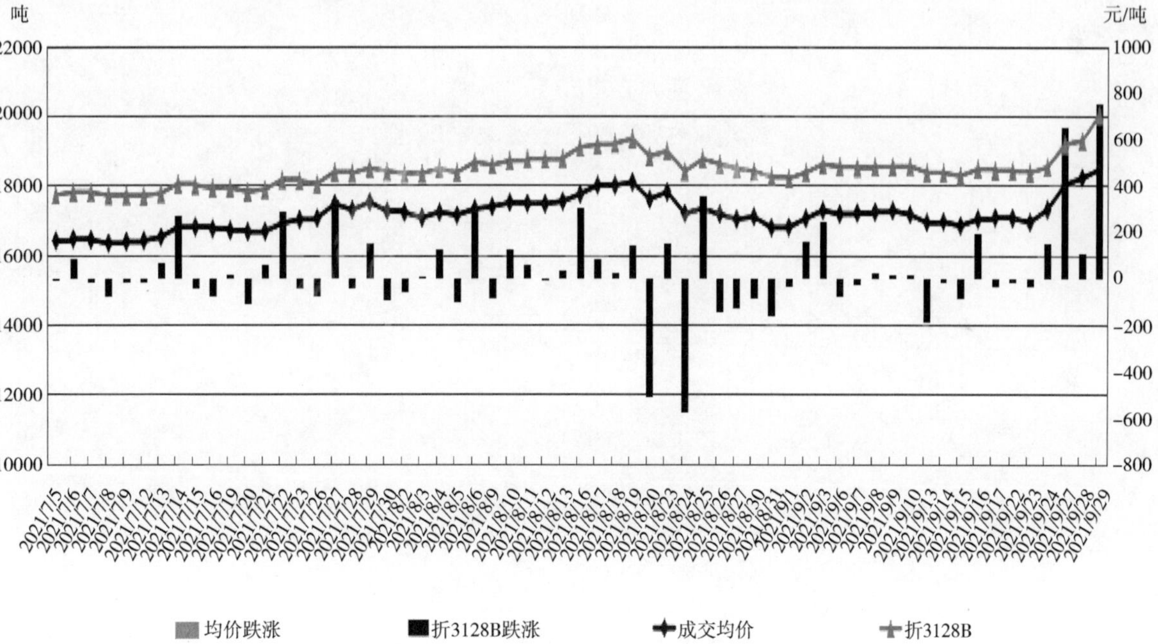

图3-8-1　2021年储备棉轮出成交价格走势图

第四部分

监测报告

1　2020年中国棉花长势调查报告

2020年8月下旬，国家棉花市场监测系统就棉花长势展开全国范围专项调查，样本涉及15个省（自治区）、50个植棉县（市、团场）、1895个定点植棉信息联系户。调查显示，截至8月底，各主产棉区天气整体利于棉花成铃、吐絮，2020年新棉单产量128.5公斤/亩，同比增长5.4%，总产量586.8万吨，同比增长0.4%，较6月调查结果提高1.0个百分点。具体情况如下：

1.1　棉花平均单产量、总产量均高于上年

若后期天气正常，2020年全国棉花平均单产量为128.5公斤/亩，较6月调查结果提高1.0%，同比上升5.4%，较近三年均值增长3.8%。按照国家棉花市场监测系统5月实播面积调查结果4568.2万亩测算，2020年棉花总产量预计为586.8万吨，同比上升0.4%，较近三年均值下降2.6%。

分区域看，黄河流域棉区平均单产量较6月调查结果降低1.0%，同比上升3.8%，产量预计为45.7万吨，同比下降9.9%；长江流域棉区平均单产量较6月下降12.7%，同比下降11.1%，产量预计为20.4万吨，同比下降33.2%；西北内陆棉区平均单产量较6月提高1.8%，同比上升3.8%，产量预计为518.8万吨，同比上升3.6%，其中新疆平均单产量较6月提高1.8%，同比上升3.6%，产量预计为515.6万吨，同比上升3.6%。

1.2　九成农户反映规模采摘时间正常或提前，较6月调查结果略降

调查显示，有7.1%的受访农户预计规模采摘时间延迟，较6月上升2.5个百分点，同比下降15.7个百分点，预计内地规模采摘时间基本正常，部分地区延迟5天左右，新疆规模采摘时间与去年基本持平。主产棉区棉花果枝数同比下降6.5%，现蕾数同比上升4.2%，成铃数同比下降2.2%。

分区域看，黄河流域有16.2%的农户预计采摘时间延迟，较6月上升9.9个百分点，同比上升15.7个百分点，采摘预计延迟5天左右；长江流域有2%的农户预计采摘时间延迟，较6月下降10.4个百分点，同比下降9.4个百分点，采摘时间基本正常；西北内陆棉区有6.1%的农户预计采摘时间延迟，较6月上升2.2个百分点，同比下降27.3个百分点，其中新疆有6.1%的农户预计采摘时间延迟，较6月上升2.2个百分点，同比下降27.6个百分点，采摘时间基本正常。

1.3　黄河流域局部降水偏多，长江流域受前期渍涝灾害影响，调查结果差于6月；西北内陆棉区天气情况较好，灾害轻度发生，调查结果略差于6月

1.3.1　天气

调查显示，有90.6%的受访农户反映天气较

好和一般，较6月下降6.3个百分点，同比上升14.9个百分点，较近三年均值上升5.2个百分点。其中黄河流域棉区有89.4%的农户反映天气较好和一般，较6月降低10.4个百分点，同比上升16.5个百分点，较近三年均值上升5.9个百分点；长江流域棉区有44.8%的农户反映天气较好和一般，较6月降低42个百分点，同比下降17.5个百分点，较近三年均值下降25.3个百分点；西北内陆棉区有95.5%的农户反映天气较好和一般，较6月下降1.9个百分点，同比上升17.2个百分点，较近三年均值上升7.2个百分点。

1.3.2 灾害

调查显示，有77.2%的农户反映灾害轻度或未发生，较6月下降15.9个百分点，同比下降1.7个百分点，较近三年均值下降7.1个百分点。分区域看，黄河流域有63.8%的农户反映灾害轻度或未发生，较6月下降22.4个百分点，同比下降9.8个百分点，较近三年均值下降16.0个百分点；长江流域棉区有32.3%的农户反映灾害轻度或未发生，较6月下降42.9个百分点，同比下降24.2个百分点，较近三年均值下降36.7个百分点；西北内陆棉区有84.1%的农户反映灾害轻度或未发生，较6月下降10.6个百分点，同比上升0.6个百分点，较近三年均值下降4.5个百分点。

1.4 主产棉区病虫害轻度发生

调查显示，有93.3%的受访农户反映病害轻度或未发生，较6月下降5.8个百分点，同比上升4个百分点，较近三年均值上升3.1个百分点；有93.3%的受访农户反映虫害轻度或未发生，较6月下降2.5个百分点，同比上升3.2个百分点，较近三年均值上升2.8个百分点。

分区域看，黄河流域棉区有92.8%的农户反映病害轻度或未发生，有97.6%的农户反映虫害轻度或未发生；长江流域棉区有99.7%的农户反映病害轻度或未发生，有100%的农户反映虫害轻度或未发生；西北内陆棉区有92.7%的农户反映病害轻度或未发生，有91.9%的农户反映虫害轻度或未发生。

国家棉花市场监测系统将继续跟踪监测棉花生产、交售情况，并于后期展开棉花产量调查和种植成本调查。

附表：

1. 2020年中国棉花产量预测表
2. 2020年8月棉花采摘时间预测表
3. 2020年8月棉花生长期天气评价表
4. 2020年8月棉花生长期天气灾害评价表
5. 2020年8月棉花生长期病害评价表
6. 2020年8月棉花生长期虫害评价表

附表1 2020年中国棉花产量预测表

地 区	面积（万亩）		单产量预测（公斤/亩）				总产量预测（万吨）			
	今年	同比	8月	6月	同比	环比	8月	6月	同比	环比
全 国	4568.2	-4.7%	128.5	127.2	5.4%	1.0%	586.8	580.9	0.4%	1.0%
黄河流域	600.3	-13.2%	76.1	76.8	3.8%	-1.0%	45.7	46.1	-9.9%	-1.0%
山东省	257.8	-14.6%	74.8	75.2	2.1%	-0.5%	19.3	19.4	-12.8%	-0.5%
河南省	59.4	-5.2%	57.6	65.5	2.0%	-12.1%	3.4	3.9	-3.3%	-12.1%
河北省	231.8	-12.7%	81.1	80.4	7.6%	0.8%	18.8	18.6	-6.1%	0.8%
陕西省	15.7	-14.6%	80.4	80.6	0.9%	-0.3%	1.3	1.3	-13.9%	-0.3%
山西省	14.2	-14.7%	77.5	77.5	-1.0%	0%	1.1	1.1	-15.5%	0%
天津市	21.4	-19.8%	84.9	85.2	0.4%	-0.3%	1.8	1.8	-19.5%	-0.3%
长江流域	368.6	-24.9%	55.2	63.3	-11.1%	-12.7%	20.4	23.3	-33.2%	-12.7%
湖北省	132.0	-27.4%	50.1	58.9	-10.1%	-15.1%	6.6	7.8	-34.8%	-15.1%
安徽省	103.1	-27.4%	48.6	59.2	-16.4%	-17.8%	5.0	6.1	-39.4%	-17.8%
江苏省	18.2	-43.8%	68.8	67.8	-8.3%	1.4%	1.3	1.2	-48.5%	1.4%
湖南省	66.9	-18.9%	66.2	67.5	2.6%	-2.0%	4.4	4.5	-16.8%	-2.0%
江西省	48.5	-6.4%	63.2	76.1	-24.3%	-17.0%	3.1	3.7	-29.2%	-17.0%
西北内陆	3563.9	-0.1%	145.6	143.0	3.8%	1.8%	518.8	509.5	3.6%	1.8%
甘肃省	31.3	-14.8%	104.5	101.0	18.9%	3.4%	3.3	3.2	1.3%	3.4%
新疆维吾尔自治区	3532.6	0%	145.9	143.3	3.6%	1.8%	515.6	506.3	3.6%	1.8%
其他	35.4	-19.1%	55.8	56.8	-2.6%	-1.7%	2.0	2.0	-21.2%	-1.7%

数据来源：国家棉花市场监测系统

注 1.制表日期：2020年9月17日；调查时间：2020年8月15~31日。

2.表中面积数据来自国家棉花市场监测系统的《2020年中国棉花实播面积调查报告》。

3.表中预计单产量、产量同比变动幅度根据《2019年中国棉花产量调查报告》测算。

4.表中预计单产量、产量环比变动幅度根据《2020年中国棉花长势调查报告（6月）》测算。

附表2　2020年8月棉花采摘时间预测表

地 区	提前（%）	正常（%）	延迟（%）
全 国	8.9	84.0	7.1
黄河流域	17.9	65.9	16.2
山 东	38.9	61.1	0
河 南	0	100	0
河 北	0	59.2	40.8
陕 西	15.2	66.7	18.2
山 西	0	100	0
天 津	20.7	79.3	0
长江中下游	3.0	94.9	2.0
湖 北	0	100	0
安 徽	0	100	0
江 苏	0	100	0
湖 南	0	88.9	11.1
江 西	23.1	76.9	0
西北内陆	8.0	86.0	6.1
甘 肃	0	100	0
新 疆	8.0	85.8	6.1

注　1.本表据国家棉花市场监测系统调查涉及的1895户植棉信息联系户情况统计。

2.调查时间：2020年8月15~31日。

附表3　2020年8月棉花生长期天气评价表

地 区	好（%）	一般（%）	差（%）
全 国	23.4	67.1	9.4
黄河流域	14.1	75.3	10.6
山 东	26.2	68.9	4.9
河 南	0	60	40
河 北	0	88.1	11.9
陕 西	0	100	0
山 西	0	100	0
天 津	79.3	20.7	0

续表

地区	好（%）	一般（%）	差（%）
长江中下游	13.8	31.0	55.2
湖北	0	0	100
安徽	1.9	43.4	54.7
江苏	0	100	0
湖南	73.3	26.7	0
江西	0	69.0	31.0
西北内陆	26.0	69.5	4.5
甘肃	63.2	36.8	0
新疆	25.7	69.8	4.5

注　1.本表据国家棉花市场监测系统调查涉及的1895户植棉信息联系户情况统计。

2.调查时间：2020年8月15~31日。

附表4　2020年8月棉花生长期天气灾害评价表

地区	灾害程度			主要灾害		
	重度（%）	中度（%）	轻度（%）	涝灾（%）	旱灾（%）	其他（%）
全国	5.0	17.8	77.2	11.8	38.3	49.9
黄河流域	0.6	35.5	63.8	42.4	28.5	29.1
山东	1.0	65.3	33.7	21.8	49.5	28.7
河南	0	26.7	73.3	100	0	0
河北	0.6	11.9	87.6	50.9	5.7	43.4
陕西	0	0	100	0	100	0
山西	0	0	100	0	100	0
天津	0	6.9	93.1	100	0	0
长江中下游	53.3	14.4	32.3	75.9	5.7	18.4
湖北	92.9	7.1	0	92.9	7.1	0
安徽	65.5	1.8	32.6	88.9	0	11.1
江苏	0	50.9	49.1	94.3	1.9	3.8
湖南	0	0	100	0	16.7	83.3
江西	13.3	66.7	20	100	0	0
西北内陆	0.7	15.2	84.1	0	43.4	56.6
甘肃	0	0	100	0	100	0

续表

地区	灾害程度			主要灾害		
	重度（%）	中度（%）	轻度（%）	涝灾（%）	旱灾（%）	其他（%）
新疆	0.7	15.3	83.9	0	42.9	57.1

注 1.本表据国家棉花市场监测系统调查涉及的1895户植棉信息联系户情况统计。

2.调查时间：2020年8月15~31日。

附表5　2020年8月棉花生长期病害评价表

地区	病害程度			主要病害		
	重度（%）	中度（%）	轻度（%）	黄萎病（%）	枯萎病（%）	其他（%）
全国	2.0	4.7	93.3	13.6	15.1	71.3
黄河流域	0.4	6.8	92.8	22.0	43.5	34.5
山东	1.0	9.9	89.1	21.6	50	28.4
河南	0	3.3	96.7	33.3	36.7	30
河北	0	5.7	94.3	24.4	34.7	40.9
陕西	0	0	100	0	100	0
山西	0	0	100	0	100	0
天津	0	0	100	0	0	100
长江中下游	0	0.3	99.7	13.8	11.4	74.8
湖北	0	0	100	0	0	100
安徽	0	0.9	99.1	0	24.8	75.2
江苏	0	0	100	41.2	51.0	7.8
湖南	0	0	100	50	10.7	39.3
江西	0	0	100	20.7	0	79.3
西北内陆	2.5	4.8	92.7	12.1	10.7	77.2
甘肃	0	0	100	0	0	100
新疆	2.5	4.8	92.7	12.2	10.8	77.0

注 1.本表据国家棉花市场监测系统调查涉及的1895户植棉信息联系户情况统计。

2.调查时间：2020年8月15~31日。

附表6 2020年8月棉花生长期虫害评价表

地区	虫害程度			主要虫害		
	重度（%）	中度（%）	轻度（%）	棉铃虫（%）	蚜虫（%）	其他（%）
全国	0.8	5.9	93.3	18.4	29.4	52.2
黄河流域	0	2.4	97.6	29.7	37.1	33.2
山东	0	2.0	98.0	19.8	51.5	28.7
河南	0	0	100	0	30	70
河北	0	4.0	96.0	54.8	13.6	31.6
陕西	0	0	100	0	100	0
山西	0	0	100	0	100	0
天津	0	0	100	0	51.7	48.3
长江中下游	0	0	100	29.3	7.9	62.7
湖北	0	0	100	0	0	100
安徽	0	0	100	5.6	18.7	75.7
江苏	0	0	100	1.9	54.7	43.4
湖南	0	0	100	80	0	20
江西	0	0	100	100	0	0
西北内陆	1.0	7.1	91.9	15.4	30.3	54.3
甘肃	0	0	100	0	0	100
新疆	1.0	7.1	91.8	15.6	30.6	53.9

注 1.本表据国家棉花市场监测系统调查涉及的1895户植棉信息联系户情况统计。

2.调查时间：2020年8月15~31日。

2 2020年中国棉花产量调查报告

为全面了解2020年棉花产量情况，国家棉花市场监测系统于10月15至30日在全国范围内展开棉花产量调查，样本涉及15个省（自治区）、50个植棉县、1895个定点植棉信息联系户。调查结果显示，2020年中国棉花平均单产量130.2公斤/亩，同比增长6.9%[1]，较8月调查结果增加1.4个百分点；按监测系统调查实播面积4568.2万亩测算，预计总产量595.0万吨，同比增长1.8%，较8月预测增加1.4个百分点。具体情况如下。

今年黄河流域主要省份棉花生长关键期天气

[1] 本报告中2020年度棉花平均单产、产量同比变动幅度根据国家棉花市场监测系统2019年11月发布的《中国棉花产量调查报告》数据测算。

以晴为主，且降雨适中，土壤墒情较上年得到有效改善，利于棉花结铃吐絮，新棉单产量好于上年同期。预计该区域平均单产量76.3公斤/亩，同比增长4.1%，预计总产量45.8万吨，同比下降9.7%，均较8月预测增长0.2个百分点。

今年长江流域棉花总产量降幅较大，由于主要省份植棉面积进一步减少及棉花生长期降雨较常年偏多，尤其湖北省、安徽省结桃吐絮期间持续阴雨寡照天气，导致棉花蕾铃脱落或烂铃，对棉花质量和产量均造成较大影响。预计该区域棉花平均单产量50.8公斤/亩，同比下降18.2%，较8月预测减少8.0个百分点；预计总产量18.7万吨，同比下降38.5%，较8月预测减少8.2个百分点。

西北内陆棉花平均单产量148.3公斤/亩，同比增长5.7%，较8月调查结果增加1.9个百分点；预计总产量528.5万吨，同比增长5.6%，较8月预测增加1.9个百分点。新疆植棉面积平稳，气候整体适宜棉花生长，多地单产量较去年同期小幅增长；但由于目前主要种植品种倾向高衣分，叠加气候条件因素影响，部分棉花长度和强力指标有所下降。预计2020年新疆平均单产量148.6公斤/亩，同比增长5.5%，较8月预测增加1.9个百分点；预计总产量525.1万吨，同比增长5.6%，较8月预测增加1.8个百分点。

附表：2020年中国棉花产量表

附表　2020年中国棉花产量表

地区	面积（万亩）			单产量（公斤/亩）			总产量（万吨）		
	2020	2019	同比	2020	2019	同比	2020	2019	同比
全国	4568.2	4794.3	–4.7%	130.2	121.9	6.9%	595.0	584.3	1.8%
黄河流域	600.3	691.9	–13.2%	76.3	73.3	4.1%	45.8	50.7	–9.7%
山东省	257.8	302.1	–14.6%	76.5	73.2	4.5%	19.7	22.1	–10.8%
河南省	59.4	62.6	–5.2%	56.7	56.5	0.5%	3.4	3.5	–4.7%
河北省	231.8	265.4	–12.7%	80.0	75.4	6.2%	18.5	20.0	–7.3%
陕西省	15.7	18.4	–14.6%	80.1	79.7	0.6%	1.3	1.5	–14.2%
山西省	14.2	16.7	–14.7%	78.6	78.3	0.4%	1.1	1.3	–14.4%
天津市	21.4	26.7	–19.8%	82.0	84.6	–3.0%	1.8	2.3	–22.2%
长江流域	368.6	490.6	–24.9%	50.8	62.1	–18.2%	18.7	30.5	–38.5%
湖北省	132.0	181.8	–27.4%	42.7	55.7	–23.3%	5.6	10.1	–44.3%
安徽省	103.1	142.1	–27.4%	49.0	58.2	–15.8%	5.1	8.3	–38.9%
江苏省	18.2	32.4	–43.8%	66.0	75.0	–11.9%	1.2	2.4	–50.5%
湖南省	66.9	82.5	–18.9%	60.1	64.5	–6.7%	4.0	5.3	–24.3%
江西省	48.5	51.8	–6.4%	58.0	83.5	–30.5%	2.8	4.3	–35.0%
西北内陆	3563.9	3568.1	–0.1%	148.3	140.3	5.7%	528.5	500.7	5.6%

续表

地区	面积（万亩）			单产量（公斤/亩）			总产量（万吨）		
	2020	2019	同比	2020	2019	同比	2020	2019	同比
甘肃省	31.3	36.8	–14.8%	110.4	87.9	25.6%	3.5	3.2	7.0%
新疆维吾尔自治区	3532.6	3531.3	0.0%	148.6	140.9	5.5%	525.1	497.4	5.6%
其他	35.4	43.7	–19.1%	55.2	57.3	–3.8%	2.0	2.5	–22.2%

数据来源：国家棉花市场监测系统

注 1.制表日期：2020年11月17日；调查时间：2020年10月15~30日。

2.表中面积数据来自国家棉花市场监测系统的《2020年中国棉花实播面积调查报告》。

3　2020年中国棉花种植成本调查报告

为全面了解2020年棉花种植成本情况，国家棉花市场监测系统于2020年12月在全国范围展开棉花种植成本调查，样本涉及14个省（自治区）、46个植棉县、1500个定点植棉信息联系户。调查结果显示，2020年内地棉农租地费用平均488元/亩，同比上涨28元/亩，除租地费用外，内地手摘棉种植成本804元/亩，同比上涨6元/亩；新疆棉农租地费用平均478元/亩，同比上涨36元/亩，除租地费用外，新疆地方手摘棉种植成本1894元/亩，同比上涨14元/亩，机采棉种植成本1218元/亩，同比上涨4元/亩，新疆生产建设兵团机采棉种植成本1463元/亩，同比上涨3元/亩。具体情况如下。

3.1　内地植棉成本

内地手摘棉植棉成本804元/亩，其中生产总成本481元/亩、人工总成本176元/亩、机械作业总成本74元/亩、其他成本73元/亩，在总成本中所占比重分别为59.9%、21.9%、9.2%和9.1%。总体来看，化肥、田间管理费和农药投入所占比重较大，分别为25.3%、15.5%和12.8%，若加上租地费用488元/亩，植棉总成本为1291元/亩。

3.2　新疆植棉成本

3.2.1　新疆地方

手摘棉：植棉成本1894元/亩，其中生产总成本663元/亩、人工总成本1016元/亩、机械作业总成本169元/亩、其他成本46元/亩，在总成本中所占比重分别为35.0%、53.6%、8.9%和2.4%。总体来看，拾花用工费所占比重最大，为42.2%，其次是化肥、水电费，分别为14.5%、9.9%，若加上租地费用478元/亩，新疆地方手摘棉种植总成本为2372元/亩。

机采棉：植棉成本1218元/亩，其中生产总成本663元/亩、人工总成本149元/亩、机械作业总成本355元/亩、其他成本51元/亩，在总成本中所占比重分别为54.4%、12.2%、29.1%和4.2%。总体来看，化肥所占比重最大，为22.5%，其次是水电费和机械拾花费，分别为15.4%、15.2%，若加上租地费用478元/亩，新疆地方机采棉种植总成本为1696元/亩。

3.2.2 新疆生产建设兵团

机采棉：种植成本1463元/亩，其中生产总成本813元/亩、人工总成本115元/亩、机械作业总成本418元/亩、其他成本117元/亩，在总成本中所占比重分别为55.6%、7.9%、28.6%和8.0%。总体来看，化肥所占比重最大，为22.9%，其次是水电费和机械拾花费，分别为16.3%、12.9%，若加上租地费用478元/亩，新疆生产建设兵团机采棉种植总成本为1941元/亩。

附件：2020年中国植棉成本调查表

附件　2020年中国植棉成本调查表

项目	内地		新疆地方				新疆生产建设兵团	
	手摘棉（元/亩）	同比（%）	手摘棉（元/亩）	同比（%）	机采棉（元/亩）	同比（%）	机采棉（元/亩）	同比（%）
租地植棉总成本	1291	34	2372	50	1696	40	1941	39
自有土地植棉总成本	804	6	1894	14	1218	4	1463	3
土地成本（租地费用）	488	28	478	36	478	36	478	36
生产总成本	481	−4	663	4	663	4	813	5
其中：棉种	56	3	53	−2	53	−2	49	4
地膜	38	−1	62	6	62	6	119	2
农药	103	−3	86	−3	86	−3	73	5
化肥	204	3	275	1	275	1	335	−9
水电费	81	−7	188	1	188	1	238	4
人工总成本	176	6	1016	8	149	2	115	2
其中：田间管理费	125	5	151	5	149	2	115	2
灌溉/滴灌人工费	51	1	64	−1	—	—	—	—
拾花用工费	—	—	800	4	—	—	—	—
机械作业总成本	74	2	169	2	355	0	418	−2
其中：机械拾花费	—	—	—	—	185	−2	189	−2
其他成本	73	2	46	0	51	−2	117	−3

数据来源：国家棉花市场监测系统

注　制表日期：2020年1月25日；调查时间：2020年12月。

第五部分

统计资料

1 棉花生产

表5-1-1 1978~2020年我国农作物及棉花生产情况

年份	农作物总播种面积（千公顷）	棉花播种面积（千公顷）	棉花总产量（万吨）	单产量（公斤/公顷）
1978	150104	4866	217.0	455
1980	146380	4920	271.0	550
1985	143626	5140	415.0	807
1989	146554	5203	379.0	728
1990	148362	5588	451.0	807
1991	149586	6538	568.0	868
1992	149007	6835	451.0	660
1993	147741	4985	374.0	750
1994	148241	5528	434.0	785
1995	149879	5422	477.0	879
1996	152381	4722	420.0	890
1997	153969	4491	460.0	1025
1998	155706	4459	450.0	1009
1999	156373	3726	383.0	1028
2000	156300	4041	442.0	1093
2001	155708	4810	532.0	1107
2002	154636	4184	492.0	1175
2003	152415	5111	486.0	951
2004	153553	5693	632.0	1111
2005	155488	5062	571.0	1129
2006	157021	5409	674.0	1247
2007	153464	5926	762.4	1286

续表

年份	农作物总播种面积（千公顷）	棉花播种面积（千公顷）	棉花总产量（万吨）	单产量（公斤/公顷）
2008	156266	5754	749.2	1302
2009	158639	4952	637.7	1288
2010	160675	4849	596.1	1229
2011	162283	5038	658.9	1308
2012	163416	4688	683.6	1458
2013	164627	4346	629.9	1449
2014	165446	4222	617.8	1463
2015	166374	3797	560.3	1476
2016	166650	3345	529.9	1584
2017	166332	3195	565.3	1769
2018	165902	3354	610.3	1819
2019	165931	3339	588.9	1764
2020	167487	3169	591.0	1865

数据来源：《中国统计年鉴2021》

表5-1-2　2020/2021年度分省农作物及棉花生产情况

地区	农作物总播种面积（千公顷）	棉花播种面积（千公顷）	棉花总产量（万吨）	单产量（公斤/公顷）
全 国	167487	3169	591.0	1865
北 京	98.2	—	—	—
天 津	419.2	7.8	1.0	1313
河 北	8089.4	189.2	20.9	1102
山 西	3541.5	1.1	0.2	1377
内蒙古	8882.8	—	—	—
辽 宁	4287.8	—	—	—
上 海	255.2	—	—	—
江 苏	7478.4	8.4	1.1	1269
浙 江	2014.5	4.8	0.7	1426
安 徽	8818.0	51.2	4.1	801

续表

地区	农作物总播种面积（千公顷）	棉花播种面积（千公顷）	棉花总产量（万吨）	单产量（公斤/公顷）
福 建	1631.3	—	—	—
江 西	5644.4	35.0	5.3	1511
山 东	10889.1	142.9	18.3	1281
河 南	14688.0	16.2	1.8	1111
湖 北	7974.4	129.7	10.8	832
湖 南	8400.1	59.5	7.4	1252
广 西	6107.3	1.1	0.1	975
四 川	9849.9	2.3	0.2	950
贵 州	5475.3	—	—	—
云 南	6989.7	—	—	—
陕 西	4160.8	0.7	0.1	1036
甘 肃	3931.8	16.6	3.0	1815
新 疆	6280.0	2501.9	516.1	2063

数据来源：《中国统计年鉴2021》

表5-1-3 2020/2021年度新疆维吾尔自治区棉花生产情况

地区	播种面积（千公顷）	总产量（万吨）	单产量（公斤/公顷）
全区	2501.9	516.1	2063
乌鲁木齐市	—	—	—
克拉玛依市	13.15	2.47	1881
吐鲁番地区	5.34	0.78	1469
哈密地区	15.26	2.84	1861
昌吉回族自治州	154.69	30.56	1976
伊犁哈萨克自治州	12.5	2.44	1951
塔城地区	243.97	44.23	1822
博尔塔拉蒙古自治州	94.65	18.27	1930
巴音郭楞蒙古自治州	212.04	42	1981
阿克苏地区	503.59	93.37	1854
克孜勒苏柯尔克孜自治州	9.99	1.86	1859
喀什地区	367.99	63.34	1721
和田地区	3.48	0.52	1506
生产建设兵团	865.3	213.4	2466

数据来源：《新疆统计年鉴2021》

表5-1-4　2020/2021年度新疆维吾尔自治区长绒棉生产情况

地区	播种面积（千公顷）	总产量（万吨）	单产量（公斤/公顷）
全区	129.89	26.28	2023
阿克苏地区	34.91	4.98	1427
克孜勒苏柯尔克孜自治州	6.43	1.22	1897
喀什地区	53.18	9.71	1826
生产建设兵团			

数据来源：《新疆统计年鉴2021》

表5-1-5　2020/2021年度新疆生产建设兵团棉花生产情况

地区	播种面积（千公顷）	总产量（万吨）	单产量（公斤/公顷）
生产建设兵团	865.31	213.41	2466
一师	159.79	38.91	2435
二师	50.20	12.59	2508
三师	76.40	18.48	2419
四师	8.48	1.99	2346
五师	51.90	12.3	2370
六师	120.66	29.14	2415
七师	133.78	33.74	2522
八师	243.77	61.48	2522
九师	—	—	—
十师	4.73	1.1	2327
十一师	—	—	—
十二师	2.70	0.56	2076
十三师	12.75	3.09	2423
十四师	0.15	0.03	2014

数据来源：《新疆生产建设兵团统计年鉴2021》

表5-1-6　2020/2021年度新疆生产建设兵团长绒棉生产情况

地区	播种面积（千公顷）	总产量（万吨）	单产量（公斤/公顷）
生产建设兵团	0.52	0.1	1977
一师	—	—	—

续表

地区	播种面积（千公顷）	总产量（万吨）	单产量（公斤/公顷）
三师	—	—	—
八师	—	—	—

数据来源：《新疆生产建设兵团统计年鉴2019》

表5-1-7 2020/2021年度山东省棉花生产情况

地区	播种面积（千公顷）	总产量（万吨）	单产量（公斤/公顷）
全省	142.9	18.3	1281
济南市	3.5	0.4	1193
青岛市	0.1	0.0	1460
淄博市	0.9	0.1	1364
枣庄市	1.1	0.1	1292
东营市	16.6	1.8	1070
烟台市	0.0	0.0	1392
潍坊市	5.1	0.6	1185
济宁市	28.1	3.7	1315
泰安市	3.7	0.5	1275
日照市	0.2	0.0	1137
临沂市	2.3	0.3	1270
德州市	19.4	2.8	1435
聊城市	4.2	0.5	1288
滨州市	20.0	2.3	1162
菏泽市	61.6	8.8	1423

数据来源：《山东统计年鉴2021》

表5-1-8 2020/2021年度河南省棉花生产情况

地区	播种面积（千公顷）	总产量（万吨）	单产量（公斤/公顷）
全省	20.94*	2.81*	1342*
郑州市	0.65	0.06	939
开封市	5.73	0.82	1437
洛阳市	2.56	0.36	1424
平顶山市	0.43	0.06	1364

续表

地区	播种面积（千公顷）	总产量（万吨）	单产量（公斤/公顷）
安阳市	1.74	0.21	1186
鹤壁市	0.48	0.05	1065
新乡市	0.92	0.11	1210
焦作市	0.20	0.02	1236
濮阳市	0.70	0.09	1338
许昌市	0.69	0.07	1020
漯河市	0.15	0.02	1051
三门峡市	0.82	0.08	1021
南阳市	0.94	0.12	1301
商丘市	1.65	0.24	1460
信阳市	0.78	0.08	1089
周口市	2.22	0.38	1713
驻马店市	0.04	0.01	1279
济源市	0.24	0.03	1040

数据来源：《河南统计年鉴2021》

注 带*的数据由国家棉花市场监测系统测算而得。

表5-1-9 2020/2021年度河北省棉花生产情况

地区	播种面积（千公顷）	总产量（万吨）	单产量（公斤/公顷）
全省	112	12.0	1071
石家庄市	—	—	—
秦皇岛市	—	—	—
唐山市	—	—	—
廊坊市	—	—	—
保定市	—	—	—
沧州市	—	—	—
衡水市	—	—	—
邢台市	—	—	—
邯郸市	—	—	—

数据来源：国家棉花市场监测系统

表5-1-10　2020/2021年度天津市棉花生产情况

地区	棉花播种面积（千公顷）	棉花总产量（万吨）	单产量（公斤/公顷）
全市	7.8	1.2	1538*
塘沽区	—	—	—
汉沽区	—	—	—
大港区	—	—	—
东丽区	—	—	—
西青区	—	—	—
津南区	—	—	—
北辰区	—	—	—
武清区	—	—	—
宝坻区	—	—	—
宁河县	—	—	—
静海县	—	—	—
蓟县	—	—	—

数据来源：《天津统计年鉴2021》

注　带*的数据由国家棉花市场监测系统测算而得。

表5-1-11　2020/2021年度陕西省棉花生产情况

地区	播种面积（千公顷）	总产量（万吨）	单产量（公斤/公顷）
全省	0.72	0.0746	1030
西安市	0.05	0.0088	1701
渭南市	0.05	0.0089	1750
延安市	0.48	0.0326	676
汉中市	0.03	0.008	2386
安康市	0.07	0.0123	1679

数据来源：《陕西统计年鉴2021》

表5-1-12　2020/2021年度江苏省棉花生产情况

地区	播种面积（千公顷）	总产量（万吨）	单产量（公斤/公顷）
全省	—	0.0415	—
南京市	—	—	—
徐州市	—	—	—

续表

地区	播种面积（千公顷）	总产量（万吨）	单产量（公斤/公顷）
常州市	—	—	—
苏州市	—	—	—
南通市	—	—	—
连云港市	—	—	—
淮安市	—	—	—
盐城市	—	—	—
扬州市	—	—	—
镇江市	—	—	—
泰州市	—	—	—
宿迁市	—	—	—

数据来源：《江苏统计年鉴2021》

表5-1-13　2020/2021年度安徽省棉花生产情况

地区	播种面积（千公顷）	产量（万吨）	单产量（公斤/公顷）
全省	46	4.0	870
合肥市	—	—	—
淮北市	—	—	—
亳州市	—	—	—
宿州市	—	—	—
蚌埠市	—	—	—
阜阳市	—	—	—
淮南市	—	—	—
滁州市	—	—	—
六安市	—	—	—
马鞍山市	—	—	—
芜湖市	—	—	—
宣城市	—	—	—
铜陵市	—	—	—
池州市	—	—	—
安庆市	—	—	—
黄山市	—	—	—

数据来源：国家棉花市场监测系统

表5-1-14　2020/2021年度湖北省棉花生产情况

地区	播种面积（千公顷）	总产量（万吨）	单产量（公斤/公顷）
全省	129.73	10.79	832*
武汉市	—	0.82	—
黄石市	—	0.28	—
十堰市	—	0.01	—
宜昌市	—	0.52	—
襄阳市	—	0.69	—
鄂州市	—	0.33	—
荆门市	—	0.33	—
孝感市	—	0.73	—
荆州市	—	2.82	—
黄冈市	—	2.02	—
咸宁市	—	0.30	—
随州市	—	0.35	—
仙桃市	—	0.81	—
潜江市	—	0.13	—
天门市	—	0.65	—

数据来源：《湖北统计年鉴2021》

注　带*的数据由国家棉花市场监测系统测算而得。

表5-1-15　2020/2021年度湖南省棉花生产情况

地区	播种面积（千公顷）	总产量（万吨）	单产量（公斤/公顷）
全省	59.5	9.8	1647*
长沙市	—	—	—
株洲市	—	—	—
湘潭市	—	—	—
衡阳市	—	—	—
邵阳市	—	—	—
岳阳市	—	—	—
常德市	—	—	—
张家界市	—	—	—

续表

地区	播种面积（千公顷）	总产量（万吨）	单产量（公斤/公顷）
益阳市	—	—	—
郴州市	—	—	—
永州市	—	—	—
怀化市	—	—	—
娄底市	—	—	—
湘西自治州	—	—	—

数据来源：《湖南统计年鉴2021》

注 带*的数据由国家棉花市场监测系统测算而得。

表5-1-16　2020/2021年度江西省棉花生产情况

地区	播种面积（千公顷）	总产量（万吨）	单产量（公斤/公顷）
全省	35.00	5.29	1511
南昌市	1.06	0.14	1314
景德镇市	1.15	0.18	1554
九江市	23.27	3.53	1516
新余市	1.64	0.26	1586
吉安市	0.16	0.03	1726
宜春市	4.87	0.73	1504
抚州市	1.74	0.25	1435
上饶市	1.12	0.17	1551

数据来源：《江西统计年鉴2021》

表5-1-17　2020/2021年度甘肃省棉花生产情况

地区	播种面积（千公顷）	总产量（万吨）	单产量（公斤/公顷）
全省	17.33	3.0	1731
白银市	—	—	—
武威市	—	—	—
酒泉市	—	—	—
金昌市	—	—	—

数据来源：国家棉花市场监测系统

2　棉花购销

表5-2-1　2020/2021年度中国棉花收购、加工及销售进度统计表

日期	收购进度（%）	加工进度（%）	销售进度（%）
2019年9月	67.4%	18.7%	0.1%
2019年10月	88.9%	41.2%	7.3%
2019年11月	95.2%	67.9%	23.0%
2019年12月	98.3%	92.8%	43.2%
2020年1月	99.4%	99.0%	59.5%
2020年2月	99.7%	99.6%	70.8%
2020年3月	99.9%	99.9%	82.2%
2020年4月	100.0%	99.9%	93.3%
2020年5月	100.0%	100.0%	97.2%
2020年6月	100.0%	100.0%	98.8%
2020年7月	100.0%	100.0%	99.5%
2020年8月	100.0%	100.0%	99.8%

数据来源：国家棉花市场监测系统

注　收购进度=已交售籽棉量/已采摘籽棉量；
加工进度=已加工皮棉量/籽棉收购折皮棉量；
销售进度=已销售皮棉量/籽棉收购折皮棉量。

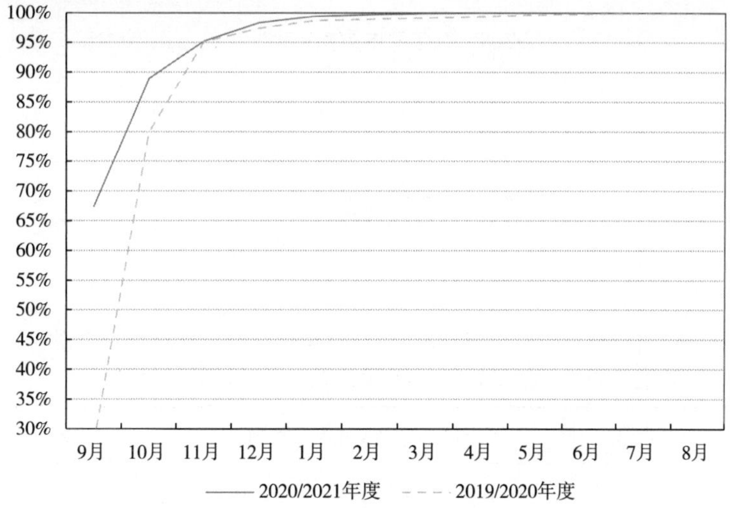

图5-2-1　2020/2021年度中国棉花收购进度与上年对比

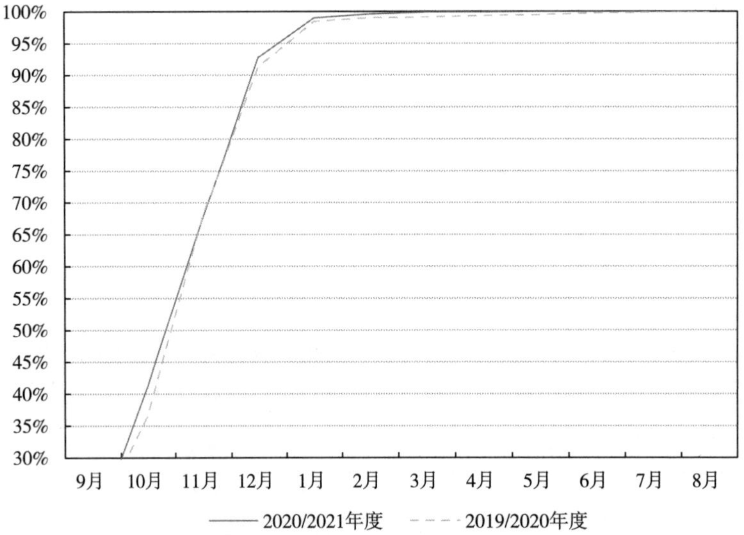

图5-2-2　2020/2021年度中国棉花加工进度与上年对比

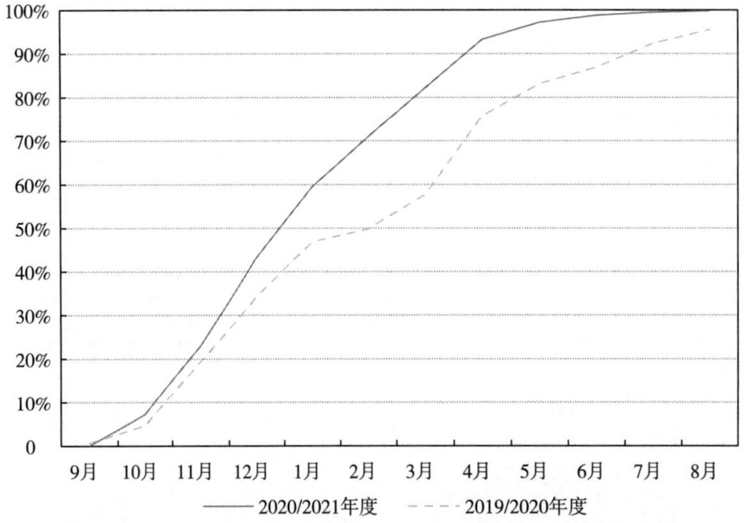

图5-2-3　2020/2021年度中国棉花销售进度与上年对比

3　棉花价格

表5-3-1　2020/2021年度国家棉花价格指数月平均价格

日期	国家棉花价格A指数（元/吨）	国家棉花价格B指数（元/吨）
2020年9月	13049	12689

续表

日期	国家棉花价格A指数（元/吨）	国家棉花价格B指数（元/吨）
2020年10月	14512	14239
2020年11月	14723	14425
2020年12月	14929	14616
2021年1月	15385	15128
2021年2月	15964	15692
2021年3月	16157	15859
2021年4月	15810	15462
2021年5月	16189	15863
2021年6月	16216	15888
2021年7月	17170	16851
2021年8月	18256	17901

数据来源：国家棉花市场监测系统

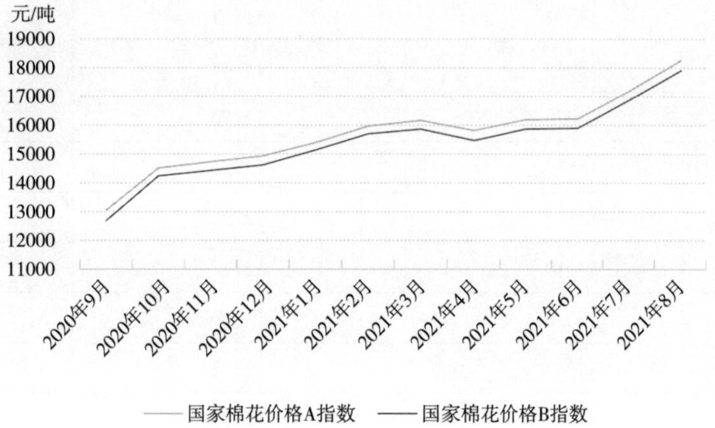

图5-3-1　2020/2021年度国家棉花价格走势

国家棉花价格指数简介

国家棉花价格指数（即CNCotton A、CNCotton B）简称国棉指数，是国家棉花市场监测系统通过分布在内地主产销区的165个棉花和纺织监测站，对当地皮棉成交价格进行跟踪监测，经审核后加权汇总得出国家棉花价格指数。CNCotton A指数代表内地2129级皮棉成交均价，CNCotton B指数代表内地3128级皮棉成交均价。国家相关部门在棉花市场宏观调控和目标价格改革政策实施过程中，均将国家棉花价格指数纳入政策参考指标。

国家棉花价格指数强调区域概念，并假设同等级棉花在同一个地区的工厂接受价与轧花厂仓库交货价水平基本一致，与当日发布的《国内主要地区棉花现货价格行情》配合使用，可比较全面地反映当日国内主要地区棉花平均成交价格水平。国家棉花价格指数于每个工作日下午5点左右发布及时反映行情变化。

表5-3-2　2020/2021年度国家棉花价格指数及中国棉花收购价格指数日价格

日期	国家棉花价格A指数（元/吨）	国家棉花价格B指数（元/吨）	中国棉花收购价格指数（元/吨）
2020/09/01	13024	12658	
2020/09/02	13034	12674	
2020/09/03	13029	12671	
2020/09/04	13018	12662	
2020/09/07	13028	12679	
2020/09/08	13062	12711	
2020/09/09	12930	12571	
2020/09/10	12943	12587	
2020/09/11	12946	12591	
2020/09/14	12950	12596	
2020/09/15	13023	12661	
2020/09/16	13024	12664	11950
2020/09/17	13049	12688	12092
2020/09/18	13070	12710	12205
2020/09/21	13109	12750	12233
2020/09/22	13132	12766	12034
2020/09/23	13110	12747	12110
2020/09/24	13096	12729	12169
2020/09/25	13087	12722	12118
2020/09/27	13086	12719	12126
2020/09/28	13121	12755	12206
2020/09/29	13114	12746	12331
2020/09/30	13147	12781	12419
2020/10/09	13264	12899	12689
2020/10/10	13422	13091	12773
2020/10/12	13725	13437	12989
2020/10/13	13989	13708	13133
2020/10/14	14166	13895	13398
2020/10/15	14438	14176	13557

续表

日期	国家棉花价格A指数（元/吨）	国家棉花价格B指数（元/吨）	中国棉花收购价格指数（元/吨）
2020/10/16	14578	14328	13685
2020/10/19	15104	14863	14439
2020/10/20	15103	14861	14538
2020/10/21	15034	14780	14414
2020/10/22	14873	14608	14076
2020/10/23	14835	14576	13862
2020/10/26	14834	14572	13653
2020/10/27	14832	14569	13599
2020/10/28	14855	14590	13645
2020/10/29	14823	14557	13601
2020/10/30	14821	14553	13631
2020/11/02	14802	14539	13519
2020/11/03	14791	14524	13333
2020/11/04	14815	14549	13178
2020/11/05	14802	14527	13184
2020/11/06	14769	14487	13131
2020/11/09	14717	14430	12882
2020/11/10	14706	14419	12839
2020/11/11	14717	14430	12781
2020/11/12	14730	14440	12744
2020/11/13	14712	14420	12808
2020/11/16	14698	14404	12835
2020/11/17	14669	14359	12771
2020/11/18	14637	14321	12776
2020/11/19	14653	14336	12765
2020/11/20	14688	14375	12840
2020/11/23	14695	14383	12754
2020/11/24	14741	14430	12753
2020/11/25	14711	14391	12714
2020/11/26	14700	14376	12870
2020/11/27	14688	14372	12841
2020/11/30	14736	14417	12905

续表

日期	国家棉花价格A指数（元/吨）	国家棉花价格B指数（元/吨）	中国棉花收购价格指数（元/吨）
2020/12/01	14715	14394	12845
2020/12/02	14711	14388	12895
2020/12/03	14706	14380	12826
2020/12/04	14705	14379	12866
2020/12/07	14750	14422	12960
2020/12/08	14799	14475	12940
2020/12/09	14780	14456	12913
2020/12/10	14780	14454	12931
2020/12/11	14822	14496	12841
2020/12/14	14880	14556	12879
2020/12/15	14934	14606	12827
2020/12/16	14937	14609	12847
2020/12/17	14981	14651	13050
2020/12/18	15031	14706	13011
2020/12/21	15091	14797	13152
2020/12/22	15068	14773	13157
2020/12/23	15025	14726	13086
2020/12/24	15061	14767	13060
2020/12/25	15082	14788	13077
2020/12/28	15100	14806	13155
2020/12/29	15109	14812	13274
2020/12/30	15145	14855	13389
2020/12/31	15165	14883	13488
2021/01/04	15294	15013	13649
2021/01/05	15313	15061	13789
2021/01/06	15369	15124	13997
2021/01/07	15397	15165	13987
2021/01/08	15398	15163	14025
2021/01/11	15382	15143	13972
2021/01/12	15341	15101	13934
2021/01/13	15385	15146	14031
2021/01/14	15338	15095	14034

续表

日期	国家棉花价格A指数（元/吨）	国家棉花价格B指数（元/吨）	中国棉花收购价格指数（元/吨）
2021/01/15	15326	15082	14007
2021/01/18	15355	15101	14059
2021/01/19	15423	15162	14017
2021/01/20	15414	15149	13980
2021/01/21	15422	15157	13914
2021/01/22	15433	15166	13963
2021/01/25	15428	15159	13977
2021/01/26	15422	15151	13932
2021/01/27	15436	15161	13932
2021/01/28	15434	15156	13945
2021/01/29	15399	15110	13943
2021/02/01	15443	15159	13914
2021/02/02	15450	15165	13924
2021/02/03	15431	15147	13910
2021/02/04	15487	15200	13911
2021/02/05	15629	15352	13921
2021/02/07	15686	15411	13940
2021/02/08	15688	15418	13763
2021/02/09	15706	15436	13759
2021/02/10	15773	15507	13766
2021/02/18	16046	15782	13890
2021/02/19	16114	15843	13964
2021/02/20	16217	15950	14088
2021/02/22	16373	16106	14158
2021/02/23	16426	16162	14196
2021/02/24	16550	16288	14206
2021/02/25	16709	16443	14294
2021/02/26	16658	16392	14309
2021/03/01	16670	16401	14294
2021/03/02	16797	16526	14360
2021/03/03	16754	16480	14322
2021/03/04	16696	16418	14233

续表

日期	国家棉花价格A指数（元/吨）	国家棉花价格B指数（元/吨）	中国棉花收购价格指数（元/吨）
2021/03/05	16448	16176	14223
2021/03/08	16487	16213	14252
2021/03/09	16487	16210	14192
2021/03/10	16250	15962	14190
2021/03/11	16096	15803	13980
2021/03/12	16231	15953	14043
2021/03/15	16231	15950	14073
2021/03/16	16134	15856	14129
2021/03/17	16183	15908	14073
2021/03/18	16235	15959	14094
2021/03/19	16145	15864	14023
2021/03/22	16025	15725	14017
2021/03/23	16020	15722	13899
2021/03/24	15868	15552	13825
2021/03/25	15821	15496	13836
2021/03/26	15467	15110	13702
2021/03/29	15518	15150	13723
2021/03/30	15528	15164	13775
2021/03/31	15526	15161	13736
2021/04/01	15522	15158	
2021/04/02	15530	15176	
2021/04/06	15578	15219	
2021/04/07	15624	15267	
2021/04/08	15591	15230	
2021/04/09	15594	15233	
2021/04/12	15572	15205	
2021/04/13	15538	15169	
2021/04/14	15531	15161	
2021/04/15	15621	15261	
2021/04/16	15802	15456	
2021/04/19	15804	15458	
2021/04/20	15806	15460	

续表

日期	国家棉花价格A指数（元/吨）	国家棉花价格B指数（元/吨）	中国棉花收购价格指数（元/吨）
2021/04/21	15787	15438	
2021/04/22	15816	15471	
2021/04/23	15964	15630	
2021/04/25	16129	15795	
2021/04/26	16229	15897	
2021/04/27	16190	15857	
2021/04/28	16239	15909	
2021/04/29	16232	15907	
2021/04/30	16129	15807	
2021/05/06	16138	15811	
2021/05/07	16285	15959	
2021/05/08	16285	15959	
2021/05/10	16335	16009	
2021/05/11	16287	15963	
2021/05/12	16437	16118	
2021/05/13	16335	16018	
2021/05/14	16134	15818	
2021/05/17	16148	15827	
2021/05/18	16166	15841	
2021/05/19	16162	15838	
2021/05/20	16126	15795	
2021/05/21	16201	15873	
2021/05/24	16139	15816	
2021/05/25	16140	15806	
2021/05/26	16089	15757	
2021/05/27	16074	15743	
2021/05/28	16059	15722	
2021/05/31	16058	15721	
2021/06/01	16087	15752	
2021/06/02	16120	15786	
2021/06/03	16171	15839	
2021/06/04	16205	15874	

续表

日期	国家棉花价格A指数（元/吨）	国家棉花价格B指数（元/吨）	中国棉花收购价格指数（元/吨）
2021/06/07	16245	15909	
2021/06/08	16227	15893	
2021/06/09	16324	15995	
2021/06/10	16318	15989	
2021/06/11	16370	16042	
2021/06/15	16176	15850	
2021/06/16	16176	15849	
2021/06/17	16139	15812	
2021/06/18	16086	15761	
2021/06/21	16073	15747	
2021/06/22	16072	15745	
2021/06/23	16171	15846	
2021/06/24	16276	15951	
2021/06/25	16322	15997	
2021/06/28	16327	16006	
2021/06/29	16324	16003	
2021/06/30	16322	16002	
2021/07/01	16271	15949	
2021/07/02	16423	16106	
2021/07/05	16576	16259	
2021/07/06	16770	16459	
2021/07/07	16782	16472	
2021/07/08	16782	16472	
2021/07/09	16769	16458	
2021/07/12	16828	16511	
2021/07/13	16877	16560	
2021/07/14	17027	16703	
2021/07/15	17299	16978	
2021/07/16	17309	16984	
2021/07/19	17310	16988	
2021/07/20	17298	16976	
2021/07/21	17293	16967	

续表

日期	国家棉花价格A指数（元/吨）	国家棉花价格B指数（元/吨）	中国棉花收购价格指数（元/吨）
2021/07/22	17330	17012	
2021/07/23	17519	17211	
2021/07/26	17643	17324	
2021/07/27	17762	17440	
2021/07/28	17967	17638	
2021/07/29	17980	17647	
2021/07/30	17934	17598	
2021/08/02	17886	17539	
2021/08/03	17851	17497	
2021/08/04	17840	17485	
2021/08/05	17840	17481	
2021/08/06	17847	17487	
2021/08/09	17946	17592	
2021/08/10	18004	17656	
2021/08/11	18088	17743	
2021/08/12	18072	17707	
2021/08/13	18135	17765	
2021/08/16	18317	17950	
2021/08/17	18621	18290	
2021/08/18	18727	18405	
2021/08/19	18702	18379	
2021/08/20	18629	18281	
2021/08/23	18625	18277	
2021/08/24	18516	18162	
2021/08/25	18452	18090	
2021/08/26	18411	18040	
2021/08/27	18407	18028	
2021/08/30	18368	17992	
2021/08/31	18346	17966	

数据来源：国家棉花市场监测系统

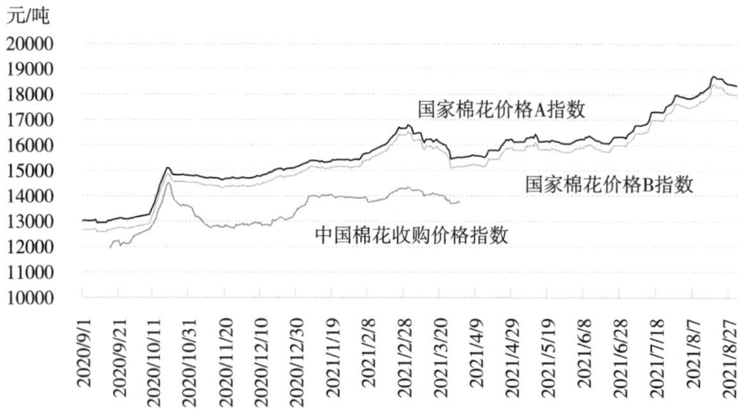

图5-3-2　2020/2021年度国家棉花价格指数及中国棉花收购价格指数走势

表5-3-3　2020/2021年度国内各等级棉花分月价格

单位：元/吨

日期	1129B级	2129B级	3128B级	4129B级	2227B级
2020年9月	13304	13049	12689	12251	11796
2020年10月	14754	14512	14239	13719	13162
2020年11月	15021	14723	14425	14044	13498
2020年12月	15240	14929	14616	14294	13766
2021年1月	15660	15385	15128	14705	14219
2021年2月	16219	15964	15692	15253	14835
2021年3月	16427	16157	15859	15451	15070
2021年4月	16133	15810	15462	15125	14796
2021年5月	16491	16189	15863	15475	15129
2021年6月	16514	16216	15888	15482	15136
2021年7月	17480	17170	16851	16318	15936
2021年8月	18588	18256	17901	17296	16887

数据来源：国家棉花市场监测系统

表5-3-4　2020/2021年度中国主要地区棉花价格

单位：元/吨

日期	冀鲁豫地区				
	1129B级	2129B级	3128B级	4128B级	2227B级
2020年9月	13321	13055	12707	12269	11824
2020年10月	14798	14552	14268	13742	13179

续表

日期	冀鲁豫地区				
	1129B级	2129B级	3128B级	4128B级	2227B级
2020年11月	15044	14760	14455	14057	13531
2020年12月	15270	14956	14644	14305	13801
2021年1月	15711	15432	15155	14712	14246
2021年2月	16274	16024	15728	15276	14873
2021年3月	16507	16231	15900	15492	15125
2021年4月	16181	15861	15512	15170	14831
2021年5月	16552	16239	15920	15531	15167
2021年6月	16577	16274	15949	15534	15192
2021年7月	17559	17246	16932	16394	16017
2021年8月	18642	18313	17959	17361	16949
日期	长江中下游地区				
	1129B级	2129B级	3128B级	4129B级	2227B级
2020年9月	13269	13037	12662	12222	11753
2020年10月	14681	14439	14178	13674	13129
2020年11月	14982	14652	14360	14017	13452
2020年12月	15188	14873	14556	14269	13712
2021年1月	15567	15288	15075	14678	14163
2021年2月	16124	15849	15619	15209	14768
2021年3月	16297	16034	15786	15391	14989
2021年4月	16057	15726	15375	15063	14742
2021年5月	16386	16101	15762	15373	15073
2021年6月	16413	16111	15787	15386	15050
2021年7月	17357	17033	16716	16183	15807
2021年8月	18487	18150	17799	17172	16771

续表

日期	东南沿海地区				
	1129B级	2129B级	3128B级	4129B级	2227B级
2020年9月	13408	13155	12783	12281	11824
2020年10月	14828	14621	14378	13793	13266
2020年11月	15075	14840	14564	14137	13575
2020年12月	15300	15065	14772	14399	13810
2021年1月	15781	15555	15268	14863	14311
2021年2月	16335	16122	15833	15366	14927
2021年3月	16568	16341	16016	15576	15169
2021年4月	16242	15972	15599	15179	14847
2021年5月	16599	16357	15995	15518	15147
2021年6月	16644	16417	16052	15594	15212
2021年7月	17619	17337	16999	16477	16093
2021年8月	18828	18458	18075	17530	17141

日期	北方地区				
	1129B级	2129B级	3128B级	4129B级	2227B级
2020年9月	13287	13035	12622	12272	11763
2020年10月	14709	14459	14189	13635	13088
2020年11月	14988	14690	14363	14008	13413
2020年12月	15247	14946	14582	14295	13653
2021年1月	15602	15365	15059	14688	14180
2021年2月	16129	15931	15629	15225	14801
2021年3月	16333	16098	15796	15343	14970
2021年4月	16095	15760	15410	15047	14767
2021年5月	16462	16161	15812	15418	15106
2021年6月	16467	16167	15817	15425	15069
2021年7月	17438	17152	16802	16333	15888
2021年8月	18500	18211	17811	17248	16809

续表

日期	西北内陆地区				
	1129B级	2129B级	3128B级	4129B级	2227B级
2020年9月	13219	12960	12573	12165	11729
2020年10月	14674	14438	14183	13687	13119
2020年11月	14967	14642	14383	13985	13379
2020年12月	15162	14840	14547	14218	13695
2021年1月	15569	15313	15049	14652	14186
2021年2月	16126	15876	15618	15176	14745
2021年3月	16245	15966	15736	15313	14908
2021年4月	15991	15641	15341	15005	14711
2021年5月	16381	16051	15740	15448	15032
2021年6月	16352	16069	15716	15407	15004
2021年7月	17287	17069	16691	16188	15740
2021年8月	18471	18131	17778	17169	16735
日期	新疆维吾尔自治区				
	1129B级	2129B级	3128B级	4129B级	2227B级
2020年9月	13126	12870	12623	12214	11837
2020年10月	14694	14445	14230	13778	13323
2020年11月	14961	14730	14492	14088	13652
2020年12月	15128	14903	14650	14294	13856
2021年1月	15609	15382	15143	14746	14313
2021年2月	16204	15965	15705	15302	14877
2021年3月	16402	16151	15871	15479	15071
2021年4月	16095	15802	15470	15123	14766
2021年5月	16481	16186	15858	15495	15150
2021年6月	16502	16210	15887	15520	15171
2021年7月	17481	17191	16871	16460	16102
2021年8月	18503	18213	17884	17407	17035

数据来源：国家棉花市场监测系统

表5-3-5　2020/2021年度中国棉花收购价格指数月均值　单位：万/吨

日期	中国棉花收购价格指数
2020年9月	12166
2020年10月	13628
2020年11月	12915
2020年12月	13020
2021年1月	13954
2021年2月	13995
2021年3月	14043
2020年9月	12166
2020年10月	13628
2020年11月	12915
2020年12月	13020

数据来源：国家棉花市场监测系统

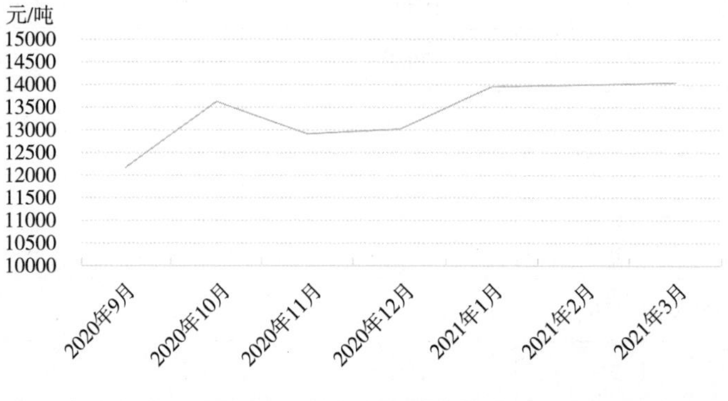

图5-3-3　2020/2021年度中国棉花收购价格指数走势

中国棉花收购价格指数简介

中国棉花收购价格指数（CNCotton Index Seed Cotton，简称CNCotton S），根据国家棉花市场监测系统140个监测站每日3级籽棉收购价格、棉籽平均价格和收购籽棉平均衣分率、含杂等质量指标计算得出，表示3级籽棉折皮棉收购价格，反映棉花企业的籽棉收购成本，计价单位为元/吨。

CNCotton S的计算方法：由国内各产棉省（区、市）各等级籽棉主体收购价格，算术平均得出当日国内籽棉平均收购价格。根据各地3级籽棉平均收购价格、棉籽平均价格、平均衣分率折算出中国棉花收购价格指数。

CNCotton S为国内植棉主产省（区）和部分非主产区不同等级收购籽棉的主体价格的算术平均价，反映某一日国内棉花收购价格的变化趋势。中国棉花收购价格指数不代表任一时间和地点棉花的实际收购价格。

CNCotton S于每年9月1日起开始更新，收购旺季时每周一至周五更新，收购淡季时每周四更新，每年5月以后停止更新。

表5-3-6　2020/2021年度中国主要地区籽棉收购折皮棉成本月平均价格　　单位：元/吨

日期	山东	河南	河北	陕西	安徽	江苏	湖南
2020年9月	12566	12156	12102	12315	11710	—	—
2020年10月	13494	14189	13166	12841	12343	13829	—
2020年11月	13785	13221	13276	12887	12490	13918	13069
2020年12月	13825	13008	13519	13096	13346	13561	13069
2021年1月	14348	13210	13869	13841	13579	13634	14007
2021年2月	14328	12804	14152	13829	13713	13561	14403
2021年3月	—	12892	14362	14033	13804	—	14403
2020年9月	12566	12156	12102	12315	11710	—	—
2020年10月	13494	14189	13166	12841	12343	13829	—
2020年11月	13785	13221	13276	12887	12490	13918	13069
2020年12月	13825	13008	13519	13096	13346	13561	13069

数据来源：国家棉花市场监测系统

表5-3-7　2020/2021年度内地与新疆棉籽月均价对比　　单位：元/斤

日期	内地	新疆
2020年9月	2.61	2.22
2020年10月	2.66	2.39
2020年11月	2.72	2.43
2020年12月	2.70	2.39
2021年1月	2.90	2.45
2020年9月	2.61	2.22
2020年10月	2.66	2.39
2020年11月	2.72	2.43
2020年12月	2.70	2.39
2021年1月	2.90	2.45

数据来源：国家棉花市场监测系统

表5-3-8　2020/2021年度中国棉花、纯棉纱及涤纶短纤月平均价格　　单位：元/吨

日期	国家棉花价格B指数	32英支纯棉纱	涤纶短纤	棉、纱价差	棉、涤价差
2020年9月	12689	18498	5403	5809	7286
2020年10月	14239	21653	5778	7414	8461
2020年11月	14425	21328	5555	6903	8870
2020年12月	14616	22033	5689	7417	8927

续表

日期	国家棉花价格B指数	32英支纯棉纱	涤纶短纤	棉、纱价差	棉、涤价差
2021年1月	15128	23701	6234	8573	8894
2021年2月	15692	24424	7068	8732	8624
2021年3月	15859	25352	7289	9493	8570
2021年4月	15462	24337	6804	8875	8658
2021年5月	15863	24952	6768	9089	9095
2021年6月	15888	25176	6809	9288	9079
2021年7月	16851	26232	7104	9381	9747
2021年8月	17901	27357	7062	9456	10839

数据来源：国家棉花市场监测系统

注 棉、纱价差=32英支纯棉纱—国家棉花价格B指数。

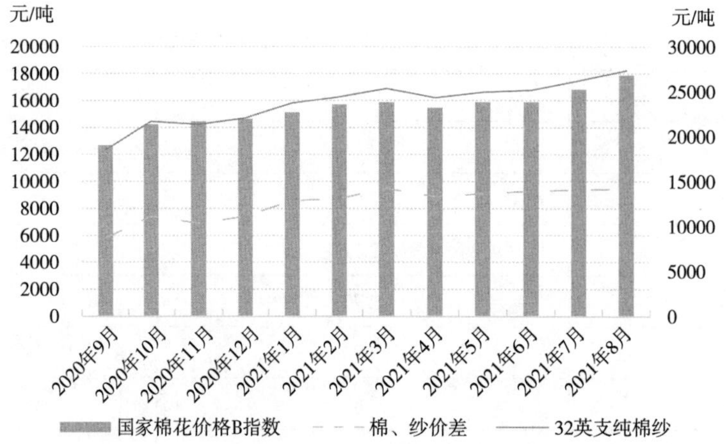

图5-3-4　2020/2021年度国内棉花、棉纱价格差异

图5-3-5　2020/2021年度国内棉花、涤短价格差异

表5-3-9 2020/2021年度郑州棉花期货主力合约日交易量价统计表

交易日期	合约代码	开盘价（元/吨）	最高价（元/吨）	最低价（元/吨）	收盘价（元/吨）	结算价（元/吨）	成交量（手）	持仓量（手）
2020-09-01	CF101	13125	13150	13040	13135	13100	185617	382148
2020-09-02	CF101	13140	13180	13085	13125	13130	217297	386211
2020-09-03	CF101	13085	13105	12985	13025	13060	258525	372049
2020-09-04	CF101	12995	13040	12820	12870	12910	302225	375597
2020-09-07	CF101	12890	12965	12875	12925	12915	175978	366717
2020-09-08	CF101	12940	12990	12910	12960	12940	166921	365688
2020-09-09	CF101	12910	12920	12215	12430	12595	600269	370832
2020-09-10	CF101	12495	12660	12470	12580	12565	254968	352678
2020-09-11	CF101	12590	12630	12540	12590	12595	162522	350242
2020-09-14	CF101	12580	12650	12555	12630	12605	150434	351061
2020-09-15	CF101	12675	12845	12655	12800	12765	267122	336984
2020-09-16	CF101	12785	12815	12720	12775	12770	149305	335543
2020-09-17	CF101	12775	12840	12740	12780	12785	170008	338109
2020-09-18	CF101	12785	12825	12685	12815	12770	196347	333574
2020-09-21	CF101	12795	12940	12770	12940	12885	275733	329692
2020-09-22	CF101	12900	13005	12730	12960	12880	338908	323584
2020-09-23	CF101	12945	12995	12710	12820	12855	280226	316599
2020-09-24	CF101	12800	12880	12660	12710	12770	258853	320083
2020-09-25	CF101	12705	12840	12670	12675	12750	233881	315775
2020-09-28	CF101	12710	12830	12650	12815	12755	200664	296507
2020-09-29	CF101	12840	12860	12660	12755	12750	197573	295994
2020-09-30	CF101	12740	12885	12715	12795	12800	200331	286398
2020-10-09	CF101	13130	13300	13055	13295	13175	246759	299501
2020-10-12	CF101	13300	13970	13300	13870	13740	687534	339495
2020-10-13	CF101	13880	14145	13760	14025	13945	557231	346078
2020-10-14	CF101	14100	14335	14020	14320	14130	625333	392016
2020-10-15	CF101	14345	14400	14230	14325	14320	499844	399024
2020-10-16	CF101	14265	14675	14170	14560	14465	710523	418193
2020-10-19	CF101	14620	15305	14505	14935	14985	1101913	433908
2020-10-20	CF101	14935	14980	14605	14830	14785	763913	412228

续表

交易日期	合约代码	开盘价（元/吨）	最高价（元/吨）	最低价（元/吨）	收盘价（元/吨）	结算价（元/吨）	成交量（手）	持仓量（手）
2020-10-21	CF101	14850	14865	14545	14635	14700	828828	408382
2020-10-22	CF101	14735	14750	14350	14505	14505	811720	406751
2020-10-23	CF101	14530	14745	14410	14425	14595	725149	403408
2020-10-26	CF101	14470	14660	14330	14490	14500	653007	391510
2020-10-27	CF101	14490	14590	14390	14480	14505	519063	387441
2020-10-28	CF101	14500	14775	14420	14680	14600	990744	404234
2020-10-29	CF101	14495	14585	14350	14435	14465	591558	390837
2020-10-30	CF101	14395	14630	14220	14505	14455	734630	353811
2020-11-02	CF101	14500	14575	14325	14375	14435	432654	339798
2020-11-03	CF101	14385	14475	14275	14310	14385	353242	348932
2020-11-04	CF101	14360	14590	14295	14475	14435	512533	334284
2020-11-05	CF101	14525	14525	14305	14360	14385	354046	335069
2020-11-06	CF101	14400	14430	14035	14050	14220	483557	331675
2020-11-09	CF101	14065	14255	13920	14225	14075	479869	295154
2020-11-10	CF101	14305	14340	14175	14225	14240	296578	290054
2020-11-11	CF101	14240	14440	14205	14370	14335	326266	297107
2020-11-12	CF101	14345	14410	14260	14295	14335	242012	292296
2020-11-13	CF101	14320	14375	14190	14220	14275	251652	288558
2020-11-16	CF101	14220	14315	14035	14270	14190	310214	280029
2020-11-17	CF101	14320	14370	14115	14150	14235	297154	278755
2020-11-18	CF101	14150	14230	14100	14145	14160	184745	271922
2020-11-19	CF101	14180	14365	14150	14360	14250	266797	274115
2020-11-20	CF101	14345	14530	14245	14265	14425	491008	287620
2020-11-23	CF101	14310	14495	14270	14430	14405	276382	290361
2020-11-24	CF101	14450	14600	14445	14575	14520	357706	303221
2020-11-25	CF101	14500	14530	14405	14430	14455	242181	288091
2020-11-26	CF101	14435	14490	14325	14360	14400	199713	280074
2020-11-27	CF101	14375	14575	14350	14555	14480	231168	281933
2020-11-30	CF101	14560	14600	14450	14565	14535	266248	272476
2020-12-01	CF101	14570	14620	14405	14480	14495	225520	264279

续表

交易日期	合约代码	开盘价（元/吨）	最高价（元/吨）	最低价（元/吨）	收盘价（元/吨）	结算价（元/吨）	成交量（手）	持仓量（手）
2020-12-02	CF101	14490	14590	14365	14370	14460	249760	257825
2020-12-03	CF101	14355	14440	14300	14425	14360	203289	243743
2020-12-04	CF101	14425	14435	14260	14315	14330	209339	229000
2020-12-07	CF101	14320	14570	14320	14570	14470	251297	218414
2020-12-08	CF101	14570	14625	14460	14485	14540	197944	202916
2020-12-09	CF105	14580	14610	14470	14530	14540	214049	312941
2020-12-10	CF105	14540	14690	14500	14575	14590	302897	325593
2020-12-11	CF105	14615	14835	14565	14835	14730	563485	408406
2020-12-14	CF105	14835	14930	14725	14885	14850	409159	444672
2020-12-15	CF105	14885	14980	14780	14820	14875	369269	453150
2020-12-16	CF105	14835	14885	14800	14815	14835	203287	455023
2020-12-17	CF105	14845	14910	14800	14845	14845	233694	447933
2020-12-18	CF105	14865	15020	14865	14935	14955	371966	483478
2020-12-21	CF105	14900	15100	14900	15100	15015	351823	510447
2020-12-22	CF105	15000	15000	14510	14535	14785	591867	463244
2020-12-23	CF105	14640	14735	14505	14725	14625	369750	453715
2020-12-24	CF105	14805	14840	14705	14790	14765	222227	450525
2020-12-25	CF105	14785	14945	14765	14930	14865	256245	464142
2020-12-28	CF105	14890	14925	14805	14865	14865	217794	453151
2020-12-29	CF105	14890	14970	14800	14855	14885	281125	450037
2020-12-30	CF105	14870	15075	14850	15040	14975	427213	478063
2020-12-31	CF105	15030	15185	14980	15060	15085	424372	496560
2021-01-04	CF105	15080	15380	15075	15375	15260	387284	570538
2021-01-05	CF105	15350	15485	15215	15300	15370	437951	592912
2021-01-06	CF105	15325	15465	15250	15430	15360	373578	596015
2021-01-07	CF105	15440	15580	15345	15535	15485	533876	631053
2021-01-08	CF105	15505	15610	15310	15415	15480	376024	634259
2021-01-11	CF105	15465	15500	15100	15100	15280	513669	587373
2021-01-12	CF105	15150	15235	14900	15200	15085	400752	557907
2021-01-13	CF105	15200	15460	15185	15345	15330	319565	560027

续表

交易日期	合约代码	开盘价（元/吨）	最高价（元/吨）	最低价（元/吨）	收盘价（元/吨）	结算价（元/吨）	成交量（手）	持仓量（手）
2021-01-14	CF105	15325	15360	14950	14960	15115	418215	543134
2021-01-15	CF105	15010	15110	14925	14975	15015	290257	535776
2021-01-18	CF105	15010	15260	14955	15210	15100	284433	532167
2021-01-19	CF105	15200	15365	15185	15250	15265	315678	527325
2021-01-20	CF105	15290	15330	15060	15090	15185	315672	514786
2021-01-21	CF105	15090	15300	15060	15270	15195	250757	518258
2021-01-22	CF105	15335	15395	15075	15205	15260	407662	515552
2021-01-25	CF105	15110	15175	14985	15130	15100	306784	516265
2021-01-26	CF105	15180	15185	14820	14855	14990	349803	511901
2021-01-27	CF105	14920	15125	14860	15105	15010	260142	496833
2021-01-28	CF105	15060	15070	14810	14855	14910	272683	497380
2021-01-29	CF105	14860	14990	14735	14785	14850	303391	496569
2021-02-01	CF105	14850	15100	14820	15070	14965	251299	481686
2021-02-02	CF105	15060	15110	14915	14925	15010	194043	472929
2021-02-03	CF105	14935	14970	14850	14880	14905	163890	476066
2021-02-04	CF105	14915	15430	14870	15310	15135	352158	492677
2021-02-05	CF105	15275	15595	15245	15595	15490	423606	519306
2021-02-08	CF105	15590	15650	15330	15575	15520	355876	524820
2021-02-09	CF105	15585	15685	15510	15605	15605	234051	528612
2021-02-10	CF105	15650	15780	15515	15715	15685	273177	524061
2021-02-18	CF105	15940	16115	15910	16005	16005	252641	558360
2021-02-19	CF105	16040	16195	15880	16095	16060	310272	575351
2021-02-22	CF105	16100	16500	16020	16300	16300	433405	627627
2021-02-23	CF105	16325	16635	16220	16355	16405	422155	630295
2021-02-24	CF105	16310	16400	16205	16285	16300	287275	617786
2021-02-25	CF105	16350	17080	16320	16745	16685	672464	639039
2021-02-26	CF105	16575	16855	16000	16240	16410	579106	600728
2021-03-01	CF105	16155	16715	16040	16685	16395	549569	614256
2021-03-02	CF105	16750	16850	16260	16430	16540	550203	612323
2021-03-03	CF105	16520	16580	16240	16385	16435	332902	607661

续表

交易日期	合约代码	开盘价（元/吨）	最高价（元/吨）	最低价（元/吨）	收盘价（元/吨）	结算价（元/吨）	成交量（手）	持仓量（手）
2021-03-04	CF105	16380	16410	16020	16080	16190	410742	575108
2021-03-05	CF105	16110	16200	15800	15990	15980	450813	547578
2021-03-08	CF105	15970	16270	15860	16075	16090	448187	545269
2021-03-09	CF105	16065	16080	15800	15815	15955	344397	541687
2021-03-10	CF105	15840	15885	15330	15550	15585	589248	494202
2021-03-11	CF105	15525	15830	15450	15790	15600	341902	495884
2021-03-12	CF105	15790	16015	15755	15870	15900	319753	491571
2021-03-15	CF105	15800	15875	15655	15695	15760	275311	486674
2021-03-16	CF105	15655	15720	15515	15515	15590	241835	482625
2021-03-17	CF105	15550	15760	15530	15725	15665	235302	482751
2021-03-18	CF105	15660	15835	15560	15650	15680	237005	478838
2021-03-19	CF105	15615	15675	15205	15260	15435	389432	472210
2021-03-22	CF105	15255	15395	15200	15315	15300	203773	464395
2021-03-23	CF105	15330	15390	15175	15315	15290	216773	456282
2021-03-24	CF105	15260	15260	14835	14920	15055	355829	440886
2021-03-25	CF105	14955	15045	14665	14890	14890	403967	423896
2021-03-26	CF105	14755	14810	14285	14620	14535	746701	412664
2021-03-29	CF105	14760	14980	14675	14735	14810	446603	409064
2021-03-30	CF105	14780	14950	14740	14870	14845	291137	394548
2021-03-31	CF105	14910	14935	14665	14715	14800	261771	387757
2021-04-01	CF109	14965	15120	14765	15000	14950	190981	279272
2021-04-02	CF109	14990	15150	14795	15130	15010	202364	299812
2021-04-06	CF109	15055	15335	14990	15325	15170	189135	329038
2021-04-07	CF109	15330	15390	15155	15240	15280	201650	358999
2021-04-08	CF109	15220	15240	15070	15120	15155	200606	382519
2021-04-09	CF109	15140	15310	15020	15245	15175	317677	408857
2021-04-12	CF109	15245	15285	14845	15110	15090	380756	428672
2021-04-13	CF109	15095	15120	14860	14860	14960	307195	444830
2021-04-14	CF109	14900	15070	14875	15030	14960	307188	450448
2021-04-15	CF109	15065	15295	15045	15285	15200	307792	453198

续表

交易日期	合约代码	开盘价（元/吨）	最高价（元/吨）	最低价（元/吨）	收盘价（元/吨）	结算价（元/吨）	成交量（手）	持仓量（手）
2021-04-16	CF109	15245	15485	15235	15435	15360	329804	469228
2021-04-19	CF109	15395	15420	15245	15375	15355	285294	474126
2021-04-20	CF109	15480	15510	15295	15465	15415	300808	497347
2021-04-21	CF109	15430	15470	15250	15395	15370	285206	490800
2021-04-22	CF109	15360	15620	15320	15585	15485	376208	515646
2021-04-23	CF109	15550	15975	15510	15865	15745	506091	557289
2021-04-26	CF109	15865	15990	15655	15665	15830	457472	549146
2021-04-27	CF109	15710	15895	15670	15885	15775	339298	557445
2021-04-28	CF109	15855	16050	15785	15915	15900	532591	578129
2021-04-29	CF109	15805	15955	15785	15850	15875	322594	572600
2021-04-30	CF109	15815	15845	15530	15600	15660	428969	536178
2021-05-06	CF109	15700	15930	15670	15855	15800	234397	541480
2021-05-07	CF109	15855	16170	15840	16020	16035	503464	563328
2021-05-10	CF109	15980	16115	15905	16100	16025	406330	564205
2021-05-11	CF109	16085	16090	15800	15895	15900	414989	546707
2021-05-12	CF109	15945	16355	15905	16310	16135	524905	573969
2021-05-13	CF109	16190	16230	15760	15840	16020	580838	550848
2021-05-14	CF109	15820	15895	15510	15610	15675	506786	532764
2021-05-17	CF109	15650	15820	15560	15670	15705	361673	539523
2021-05-18	CF109	15670	15815	15600	15800	15715	270762	536042
2021-05-19	CF109	15780	15840	15630	15640	15720	308910	541874
2021-05-20	CF109	15560	15810	15410	15805	15590	502547	521200
2021-05-21	CF109	15745	16120	15620	16065	15875	624770	524353
2021-05-24	CF109	16060	16115	15685	15705	15875	552694	516564
2021-05-25	CF109	15700	15785	15645	15740	15710	315518	520840
2021-05-26	CF109	15700	15735	15450	15545	15605	400786	523961
2021-05-27	CF109	15590	15590	15300	15310	15455	397485	519415
2021-05-28	CF109	15365	15515	15340	15420	15415	306022	512290
2021-05-31	CF109	15420	15500	15325	15475	15430	281976	500203
2021-06-01	CF109	15475	15575	15380	15570	15470	233875	493251

续表

交易日期	合约代码	开盘价（元/吨）	最高价（元/吨）	最低价（元/吨）	收盘价（元/吨）	结算价（元/吨）	成交量（手）	持仓量（手）
2021-06-02	CF109	15685	15750	15580	15650	15665	323541	467629
2021-06-03	CF109	15650	15930	15595	15885	15780	363711	467885
2021-06-04	CF109	15840	15900	15705	15875	15810	331926	465862
2021-06-07	CF109	15945	15965	15770	15820	15865	291803	453648
2021-06-08	CF109	15840	15895	15725	15890	15815	282301	452712
2021-06-09	CF109	15890	16115	15865	16025	16005	362980	465579
2021-06-10	CF109	16030	16065	15865	15980	15965	219737	454314
2021-06-11	CF109	15990	16160	15935	16035	16045	350182	460098
2021-06-15	CF109	15885	15900	15600	15730	15725	324877	436498
2021-06-16	CF109	15750	15800	15650	15660	15725	194600	428904
2021-06-17	CF109	15675	15755	15585	15640	15665	239487	422344
2021-06-18	CF109	15590	15610	15455	15485	15530	281578	425085
2021-06-21	CF109	15500	15595	15430	15430	15510	234419	433454
2021-06-22	CF109	15430	15595	15400	15570	15500	208984	430324
2021-06-23	CF109	15580	15840	15550	15835	15700	274070	412252
2021-06-24	CF109	15845	15930	15815	15920	15875	213379	404365
2021-06-25	CF109	15900	16055	15860	16015	15950	217571	410313
2021-06-28	CF109	16015	16065	15890	16025	15990	222881	413911
2021-06-29	CF109	16050	16100	15900	16030	16025	292093	414847
2021-06-30	CF109	16030	16090	15935	16060	16020	208419	422071
2021-07-01	CF109	16010	16025	15785	15885	15890	290081	403564
2021-07-02	CF109	15980	16290	15975	16285	16180	436450	447759
2021-07-05	CF109	16260	16495	16175	16400	16330	352739	467708
2021-07-06	CF109	16475	16655	16425	16610	16560	295109	476682
2021-07-07	CF109	16650	16670	16180	16475	16375	538595	442969
2021-07-08	CF109	16455	16505	16265	16395	16385	289124	435670
2021-07-09	CF109	16310	16380	16220	16355	16305	250980	431875
2021-07-12	CF109	16420	16575	16370	16410	16465	279742	428470
2021-07-13	CF109	16395	16640	16370	16625	16520	244898	447376
2021-07-14	CF109	16560	16860	16525	16745	16700	387680	470577

续表

交易日期	合约代码	开盘价（元/吨）	最高价（元/吨）	最低价（元/吨）	收盘价（元/吨）	结算价（元/吨）	成交量（手）	持仓量（手）
2021-07-15	CF109	16810	16975	16750	16835	16870	339152	467379
2021-07-16	CF109	16835	16910	16625	16840	16815	324996	456068
2021-07-19	CF109	16880	16940	16650	16705	16780	362390	438593
2021-07-20	CF109	16560	16720	16380	16685	16525	390006	402532
2021-07-21	CF109	16695	16815	16625	16680	16725	228009	399375
2021-07-22	CF109	16685	17175	16665	17025	16895	356422	420778
2021-07-23	CF109	17075	17270	16980	17180	17135	369572	421646
2021-07-26	CF109	17160	17215	16915	17005	17090	319894	407124
2021-07-27	CF109	17000	17835	16980	17475	17480	666234	411489
2021-07-28	CF109	17475	17625	17475	17590	17555	362631	410178
2021-07-29	CF109	17590	17665	17365	17600	17555	326850	405808
2021-07-30	CF109	17605	17615	17215	17335	17415	396624	367243
2021-08-02	CF201	17565	17660	17310	17570	17525	197292	278966
2021-08-03	CF201	17585	17630	17275	17285	17430	175415	286192
2021-08-04	CF201	17270	17580	17235	17515	17435	162654	296236
2021-08-05	CF201	17480	17555	17355	17395	17460	181649	308262
2021-08-06	CF201	17410	17755	17335	17705	17550	252557	359637
2021-08-09	CF201	17720	17855	17655	17725	17745	321885	400433
2021-08-10	CF201	17680	17940	17620	17870	17770	335941	422172
2021-08-11	CF201	17970	17975	17730	17840	17850	313117	422619
2021-08-12	CF201	17860	17905	17690	17730	17800	276307	431201
2021-08-13	CF201	17760	17990	17675	17875	17845	308775	443547
2021-08-16	CF201	17895	18185	17870	18145	18070	382462	472014
2021-08-17	CF201	18095	18445	18045	18300	18275	391672	485706
2021-08-18	CF201	18345	18505	18230	18290	18350	371047	486216
2021-08-19	CF201	18345	18420	18015	18265	18185	574214	472928
2021-08-20	CF201	18050	18100	17530	17595	17805	672852	446170
2021-08-23	CF201	17600	17950	17590	17860	17775	387099	431549
2021-08-24	CF201	17900	17905	17365	17385	17585	487443	420980
2021-08-25	CF201	17405	17645	17405	17555	17540	307313	416460

续表

交易日期	合约代码	开盘价（元/吨）	最高价（元/吨）	最低价（元/吨）	收盘价（元/吨）	结算价（元/吨）	成交量（手）	持仓量（手）
2021-08-26	CF201	17600	17750	17425	17565	17590	398940	406196
2021-08-27	CF201	17560	17690	17430	17570	17555	330033	401571

数据来源：郑州商品交易所

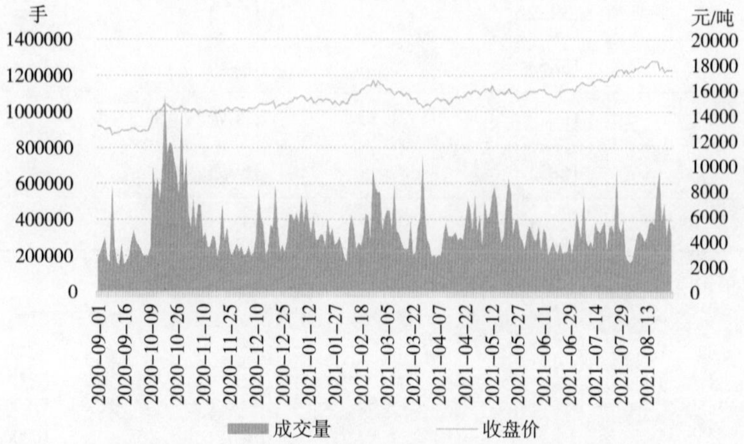

图5-3-6 2020/2021年度郑棉主力合约量价走势

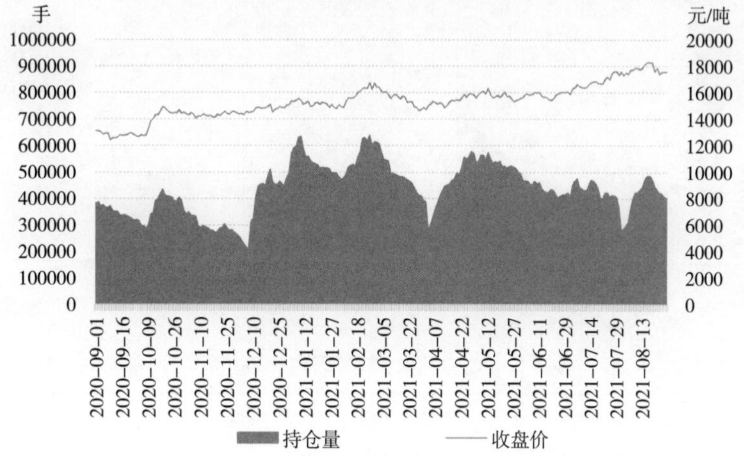

图5-3-7 2020/2021年度郑棉期货交易持仓量变化情况

表5-3-10 2020/2021年度郑州棉花期货与现货月平均价格　　单位：元/吨

日期	国家棉花价格B指数	郑棉期货近月合约结算价	价差（现货-期货）
2020年9月	12689	12000	689
2020年10月	14239	14195	44
2020年11月	14425	14130	295

续表

日期	国家棉花价格B指数	郑棉期货近月合约结算价	价差（现货-期货）
2020年12月	14616	15080	-464
2021年1月	15128	14995	133
2021年2月	15692	16150	-458
2021年3月	15859	15600	259
2021年4月	15462	15475	-13
2021年5月	15863	15480	383
2021年6月	15888	15840	48
2021年7月	16851	16455	396
2021年8月	17901	17555	346

数据来源：国家棉花市场监测系统、郑州商品交易所

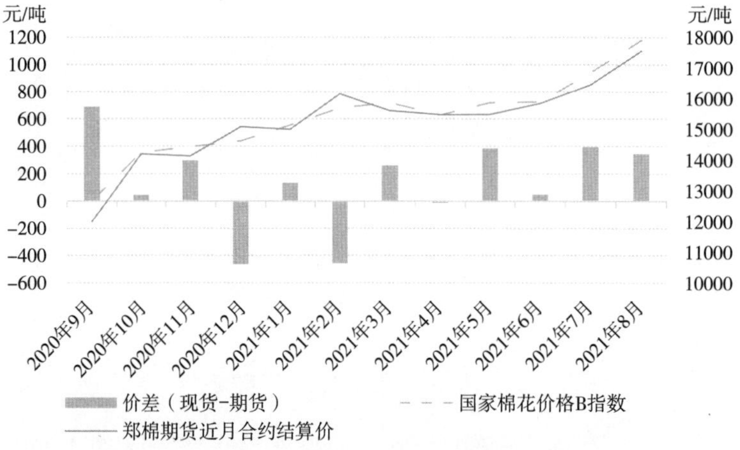

图5-3-8　2020/2021年度国内期、现货价格及差异

表5-3-11　2020/2021年度国内外现货月平均价格对比表　　单位：元/吨

日期	国家棉花价格A指数	国家棉花价格B指数	国际棉花指数（SM）折合人民币价格	国际棉花指数（M）折合人民币价格
2020年9月	13049	12689	12775	12191
2020年10月	14512	14239	13219	12730
2020年11月	14723	14425	13241	12845
2020年12月	14929	14616	13724	13456
2021年1月	15385	15128	14533	14250
2021年2月	15964	15692	15277	14976

续表

日期	国家棉花价格A指数	国家棉花价格B指数	国际棉花指数（SM）折合人民币价格	国际棉花指数（M）折合人民币价格
2021年3月	16157	15859	15048	14706
2021年4月	15810	15462	14997	14452
2021年5月	16189	15863	15308	14737
2021年6月	16216	15888	15690	15218
2021年7月	17170	16851	15987	15631
2021年8月	18256	17901	16861	16647

数据来源：国家棉花市场监测系统

注 国际棉花指数折成人民币价格所采用的汇率为海关计征汇率，即每月使用上一个月第三个星期三（第三个星期三为法定节假日时，顺延采用第四个星期三的汇率）中国人民银行公布的美元对人民币的基准汇率；关税为配额内关税（1%）；增值税为（9%）；港口费用为200元/吨。

国际棉花指数简介

国际棉花指数（International Cotton Indices）包括SM级指数（Premium Index）和M级指数（Standard Index）。

（1）产地的选择：各主要棉花出口国家和地区，包括美国、印度、中亚、西非、澳大利亚、巴西等。

（2）等级的选择：SM 1-1/8"（相当于国棉2级）和M 1-3/32"（相当于国棉3级）。

（3）报价的选择：各主要棉商报价的加权平均价。

（4）产地权重的选择：上年度各主要产地的棉花进口总量视为100%进行权重分配。

（5）指数的生成：国际棉花指数包括SM指数和M指数，分别由各主要产地这两个等级棉花报价的加权平均值生成。

表5-3-12 2020/2021年度国际棉花指数日价格 单位：美分/磅

日期	国际棉花指数		日期	国际棉花指数	
	SM级	M级		SM级	M级
2020年9月1日	75.37	71.63	2020年9月14日	74.41	70.91
2020年9月2日	75.59	71.86	2020年9月15日	75.89	72.51
2020年9月3日	75.11	71.36	2020年9月16日	75.72	72.33
2020年9月4日	74.45	70.76	2020年9月17日	75.66	72.27
2020年9月7日	75.09	71.40	2020年9月18日	75.18	71.79
2020年9月8日	75.09	71.41	2020年9月21日	75.00	71.61
2020年9月9日	73.79	70.23	2020年9月22日	74.59	71.20
2020年9月10日	73.95	70.41	2020年9月23日	74.88	71.52
2020年9月11日	74.40	70.91	2020年9月24日	74.59	71.23

续表

日期	国际棉花指数		日期	国际棉花指数	
	SM级	M级		SM级	M级
2020年9月25日	74.79	71.43	2020年11月11日	79.36	76.69
2020年9月27日	74.78	71.43	2020年11月12日	79.15	76.50
2020年9月28日	75.27	71.94	2020年11月13日	78.46	75.81
2020年9月29日	75.03	71.75	2020年11月16日	78.29	75.63
2020年9月30日	74.33	71.10	2020年11月17日	79.38	76.94
2020年10月9日	76.66	73.62	2020年11月18日	79.38	76.94
2020年10月10日	76.66	73.63	2020年11月19日	81.00	78.58
2020年10月12日	76.81	73.77	2020年11月20日	80.85	78.44
2020年10月13日	77.51	74.48	2020年11月23日	82.35	80.11
2020年10月14日	77.93	74.92	2020年11月24日	84.47	82.71
2020年10月15日	78.03	75.02	2020年11月25日	83.70	81.92
2020年10月16日	78.33	75.34	2020年11月26日	83.18	81.37
2020年10月19日	79.01	76.03	2020年11月27日	83.19	81.39
2020年10月20日	80.23	77.24	2020年11月30日	83.53	81.85
2020年10月21日	80.10	77.11	2020年12月1日	82.39	80.75
2020年10月22日	80.14	77.17	2020年12月2日	82.40	80.76
2020年10月23日	80.99	78.04	2020年12月3日	81.81	80.18
2020年10月26日	80.41	77.45	2020年12月4日	81.50	79.86
2020年10月27日	81.45	78.58	2020年12月7日	82.12	80.55
2020年10月28日	81.37	78.49	2020年12月8日	83.17	81.56
2020年10月29日	79.63	76.73	2020年12月9日	82.53	80.89
2020年10月30日	79.30	76.41	2020年12月10日	83.57	81.94
2020年11月2日	78.43	75.53	2020年12月11日	84.76	83.17
2020年11月3日	78.26	75.36	2020年12月14日	84.62	83.04
2020年11月4日	79.78	76.89	2020年12月15日	85.21	83.64
2020年11月5日	79.72	76.87	2020年12月16日	86.11	84.36
2020年11月6日	79.60	76.74	2020年12月17日	86.16	84.42
2020年11月9日	78.10	75.39	2020年12月18日	87.67	85.94
2020年11月10日	79.48	76.82	2020年12月21日	87.66	85.94

续表

日期	国际棉花指数		日期	国际棉花指数	
	SM级	M级		SM级	M级
2020年12月22日	85.32	83.55	2021年2月2日	89.5	87.67
2020年12月23日	85.36	83.58	2021年2月3日	90.08	88.18
2020年12月24日	86.63	84.88	2021年2月4日	90.30	88.42
2020年12月25日	86.66	84.92	2021年2月5日	93.77	91.88
2020年12月28日	86.66	84.93	2021年2月7日	93.77	91.88
2020年12月29日	86.81	85.06	2021年2月8日	92.31	90.40
2020年12月30日	87.08	85.38	2021年2月9日	93.95	92.04
2020年12月31日	87.59	85.88	2021年2月10日	96.55	94.62
2021年1月4日	87.67	85.94	2021年2月18日	98.51	96.60
2021年1月5日	88.52	86.83	2021年2月19日	98.90	96.97
2021年1月6日	90.19	88.20	2021年2月20日	98.90	96.97
2021年1月7日	89.92	87.91	2021年2月22日	99.11	97.17
2021年1月8日	89.61	87.6	2021年2月23日	101.12	99.13
2021年1月11日	89.61	87.6	2021年2月24日	101.38	99.38
2021年1月12日	90.04	88.27	2021年2月25日	102.33	100.35
2021年1月13日	91.38	89.62	2021年2月26日	98.32	96.35
2021年1月14日	90.61	88.8	2021年3月1日	97.53	95.55
2021年1月15日	90.92	89.14	2021年3月2日	100.18	98.20
2021年1月18日	90.43	88.63	2021年3月3日	99.66	97.70
2021年1月19日	90.43	88.63	2021年3月4日	97.23	95.28
2021年1月20日	90.84	89.06	2021年3月5日	95.95	93.98
2021年1月21日	91.34	89.59	2021年3月8日	96.50	94.53
2021年1月22日	92.08	90.39	2021年3月9日	96.99	95.03
2021年1月25日	91.11	89.40	2021年3月10日	93.03	91.01
2021年1月26日	91.71	90.10	2021年3月11日	93.92	91.91
2021年1月27日	91.16	89.53	2021年3月12日	96.93	94.99
2021年1月28日	90.29	88.66	2021年3月15日	96.25	94.23
2021年1月29日	89.38	87.64	2021年3月16日	95.66	93.44
2021年2月1日	90.02	88.27	2021年3月17日	95.87	93.65

续表

日期	国际棉花指数		日期	国际棉花指数	
	SM级	M级		SM级	M级
2021年3月18日	95.64	93.44	2021年4月28日	99.30	95.41
2021年3月19日	94.65	92.41	2021年4月29日	97.57	93.97
2021年3月22日	93.95	91.72	2021年4月30日	95.44	91.67
2021年3月23日	93.87	91.64	2021年5月6日	96.74	92.97
2021年3月24日	92.85	90.58	2021年5月7日	98.76	94.98
2021年3月25日	91.76	89.56	2021年5月8日	98.76	94.98
2021年3月26日	88.16	85.62	2021年5月10日	98.48	94.85
2021年3月29日	90.17	87.56	2021年5月11日	98.06	94.19
2021年3月30日	90.29	87.67	2021年5月12日	97.53	93.76
2021年3月31日	90.49	87.84	2021年5月13日	97.70	93.96
2021年4月1日	90.74	88.07	2021年5月14日	95.39	91.51
2021年4月2日	88.46	85.34	2021年5月17日	93.03	89.30
2021年4月6日	88.37	85.27	2021年5月18日	93.23	89.58
2021年4月7日	89.79	86.62	2021年5月19日	94.90	91.29
2021年4月8日	90.09	86.90	2021年5月20日	94.09	90.38
2021年4月9日	91.92	88.73	2021年5月21日	93.44	89.89
2021年4月12日	92.99	89.70	2021年5月24日	94.52	91.12
2021年4月13日	91.06	87.55	2021年5月25日	94.52	91.12
2021年4月14日	92.82	89.23	2021年5月26日	94.47	91.07
2021年4月15日	95.12	91.53	2021年5月27日	94.60	91.21
2021年4月16日	95.89	92.29	2021年5月28日	94.84	91.47
2021年4月19日	94.69	91.09	2021年5月31日	95.33	91.97
2021年4月20日	94.41	90.81	2021年6月1日	95.33	91.97
2021年4月21日	94.84	91.24	2021年6月2日	97.74	94.37
2021年4月22日	95.64	92.04	2021年6月3日	97.60	94.19
2021年4月23日	95.45	91.89	2021年6月4日	97.98	94.62
2021年4月25日	95.45	91.89	2021年6月7日	99.33	96.09
2021年4月26日	97.02	93.39	2021年6月8日	98.26	94.90
2021年4月27日	97.21	93.46	2021年6月9日	99.02	95.67

续表

日期	国际棉花指数		日期	国际棉花指数	
	SM级	M级		SM级	M级
2021年6月10日	100.46	97.2	2021年7月20日	99.82	97.54
2021年6月11日	101.28	97.99	2021年7月21日	101.42	99.44
2021年6月15日	99.98	96.99	2021年7月22日	101.67	99.72
2021年6月16日	100.43	97.69	2021年7月23日	102.83	101.02
2021年6月17日	99.73	96.85	2021年7月26日	102.65	100.81
2021年6月18日	97.91	94.93	2021年7月27日	102.61	100.85
2021年6月21日	98.85	96.07	2021年7月28日	103.24	101.55
2021年6月22日	98.85	96.07	2021年7月29日	103.58	101.92
2021年6月23日	99.19	96.5	2021年7月30日	103.43	101.8
2021年6月24日	100.5	97.81	2021年8月2日	102.51	100.87
2021年6月25日	100.29	97.59	2021年8月3日	102.77	101.37
2021年6月28日	100.75	98.06	2021年8月4日	103.02	101.54
2021年6月29日	101.10	98.31	2021年8月5日	103.47	102.00
2021年6月30日	101.27	98.46	2021年8月6日	103.87	102.40
2021年7月1日	98.52	95.75	2021年8月9日	104.91	103.54
2021年7月2日	99.55	96.76	2021年8月10日	104.10	102.72
2021年7月5日	100.48	97.78	2021年8月11日	105.55	104.23
2021年7月6日	100.48	97.78	2021年8月12日	104.66	103.25
2021年7月7日	100.88	98.23	2021年8月13日	106.70	105.38
2021年7月8日	101.13	98.47	2021年8月16日	107.65	106.27
2021年7月9日	100.43	97.87	2021年8月17日	107.67	106.28
2021年7月12日	100.84	98.24	2021年8月18日	108.23	106.83
2021年7月13日	101.21	98.62	2021年8月19日	108.03	106.77
2021年7月14日	101.34	98.77	2021年8月20日	105.94	104.67
2021年7月15日	102.47	99.97	2021年8月23日	106.29	105.03
2021年7月16日	101.94	99.57	2021年8月24日	106.63	105.38
2021年7月19日	102.65	100.34			

数据来源：国家棉花市场监测系统、中国棉花网

表5-3-13　2020/2021年度国际期、现货月平均价格对比　单位：美分/磅

日期	国际棉花指数（SM）	国际棉花指数（M）	ICE近月合约结算价
2020年9月	74.91	71.43	65.36
2020年10月	79.09	76.12	69.19
2020年11月	80.46	78.02	71.37
2020年12月	84.95	83.27	74.72
2021年1月	90.36	88.58	80.85
2021年2月	95.81	93.9	87.58
2021年3月	94.68	92.5	85.28
2021年4月	93.83	90.37	84.38
2021年5月	95.7	92.08	85.04
2021年6月	99.33	96.3	85.91
2021年7月	101.51	99.22	88.69
2021年8月	105.88	104.52	92.82

数据来源：国家棉花市场监测系统、美国洲际交易所（ICE）

表5-3-14　2020/2021年度ICE棉花期货近月合约日结算价格

日期	结算价（美分/磅）	日期	结算价（美分/磅）	日期	结算价（美分/磅）
2020年9月1日	65.40	2020年9月23日	65.25	2020年10月14日	68.93
2020年9月2日	64.96	2020年9月24日	65.46	2020年10月15日	69.22
2020年9月3日	64.28	2020年9月25日	65.95	2020年10月16日	69.92
2020年9月4日	64.99	2020年9月28日	65.69	2020年10月19日	71.16
2020年9月8日	64.02	2020年9月29日	65.29	2020年10月20日	71.02
2020年9月9日	64.20	2020年9月30日	65.79	2020年10月21日	71.04
2020年9月10日	64.81	2020年10月1日	65.91	2020年10月22日	71.94
2020年9月11日	64.81	2020年10月2日	65.82	2020年10月23日	71.29
2020年9月14日	66.62	2020年10月5日	66.03	2020年10月26日	72.11
2020年9月15日	66.44	2020年10月6日	66.86	2020年10月27日	72.03
2020年9月16日	66.37	2020年10月7日	67.59	2020年10月28日	70.17
2020年9月17日	65.85	2020年10月8日	67.49	2020年10月29日	69.82
2020年9月18日	65.66	2020年10月9日	67.64	2020年10月30日	68.92
2020年9月21日	65.24	2020年10月12日	68.37	2020年11月2日	68.73
2020年9月22日	65.54	2020年10月13日	68.83	2020年11月3日	70.24

续表

日期	结算价（美分/磅）	日期	结算价（美分/磅）	日期	结算价（美分/磅）
2020年11月4日	70.23	2020年12月21日	74.76	2021年2月8日	85.60
2020年11月5日	70.07	2020年12月22日	74.82	2021年2月9日	88.13
2020年11月6日	68.62	2020年12月23日	76.14	2021年2月10日	86.18
2020年11月9日	71.68	2020年12月24日	76.20	2021年2月11日	87.87
2020年11月10日	71.65	2020年12月28日	76.35	2021年2月12日	88.66
2020年11月11日	71.38	2020年12月29日	77.01	2021年2月16日	89.60
2020年11月12日	70.62	2020年12月30日	77.97	2021年2月17日	89.93
2020年11月13日	70.40	2020年12月31日	78.12	2021年2月18日	90.30
2020年11月16日	71.58	2021年1月4日	78.97	2021年2月19日	90.48
2020年11月17日	71.30	2021年1月5日	80.35	2021年2月22日	92.41
2020年11月18日	71.83	2021年1月6日	80.06	2021年2月23日	92.67
2020年11月19日	71.67	2021年1月7日	79.76	2021年2月24日	93.69
2020年11月20日	72.96	2021年1月8日	79.77	2021年2月25日	89.69
2020年11月23日	73.80	2021年1月11日	80.43	2021年2月26日	88.83
2020年11月24日	72.98	2021年1月12日	81.70	2021年3月1日	91.57
2020年11月25日	72.36	2021年1月13日	80.92	2021年3月2日	90.99
2020年11月27日	73.24	2021年1月14日	81.15	2021年3月3日	88.45
2020年11月30日	72.15	2021年1月15日	80.70	2021年3月4日	87.14
2020年12月1日	72.19	2021年1月19日	81.15	2021年3月5日	87.76
2020年12月2日	71.60	2021年1月20日	81.59	2021年3月8日	88.32
2020年12月3日	71.11	2021年1月21日	82.57	2021年3月9日	84.32
2020年12月4日	71.57	2021年1月22日	81.56	2021年3月10日	85.22
2020年12月7日	72.38	2021年1月25日	82.33	2021年3月11日	88.35
2020年12月8日	71.98	2021年1月26日	81.71	2021年3月12日	87.56
2020年12月9日	73.05	2021年1月27日	80.84	2021年3月15日	86.72
2020年12月10日	74.26	2021年1月28日	79.93	2021年3月16日	86.92
2020年12月11日	74.08	2021年1月29日	80.64	2021年3月17日	86.51
2020年12月14日	74.67	2021年2月1日	80.03	2021年3月18日	85.45
2020年12月15日	75.59	2021年2月2日	80.69	2021年3月19日	84.68
2020年12月16日	75.65	2021年2月3日	80.99	2021年3月22日	84.62
2020年12月17日	77.19	2021年2月4日	84.28	2021年3月23日	83.53
2020年12月18日	77.16	2021年2月5日	84.02	2021年3月24日	82.44

续表

日期	结算价（美分/磅）	日期	结算价（美分/磅）	日期	结算价（美分/磅）
2021年3月25日	78.44	2021年5月11日	87.75	2021年6月25日	87.18
2021年3月26日	80.38	2021年5月12日	88.23	2021年6月28日	87.43
2021年3月29日	80.49	2021年5月13日	84.98	2021年6月29日	87.58
2021年3月30日	80.64	2021年5月14日	82.43	2021年6月30日	84.90
2021年3月31日	80.88	2021年5月17日	82.32	2021年7月1日	85.90
2021年4月1日	77.95	2021年5月18日	84.01	2021年7月2日	86.97
2021年4月5日	77.88	2021年5月19日	82.92	2021年7月6日	87.40
2021年4月6日	79.22	2021年5月20日	81.53	2021年7月8日	86.88
2021年4月7日	79.50	2021年5月21日	82.82	2021年7月9日	87.71
2021年4月8日	81.12	2021年5月24日	82.82	2021年7月12日	88.16
2021年4月9日	81.78	2021年5月25日	82.71	2021年7月13日	88.46
2021年4月12日	80.44	2021年5月26日	82.44	2021年7月14日	89.81
2021年4月13日	81.46	2021年5月27日	82.61	2021年7月15日	89.05
2021年4月14日	85.52	2021年5月28日	82.12	2021年7月16日	89.93
2021年4月15日	86.26	2021年6月1日	84.25	2021年7月19日	86.71
2021年4月16日	85.03	2021年6月2日	83.70	2021年7月20日	88.51
2021年4月19日	84.71	2021年6月3日	84.21	2021年7月21日	88.69
2021年4月20日	85.17	2021年6月4日	85.80	2021年7月22日	89.86
2021年4月21日	86.23	2021年6月7日	84.36	2021年7月23日	89.66
2021年4月22日	86.05	2021年6月8日	85.14	2021年7月26日	89.60
2021年4月23日	88.80	2021年6月9日	86.62	2021年7月27日	90.23
2021年4月26日	89.22	2021年6月10日	88.21	2021年7月28日	90.52
2021年4月27日	91.42	2021年6月11日	87.92	2021年7月29日	90.31
2021年4月28日	89.52	2021年6月14日	86.13	2021年7月30日	89.39
2021年4月29日	86.54	2021年6月15日	86.80	2021年8月2日	89.63
2021年4月30日	88.08	2021年6月16日	85.95	2021年8月3日	89.87
2021年5月3日	87.86	2021年6月17日	84.06	2021年8月4日	90.31
2021年5月4日	87.17	2021年6月18日	85.18	2021年8月5日	90.68
2021年5月5日	87.33	2021年6月21日	85.19	2021年8月6日	91.70
2021年5月6日	90.58	2021年6月22日	85.64	2021年8月9日	90.90
2021年5月7日	89.66	2021年6月23日	86.94	2021年8月10日	92.32
2021年5月10日	88.47	2021年6月24日	86.73	2021年8月11日	91.22

续表

日期	结算价（美分/磅）	日期	结算价（美分/磅）	日期	结算价（美分/磅）
2021年8月12日	93.32	2021年8月19日	92.76	2021年8月26日	94.16
2021年8月13日	94.32	2021年8月20日	93.10	2021年8月27日	94.84
2021年8月16日	94.31	2021年8月23日	93.36	2021年8月30日	94.23
2021年8月17日	94.90	2021年8月24日	94.18	2021年8月31日	92.53
2021年8月18日	94.83	2021年8月25日	94.50		

4 棉花进出口

表5-4-1 2020/2021年度中国棉花进口分国家及地区统计表

国家及地区	数量（吨）	国家及地区	数量（吨）
全球	2746560	南非	4827
美国	1195041	希腊	4713
巴西	713768	喀麦隆	4575
印度	518396	埃及	2609
澳大利亚	72517	阿根廷	2375
布基纳法索	44897	以色列	2302
苏丹	31108	吉尔吉斯斯坦	1177
贝宁	30839	中非共和国	653
马里	24537	尼日利亚	435
墨西哥	16555	莫桑比克	278
缅甸	15585	津巴布韦	187
塔吉克斯坦	11983	赞比亚	168
土耳其	11358	秘鲁	105
科特迪瓦	10172	马拉维	101
多哥	9752	马来西亚	99
哈萨克斯坦	9011	哥斯达黎加	93
乌兹别克斯坦	6322	坦桑尼亚	20

数据来源：中国海关总署（不含已梳的棉花）

表5-4-2　2020/2021年度中国棉花出口分国家和地区统计表

国家和地区	数量（吨）
全球	2514
越南	1668
马来西亚	789
巴基斯坦	38
泰国	20

数据来源：中国海关总署（不含已梳的棉花）

表5-4-3　2020/2021年度棉花进口分月统计表

月份	数量（万吨）	同比（%）
合计	2746560	71.29%
2020年9月	210303	152.52%
2020年10月	208144	185.10%
2020年11月	196583	87.01%
2020年12月	354691	130.94%
2021年1月	401117	94.58%
2021年2月	289530	40.45%
2021年3月	280384	39.55%
2021年4月	230316	84.50%
2021年5月	173208	147.39%
2021年6月	172072	90.64%
2021年7月	143928	−2.92%
2021年8月	86284	−39.17%

表5-4-4　2003/2004年度以来进口棉占中国用棉总量比例表

年度	合计（万吨）	国内产量（万吨）	进口量（万吨）	进口比例（%）
2003/2004	684.9	485.9	199.0	29.1
2004/2005	798.3	632.3	166.0	20.8
2005/2006	982.3	571.3	411.0	41.8
2006/2007	977.8	749.8	228.0	23.3
2007/2008	1033.0	789.0	244.0	23.6
2008/2009	943.8	799.1	144.7	15.3
2009/2010	926.1	675.7	250.4	27.0

续表

年度	合计（万吨）	国内产量（万吨）	进口量（万吨）	进口比例（%）
2010/2011	880.7	623.1	257.6	29.2
2011/2012	1298.8	802.8	544.0	41.9
2012/2013	1201.1	761.5	439.6	36.6
2013/2014	1000.1	699.7	300.4	30.0
2014/2015	806.4	651.0	155.4	19.3
2015/2016	617.7	521.6	96.1	18.4
2016/2017	622.7	511.7	111.0	21.7
2017/2018	745.7	612.7	133.0	17.8
2018/2019	813.4	610.5	202.9	24.9
2019/2020	744.64	584.3	160.34	21.5
2020/2021	869.66	595.0	274.66	31.6

数据来源：国家棉花市场监测系统

表5-4-5 2020/2021年度棉纱进出口分月统计表

月份	进口		出口	
	数量（吨）	同比（%）	数量（吨）	同比（%）
合计	2185164	19.63%	298771	6.80%
2020年9月	178155	21.08%	27404	9.70%
2020年10月	168603	15.87%	27232	5.77%
2020年11月	172290	7.62%	23414	–17.02%
2020年12月	177772	4.31%	23544	–17.25%
2021年1月	206072	46.75%	26658	20.43%
2021年2月	144135	2.64%	16096	–27.29%
2021年3月	224675	16.75%	23518	–26.23%
2021年4月	231542	61.72%	27213	76.60%
2021年5月	168749	66.24%	24777	66.44%
2021年6月	156534	6.70%	28515	65.96%
2021年7月	177654	2.90%	25363	6.30%
2021年8月	178983	7.74%	25037	0.65%

数据来源：中国海关总署

表5-4-6　2020/2021年度棉布进出口分月统计表

月份	进口		出口	
	数量（万米）	同比（%）	数量（万米）	同比（%）
合计	20549	-0.30%	766961	13.08%
2020年9月	1946	-3.55%	67464	2.33%
2020年10月	1717	-21.85%	65249	-3.53%
2020年11月	1960	-7.17%	65810	5.32%
2020年12月	1847	-16.23%	65197	-0.89%
2021年1月	1610	22.19%	76133	66.14%
2021年2月	820	-37.77%	48480	5.79%
2021年3月	1885	-10.71%	55167	3.59%
2021年4月	1729	13.66%	72699	94.79%
2021年5月	1930	92.59%	64193	33.23%
2021年6月	1600	3.67%	67083	20.79%
2021年7月	1679	3.32%	57903	-11.42%
2021年8月	1826	11.23%	61583	-5.39%

数据来源：中国海关总署

表5-4-7　2020/2021年度纺织品服装出口额分月统计表

月份	纺织品服装		纺织品		服装	
	金额（亿美元）	同比（%）	金额（亿美元）	同比（%）	金额（亿美元）	同比（%）
合计	3027.85	7.4%	1419.67	-2.6%	1608.17	18.1%
2020年9月	283.77	15.73%	131.521	34.69%	152.252	3.19%
2020年10月	248.45	8.64%	116.617	14.84%	131.830	3.70%
2020年11月	245.90	11.42%	120.396	20.96%	125.500	3.59%
2020年12月	262.01	5.00%	122.909	11.67%	139.100	-0.27%
2021年1~2月	461.88	55.01%	221.341	60.83%	240.542	50.02%
2021年3月	189.26	22.66%	96.735	8.42%	92.528	42.18%
2021年4月	232.77	8.97%	121.55	-16.87%	111.23	65.03%
2021年5月	243.20	-17.71%	121.23	-41.29%	121.97	36.96%
2021年6月	276.64	-4.71%	125.153	-22.54%	151.483	17.66%
2021年7月	282.73	-9.65%	116.98	-26.78%	165.75	8.21%
2021年8月	301.23	-2.59%	125.24	-14.90%	175.99	8.59%

数据来源：中国海关总署

5　棉花消费

表5-5-1　2020/2021年度全国纺织生产分月统计表

月份	纺纱产量（万吨）	同比（%）	化纤产量（万吨）	同比（%）	布产量（亿米）	同比（%）
总计	2897.28	9.21	6789.94	12.78	398.2	10.76
2020年9月	245.9	−7.28	541.7	3.02	34.0	−21.11
2020年10月	247	−0.68	560.9	3.66	34.6	−8.71
2020年11月	264.6	1.22	573.8	5.09	35.8	−13.94
2020年12月	288.9	8.20	603.8	12.46	38.1	−7.07
2021年1~2月	398.78	47.23	976.54	34.29	49.89	20.21
2021年3月	251.1	16.41	596.7	14.93	34.3	4.57
2021年4月	238.2	8.37	583	8.51	34.0	6.58
2021年5月	234.4	0.09	585	6.85	34.0	4.94
2021年6月	249.5	11.43	586	11.68	36.0	7.46
2021年7月	238.4	3.16	597	13.78	34.0	3.34
2021年8月	240.5	4.07	585.5	11.59	33.5	3.40

数据来源：国家统计局

6　中国棉花产销存预测

表5-6-1　2001/2002年度以来国内棉花产销存预测与价格对比

年度	期初库存（万吨）	产量（万吨）	进口（万吨）	消费（万吨）	出口（万吨）	期末库存（万吨）	库存消费比（%）	年度均价（元/吨）
2001/2002	436.49	531.48	11.65	523.49	9.05	447.08	83.95	10140
2002/2003	447.08	491.70	71.90	601.03	15.10	394.55	64.04	12008

续表

年度	期初库存（万吨）	产量（万吨）	进口（万吨）	消费（万吨）	出口（万吨）	期末库存（万吨）	库存消费比（%）	年度均价（元/吨）
2003/2004	394.55	485.90	199.00	620.27	3.00	456.17	73.19	16100
2004/2005	456.17	632.30	166.00	813.42	1.00	440.06	54.03	12432
2005/2006	440.06	571.27	411.00	953.45	1.00	467.87	49.02	14103
2006/2007	467.87	749.79	228.00	1106.29	1.86	337.51	30.46	13300
2007/2008	337.51	789.00	244.00	1017.41	1.50	351.59	34.51	13766
2008/2009	351.59	799.12	144.65	969.44	1.74	324.18	33.38	12162
2009/2010	324.18	675.70	250.47	1025.64	0.53	224.18	21.85	15760
2010/2011	224.18	623.05	257.63	908.09	2.66	194.11	21.31	25671
2011/2012	194.11	802.80	544.03	920.49	1.23	619.22	67.18	19192
2012/2013	619.22	761.50	439.61	962.81	0.93	856.59	88.88	19141
2013/2014	856.59	699.70	300.37	797.25	0.93	1058.48	132.61	18581
2014/2015	1058.48	662.10	167.13	806.41	2.51	1078.79	133.36	13751
2015/2016	1078.79	521.60	96.14	789.12	2.38	905.02	114.34	12865
2016/2017	905.02	511.70	111.03	729.44	1.31	797.00	109.07	15683
2017/2018	797.00	612.70	132.16	878.29	3.57	660.00	74.84	15885
2018/2019	660.00	610.50	202.86	840.08	4.83	628.45	74.38	15189
2019/2020	628.45	584.30	160.34	747.67	2.56	622.86	83.02	12515
2020/2021	622.86	595.00	274.66	861.00	3.88	627.65	72.57	15387
2021/2022	627.65	580.10	231.00	824.00	3.80	610.94	73.80	—

数据来源：国家棉花市场监测系统（发布时间截至2022年1月）

注 年度均价为国家棉花价格B指数的棉花年度均价。

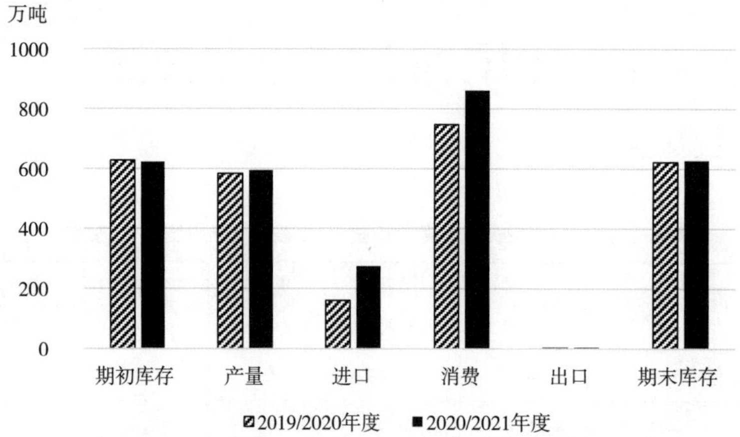

图5-6-1 2019/2020年度与2020/2021年度中国产销存预测同比对比

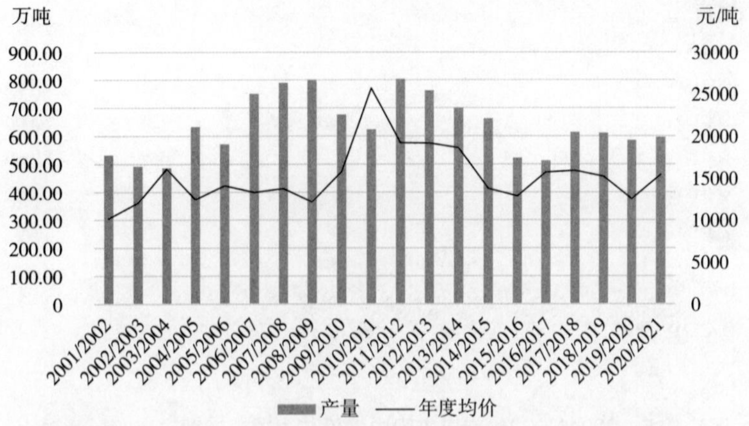

图5-6-2 2001/2002年度以来国内棉价与中国棉花产量预测对比

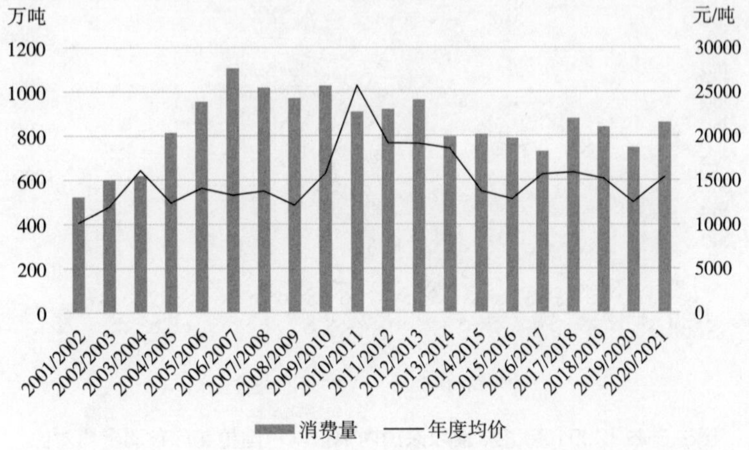

图5-6-3 2001/2002年度以来国内棉价与中国棉花消费量预测对比

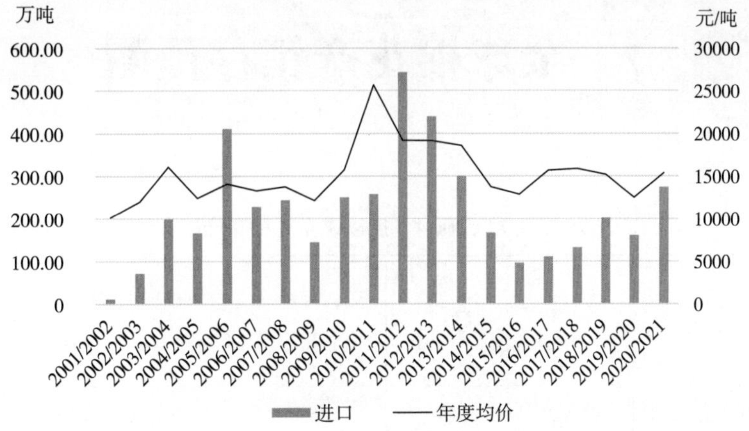

图5-6-4 2001/2002年度以来国内棉价与中国棉花进口量预测对比

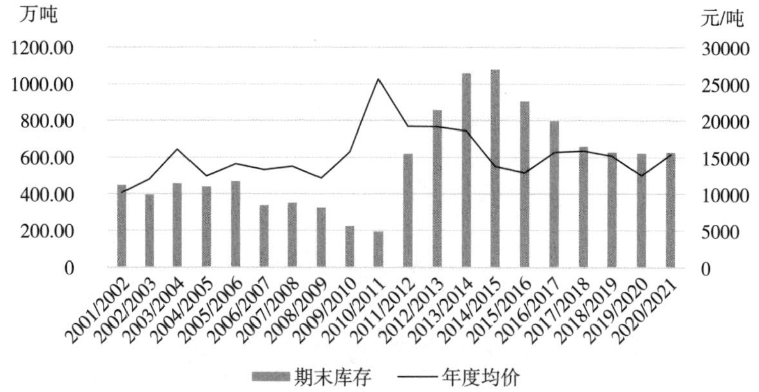

图5-6-5　2001/2002年度以来国内棉价与中国棉花期末库存预测对比

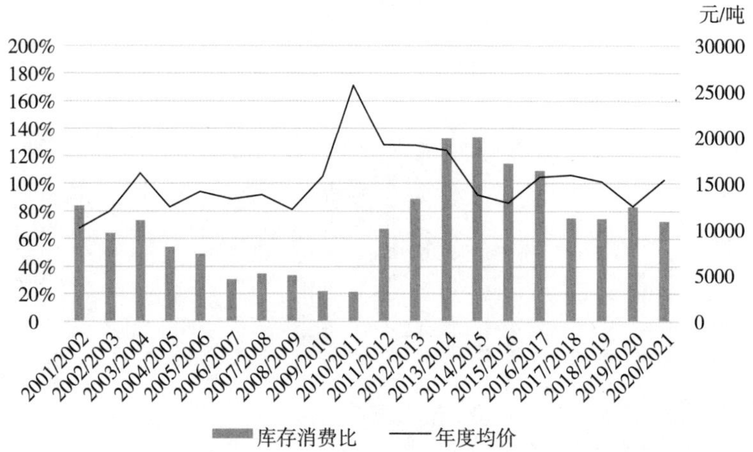

图5-6-6　2001/2002年度以来国内棉价与中国棉花库存消费比对比

7　全球棉花产销存预测

表5-7-1　2003/2004年度以来全球棉花产销存预测

年度	期初库存（万吨）	产量（万吨）	进口量（万吨）	消费量（万吨）	出口量（万吨）	期末库存（万吨）	库存消费比（%）	国际棉花指数（M）（美分/磅）
2003/2004	1042.5	2104.9	743.5	2135.7	721.8	1053.3	49	55.71
2004/2005	1053.3	2646.4	739.5	2377.7	760.9	1327.6	56	53.57
2005/2006	1327.6	2533.5	972.5	2546.8	978.1	1347.9	53	57.32
2006/2007	1347.9	2671.2	834.0	2704.4	814.7	1371.4	51	59.12

续表

年度	期初库存（万吨）	产量（万吨）	进口量（万吨）	消费量（万吨）	出口量（万吨）	期末库存（万吨）	库存消费比（%）	国际棉花指数（M）（美分/磅）
2007/2008	1371.4	2613.8	859.0	2696.3	846.3	1347.3	50	74.71
2008/2009	1347.3	2353.0	665.7	2401.5	657.7	1338.0	56	61.27
2009/2010	1338.0	2244.4	804.0	2601.7	779.6	1005.4	39	82.56
2010/2011	1005.4	2553.9	790.3	2514.1	760.1	1072.8	43	170.05
2011/2012	1072.8	2770.5	989.0	2266.2	1002.2	1568.4	69	101.21
2012/2013	1568.4	2697.7	1037.0	2356.3	1009.4	1944.9	83	89.59
2013/2014	1944.9	2620.6	902.2	2392.5	897.0	2176.1	91	90.79
2014/2015	2176.1	2595.7	794.3	2445.5	788.7	2326.0	95	72.04
2015/2016	2326.0	2093.7	777.7	2465.2	760.9	1965.7	80	71.27
2016/2017	1965.7	2322.7	824.6	2531.5	828.7	1748.4	69	82.26
2017/2018	1748.4	2698.9	904.7	2675.4	908.2	1765.9	66	88.97
2018/2019	1765.9	2581.8	923.8	2616.2	906.7	1747.7	67	81.92
2019/2020	1747.7	2659.3	875.0	2225.9	892.2	2164.6	97	71.87
2020/2021	2164.6	2480.0	939.8	2517.5	940.7	2123.3	84	88.91

数据来源：美国农业部、中国棉花网

注　2004/2005年度以前为北欧到岸价A指数，2004/2005年度以后为国际棉花指数（M）。

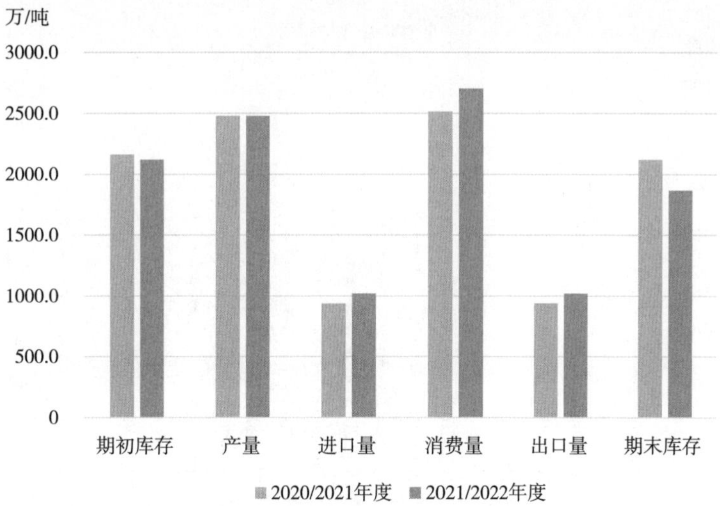

图5-7-1　2020/2021年度和2021/2022年度全球产销存预测对比

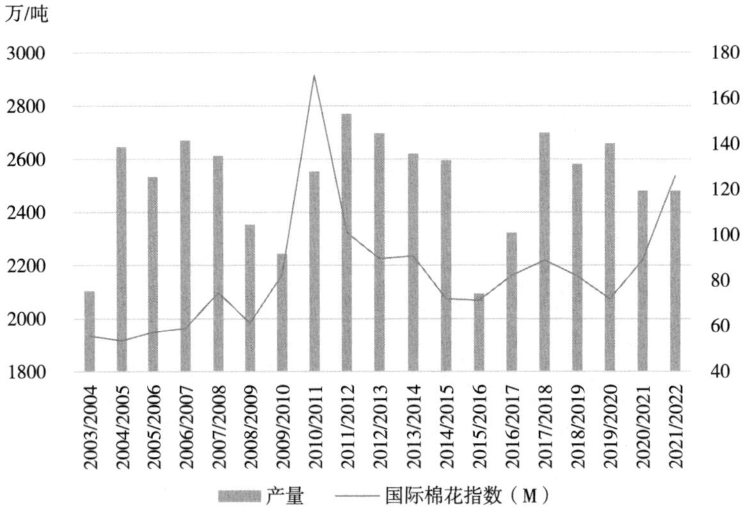

图5-7-2　2003/2004年度以来国际棉价与全球棉花产量变化

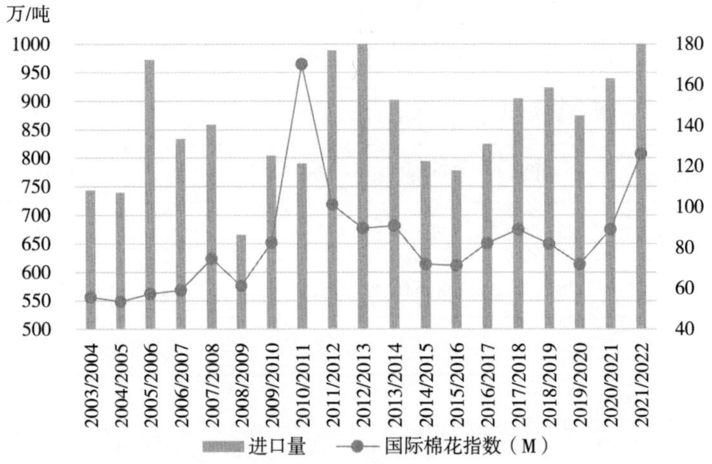

图5-7-3　2003/2004年度以来国际棉价与全球棉花进口量变化

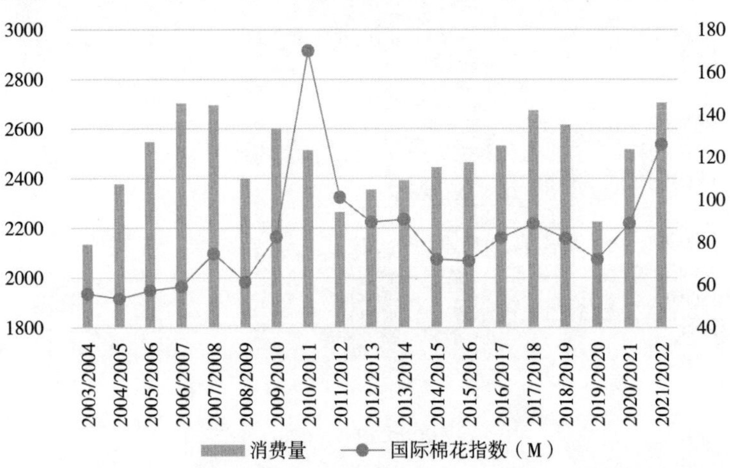

图5-7-4　2003/2004年度以来国际棉价与全球棉花消费量变化

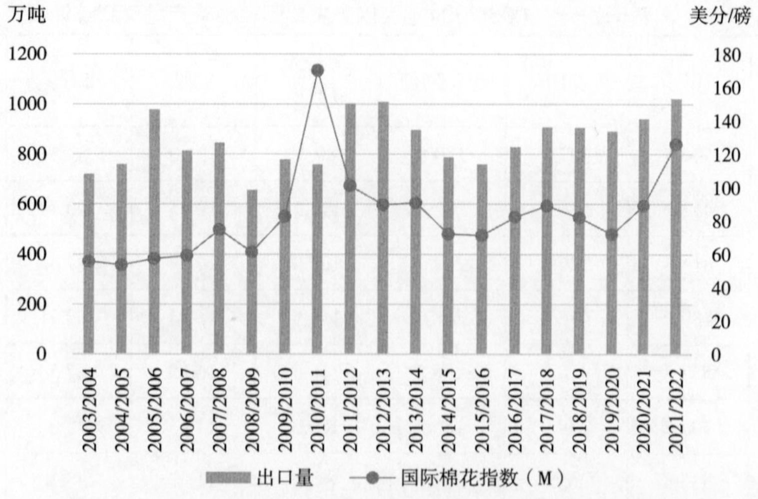

图5-7-5　2003/2004年度以来国际棉价与全球棉花出口量变化

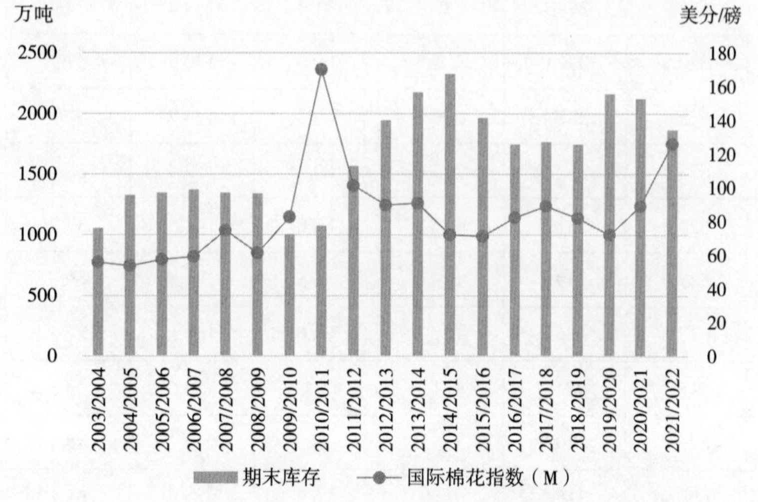

图5-7-6　2003/2004年度以来国际棉价与全球棉花期末库存变化

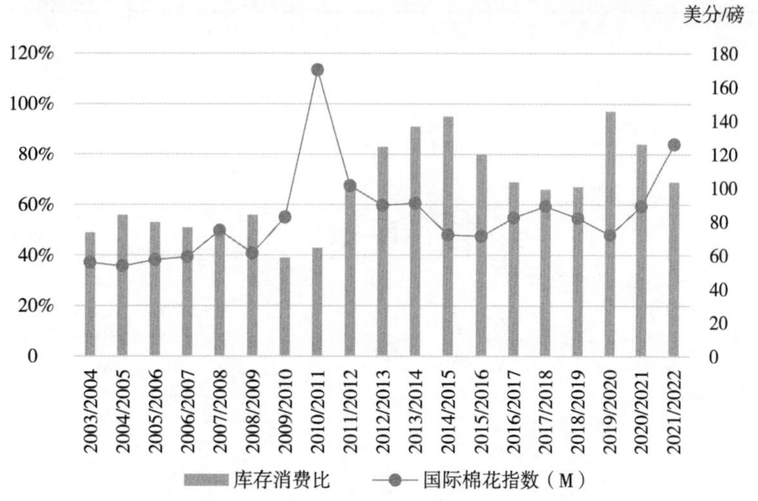

图5-7-7　2003/2004年度以来国际棉价与全球棉花库存消费比变化

表5-7-2　2003/2004年度以来主要国家棉花产量预测统计表　单位：万吨

年度	中国	印度	美国	巴基斯坦	乌兹别克斯坦	巴西	土耳其	澳大利亚	西非
2003/2004	518.2	304.8	397.5	170.8	89.3	131.0	89.3	34.8	92.8
2004/2005	659.7	413.7	506.2	242.5	113.2	128.5	90.4	65.3	100.9
2005/2006	618.3	414.8	520.2	214.5	120.8	102.3	77.3	59.9	90.6
2006/2007	772.9	489.9	470.0	208.6	116.5	152.4	82.7	29.4	81.9
2007/2008	805.6	537.8	418.2	186.2	116.5	160.2	67.5	13.6	57.0
2008/2009	799.1	507.3	279.0	185.9	100.2	119.3	42.0	33.2	57.0
2009/2010	696.7	533.4	265.4	201.2	84.9	118.7	38.1	38.6	55.9
2010/2011	664.1	592.2	394.2	188.1	89.3	196.0	45.9	91.4	56.3
2011/2012	740.3	631.4	339.1	230.8	91.4	189.4	74.9	119.8	70.2
2012/2013	762.0	620.5	377.0	202.5	98.0	130.6	57.7	100.2	90.4
2013/2014	713.1	675.0	281.1	206.8	89.3	174.2	50.1	89.3	91.1
2014/2015	664.1	675.0	353.9	213.4	89.3	152.4	68.6	50.1	96.5
2015/2016	529.1	620.5	283.7	174.2	80.6	141.5	57.7	52.3	100.1
2016/2017	457.2	587.9	359.8	179.6	80.6	141.5	69.7	98.0	84.4
2017/2018	544.3	642.3	466.8	178.5	80.6	169.8	87.1	102.3	91.4
2018/2019	587.9	598.7	404.7	161.1	71.8	239.5	93.6	54.4	107.3
2019/2020	593.3	642.3	439.9	135.0	76.2	272.2	78.4	18.5	104.7
2020/2021	642.3	600.9	318.1	98.0	76.2	235.6	63.1	61.0	103.4
2021/2022	582.4	609.6	398.1	124.1	74.0	287.4	82.7	115.4	108.3

资料来源：美国农业部（USDA）

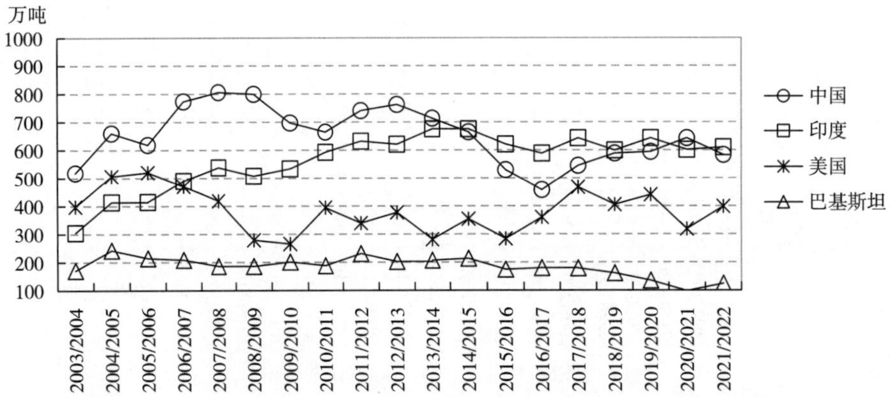

图5-7-8　2003/2004年度以来中国、印度、美国和巴基斯坦棉花产量变化

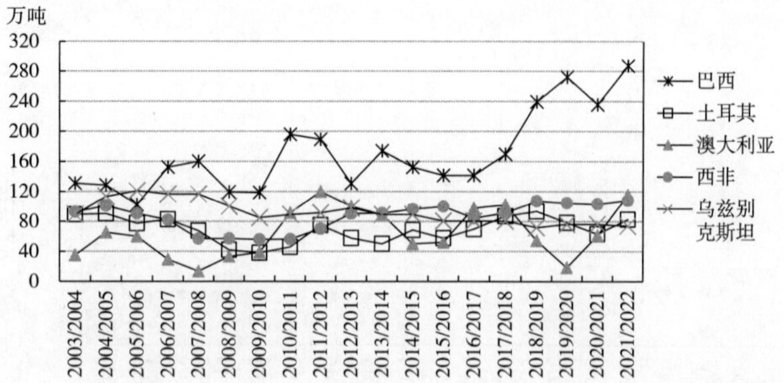

图5-7-9　2003/2004年度以来巴西、土耳其、澳大利亚、西非、乌兹别克斯坦棉花产量变化

表5-7-3　2003/2004年度以来主要国家棉花消费量预测统计表　　单位：万吨

年度	中国	印度	巴基斯坦	土耳其	美国	巴西	孟加拉国	印度尼西亚	泰国	越南
2003/2004	696.7	293.9	209.0	130.6	136.4	87.4	39.2	46.8	40.3	12.5
2004/2005	838.3	322.2	228.6	154.6	145.7	93.8	47.9	46.8	45.7	15.2
2005/2006	979.8	363.6	250.4	152.4	127.8	96.9	54.4	47.4	44.6	16.3
2006/2007	1088.6	394.1	261.3	158.9	107.4	99.6	69.7	51.7	42.5	21.2
2007/2008	1110.4	405.0	261.3	132.8	99.8	100.2	76.2	56.6	42.5	26.1
2008/2009	958.0	386.5	241.7	107.8	77.1	91.4	80.6	51.2	34.8	27.2
2009/2010	1088.6	430.0	226.4	128.5	77.3	95.8	87.1	56.6	38.6	34.8
2010/2011	1001.5	447.4	215.6	121.9	84.9	93.6	91.4	56.6	37.0	35.4
2011/2012	827.4	423.5	217.7	121.9	71.9	87.1	76.2	53.3	28.3	36.5
2012/2013	783.8	475.7	234.1	131.7	76.2	89.3	84.9	64.2	32.1	49.0
2013/2014	751.2	511.7	226.4	137.2	77.3	91.4	90.4	66.4	32.7	69.7
2014/2015	827.4	533.4	230.8	141.5	82.7	89.3	94.7	66.4	32.7	89.3
2015/2016	707.6	550.8	219.9	139.3	80.6	72.9	127.4	68.6	30.5	98.0
2016/2017	778.4	517.1	222.1	147.0	71.8	69.7	139.3	63.1	26.1	117.6
2017/2018	849.1	538.9	226.4	152.4	72.9	74.0	156.8	74.0	26.1	143.7
2018/2019	903.6	550.8	230.8	152.4	71.8	76.2	147.2	78.4	25.0	163.3
2019/2020	838.2	533.4	230.8	154.6	65.3	74.0	161.1	67.5	21.8	156.8
2020/2021	827.4	522.5	217.7	152.4	50.9	65.3	158.9	63.1	15.2	148.1
2021/2022	870.9	561.7	242.2	185.1	55.3	69.7	191.8	54.4	14.0	163.3

资料来源：美国农业部（USDA）

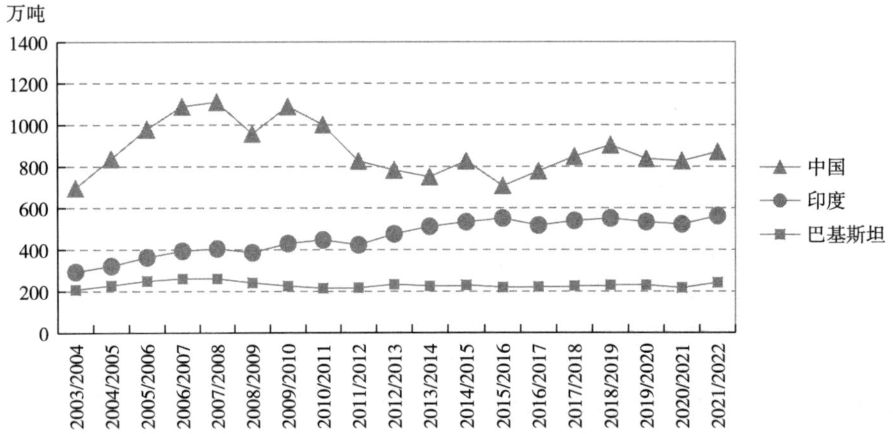

图5-7-10　2003/2004年度以来中国、印度、巴基斯坦棉花消费量变化

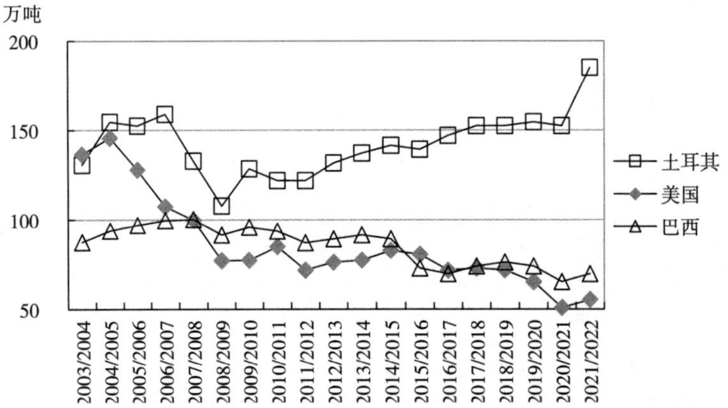

图5-7-11　2003/2004年度以来土耳其、美国和巴西棉花消费量变化

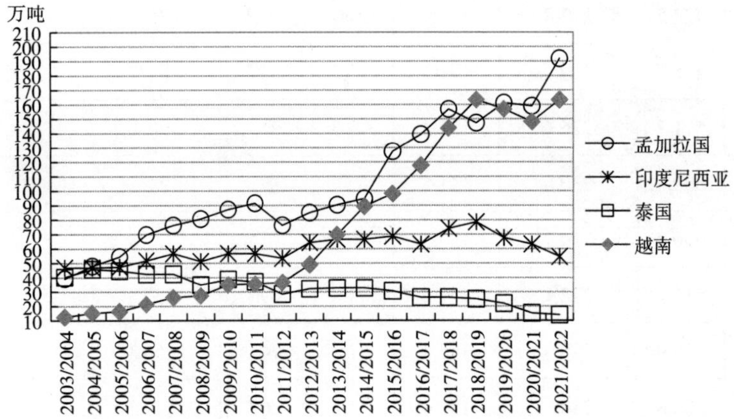

图5-7-12　2003/2004年度以来孟加拉国、印度尼西亚、泰国和越南棉花消费量变化

表5-7-4　2003/2004年度以来主要国家棉花进口量预测统计表　　单位：万吨

年度	中国	土耳其	巴基斯坦	孟加拉国	印度尼西亚	泰国	越南
2003/2004	192.3	51.6	39.3	39.2	46.8	36.5	11.8

续表

年度	中国	土耳其	巴基斯坦	孟加拉国	印度尼西亚	泰国	越南
2004/2005	139.0	74.3	38.2	49.0	47.9	49.7	15.0
2005/2006	419.9	76.2	35.2	53.3	47.9	41.2	15.1
2006/2007	230.5	87.7	50.2	70.8	52.3	41.5	21.3
2007/2008	251.0	71.1	85.1	78.4	58.8	42.0	26.3
2008/2009	152.3	63.6	41.7	82.7	52.3	34.9	27.2
2009/2010	237.4	95.7	34.3	87.1	58.8	39.3	36.9
2010/2011	260.8	72.9	31.4	92.5	56.6	38.1	34.2
2011/2012	534.2	51.9	19.6	71.9	54.4	27.5	35.4
2012/2013	442.6	80.4	39.2	84.9	65.3	32.9	52.5
2013/2014	307.5	92.4	26.1	89.3	65.3	33.7	69.7
2014/2015	152.4	82.7	32.7	96.9	67.5	34.3	93.1
2015/2016	119.7	82.7	43.5	125.2	67.5	31.6	100.2
2016/2017	98.0	80.6	47.9	137.2	63.1	26.7	119.8
2017/2018	115.4	76.2	58.8	157.9	75.1	27.2	150.2
2018/2019	152.4	63.1	63.1	176.4	79.5	25.6	165.5
2019/2020	196.0	87.1	91.4	158.9	67.5	21.8	156.8
2020/2021	280.0	116.0	115.9	190.5	50.2	13.0	159.2
2021/2022	223.2	113.2	115.4	180.7	54.4	14.2	163.3

资料来源：美国农业部（USDA）

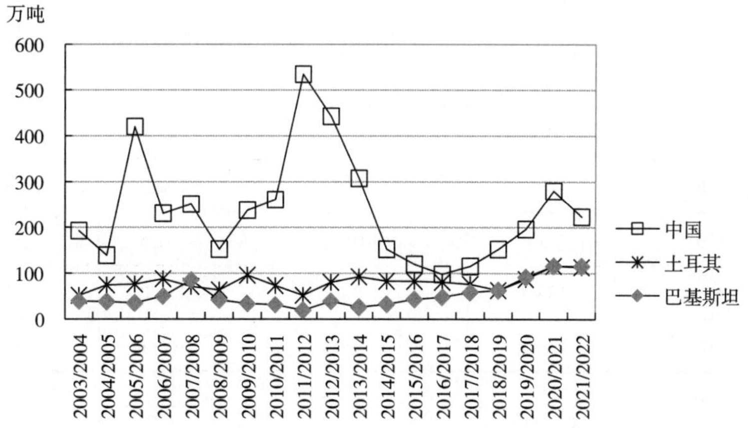

图5-7-13　2003/2004年度以来中国、土耳其和巴基斯坦棉花进口量变化

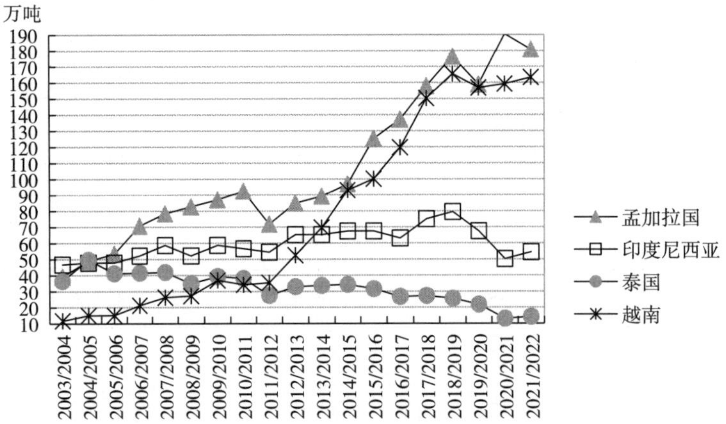

图5-7-14　2003/2004年度以来孟加拉国、印度尼西亚、泰国和越南棉花进口量变化

表5-7-5　2003/2004年度以来主要国家棉花出口量预测统计表　单位：万吨

年度	美国	印度	乌兹别克斯坦	西非	澳大利亚	巴西
2003/2004	299.6	15.2	67.5	86.8	47.0	21.0
2004/2005	314.3	14.4	86.0	79.2	43.5	33.9
2005/2006	384.8	80.0	104.5	88.4	62.8	42.9
2006/2007	282.2	106.1	98.0	80.0	46.4	28.3
2007/2008	296.9	163.3	91.4	54.9	26.5	48.6
2008/2009	288.7	51.4	65.3	45.5	26.1	59.6
2009/2010	262.1	142.6	82.7	49.9	46.0	43.3
2010/2011	313.0	108.9	57.7	48.3	54.4	43.5
2011/2012	255.0	241.2	54.4	50.6	101.0	104.3
2012/2013	283.6	168.7	69.7	84.0	134.3	93.8
2013/2014	229.3	204.7	58.8	81.9	105.6	48.6
2014/2015	217.7	108.9	50.1	77.9	69.7	74.0
2015/2016	217.7	115.4	50.1	102.9	56.6	91.4
2016/2017	265.6	91.4	46.8	77.2	89.3	63.1
2017/2018	322.2	93.6	26.1	80.0	93.6	87.1
2018/2019	326.6	95.8	17.4	100.7	78.4	126.3
2019/2020	359.2	87.1	10.9	101.8	32.7	191.6
2020/2021	356.4	134.8	8.9	111.0	34.1	239.8
2021/2022	337.5	126.3	4.4	105.1	84.9	180.7

资料来源：美国农业部（USDA）

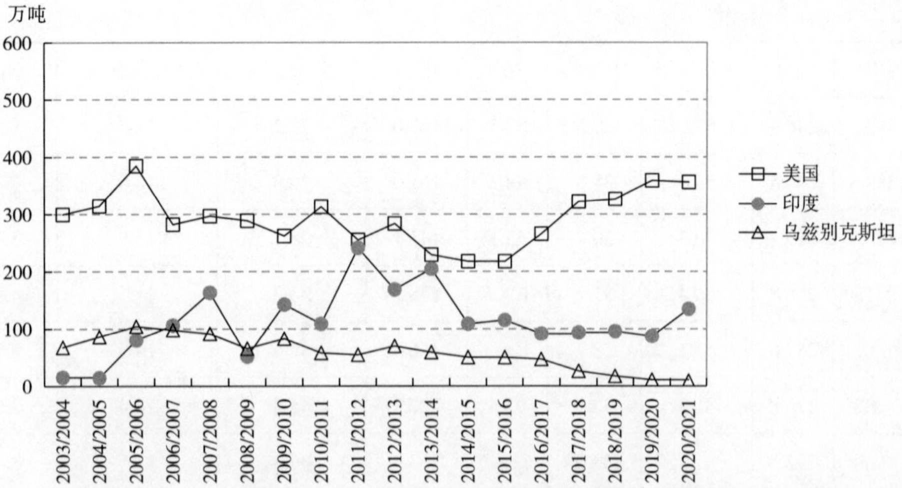

图5-7-15 2003/2004年度以来美国、印度和乌兹别克斯坦棉花出口量变化

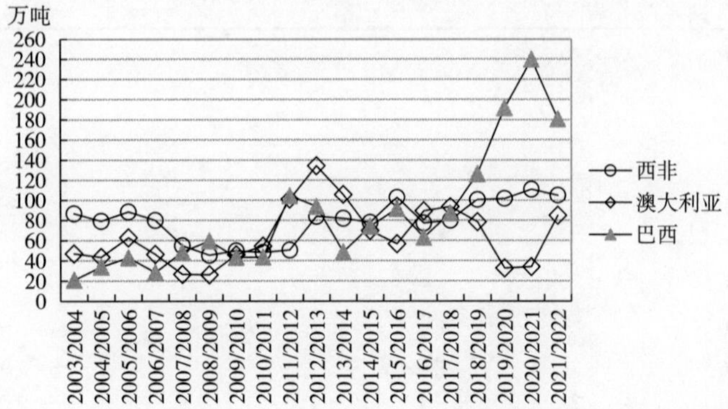

图5-7-16 2003/2004年度以来西非、澳大利亚和巴西棉花出口量变化

表5-7-6 2003/2004年度以来主要国家棉花期末库存预测统计表 单位：万吨

年度	中国	印度	巴基斯坦	土耳其	美国	巴西	孟加拉国	印度尼西亚	泰国	墨西哥
2003/2004	413.3	91.1	68.2	32.2	75.1	97.7	8.2	8.0	8.6	24.9
2004/2005	400.4	190.8	107.7	39.0	119.6	106.3	10.5	8.2	12.5	28.7
2005/2006	490.7	170.7	100.1	35.4	132.1	78.7	10.8	7.9	8.9	28.8
2006/2007	447.1	170.5	92.3	40.3	206.4	117.7	12.9	7.7	7.7	22.4
2007/2008	446.4	153.0	95.9	38.1	218.8	136.1	15.6	9.0	6.9	20.3
2008/2009	465.2	239.9	73.5	32.9	138.0	108.7	18.5	9.2	6.3	16.6
2009/2010	310.2	211.2	66.2	34.9	64.2	94.8	19.3	10.6	6.4	13.4
2010/2011	230.9	256.9	54.9	28.7	56.6	172.1	21.6	9.9	7.0	13.0
2011/2012	676.7	236.6	61.7	27.0	72.9	174.0	18.9	11.5	5.7	15.5
2012/2013	1096.5	260.6	59.0	28.6	82.7	126.3	21.0	13.2	5.8	14.1

续表

年度	中国	印度	巴基斯坦	土耳其	美国	巴西	孟加拉国	印度尼西亚	泰国	墨西哥
2013/2014	1365.3	246.4	53.9	29.5	53.3	167.0	22.2	12.5	6.3	12.5
2014/2015	1353.3	296.5	58.8	35.0	106.7	161.0	26.8	14.0	7.3	15.2
2015/2016	1415.7	269.7	50.3	30.4	65.3	141.1	28.2	11.9	5.1	12.8
2016/2017	1041.8	256.8	56.4	31.7	104.5	148.3	33.7	11.5	4.8	11.3
2017/2018	863.7	287.0	53.1	38.7	126.3	180.4	39.6	14.5	4.9	14.0
2018/2019	661.2	175.8	51.3	36.5	95.8	227.1	45.3	14.4	3.9	15.3
2019/2020	723.8	272.5	47.2	38.0	119.7	263.5	39.3	11.5	3.4	15.7
2020/2021	854.6	292.6	49.3	59.0	68.6	242.1	63.1	9.7	1.7	9.3
2021/2022	788.2	236.0	45.5	55.7	74.0	279.6	55.3	9.6	1.8	9.3

资料来源：美国农业部（USDA）

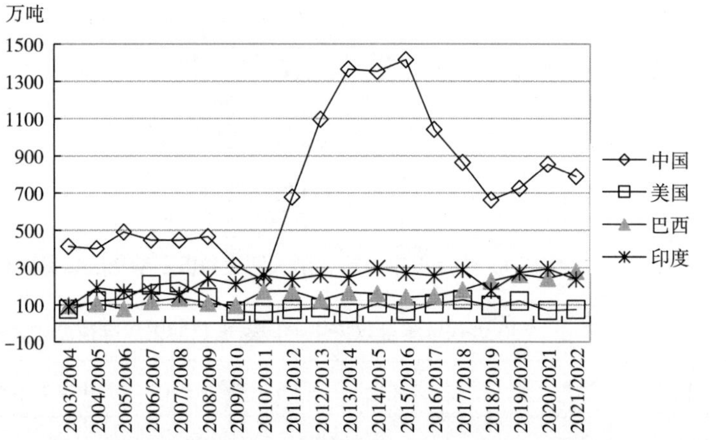

图5-7-17　2003/2004年度以来中国、美国、巴西和印度棉花期末库存变化

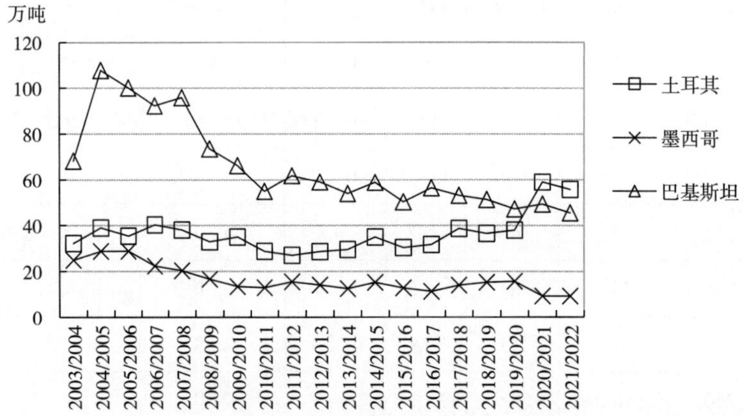

图5-7-18　2003/2004年度以来土耳其、墨西哥和巴基斯坦棉花期末库存变化

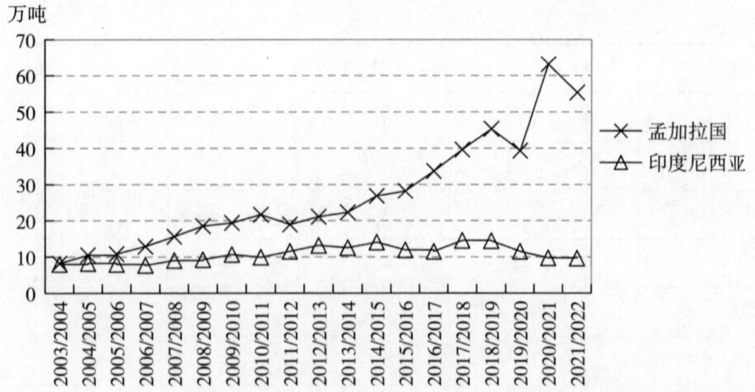

图5-7-19　2003/2004年度以来孟加拉国和印度尼西亚棉花期末库存变化

表 5-7-7　2020/2021 年度主要国家棉花产销存预测表　　单位：万吨

国家及地区	期初库存	产量	进口量	消费量	出口量	期末库存
全球	2123.3	2646.8	1022	2705.7	1022.1	1866.6
美国	124.1	383.7	0.1	55.5	321.1	76.2
中国	789.8	582.4	206.8	860	78.8	788.2
印度	422	609.6	21.8	561.7	126.3	236
巴西	292	287.4	0.5	69.7	178.5	279.6
澳大利亚	38.5	119.7	0	0.8	93.6	69
乌兹别克斯坦	97.5	74	0.3	71.8	4.4	23.4
巴基斯坦	54.8	126.3	119.7	243.9	1.1	49.9
孟加拉国	4.7	3.3	180.7	191.6	0	55.3
越南	0.1	0.1	163.3	163.3	0	24.5

资料来源：美国农业部（USDA）

表 5-7-8　2003/2004 年度以来全球棉花种植面积和单产量统计表

年度	种植面积（亿亩）	单产量（公斤/亩）
2003/2004	4.8	43.5
2004/2005	5.4	49.3
2005/2006	5.2	48.9
2006/2007	5.2	51.4
2007/2008	4.9	53.2
2008/2009	4.6	51.3
2009/2010	4.5	49.6
2010/2011	5.1	50.6
2011/2012	5.4	51.2

续表

年度	种植面积（亿亩）	单产量（公斤/亩）
2012/2013	5.1	52.2
2013/2014	4.9	53.3
2014/2015	5.1	50.8
2015/2016	4.6	48.2
2016/2017	4.5	51.7
2017/2018	5.1	53.2
2018/2019	5.0	51.4
2019/2020	5.2	50.5
2020/2021	4.7	51.7

数据来源：美国农业部（USDA）

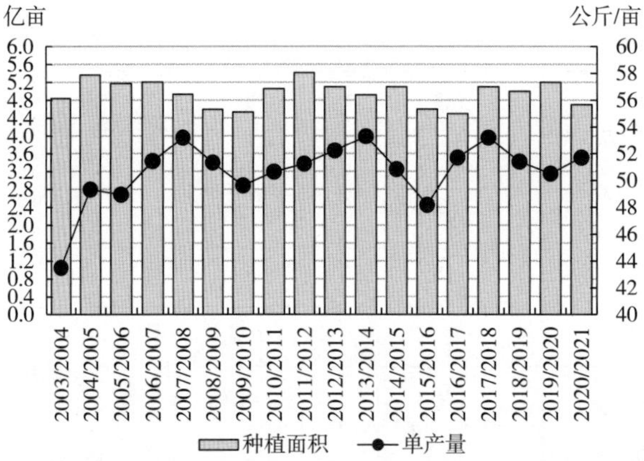

图5-7-20　2013/2014年度以来全球棉花种植面积和单产量变化

表5-7-9　2013/2014年度以来ICE期货近月合约均价与美棉出口量对比

年度	美棉出口装运量（万吨）	ICE期货价格（美分/磅）
2013/2014	231.96	84.29
2014/2015	240.41	63.55
2015/2016	199.3	63.08
2016/2017	326.55	72.99
2017/2018	354.5	79.91
2018/2019	323	72.05
2019/2020	337.7	62.18
2020/2021	356.4	80.43

数据来源：美国农业部（USDA）、美国洲际交易所（ICE）

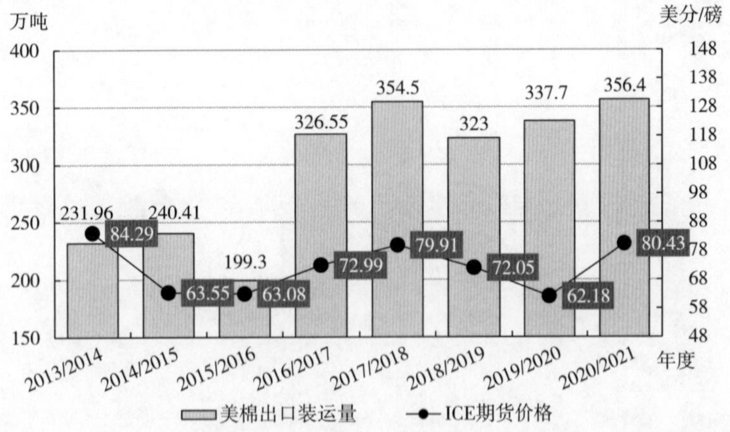

图5-7-21　2012/2013年度以来ICE期货近月合约均价与美棉出口装运量对比

表5-7-10　2020/2021年度美棉出口装运量分月统计表

月份	美棉出口装运量（万吨）	美棉对中国出口装运量（万吨）	比重（%）
2020年8月	31.14	15.2708	49%
2020年9月	19.97	8.0231	40%
2020年10月	26.10	11.3067	43%
2020年11月	28.77	13.4074	47%
2020年12月	31.11	16.3901	53%
2021年1月	35.15	13.2674	38%
2021年2月	34.22	9.0158	26%
2021年3月	35.65	5.817	16%
2021年4月	34.51	7.6554	22%
2021年5月	35.63	6.1867	17%
2021年6月	26.31	4.7178	18%
2021年7月	24.00	3.0529	13%

数据来源：美国农业部（USDA）

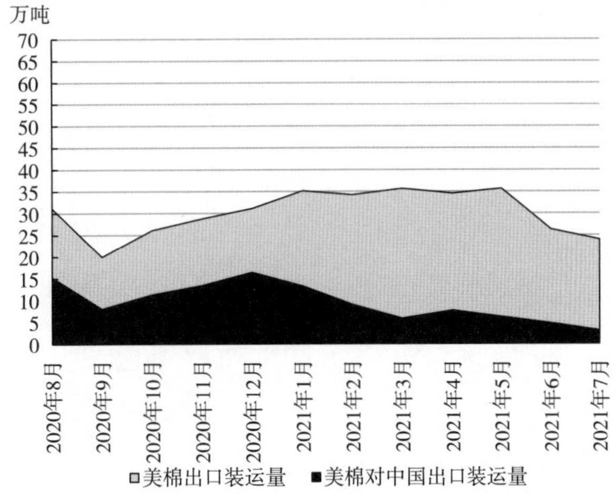

图5-7-22　2020/2021年度美棉出口装运量变化

第六部分

大事记

1 国内棉花

1.1 郑商所增设两家棉花交割仓库

2020年11月23日，为更好发挥棉花期货市场功能，增设新疆中锦胡杨河仓储物流有限公司和新疆兵棉宏泰物流有限公司为指定棉花交割仓库。以上新增指定棉花交割仓库自2020年11月27日起开展棉花期货交割业务。

1.2 2020年计划轮入50万吨新疆棉，未能启动

为加强中央储备棉管理，进一步优化储备结构、提高储备质量，决定轮入新疆棉。轮入时间是在2020年12月1日至2021年3月31日的国家法定工作日。轮入总量50万吨左右，每日挂牌竞买7000吨左右。由于内外棉价差始终未达到轮入要求，最终轮入计划没能正式启动。

1.3 棉花进口滑准税率调整

12月21日，国务院关税税则委员会发布关于2021年关税调整方案的通知，为支持加快构建新发展格局，推动经济高质量发展，根据《中华人民共和国进出口关税条例》的相关规定，自2021年1月1日起，对部分商品的进口关税进行调整，其中：继续对配额外进口的一定数量棉花实施滑准税，并进行适当调整。与2019年方案相比，共有四处修改：一是从量税计征点由15.000元/千克下调至14.000元/千克；二是当进口棉花完税价格高于或等于14.000元/千克时，计征从量税由0.300元/千克下调为0.280元/千克；三是将公式中的常数9.45调整为9.0；四是将常数2.6%调整为2.69%。

1.4 美国宣布禁止进口来自中国新疆地区的所有棉花和番茄产品

2021年1月，美国海关和边境保护局表示，美国将禁止进口来自中国新疆地区的所有棉花和番茄产品。美国海关和边境保护局当时估计，2020年美国从中国进口了约90亿美元的棉花产品。2021年，美国国会参议院通过所谓“维吾尔强迫劳动预防法案”。当地时间12月23日，美方将所谓“维吾尔强迫劳动预防法案”签署成法。如果落地实施，意味着超过90亿美元的中国新疆棉花产品在2022年将受到严重影响。

1.5 H&M等品牌声明拒绝使用新疆棉产品引公愤

针对H&M、NIKE等公司宣称拒绝使用新疆产品的声明引起中国网民强烈反应一事，外交部发言人华春莹3月25日说，美国等一些西方国家就新疆进行的指责完全是基于谎言，是极端错误的。同日，商务部发言人高峰表示，所谓中国新疆地区存在“强迫劳动”，完全是子虚乌有，纯白无瑕的新疆棉花不容任何势力抹黑玷污。中国

纺织工业联合会赞同中国外交部和商务部的相关立场，反对任何污名化新疆棉的行径。

1.6 关于2021年中央储备棉轮出的公告

根据国家有关部门要求及中国储备粮管理集团有限公司安排，为优化中央储备棉结构，确保质量良好，增强中央储备调控能力，2021年将对部分中央储备棉进行轮出。现将有关事项公告如下：

一、轮出安排

（一）时间。2021年7月5日至2021年9月30日期间的国家法定工作日。

（二）数量。总量安排60万吨，轮出期间除暂停交易日外，原则上实行均衡投放。

（三）价格。挂牌销售底价随行就市动态确定，与国内外棉花现货价格挂钩联动，由国内市场棉花现货价格指数和国际市场棉花现货价格指数各按50%的权重计算确定，每周调整一次。轮出期间，当国内市场棉花现货价格指数连续3个工作日累计跌幅超过500元/吨时，下个工作日起暂停交易；当国内市场棉花现货价格指数连续3个工作日累计不再下跌时，下个工作日重新启动交易。（具体计算公式见附件）

（四）方式。通过全国棉花交易市场公开挂牌竞价销售。

（五）公证检验。轮出的中央储备棉由中国纤维质量监测中心组织对质量和重量按100%进行公证检验。

2 国际市场

2.1 全球棉花消费显著复苏

2020/2021年度，全球新冠肺炎疫情从暴发到逐渐稳定，虽然经历多次反复，但随着疫情的缓解，各国棉纺织生产出现了明显的复苏，带动棉花消费量从上年度的低点大幅反弹。根据美国农业部2021年12月的数据，2020/2021年度全球棉花消费量为2632.8万吨，同比增加388.6万吨，增幅17.3%，回到了疫情前的水平。

2.2 全球棉花种植面积和产量大幅减少

由于2019/2020年度棉花价格大幅下跌、新冠肺炎疫情导致部分国家的棉花播种受到影响，2020/2021年度多数主产棉国的棉花种植面积同比明显减少。根据美国农业部2021年12月的报告，2020/2021年度全球棉花播种面积为4.71亿亩，同比减少9.6%。棉花产量由2634.2万吨下降到2432.1万吨，降幅7.7%。

2.3 国际棉价上涨近50%

受棉花消费持续复苏、棉花供应链出现危机、全球通胀压力不断加大等多因素影响，2020/2021年度国际棉花价格持续上涨。2020年9月1日至2021年8月31日，ICE期货价格从64美分/磅上涨到95美分/磅，累计上涨超过30美分，涨幅近50%，年度均价为80.43美分，较上年度高18.25美分。考特鲁克A指数平均值从上年度的71美分/磅上涨到85美分/磅。

2.4 新冠肺炎疫情冲击亚洲棉花和纺织市场

2020/2021年度，海外疫情此起彼伏，给许多亚洲国家的纺织品服装生产造成巨大冲击。孟加拉国、印度、巴基斯坦、斯里兰卡、越南、柬埔寨和印度尼西亚等国停工停产，纺织品服装出口订单和大量流失。我国纺织业得益于国内严格的疫情防控以及完备的纺织产业链，接到了部分从这些国家流失的订单，国内纺织市场在稳定的环境中迎来良好的发展契机。

2.5 全球物流遭遇危机，棉花装运延迟

2020/2021年度，新冠疫情导致的港口物流问题带来严重的供应链危机，美国、巴西、西非等国家和地区的棉花出口装运都遭遇困难，美国港口货物严重积压，棉花出口装运一再受阻。加之疫情之后进口国需求快速回暖，短期供需矛盾愈发突出，棉花供应成为市场热议话题，并在很大程度上影响了国际棉价。

2.6 新冠肺炎疫情之后全球纺织品需求复苏

欧美国家是纺织品服装消费的重心，其消费复苏对全球纺织品服装产业有着非常重要的意义。2020/2021年度，随着全球范围内新冠疫苗接种的大力推进，全球各国的疫情高峰逐渐过去，欧美市场陆续重新开放，美国空前的经济刺激计划使消费者的支出大增，以上情况极大地带动了全球纺织品服装消费的复苏。国际纺联（ITMF）2021年10月的调查显示，2021年5月起全球纺织厂开机率一直在70%左右。截至2021年10月，全球纺织业复苏势头强劲，纺织公司总体经营状况良好，并且预计未来六个月的情况会进一步向好。和5月、7月的两次调查相比，全球各地公司的订单大幅增加，企业订单量平均在2.4个月。

3 纺织市场

3.1 中国《纺织行业“十四五”发展纲要》发布

据《国民经济和社会发展第十四个五年规划和2035年远景目标纲要》，围绕行业新定位，引导纺织行业加快转型升级，实现全产业链高质量发展，2021年6月11日，中国纺织工业联合会发布了《纺织行业“十四五”发展纲要》及《科技、时尚、绿色发展指导意见》。

纲要及指导意见明确了“十四五”时期行业在整个国民经济中的定位，即国民经济与社会发展的支柱产业、解决民生与美化生活的基础产业、国际合作与融合发展的优势产业；提出了2035年行业的远景目标，即2035年我国

基本实现社会主义现代化国家时，我国纺织工业要成为世界纺织科技的主要驱动者、全球时尚的重要引领者、可持续发展的有力推进者。

3.2 中国纺联两季联展成功举办

作为全球纺织产业链中绝无仅有的展会联合舰队，中国纺联春季、秋季联展分别于3月、10月在国家会展中心（上海）举办。

在“十四五”开局之年谋篇布局，2021中国纺联春季联展依托面料、服装、家纺、针织、纱线五大展会平台，全方位呈现纺织领域新产品、新技术、新模式、新趋势、新理念，立足“大循环”促进“双循环”，协同共进开启新发展格局。

2021中国纺联秋季联展则在14个展厅内，集结面料、服装、家纺、针织、纱线五大展会、6000家展商，成为中国纺织业创新不停顿、开放不止步的生动展示。

3.3 2020年10月涤纶短纤期货上市

涤纶短纤期货于2020年10月12日在郑州商品交易所正式挂牌上市，其交易标的为原生、棉型、普通实心、半消光、纺纱制线用涤纶短纤。首批上市的涤纶短纤合约为PF105-PF109，共计5个月连续合约，挂牌价格为5400元/吨。上市后在前5个交易日内飙涨近20%，上市涨幅在期货品种中可谓绝无仅有。作为聚酯产业链下游唯一的期货品种，投机性因素对涤纶短纤的大幅上涨有重要的推动作用。

3.4 2020年11月RCEP正式签署

经过长达八年的谈判后，2020年11月15日东盟十国、中国、日本、韩国、澳大利亚、新西兰，共15个成员国共同签署《区域全面经济伙伴关系协定》（RCEP），RCEP自贸区涉及全球约1/3经济体量，迄今为止是全球覆盖面积最大的自贸协定。这也意味着中国等国家将向东盟这些国家进一步打开大门，有利于东盟国家制造业的提升，对于近些年制造业不断向东盟进行转移的纺织服装业来说，未来产业竞争将会加剧。

3.5 嫦娥五号探测器携带“织物版”五星红旗在月球表面成功展开

北京时间12月3日23时10分，我国嫦娥五号上升器月面点火，3000牛发动机工作约6分钟后，顺利将携带月壤的上升器送入预定环月轨道，成功实现我国首次实现地外天体起飞。在完成采样任务点火起飞前，嫦娥五号探测器携带的一面“织物版”五星红旗在月球表面成功展开，这是我国在月球表面首次实现五星红旗的“独立展示”，也是第一面在没有温控的严酷环境条件下的“织物版”国旗，显示了中国纺织业创新研发的技术水平。

3.6 我国安全防护用纺织品行业加强政策引领，多项医用防护服、口罩等与抗疫紧密相关的产品与技术标准出台

新冠肺炎的突发，使我国防疫物资在短时间内消耗量大增，短时间内生产无法满足消耗，一线医护人员的防护物资频频告急。为保障疫情防控期间紧急医用一次性防护服的供给，确保质量安全可控，相关规定紧急出台，从技术层面加以专业引导，缓解了当时的供需困难。随后，《儿童口罩技术规范》等国家标准也相继出台，在规

范生产和产品市场秩序、保障人民健康安全等方面都起到十分重要的作用。

3.7 郑州遭遇罕见暴雨，纺织企业损失惨重

2021年7月17日以来，河南省郑州、新乡、焦作、济源等地区出现暴雨、大暴雨，导致部分地区发生城市内涝、泥石流和山体滑坡等自然灾害，尤其是郑州市区及所辖六县（市）降水强度历史罕见，人民群众生命财产安全受到严重威胁。此外河南多个纺织集聚区受灾也较重，部分厂房和设备被淹，企业财产损失严重。

3.8 实施季节性尖峰电价，纺织企业利润大打折扣

2021年7月，全国陆续出现高温天气，电厂日耗快速回升，显著高于历史同期水平。国网江苏电力公司针对当地用电大户在7~8月实施季节性尖峰电价，这将导致该地区工业用电价格比峰期电价高出0.1元/千瓦时。江浙一带属于用电电力资源稀缺区域，当地政府时常通过提高电价、限制用电、错峰用电等措施改善当地用电情况。很多大中型织造企业每月的电费将多支出逾万元，而对于拥有加弹等高耗能设备的企业电费上涨幅度则更大，直接增加了织造企业的生产成本。

4 宏观经济

4.1 美国延长3000亿美元征税产品排除清单有效期

美国当地时间2020年8月28日，美国贸易代表办公室公布3000亿美元加征关税延长排除有效期产品清单。原美国3000亿关税排除产品清单共有214项，本次获得延长有效期的产品有87项（包含14个完全排除产品），约占原清单的40%，其中包括纺服产品35项；未获得延长有效期的产品有127项，约占原清单的60%，其中包含纺服产品税号16个。原定排除有效期至美国东部时间2020年9月1日。现通知决定将部分产品排除有效期自2020年9月1日起延长至2020年12月31日。

4.2 统计局：2020年中国经济前三季度累计同比增长0.7%

2020年10月19日，中国国家统计局公布2020年前三季度经济运行情况，中国经济在一季度同比下降6.8%的情况下，二季度由负转正，同比增长3.2%，三季度增速加快至4.9%，前三季度累计同比增长0.7%，成为全球唯一实现经济正增长的主要经济体。

4.3 2021年央行工作会议：稳健的货币政策要灵活精准、合理适度

2021年中国人民银行工作会议1月4日上午召开。会议要求，稳健的货币政策要灵活精准、

合理适度。完善货币供应调控机制，保持广义货币和社会融资规模增速与名义经济增速基本匹配。健全市场化利率形成和传导机制，深化贷款市场报价利率改革，带动存款利率市场化。深化人民币汇率市场化改革，加强宏观审慎管理，引导市场预期，保持人民币汇率在合理均衡水平上的基本稳定。

4.4 美中贸委会发布报告：对华贸易已经并将继续惠及美国经济

美中贸易全国委员会14日在华盛顿发布“美中经济关系”报告称，美方必须承认对华贸易已经并将继续为美国经济、就业和全球竞争力带来益处。同时，有效、务实的贸易政策，也是美中双边关系的重要支柱。

报告主要撰写者、牛津经济研究院首席经济学家埃里克斯·马克尔表示，这份报告想传达的关键信息是，贸易和投资不是“零和博弈”，美国和中国的经济都可以从双边贸易和投资流动中获益。在经济上“脱钩”，可能给美国经济带来损失。

美中贸委会主席克雷格·艾伦在报告前言中说，美国新一届政府即将宣誓就职，“我们必须承认对华贸易已经并将继续给美国经济、就业和全球竞争力带来益处”。

4.5 2021年中央一号文件发布

2021年2月21日，《中共中央 国务院关于全面推进乡村振兴加快农业农村现代化的意见》，即2021年中央一号文件发布。文件指出，民族要复兴，乡村必振兴。要坚持把解决好“三农”问题作为全党工作重中之重，把全面推进乡村振兴作为实现中华民族伟大复兴的一项重大任务，举全党全社会之力加快农业农村现代化，让广大农民过上更加美好的生活。

4.6 “十三五”进口商品综合税率由21. 8%降至15. 8%

2021年2月25日，海关总署举行每月例行记者通报会，海关总署关税征管司司长姜峰、副司长邸杰介绍了海关落实中央减税降费政策、疫情期间支持企业复工复产、参与自由贸易港“零关税”政策制定实施、RCEP原产地规则和关税减让实施准备等有关情况。

4.7 美国众议院投票通过1.9万亿美元经济救助计划

美国国会众议院3月10日投票通过1.9万亿美元的新一轮经济救助计划。该计划随后将提交美国总统拜登签署成为法律。旨在为受新冠疫情影响的美国家庭和企业提供财政支持。其中包括直接向符合条件的美国人支付1400美元的补助金，为符合条件的失业者提供每周400美元的失业救济金。

4.8 《中华人民共和国期货法（草案）》向社会征求意见

2021年4月29日，《中华人民共和国期货法（草案）》经过党的十三届全国人大常委会第二十八次会议第一次审议后，在中国人大网公开向社会征求意见，征求意见截止日期为2021年5月28日。

4.9 国家发改委：无限期暂停中澳战略经济对话机制下一切活动

2021年5月6日，国家发展改革委发布声明：近期，澳大利亚联邦政府某些人士基于冷战思维和意识形态偏见，推出系列干扰破坏两国正常交流合作的举措。基于澳联邦政府当前对中澳合作所持态度，国家发展改革委决定，自即日起，无限期暂停国家发展改革委与澳联邦政府相关部门共同牵头的中澳战略经济对话机制下一切活动。

4.10 国务院常务会议要求，要有效应对大宗商品价格过快上涨及其连带影响

2021年5月12日，国务院常务会议要求，要跟踪分析国内外形势和市场变化，有效应对大宗商品价格过快上涨及其连带影响。加强货币政策与其他政策配合，保持经济平稳运行。

4.11 国务院关税税则委员会公布对美加征关税商品第四次排除延期清单

2021年5月17日，国务院关税税则委员会公布对美加征关税商品第四次排除延期清单，延长排除期限，自2021年5月19日至2021年12月25日，继续不加征我为反制美301措施所加征的关税。

4.12 刘鹤与美国贸易代表戴琪通话

2021年5月27日上午，中共中央政治局委员、国务院副总理、中美全面经济对话中方牵头人刘鹤与美贸易代表戴琪通话。双方本着平等和相互尊重的态度，进行了坦诚、务实、建设性的交流。双方认为发展双边贸易非常重要，并就彼此关心的问题交换了意见，同意继续保持沟通。

4.13 央行：不要赌人民币汇率升值或贬值，久赌必输

2021年6月2日央行消息，全国外汇市场自律机制第七次工作会议今日在北京召开。会议认为，当前外汇市场总体平衡。未来，影响汇率的市场因素和政策因素很多，人民币既可能升值，也可能贬值。没有任何人可以准确预测汇率走势。无论是短期还是中长期，汇率测不准是必然，双向波动是常态，不论是政府、机构还是个人，都要避免被预测结论误导。以市场供求为基础、参考一篮子货币进行调节、有管理的浮动汇率制度适合中国国情，应当长期坚持。在这一汇率制度下，汇率不能作为工具，既不能用来贬值刺激出口，也不能用来升值抵消大宗商品价格上涨影响。关键是管理好预期，坚决打击各种恶意操纵市场、恶意制造单边预期的行为。

会议强调，企业和金融机构都应积极适应汇率双向波动的状态。企业要聚焦主业，树立“风险中性”理念，避免偏离风险中性的“炒汇”行为，不要赌人民币汇率升值或贬值，久赌必输。金融机构不仅不能帮助企业“炒汇”，自身也不宜“炒汇”，否则不利于银行稳健经营，还会造成汇率大起大落。

4.14 刘鹤与美国财政部长耶伦视频通话

6月2日上午，中共中央政治局委员、国务院副总理、中美全面经济对话中方牵头人刘鹤与美财政部长耶伦举行视频通话。双方认为中美经济关系十分重要。双方本着平等和相互尊重的态度，就宏观经济形势和多双边领域合作进行了广泛交流，对彼此关心的问题坦诚交换了意见，愿意继续保持沟通。

4.15 美联储预计2023年底将有两次加息，大幅上调通胀预期

北京时间2021年6月17日凌晨，美联储发布声明，将超额准备金利率（IOER）从0.1%调整至0.15%；同时将隔夜逆回购利率由0%调整至0.05%。利率调整自当地时间6月17日开始生效。

值得注意的是，此前一直认为通胀风险只是暂时的美联储有了明显的变化，联储主席鲍威尔表示，通货膨胀风险比我们想象的要高，2023年的通胀水平可能会更高。

当地时间6月16日，美联储发布经济预测和政策声明，预计到2023年底将实现两次加息，利率将从0.1%升至0.6%。同时，美联储将2021年第四季度的通胀率预期调整为3.4%，2022年整体通胀指标预期回落至2.1%，2023年降至2.2%。

4.16 央行：推动实际贷款利率进一步降低，维护经济大局总体平稳

中国人民银行货币政策委员会2021年第二季度（总第93次）例会于2021年6月25日在北京召开。会议指出，要加强国内外经济形势的研判分析，加强国际宏观经济政策协调，防范外部冲击，集中精力办好自己的事，搞好跨周期政策设计，支持经济高质量发展。稳健的货币政策要灵活精准、合理适度，把握好政策时度效，保持流动性合理充裕，保持货币供应量和社会融资规模增速同名义经济增速基本匹配，保持宏观杠杆率基本稳定，维护经济大局总体平稳，增强经济发展韧性。健全市场化利率形成和传导机制，完善央行政策利率体系，优化存款利率监管，调整存款利率自律上限确定方式，继续释放贷款市场报价利率改革潜力，推动实际贷款利率进一步降低。

4.17 央行下调金融机构存款准备金率

中国人民银行决定于2021年7月15日下调金融机构存款准备金率0.5个百分点（不含已执行5%存款准备金率的金融机构）。本次下调后，金融机构加权平均存款准备金率为8.9%。

第七部分

政策文件

1　国家发展改革委发布《2021年粮棉进口关税配额申领和分配细则的公告》

【发布单位】国家发展改革委

【发布日期】2020年9月14日

根据《农产品进口关税配额管理暂行办法》，国家发展改革委制定了2021年粮食、棉花进口关税配额申请和分配细则，现予以公告。

附件：1.2021年粮食进口关税配额申请和分配细则

2.2021年棉花进口关税配额申请和分配细则

国家发展改革委

2020年9月14日

附件1

2021年粮食进口关税配额申请和分配细则

根据《农产品进口关税配额管理暂行办法》（商务部、国家发展和改革委员会令2003年第4号），国家发展改革委制定了2021年粮食进口关税配额申请和分配细则。

一、配额数量和种类

2021年粮食进口关税配额总量为：小麦（包括其粉、粒，以下简称小麦）963.6万吨，其中90%为国营贸易配额；玉米（包括其粉、粒，以下简称玉米）720万吨，其中60%为国营贸易配额；大米（包括其粉、粒，以下简称大米）532万吨，其中长粒米266万吨、中短粒米266万吨，50%为国营贸易配额。

企业可自主选择申请：（1）国营贸易配额；（2）非国营贸易配额；（3）国营贸易配额和非国营贸易配额。其中，分配给企业的国营贸易配额，须通过国营贸易企业代理进口，在当年8月15日前未签订进口合同的，企业可以委托有贸易权的任何企业进口，有贸易权的企业可以自行进口。

二、申请条件

有资格获得2021年小麦、玉米、大米进口关税配额的企业须首先符合以下条件：2020年10月1日前在市场监督管理部门登记注册；没有违反《农产品进口关税配额管理暂行办法》的行为。

有资格获得 2021 年小麦、玉米、大米进口关税配额的企业，还必须符合相应品种以下所列条件之一：

（一）小麦

1. 获得 2020 年小麦进口关税配额且有进口实绩（接受进口关税配额企业委托的代理进口不计入受委托企业的进口实绩，下同）的企业；

2. 2019 年小麦年加工能力 20 万吨以上的面粉和食品生产企业。

（二）玉米

1. 获得 2020 年玉米进口关税配额且有进口实绩的企业；

2. 2019 年玉米年加工能力 20 万吨以上的饲料生产企业；

3. 2019 年玉米年加工能力 45 万吨以上的其他生产企业。

（三）大米（长粒米和中短粒米需分别申请）

1. 获得 2020 年大米进口关税配额且有进口实绩的企业；

2. 2019 年大米年加工能力 10 万吨以上的食品生产企业。

三、分配原则

分配原则的总体目标是使得国营贸易配额和非国营贸易配额根据市场条件得到充分使用。

（一）如本细则所公布的进口关税配额总量能够满足符合条件企业的申请总量，按企业申请数量分配。

（二）如本细则所公布的进口关税配额总量不能满足符合条件企业的申请总量，则有进口实绩的企业分得的配额量不少于其上一年配额内的进口量。如有剩余配额，在考虑生产加工能力的基础上，分配给上一年无进口实绩的企业。

（三）如获得进口关税配额的企业未能完成配额内的全部进口量，则按《农产品进口关税配额管理暂行办法》相关罚则规定处理。

四、申请时限

（一）国家发展改革委委托地方发展改革委（以下简称委托机构）接收企业提交的申请表。申请企业于 2020 年 10 月 15 日—10 月 30 日向登记注册所在地的委托机构提交申请表。《2021 年粮食进口关税配额申请表》（见附表）可从国家发展改革委网站（http://www.ndrc.gov.cn）下载。

（二）委托机构于 2020 年 11 月 15 日前将所有按照要求填写完成的申请表送达国家发展改革委（政务服务大厅），并抄报商务部，同时将申请表中所包含的信息上传至重要农产品进口关税配额管理系统。逾期不再受理。

五、公示阶段

（一）为方便公众协助国家发展改革委对申请企业所提交信息的真实性进行核实，国家发展改革委将在官方网站上对申请企业信息进行公示（公示期和举报意见提交方式将在公示时一并规定）。

（二）公示期内，任何主体均可就所公示信息的真实性进行举报。公众提交举报意见的期限届满后，国家发展改革委将委托被举报申请企业登记注册所在地的委托机构进行核查。

（三）核查期间，被举报申请企业有权通过书面等方式，就所举报的相关问题向委托机构提出异议。委托机构审阅被举报申请企业提出的异议并完成调查核实后，向国家发展改革委就举报意见的真实性反馈核查情况。

六、其他规则

（一）企业对其申请表中所填内容的真实性负责，对虚假申报或拒不履行其在申请表中所作承诺的企业，有关部门将按照国家有关规定采取相应惩戒措施。对伪造有关资料骗取《农产品进口关税配额证》的企业，除依法收缴其配额证，两年内不再受理其粮食进口关税配额的申请。

（二）对伪造、变造或者买卖《农产品进口

关税配额证》的企业，依照有关法律规定追究其刑事责任，且两年内不再受理其粮食进口关税配额的申请。

附表：2021年粮食进口关税配额申请表

附表

2021年粮食进口关税配额申请表　　单位：吨

企业名称：				
企业注册地址：				
企业性质：　□国有　□股份制　□民营　□外商投资				
统一社会信用代码：				
联系方式：				
申请配额品种名称：	□2020年有该品种进口实绩者		□2020年无该品种进口实绩者	
申请配额种类、数量 及贸易方式	□非国营贸易配额，其中		□国营贸易配额，其中	
	（1）一般贸易：		（1）一般贸易：	
	（2）加工贸易：		（2）加工贸易：	
2019年企业生产加工能力	加工原料名称：		产品名称：	
	该原料年加工能力：		该产品年生产能力：	
	该原料年实际用量：		该产品年实际产量：	
以下由有进口实绩的企业填写（代理企业不得将代理其他企业完成的进口量计入本企业进口实绩）				
	2019年		2020年	
	非国营贸易配额	国营贸易配额	非国营贸易配额	国营贸易配额
分配到的配额量	一般贸易：	一般贸易：	一般贸易：	一般贸易：
	加工贸易：	加工贸易：	加工贸易：	加工贸易：
实际进口量（核销量）	一般贸易：	一般贸易：	一般贸易：	一般贸易：
	加工贸易：	加工贸易：	加工贸易：	加工贸易：
中期调整退回量	一般贸易：	一般贸易：	一般贸易：	一般贸易：
	加工贸易：	加工贸易：	加工贸易：	加工贸易：

本企业已阅知《2021年粮食进口关税配额申请和分配细则》相关内容，并郑重承诺本企业符合粮食进口关税配额申请条件，提交的粮食进口关税配额各项申报材料真实、准确、有效；获得粮食进口关税配额后，保证按照国家有关法律、法规、规章开展进口业务。如违反本承诺，愿意承担相应法律责任和后果，并接受相关惩戒。

申请企业（盖章）　　　　企业法定代表人（签字）：

填表说明：

1.企业名称与统一社会信用代码必须一一对应，一码一申请。

2.在“申请配额种类”中，企业可勾选非国营贸易配额，或者国营贸易配额，或者两者皆勾选。

3.企业根据申请的粮食配额品种，填写对应的“企业生产加工能力”，包括：（1）对作为加工原料的粮食的年加工能力和实际用量。（2）对以粮食为主要原料生产出的产品的年生产能力和实际产量。

附件2

2021年棉花进口关税配额申请和分配细则

根据《农产品进口关税配额管理暂行办法》（商务部、国家发展和改革委员会令 2003 年第 4 号），国家发展改革委制定了2021 年棉花进口关税配额申请和分配细则。

一、配额数量

2021 年棉花进口关税配额总量为 89.4 万吨，其中 33%为国营贸易配额。

二、申请条件

2021 年棉花进口关税配额申请企业基本条件为：2020 年 10月 1 日前在市场监督管理部门登记注册；具有良好的财务状况、纳税记录和诚信情况；没有违反《农产品进口关税配额管理暂行办法》的行为。在具备上述条件的前提下，申请企业还必须符合以下所列条件之一：

（一）棉花进口国营贸易企业；

（二）纺纱设备（自有）5 万锭及以上的棉纺企业；

（三）全棉水刺非织造布年产能（自有）8000 吨及以上的企业（水刺机设备幅宽小于或等于 3 米的生产线产能认定为 2000吨，幅宽大于 3 米的生产线产能认定为 4000 吨）。

三、申请材料

（一）2021 年棉花进口关税配额申请表，电子版可从国家发展改革委网站（http://www.ndrc.gov.cn）下载。

（二）企业法人营业执照（副本）复印件。

（三）2020 年棉纱、棉布等棉制品的销售增值税专用发票（复印件）一张。

四、分配原则

（一）根据申请企业的实际生产经营能力（包括历史进口实绩、生产能力、经营情况等）和其他相关商业标准进行分配。

（二）本次配额申请、分配不区分一般贸易和加工贸易。国家发展改革委委托机构（各省、自治区、直辖市及计划单列市、新疆生产建设兵团发展改革委，以下简称委托机构）向获得配额的企业发放《农产品进口关税配额证》时，由企业自行选择确定贸易方式。

五、申请时限

（一）申请企业于 2020 年 10 月 15 日—10 月 30 日向登记注册所在地的委托机构提交申请材料。

（二）委托机构于 2020 年 11 月 15 日前将申请材料送达国家发展改革委（政务服务大厅），并抄报商务部，同时将棉花进口关税配额申请表中所包含的信息上传至重要农产品进口关税配额管理系统。逾期不再受理。

六、公示阶段

（一）为方便公众协助国家发展改革委对申请企业所提交信息的真实性进行核实，国家发展改革委将在官方网站上对申请企业信息进行公示（公示期和举报意见提交方式将在公示时一并规定）。

（二）公示期内，任何主体均可就所公示信息的真实性进行举报。公众提交举报意见的期限届满后，国家发展改革委将委托被举报申请企业登记注册所在地的委托机构进行核查。

（三）核查期间，被举报申请企业有权通过书面等方式，就所举报的相关问题向委托机构提出异议。委托机构审阅被举报申请企业提出的异议并完成调查核实后，向国家发展改革委就举报意见的真实性反馈核查情况。

七、其他规则

（一）企业对其提交申请材料和信息的真实性负责，对虚假申报或拒不履行其在申请表中所作承诺的企业，有关部门将按照国家有关规定采取相应惩戒措施。

（二）企业通过使用获得的棉花进口关税配额进口的棉花由本企业加工经营，不得转卖。

（三）获得棉花进口关税配额的企业要积极配合国家发展改革委及其委托机构组织开展棉花进口关税配额申请、使用情况监督检查，及时如实提供检查所需资料数据。

（四）对虚假填报申请表、伪造有关资料骗取棉花进口关税配额以及未按规定开展进口业务的，将收缴其配额证，并依规限制其今后申请棉花进口关税配额和滑准税配额。

（五）对伪造、变造或者买卖《农产品进口关税配额证》的企业，依照有关法律规定追究其刑事责任。

附表：2021年棉花进口关税配额申请表

附表

2021年棉花进口关税配额申请表

申请企业名称：			统一社会信用代码：	
2020年初以来企业是否更名：□是 □否			曾用名：	
企业注册地址：				
企业性质：□国有 □股份制 □民营 □外商投资			联系电话：	
注册资本（万元）：	2019年纳税额（万元）：		2019年资产负债率：	
配额申请数量（吨，不区分贸易方式）：				
□2020年有棉花一般贸易进口实绩者	□2020年有棉花加工贸易进口实绩者		□2020年无棉花进口实绩者	
企业生产经营情况	纺纱能力：	锭	年棉花用量：	吨
	其中，环锭纺：	锭	其中，进口棉用量：	吨
	转杯纺：	头	年纱线产量：	吨
	喷气涡流纺：	头	其中，棉纱产量：	吨
	全棉水刺非织造布产能：	吨	#纯棉纱产量：	吨
			年全棉水刺非织造布产量：	吨
2020年棉花进口配额分配量（吨）：				

续表

其中，关税配额分配量（吨）:	滑准税配额分配量（吨）:
2019年棉花加工贸易实际进口量（吨，以海关数据为准）:	
备注：	
本企业已阅知《2020年棉花进口关税配额申请和分配细则》相关内容，郑重承诺：保证本企业符合国家规定的棉花进口关税配额申请条件，保证本申请表所填写的内容真实有效、有据可查，没有任何隐瞒或虚假信息。获得棉花进口关税配额后，保证按照国家有关法律、法规、规章和相关规定开展进口业务。如违反本承诺，本企业愿意承担相关责任和后果，并接受有关部门相应惩戒。 申请企业（盖章）　　企业法定代表人（签字）	

填表说明：

1.企业名称与统一社会信用代码必须一一对应，一码一申请。

2.“纺纱能力”指折环锭纺产能，须填报本企业自有设备且2020年10月1日已投产使用的实际纺纱能力。转杯纺和喷气涡流纺分别按每头10锭和20锭折算为环锭纺纱锭数，全棉水刺非织造布产能按每吨6.25锭折算为环锭纺纱锭数。

3.本表棉纱指以棉花为原料之一加工的纱线，纯棉纱指含棉量为100%的棉纱线。“2019年企业生产经营情况”中，棉花用量、纱线产量等填报2019年前三季度数据。

4.填报数据精确到个位。企业须保存与上述填报数据相一致的采购、销售发票和出入库凭证等证明材料备查。检查时，如无法完整提供，将视为虚假填报。

2 商务部、海关总署公布《2021年进口许可证管理货物目录》

【发布单位】中华人民共和国商务部、海关总署

【发布日期】2020年12月30日

依据《中华人民共和国对外贸易法》《中华人民共和国货物进出口管理条例》《消耗臭氧层物质管理条例》《货物进口许可证管理办法》《机电产品进口管理办法》《重点旧机电产品进口管理办法》等法律、行政法规和规章，现公布《进口许可证管理货物目录（2021年）》，自2021年1月1日起执行。商务部、海关总署公告2019年第65号同时废止。

商务部 海关总署

2020年12月30日

附件

2021年进口许可证管理货物目录

序号	货物种类	海关商品编号	货物名称	单位
1	消耗臭氧层物质	2903191010	1，1，1-三氯乙烷（甲基氯仿），用于清洗剂的除外	千克
		2903191090	1，1，1-三氯乙烷（甲基氯仿），用于清洗剂的	千克
		2903399020	溴甲烷（甲基溴）	千克
		2903710000	一氯二氟甲烷	千克
		2903720000	二氯三氟乙烷	千克
		2903730000	二氯一氟乙烷	千克
		2903740000	一氯二氟乙烷	千克
		2903750010	1，1，1，2，2-五氟-3，3-二氯丙烷	千克
		2903750020	1，1，2，2，3-五氟-1，3-二氯丙烷	千克
		2903750090	其他二氯五氟丙烷	千克
		2903760010	溴氯二氟甲烷	千克

续表

序号	货物种类	海关商品编号	货物名称	单位
1	消耗臭氧层物质	2903760020	溴三氟甲烷	千克
		2903771000	三氯氟甲烷	千克
		2903772011	二氯二氟甲烷	千克
		2903772012	三氯三氟乙烷，用于清洗剂的除外（CFC-113）	千克
		2903772014	二氯四氟乙烷（CFC-114）	千克
		2903772015	一氯五氟乙烷（CFC-115）	千克
		2903772016	一氯三氟甲烷（CFC-13）	千克
		2903791011	一氟二氯甲烷	千克
		2903791012	1，1，1，2-四氟-2-氯乙烷	千克
		2903791013	三氟一氯乙烷	千克
		2903791014	1-氟-1，1-二氯乙烷	千克
		2903791015	1，1-二氟-1-氯乙烷	千克
		2903791090	其他仅含氟和氯的甲烷、乙烷及丙烷的卤化衍生物	千克
		2903799021	其他仅含溴、氟的甲烷、乙烷和丙烷	千克
		3824710011	二氯二氟甲烷和二氟乙烷的混合物（R-500）	千克
		3824710012	一氯二氟甲烷和二氯二氟甲烷的混合物（R-501）	千克
		3824710013	一氯二氟甲烷和一氯五氟乙烷的混合物（R-502）	千克
		3824710014	三氟甲烷和一氯三氟甲烷的混合物（R-503）	千克
		3824710015	二氟甲烷和一氯五氟乙烷的混合物（R-504）	千克
		3824710016	二氯二氟甲烷和一氟一氯甲烷的混合物（R-505）	千克
		3824710017	一氟一氯甲烷和二氯四氟乙烷的混合物（R-506）	千克
		3824710018	二氯二氟甲烷和二氯四氟乙烷的混合物（R-400）	千克
		3824740011	二氟一氯甲烷、二氟乙烷和一氯四氟乙烷的混合物（R-401）	千克
		3824740012	五氟乙烷、丙烷和二氟一氯甲烷的混合物（R-402）	千克
		3824740013	丙烷、二氟一氯甲烷和八氟丙烷的混合物（R-403）	千克
		3824740014	二氟一氯甲烷、二氟乙烷、一氯二氟乙烷和八氟环丁烷的混合物（R-405）	千克
		3824740015	二氟一氯甲烷、2-甲基丙烷（异丁烷）和一氯二氟乙烷的混合物（R-406）	千克
		3824740016	五氟乙烷、三氟乙烷和二氟一氯甲烷的混合物（R-408）	千克

续表

序号	货物种类	海关商品编号	货物名称	单位
1	消耗臭氧层物质	3824740017	二氟一氯甲烷、一氯四氟乙烷和一氯二氟乙烷的混合物（R-409）	千克
		3824740018	丙烯、二氟一氯甲烷和二氟乙烷的混合物（R-411）	千克
		3824740019	二氟一氯甲烷、八氟丙烷和一氯二氟乙烷的混合物（R-412）	千克
		3824740021	二氟一氯甲烷、一氯四氟乙烷、一氯二氟乙烷和2-甲基丙烷的混合物（R-414）	千克
		3824740022	二氟一氯甲烷和二氟乙烷的混合物（R-415）	千克
		3824740023	四氟乙烷、一氯四氟乙烷和丁烷的混合物（R-416）	千克
		3824740024	丙烷、二氟一氯甲烷和二氟乙烷的混合物（R-418）	千克
		3824740025	二氟一氯甲烷和八氟丙烷的混合物（R-509）	千克
		3824740026	二氟一氯甲烷和一氯二氟乙烷的混合物	千克
		3824740090	其他含甲烷、乙烷或丙烷的氢氯氟烃混合物（不论是否含甲烷、乙烷或丙烷的全氟烃或氢氟烃，但不含全氯氟烃）	千克
2	化工设备	8419409090	其他蒸馏或精馏设备	台/千克
		8419609010	液化器（将来自级联的 UF6 气体压缩并冷凝成液态 UF6）	台/千克
3	金属冶炼设备	8454309000	其他金属冶炼及铸造用铸造机	台
4	工程机械	8426200000	塔式起重机	台/千克
		8426411000	轮胎式起重机	台/千克
		8426419000	其他带胶轮的自推进起重机械	台/千克
		8426491000	履带式自推进起重机械	台/千克
		8426499000	其他不带胶轮的自推进起重机械	台/千克
		8426990000	其他起重机械	台/千克
		8427209000	其他机动叉车及有升降装置工作车（包括装有搬运装置的机动工作车）	台/千克
		8427900000	其他叉车及可升降的工作车（工作车指装有升降或搬运装置）	台/千克
		8428109000	其他升降机及倒卸式起重机	台/千克
5	起重运输设备	8426193000	龙门式起重机	台/千克
		8426194100	门式装卸桥	台/千克
		8426194200	集装箱装卸桥	台/千克
		8427101000	有轨巷道堆垛机	台/千克
		8427102000	无轨巷道堆垛机	台/千克
		8428602100	单线循环式客运架空索道	台/千克

续表

序号	货物种类	海关商品编号	货物名称	单位
6	造纸设备	8439100000	制造纤维素纸浆的机器	台/千克
		8439200000	纸或纸板的抄造机器	台/千克
		8439300000	纸或纸板的整理机器	台/千克
7	电力电气设备	8501641090	其他输出功率超过750千伏安但不超过350兆伏安的交流发电机	台/千瓦
		8501642010	由使用可再生燃料锅炉和涡轮机组驱动的交流发电机（输出功率超过350兆伏安但不超过665兆伏安）	台/千瓦
		8501642090	其他输出功率超过350兆伏安但不超过665兆伏安的交流发电机	台/千瓦
		8501643010	由使用可再生燃料锅炉和涡轮机组驱动的交流发电机（输出功率超过665兆伏安）	台/千瓦
		8501643090	其他输出功率超过665兆伏安的交流发电机	台/千瓦
		8502120000	输出功率超过75千伏安但不超过375千伏安的柴油发电机组（包括半柴油发电机组）	台/千瓦
		8502131000	输出功率超过375千伏安但不超过2兆伏安的柴油发电机组（包括半柴油发电机组）	台/千瓦
		8502132000	输出功率超过2兆伏安的柴油发电机组（包括半柴油发电机组）	台/千瓦
		8502200000	装有点燃式活塞内燃发动机的发电机组（内燃的）	台/千瓦
		8502390010	依靠可再生能源（太阳能、小水电、潮汐、沼气、地热能、生物质/余热驱动的汽轮机）生产电力的发电机组	台/千瓦
		8515319100	螺旋焊管机［电弧（包括等离子弧）焊接］	台
		8515319900	其他电弧（包括等离子弧）焊接机及装置（全自动或半自动的）	台
		8515390000	其他电弧（等离子弧）焊接机器及装置（非全自动或半自动的）	台
		8515809010	电子束、激光自动焊接机［将端塞焊接于燃料细棒（或棒）的自动焊接机］	台
		8515809090	其他焊接机器及装置	台
8	食品加工及包装设备	8419810000	加工热饮料或烹调、加热食品的机器	台/千克
		8421220000	过滤或净化饮料的机器及装置（过滤或净化水的装置除外）	台/千克
		8422301010	乳品加工用自动化灌装设备	台/千克
		8422301090	其他饮料及液体食品灌装设备	台/千克
		8434200000	乳品加工机器	台/千克
		8438100010	糕点生产线	台/千克
9	农业机械	8432313100	免耕直接水稻插秧机	台/千克
		8432393100	非免耕直接水稻插秧机	台/千克

续表

序号	货物种类	海关商品编号	货物名称	单位
9	农业机械	8433510001	功率在160马力及以上的联合收割机	台/千克
		8433510090	功率在160马力以下的联合收割机	台/千克
		8433530001	功率在160马力及以上的土豆、甜菜收割机	台/千克
		8433591001	功率在160马力及以上的甘蔗收割机	台/千克
		8433592000	棉花采摘机	台/千克
		8433599001	自走式青储饲料收割机	台/千克
		8433599090	其他收割机及脱粒机	台/千克
10	印刷机械	8440102000	胶订机	台/千克
		8443120000	办公室用片取进料式胶印机（展开片尺寸不超过22厘米×36厘米，用税目84.42项下商品进行印刷的机器）	台/千克
		8443140000	卷取进料式凸版印刷机（用税目84.42项下商品进行印刷的机器，但不包括苯胺印刷机）	台/千克
		8443150000	除卷取进料式以外的凸版印刷机（用税目84.42项下商品进行印刷的机器，但不包括苯胺印刷机）	台/千克
		8443160001	线速度在350米/分钟及以上、幅宽在800毫米及以上的苯胺印刷机（柔性版印刷机，用税目84.42项下商品进行印刷的机器）	台/千克
		8443160002	线速度在160米/分钟及以上、幅宽在250毫米及以上但少于800毫米的机组式柔性版印刷机（具有烫印或全息或丝网印刷功能单元）	台/千克
		8443160090	其他苯胺印刷机（柔性版印刷机，用税目84.42项下商品进行印刷的机器）	台/千克
		8443198000	未列名印刷机（网式印刷机除外，用税目84.42项下商品进行印刷的机器）	台/千克
11	纺织机械	8453100000	生皮、皮革的处理或加工机器（包括鞣制机）	台
12	船舶	8901101010	高速客船（包括主要用于客运的类似船舶）	艘
		8901101090	其他机动巡航船、游览船及各式渡船（包括主要用于客运的类似船舶）	艘
		8903920001	长度超过8米但在90米以下的汽艇（装有舷外发动机的除外）	艘
		8903920090	其他汽艇（装有舷外发动机的除外）	艘
		8903990001	长度超过8米但在90米以下的娱乐或运动用其他机动船舶或快艇	艘
		8901109000	非机动巡航船、游览船及各式渡船（以及主要用于客运的类似船舶）	艘
		8901909000	非机动货运船舶及客货兼运船舶	艘
13	硒鼓	8443999010	其他印刷（打印）机、复印机及传真机的感光鼓和含感光鼓的碳粉盒	千克
14	X射线管	9022300000	X射线管	个

说明：目录内第2至第14项所列货物为旧机电产品。

3　商务部、海关总署公布《出口许可证管理货物目录（2021年）》

【发布单位】外贸司

【发布日期】2020年12月30日

依据《中华人民共和国对外贸易法》《中华人民共和国货物进出口管理条例》《消耗臭氧层物质管理条例》《货物出口许可证管理办法》等法律、行政法规和规章，现公布《出口许可证管理货物目录（2021年）》（以下简称为目录）和有关事项。

一、许可证的申领

（一）2021年实行许可证管理的出口货物为43种，详见目录。对外贸易经营者出口目录内所列货物的，应向商务部或者商务部委托的地方商务主管部门申请取得《中华人民共和国出口许可证》（以下简称出口许可证），凭出口许可证向海关办理通关验放手续。

（二）出口活牛（对港澳）、活猪（对港澳）、活鸡（对香港）、小麦、玉米、大米、小麦粉、玉米粉、大米粉、药料用麻黄草（人工种植）、煤炭、原油、成品油（不含润滑油、润滑脂、润滑油基础油）、锯材、棉花的，凭配额证明文件申领出口许可证；出口甘草及甘草制品、蔺草及蔺草制品的，凭配额招标中标证明文件申领出口许可证。

（三）以加工贸易方式出口第二款所列货物的，凭配额证明文件、货物出口合同申领出口许可证。其中，出口甘草及甘草制品、蔺草及蔺草制品的，凭配额招标中标证明文件、海关加工贸易进口报关单申领出口许可证。

（四）以边境小额贸易方式出口第二款所列货物的，由省级地方商务主管部门根据商务部下达的边境小额贸易配额和要求签发出口许可证。以边境小额贸易方式出口甘草及甘草制品、蔺草及蔺草制品、消耗臭氧层物质、摩托车（含全地形车）及其发动机和车架、汽车（包括成套散件）及其底盘等货物的，需按规定申领出口许可证。以边境小额贸易方式出口本款上述情形以外的货物的，免于申领出口许可证。

（五）出口活牛（对港澳以外市场）、活猪（对港澳以外市场）、活鸡（对香港以外市场）、牛肉、猪肉、鸡肉、天然砂（含标准砂）、矾土、磷矿石、镁砂、滑石块（粉）、萤石（氟石）、稀土、锡及锡制品、钨及钨制品、钼及钼制品、锑及锑制品、焦炭、成品油（润滑油、润滑脂、润滑油基础油）、石蜡、部分金属及制品、硫酸二钠、碳化硅、消耗臭氧层物质、柠檬酸、白银、铂金（以加工贸易方式出口）、铟及铟制品、摩托车（含全地形车）及其发动机和车架、汽车（包括成套散件）及其底盘的，需按规定申领出口许可证。其中，消耗臭氧层物质货样广告品需凭出口许可证出口；以一般贸易、加工贸易、边境贸易和捐赠贸易方式出口汽车、摩托车产品的，需按规定的条件申领出口许可证；以工程承包方式出口汽车、摩托车产品的，凭对外承包工程项目备案回执或特定项目立项函、中标文件等材料申领出口许可证；以上述贸易方式出口非原产于中国的汽车、摩托车产品的，凭进口海关单据和货物出口合同申领出口许可证。

（六）以加工贸易方式出口第五款所列货物的，除另有规定以外，凭有关批准文件、海关加工贸易进口报关单和货物出口合同申领出口许可证。出口润滑油、润滑脂、润滑油基础油以外的成品油的，免于申领出口许可证。

（七）出口铈及铈合金（颗粒＜500微米）、钨及钨合金（颗粒＜500微米）、锆、铍的可免于申领出口许可证，但需按规定申领《中华人民共和国两用物项和技术出口许可证》。

（八）我国政府对外援助项下提供的货物免于申领出口许可证。

（九）继续暂停对一般贸易项下润滑油（海关商品编号27101991）、润滑脂（海关商品编号27101992）、润滑油基础油（海关商品编号27101993）出口的国营贸易管理。以一般贸易方式出口上述货物的，凭有效的货物出口合同申领出口许可证。以其他贸易方式出口上述货物的，按照商务部、发展改革委、海关总署公告2008年第30号的规定执行。

二、“非一批一证”制和“一批一证”制

（一）对下列货物实行“非一批一证”制管理：即小麦、玉米、大米、小麦粉、玉米粉、大米粉、活牛、活猪、活鸡、牛肉、猪肉、鸡肉、原油、成品油、煤炭、摩托车（含全地形车）及其发动机和车架、汽车（包括成套散件）及其底盘（限新车）、加工贸易项下出口货物、补偿贸易项下出口货物等。出口上述货物的，可在出口许可证有效期内多次通关使用出口许可证，但通关使用次数不得超过12次。

（二）对消耗臭氧层物质、二手车出口实行“一批一证”制管理，出口许可证在有效期内一次报关使用。

三、货物通关口岸

（一）取消对甘草及甘草制品、天然砂（对台港澳地区）出口实施的指定口岸管理措施。

（二）继续暂停对镁砂、稀土、锑及锑制品等出口货物的指定口岸管理。

四、出口许可机构

商务部和受商务部委托的省级地方商务主管部门及沈阳市、长春市、哈尔滨市、南京市、武汉市、广州市、成都市、西安市商务主管部门按照分工受理申请人的申请并实施出口许可，向符合条件的申请人签发出口许可证。

本公告所称省级地方商务主管部门，是指各省、自治区、直辖市、计划单列市及新疆生产建设兵团商务主管部门。

五、实施时间

本公告自2021年1月1日起执行。商务部、海关总署公告2019年第66号同时废止。

商务部　海关总署

2020年12月31日

附件：http://images.mofcom.gov.cn/wms/202101/20210111165908143.pdf

2021年出口许可证管理货物目录

出口许可证管理货物目录（2021年）

序号	货物种类		海关商品编号	货物名称	单位
1	活牛		0102290000	非改良种用家牛	千克/头
			0102390010	非改良种用濒危水牛	千克/头
			0102390090	非改良种用其他水牛	千克/头
			0102909010	非改良种用濒危野牛	千克/头
			0102909090	非改良种用其他牛	千克/头
2	活猪	活大猪	0103920010	重量在50千克及以上的其他野猪（改良种用的除外）	千克/头
			0103920090	重量在50千克及以上的其他猪（改良种用的除外）	千克/头
		活中猪	0103912010	重量在10千克及以上但在50千克以下的其他野猪（改良种用的除外）	千克/头
			0103912090	重量在10千克及以上但在50千克以下的其他猪（改良种用的除外）	千克/头
		活乳猪	0103911010	重量在10千克以下的其他野猪（改良种用的除外）	千克/头
			0103911090	重量在10千克以下的其他猪（改良种用的除外）	千克/头
3	活鸡		0105941000	重量超过185克的改良种用鸡	千克/只
			0105949000	重量超过185克的其他鸡（改良种用的除外）	千克/只
			0105999300	重量超过185克的非改良种用珍珠鸡	千克/只
4	牛肉	冰鲜牛肉	0201100010	鲜或冷的整头及半头野牛肉	千克
			0201100090	其他鲜或冷的整头及半头牛肉	千克
			0201200010	鲜或冷的带骨野牛肉	千克
			0201200090	其他鲜或冷的带骨牛肉	千克
			0201300010	鲜或冷的去骨野牛肉	千克
			0201300090	其他鲜或冷的去骨牛肉	千克
			0206100000	鲜或冷的牛杂碎	千克

续表

序号	货物种类		海关商品编号	货物名称	单位
4	牛肉	冻牛肉	0202100010	冻的整头及半头野牛肉	千克
			0202100090	其他冻的整头及半头牛肉	千克
			0202200010	冻的带骨野牛肉	千克
			0202200090	其他冻的带骨牛肉	千克
			0202300010	冻的去骨野牛肉	千克
			0202300090	其他冻的去骨牛肉	千克
			0206210000	冻牛舌	千克
			0206220000	冻牛肝	千克
			0206290000	其他冻牛杂碎	千克
5	猪肉	冰鲜猪肉	0203111010	鲜或冷的整头及半头野乳猪肉	千克
			0203111090	其他鲜或冷的整头及半头乳猪肉	千克
			0203119010	其他鲜或冷的整头及半头野猪肉	千克
			0203119090	其他鲜或冷的整头及半头猪肉	千克
			0203120010	鲜或冷的带骨野猪前腿、后腿及肉块	千克
			0203120090	鲜或冷的带骨猪前腿、后腿及其肉块	千克
			0203190010	其他鲜或冷的野猪肉	千克
			0203190090	其他鲜或冷的猪肉	千克
			0206300000	鲜或冷的猪杂碎	千克
		冻猪肉	0203219010	其他冻的整头及半头野猪肉	千克
			0203219090	其他冻的整头及半头猪肉	千克
			0203220010	冻的带骨野猪前腿、后腿及肉	千克
			0203220090	冻的带骨猪前腿、后腿及其肉块	千克
			0203290010	冻的野猪其他肉	千克
			0203290090	其他冻的猪肉	千克
			0206410000	冻猪肝	千克
			0206490000	其他冻猪杂碎	千克
			0203211010	冻的整头及半头野乳猪肉	千克
			0203211090	冻的整头及半头乳猪肉	千克

续表

序号	货物种类		海关商品编号	货物名称	单位
6	鸡肉	冰鲜鸡肉	0207110000	鲜或冷的整只鸡	千克
			0207131100	鲜或冷的带骨鸡块	千克
			0207131900	其他鲜或冷的鸡块	千克
			0207132101	鲜或冷的鸡整翅（沿肩关节将鸡翅从整鸡上分割下来的部位）	千克
			0207132102	鲜或冷的鸡翅根（将整翅从肘关节处切开，靠近根部的部分）	千克
			0207132103	鲜或冷的鸡翅中（将整翅从肘关节和腕关节处切开，中间的部分）	千克
			0207132104	鲜或冷的鸡两节翅（翅中和翅尖相连的部分，或翅根和翅中相连的部分）	千克
			0207132901	鲜或冷的鸡翅尖	千克
			0207132902	鲜或冷的鸡膝软骨（鸡膝部连接小腿和大腿的软骨）	千克
			0207132990	其他鲜或冷的鸡杂碎	千克
		冻鸡肉	0207120000	冻的整只鸡	千克
			0207141100	冻的带骨鸡块（包括鸡胸脯、鸡大腿等）	千克
			0207141900	冻的不带骨鸡块（包括鸡胸脯、鸡大腿等）	千克
			0207142101	冻的鸡整翅（沿肩关节将鸡翅从整鸡上分割下来的部位）	千克
			0207142102	冻的鸡翅根（将整翅从肘关节处切开，靠近根部的部分）	千克
			0207142103	冻的鸡翅中（将整翅从肘关节和腕关节处切开，中间的部分）	千克
			0207142104	冻的鸡两节翅（翅中和翅尖相连的部分，或翅根和翅中相连的部分）	千克
			0207142200	冻的鸡爪	千克
			0207142901	冻的鸡翅尖	千克
			0207142902	冻的鸡膝软骨（鸡膝部连接小腿和大腿的软骨）	千克
			0207142990	其他冻的食用鸡杂碎	千克

续表

序号	货物种类	海关商品编号	货物名称	单位
7	小麦	1001110001	种用硬粒小麦	千克
		1001110090	种用硬粒小麦	千克
		1001190001	其他硬粒小麦	千克
		1001190090	其他硬粒小麦	千克
		1001910001	其他种用小麦及混合麦	千克
		1001910090	其他种用小麦及混合麦	千克
		1001990001	其他小麦及混合麦	千克
		1001990090	其他小麦及混合麦	千克
8	玉米	1005100001	种用玉米	千克
		1005100090	种用玉米	千克
		1005900001	其他玉米	千克
		1005900090	其他玉米	千克
9	大米	1006102101	种用长粒米稻谷	千克
		1006102190	种用长粒米稻谷	千克
		1006102901	其他种用稻谷	千克
		1006102990	其他种用稻谷	千克
		1006108101	其他长粒米稻谷	千克
		1006108190	其他长粒米稻谷	千克
		1006108901	其他稻谷	千克
		1006108990	其他稻谷	千克
		1006202001	长粒米糙米	千克
		1006202090	长粒米糙米	千克
		1006208001	其他糙米	千克
		1006208090	其他糙米	千克
		1006302001	长粒米精米（不论是否磨光或上光）	千克
		1006302090	长粒米精米（不论是否磨光或上光）	千克
		1006308001	其他精米（不论是否磨光或上光）	千克
		1006308090	其他精米（不论是否磨光或上光）	千克
		1006402001	长粒米碎米	千克
		1006402090	长粒米碎米	千克

续表

序号	货物种类	海关商品编号	货物名称	单位
9	大米	1006408001	其他碎米	千克
		1006408090	其他碎米	千克
10	小麦粉	1101000001	小麦或混合麦的细粉	千克
		1101000090	小麦或混合麦的细粉	千克
		1103110001	小麦粗粒及粗粉	千克
		1103110090	小麦粗粒及粗粉	千克
		1103201001	小麦团粒	千克
		1103201090	小麦团粒	千克
11	玉米粉	1102200001	玉米细粉	千克
		1102200090	玉米细粉	千克
		1103130001	玉米粗粒及粗粉	千克
		1103130090	玉米粗粒及粗粉	千克
		1104199010	滚压或制片的玉米	千克
		1104230001	经其他加工的玉米	千克
		1104230090	经其他加工的玉米	千克
12	大米粉	1102902101	长粒米大米细粉	千克
		1102902190	长粒米大米细粉	千克
		1102902901	其他大米细粉	千克
		1102902990	其他大米细粉	千克
		1103193101	长粒米大米粗粒及粗粉	千克
		1103193190	长粒米大米粗粒及粗粉	千克
		1103193901	其他大米粗粒及粗粉	千克
		1103193990	其他大米粗粒及粗粉	千克
13	药料用麻黄草	1211500019	药料用麻黄草（人工种植）	千克
14	甘草及甘草制品	1211903600	鲜、冷、冻或干的甘草（不论是否切割、压碎或研磨成粉）	千克
		1302120000	甘草液汁及浸膏	千克
		2938909010	甘草酸粉	千克
		2938909020	甘草酸盐类	千克
		2938909030	甘草次酸及其衍生物	千克

续表

序号	货物种类	海关商品编号	货物名称	单位
15	蔺草及蔺草制品	1401903100	蔺草（已净、漂白或染色的）	千克
		4601291111	蔺草制的提花席、双苜席、垫子（单位面积超过1平方米，不论是否包边）	千克/张
		4601291112	蔺草制的其他席子（单位面积超过1平方米，不论是否包边）	千克/张
		9404210010	蔺草包面的垫子（单件面积超过1平方米，无论是否包边）	千克/个
16	天然砂	2505100000	硅砂及石英砂（不论是否着色）	千克
		2505900010	标准砂（不论是否着色，第26章的金属矿砂除外）	千克
		2505900090	其他天然砂（不论是否着色，第26章的金属矿砂除外）	千克
17	矾土	2508300000	耐火黏土（不论是否煅烧，包括矾土、焦宝石及其他耐火黏土）	千克
		2606000000	铝矿砂及其精矿	千克
18	磷矿石	2510101000	未碾磨磷灰石	千克
		2510109000	其他未碾磨天然磷酸钙、天然磷酸铝钙及磷酸盐白垩（磷灰石除外）	千克
		2510201000	已碾磨磷灰石	千克
		2510209000	其他已碾磨天然磷酸钙、天然磷酸铝钙及磷酸盐白垩（磷灰石除外）	千克
19	镁砂	2519100000	天然碳酸镁（菱镁矿）	千克
		2519901000	熔凝镁氧矿（电熔镁，包括喷补料）	千克
		2519902000	烧结镁氧矿（重烧镁，包括喷补料）	千克
		2519903000	碱烧镁（轻烧镁）	千克
		2519909910	其他氧化镁含量在70%以上的矿产品	千克
		2530909910	废镁砖	千克
		2530909930	未煅烧的水镁石	千克
		3824999200	按重量计含氧化镁70%以上的混合物	千克
20	滑石块（粉）	2526102000	未破碎及未研粉的滑石（不论是否粗加修整或仅用锯或其他方法切割成矩形板块）	千克
		2526202001	滑石粉（体积百分比在90%及以上、产品颗粒度不超过18微米的）	千克
		2526202090	已破碎或已研粉的其他天然滑石	千克
		3824999100	按重量计含滑石50%以上的混合物	千克

续表

序号	货物种类	海关商品编号	货物名称	单位
21	萤石（氟石）	2529210000	按重量计氟化钙含量在97%及以下的萤石	千克
		2529220000	按重量计氟化钙含量在97%以上的萤石	千克
22	稀土	2530902000	其他稀土金属矿	千克
		2612200000	钍矿砂及其精矿	千克
		2805301100	钕（未相互混合或相互熔合）	千克
		2805301200	镝（未相互混合或相互熔合）	千克
		2805301300	铽（未相互混合或相互熔合）	千克
		2805301400	镧（未相互混合或相互熔合）	千克
		2805301510*	颗粒在500微米以下的铈及其合金（含量在97%及以上，不论球形、椭球体、雾化、片状、研碎金属燃料；未相互混合或相互熔合）	千克
		2805301590	其他金属铈（未相互混合或相互熔合）	千克
		2805301600	金属镨（未相互混合或相互熔合）	千克
		2805301700	金属钇（未相互混合或相互熔合）	千克
		2805301900	其他稀土金属	千克
		2805302100	其他电池级的稀土金属、钪及钇	千克
		2805302900	其他稀土金属、钪及钇	千克
		2846101000	氧化铈	千克
		2846102000	氢氧化铈	千克
		2846103000	碳酸铈	千克
		2846109010	氰化铈	千克
		2846109090	铈的其他化合物	千克
		2846901100	氧化钇	千克
		2846901200	氧化镧	千克
		2846901300	氧化钕	千克
		2846901400	氧化铕	千克
		2846901500	氧化镝	千克
		2846901600	氧化铽	千克
		2846901700	氧化镨	千克
		2846901920	氧化铒	千克
		2846901930	氧化钆	千克

续表

序号	货物种类	海关商品编号	货物名称	单位
22	稀土	2846901940	氧化钐	千克
		2846901970	氧化镱	千克
		2846901980	氧化钪	千克
		2846901991	灯用红粉	千克
		2846901992	按重量计中重稀土总含量在30%及以上的其他氧化稀土（灯用红粉、氧化铈除外）	千克
		2846901999	其他氧化稀土（灯用红粉、氧化铈除外）	千克
		2846902100	氯化铽	千克
		2846902200	氯化镝	千克
		2846902300	氯化镧	千克
		2846902400	氯化钕	千克
		2846902500	氯化镨	千克
		2846902600	氯化钇	千克
		2846902800	混合氯化稀土	千克
		2846902900	其他未混合氯化稀土	千克
		2846903100	氟化铽	千克
		2846903200	氟化镝	千克
		2846903300	氟化镧	千克
		2846903400	氟化钕	千克
		2846903500	氟化镨	千克
		2846903600	氟化钇	千克
		2846903900	其他氟化稀土	千克
		2846904100	碳酸镧	千克
		2846904200	碳酸铽	千克
		2846904300	碳酸镝	千克
		2846904400	碳酸钕	千克
		2846904500	碳酸镨	千克
		2846904600	碳酸钇	千克
		2846904810	按重量计中重稀土总含量在30%及以上的混合碳酸稀土	千克
		2846904890	其他混合碳酸稀土	千克

续表

序号	货物种类		海关商品编号	货物名称	单位
22	稀土		2846904900	其他未混合碳酸稀土	千克
22	稀土		2846909100	镧的其他化合物	千克
22	稀土		2846909200	钕的其他化合物	千克
22	稀土		2846909300	铽的其他化合物	千克
22	稀土		2846909400	镝的其他化合物	千克
22	稀土		2846909500	镨的其他化合物	千克
22	稀土		2846909690	钇的其他化合物（LED用荧光粉除外）	千克
22	稀土		2846909910	按重量计中重稀土总含量在30%及以上的稀土金属、钪的其他化合物（LED用荧光粉、铈的化合物除外）	千克
22	稀土		2846909990	其他稀土金属、钪的其他化合物（LED用荧光粉、铈的化合物除外）	千克
23	锡及锡制品	锡矿砂	2609000000	锡矿砂及其精矿	千克
23	锡及锡制品	锡及锡基合金	2825903100	二氧化锡	千克
23	锡及锡制品	锡及锡基合金	2825903900	其他锡的氧化物及氢氧化物	千克
23	锡及锡制品	锡及锡基合金	8001100000	未锻轧非合金锡	千克
23	锡及锡制品	锡及锡基合金	8001201000	锡基巴毕脱合金	千克
23	锡及锡制品	锡及锡基合金	8001202100	按重量计含铅量在0.1%以下的焊锡	千克
23	锡及锡制品	锡及锡基合金	8001202900	其他焊锡	千克
23	锡及锡制品	锡及锡基合金	8001209000	其他锡合金	千克
23	锡及锡制品	锡及锡基合金	8002000000	锡废碎料	千克
23	锡及锡制品	锡及锡基合金	8003000000	锡及锡合金条、杆、型材、丝	千克
23	锡及锡制品	锡及锡基合金	8007002000	厚度超过0.2毫米的锡板、片及带	千克
23	锡及锡制品	锡及锡基合金	8007004000	锡管及管子附件（例如：接头、肘管、管套）	千克
24	钨及钨制品	钨砂	2611000000	钨矿砂及其精矿	千克
24	钨及钨制品	钨砂	2620991000	其他主要含钨的矿渣、矿灰及残渣	千克
24	钨及钨制品	仲、偏钨酸铵	2841801000	仲钨酸铵	千克
24	钨及钨制品	仲、偏钨酸铵	2841804000	偏钨酸铵	千克
24	钨及钨制品	三氧化钨及蓝色氧化钨	2825901200	三氧化钨	千克
24	钨及钨制品	三氧化钨及蓝色氧化钨	2825901910	蓝色氧化钨	千克

续表

序号	货物种类		海关商品编号	货物名称	单位
24	钨及钨制品	钨酸及其盐类	2825901100	钨酸	千克
			2841802000	钨酸钠	千克
			2841803000	钨酸钙	千克
		钨粉及其制品	2849902000	碳化钨	千克
			8101100010*	其他颗粒在500微米以下的钨及其合金（含量在97%及以上，不论球形、椭球体、雾化、片状、研碎金属燃料）	千克
			8101100090	其他钨粉末	千克
			8101940000	未锻轧钨（包括简单烧结的条、杆）	千克
			8101970000	钨废碎料	千克
25	钼及钼制品		2613100000	已焙烧的钼矿砂及其精矿	千克
			2613900000	其他钼矿砂及其精矿	千克
			2825700000	钼的氧化物及氢氧化物	千克
			2841701000	钼酸铵	千克
			2841709000	其他钼酸盐	千克
			8102100000	钼粉	千克
			8102940000	未锻轧钼（包括简单烧结的条、杆）	千克
			8102970000	钼废碎料	千克
			8102990000	钼制品	千克
26	锑及锑制品	锑砂	2617101000	生锑（锑精矿，选矿产品）	千克
			2617109001	其他锑矿砂及其精矿（黄金价值部分）	千克
			2617109090	其他锑矿砂及其精矿（非黄金价值部分）	千克
		氧化锑	2825800000	锑的氧化物	千克
		锑（包括锑合金）及锑制品	8110101000	未锻轧锑	千克
			8110102000	锑粉末	千克
			8110200000	锑废碎料	千克
			8110900000	其他锑及锑制品	千克
27	煤炭		2701110010	无烟煤（不论是否粉化，但未制成型）	千克
			2701121000	未制成型的炼焦煤（不论是否粉化）	千克
			2701129000	其他烟煤（不论是否粉化，但未制成型）	千克

续表

序号	货物种类	海关商品编号	货物名称	单位
27	煤炭	2701190000	其他煤（不论是否粉化，但未制成型）	千克
		2702100000	褐煤（不论是否粉化，但未制成型）	千克
28	焦炭	2704001000	焦炭或半焦炭（煤、褐煤或泥煤制成，不论是否成型）	千克
29	原油	2709000000	石油原油（包括从沥青矿物提取的原油）	千克
30	成品油	2710121000	车用汽油及航空汽油（不含生物柴油）	千克/升
		2710122000	石脑油（不含生物柴油）	千克/升
		2710129101	壬烯（碳九异构体混合物含量超过90%，不含生物柴油）	千克
		2710129190	其他壬烯（不含生物柴油）	千克
		2710129910	异戊烯同分异构体混合物（不含生物柴油）	千克
		2710129920	脱模剂（包括按重量计含油成分在70%及以上的制品）	千克
		2710129990	其他轻油及制品（包括按重量计含油成分在70%及以上的制品，不含生物柴油）	千克
		2710191100	航空煤油（不含生物柴油）	千克/升
		2710191200	灯用煤油（不含生物柴油）	千克/升
		2710191910	正构烷烃（C9-C13，不含生物柴油）	千克/升
		2710191920	异构烷烃溶剂（不含生物柴油）	千克/升
		2710191990	其他煤油馏分的油及制品（不含生物柴油）	千克/升
		2710192210	低硫的5-7号燃料油（硫含量不高于0.5%m/m）	千克/升
		2710192300	柴油	千克/升
		2710199100	润滑油（不含生物柴油）	千克/升
		2710199200	润滑脂（不含生物柴油）	千克/升
		2710199310	润滑油基础油（不含生物柴油，产品粘度在100℃为37-47，粘度指数为80及以上，颜色实测为2.0左右，倾点实测为-8℃左右）	千克/升
		2710199390	其他润滑油基础油（不含生物柴油）	千克/升
		2710200000	石油及从沥青矿物提取的油类（但原油除外）以及以上述油为基本成分（按重量计在70%及以上）的其他税目未列名制品（含生物柴油成分在30%以下，废油除外）	千克/升
		2711110000	液化天然气	千克
31	石蜡	2712200000	石蜡（按重量计含油量在0.75%以下，不论是否着色）	千克
		2712901010	食品级微晶石蜡	千克
		2712901090	其他微晶石蜡	千克

续表

序号	货物种类		海关商品编号	货物名称	单位
32	部分金属及制品	铋	2825902100	三氧化二铋	千克
			2825902900	其他铋的氧化物及氢氧化物	千克
			8106001091	其他未锻轧铋	千克
			8106001092	其他未锻轧铋废碎料	千克
			8106001099	其他未锻轧铋粉末	千克
			8106009090	其他铋及铋制品	千克
		钛	3206111000	钛白粉	千克
			8108202100	未锻轧海绵钛	千克
			8108202990	其他未锻轧钛	千克
			8108203000	钛的粉末	千克
			8108300000	钛废碎料	千克
		钨	3824300010	混合的未烧结金属碳化钨（包括自身混合或与金属粘合剂混合的）	千克
		铂	7110199000	其他半制成铂	克
			7112921000	铂及包铂的废碎料（但含有其他贵金属除外）	克
			7112922001	铂含量在3%以上的其他含有铂及铂化合物的废碎料（但含有其他贵金属除外，主要用于回收铂）	克
			7112922090	其他含有铂及铂化合物的废碎料（但含有其他贵金属除外，主要用于回收铂）	克
			7111000000	以贱金属、银或金为底的包铂材料	克
			7115100000	金属丝布或格栅形状的铂催化剂	克
			2843900020	氯化铂	克
			2843900031	奥沙利铂、卡铂、奈达铂、顺铂及其他含铂的抗癌药品制剂及原材料	克
			2843900039	其他铂化合物	克
			2843900091	贵金属汞齐	克
			2843900099	其他贵金属化合物（不论是否已有化学定义）	克
		钯	7110210000	未锻造或粉末状钯	克
			7110291000	板、片状钯	克
			7110299000	其他半制成钯	克

续表

序号	货物种类		海关商品编号	货物名称	单位
32	部分金属及制品	铑	7110310000	未锻造或粉末状铑	克
			7110391000	板、片状铑	克
			7110399000	其他半制成铑	克
		钌铱锇	7110410000	未锻造或粉末状铱、锇、钌	克
			7110491000	板、片状铱、锇、钌	克
			7110499000	其他半制成铱、锇、钌	克
		铁合金	7202110000	按重量计含碳量在2%以上的锰铁	千克
			7202190000	按重量计含碳量不超过2%的锰铁	千克
			7202210010	按重量计含硅量超过55%但在90%以下的硅铁	千克
			7202210090	按重量计含硅量超过90%的硅铁	千克
			7202290010	按重量计含硅量在30%及以上但不超过55%的硅铁	千克
			7202290090	按重量计含硅量在30%以下的硅铁	千克
			7202300000	硅锰铁	千克
			7202410000	按重量计含碳量在4%以上的铬铁	千克
			7202490000	按重量计含碳量不超过4%的铬铁	千克
			7202500000	硅铬铁	千克
			7202600000	镍铁	千克
			7202700000	钼铁	千克
			7202801000	钨铁	千克
			7202802000	硅钨铁	千克
			7202910000	钛铁及硅钛铁	千克
			7202921000	按重量计含钒量在75%及以上的钒铁	千克
			7202929000	其他钒铁	千克
			7202930010	钽含量在10%以下的铁钽铌合金	千克
			7202930090	其他铌铁	千克
			7202991100	钕铁硼合金速凝永磁片	千克
			7202991200	钕铁硼合金磁粉	千克
			7202991900	其他钕铁硼合金	千克
			7202999110	按重量计中重稀土元素总含量在30%及以上的铁合金（按重量计稀土元素总含量在10%以上）	千克

续表

序号	货物种类		海关商品编号	货物名称	单位
32	部分金属及制品	铁合金	7202999191	按重量计稀土元素总含量在10%以上的稀土硅铁合金	千克
			7202999199	其他按重量计稀土元素总含量在10%以上的铁合金	千克
			7202999900	其他铁合金	千克
		镍	7501100000	镍锍	千克
			7501201000	镍湿法冶炼中间品	千克
			7501209000	其他氧化镍烧结物、镍的其他中间产品	千克
			7502101000	未锻轧非合金镍（按重量计镍、钴总量在99.99%及以上，但钴含量不超过0.005%）	千克
			7502109000	其他未锻轧非合金镍	千克
			7502200000	未锻轧镍合金	千克
			7503000000	镍废碎料	千克
		钽	8103201100	松装密度小于2.2克/立方厘米的钽粉	千克
			8103201900	其他钽粉	千克
			8103209000	其他未锻轧钽，包括简单烧结而成的条、杆	千克
			8103300000	钽废碎料	千克
			8103909090	其他锻轧钽及其制品	千克
			8103901100	直径小于0.5毫米的钽丝	千克
			8103901900	其他钽丝	千克
		钴	8105201000	钴湿法冶炼中间品	千克
			8105202000	未锻轧钴	千克
			8105209001	钴锍及其他冶炼钴时所得的中间产品	千克
			8105209090	其他钴锍、未锻轧钴、粉末	千克
			8105300000	钴锍废碎料	千克
			8105900000	其他钴及制品	千克
			2827393000	氯化钴	千克
			2917112000	草酸钴	千克
			2836993000	碳酸钴	千克
			2822001000	四氧化三钴	千克
			2822009000	其他钴的氧化物及氢氧化物（包括商品氧化钴，但四氧化三钴除外）	千克
			2833299010	硫酸钴	千克

续表

序号	货物种类		海关商品编号	货物名称	单位
32	部分金属及制品	锆	8109200090*	其他未锻轧锆；粉末	千克
			8109300000*	锆废碎料	千克
			8109900090*	其他锻轧锆及锆制品	千克
			2825600090*	二氧化锆	千克
		锰	8111001010	锰废碎料	千克
			8111001090	未锻轧锰；粉末	千克
			8111009000	其他锰及制品	千克
		铍	8112120000*	未锻轧铍、铍粉末	千克
			8112130000*	铍废碎料	千克
			8112190000*	其他铍及其制品	千克
		铬	8112210000	未锻轧铬；铬粉末	千克
			8112220000	铬废碎料	千克
			8112290000	其他铬及其制品	千克
		锗	8112921010	锗废碎料	千克
			8112921090	未锻轧的锗；锗粉末	千克
			8112991000	其他锗及其制品	千克
			2825600001	锗的氧化物	千克
		钒	8112922001	未锻轧、废碎料或粉末状的钒氮合金	千克
			8112992001	其他钒氮合金	千克
			8112922010	钒废碎料	千克
			8112922090	未锻轧的钒；钒粉末	千克
			8112992090	其他钒及其制品	千克
			2825301000	五氧化二钒	千克
			2825309000	其他钒的氧化物及氢氧化物	千克
		镓铼铌	8112924010	铌废碎料	千克
			8112924090	未锻轧的铌；粉末	千克
			8112929091	镓、铼废碎料	千克
			8112929099	未锻轧的镓、铼；粉末	千克
			8112994000	锻轧的铌及其制品	千克
			8112999090	锻轧的镓、铼及其制品	千克

续表

序号	货物种类	海关商品编号	货物名称	单位
33	硫酸二钠	2833110000	硫酸二钠	千克
34	碳化硅	2849200000	碳化硅	千克
		3824999910	粗制碳化硅（其中碳化硅含量大于15%，按重量计）	千克
35	消耗臭氧层物质	2903140010	非用于清洗剂的四氯化碳	千克
		2903191010	1，1，1-三氯乙烷（甲基氯仿），用于清洗剂的除外	千克
		2903399020	溴甲烷（甲基溴）	千克
		2903710000	一氯二氟甲烷	千克
		2903720000	二氯三氟乙烷	千克
		2903730000	二氯一氟乙烷	千克
		2903740000	一氯二氟乙烷	千克
		2903750010	1，1，1，2，2-五氟-3，3-二氯丙烷	千克
		2903750020	1，1，2，2，3-五氟-1，3-二氯丙烷	千克
		2903750090	其他二氯五氟丙烷	千克
		2903760010	溴氯二氟甲烷（halon-1211）	千克
		2903760020	溴三氟甲烷（halon-1301）	千克
		2903771000	三氯氟甲烷（CFC-11）	千克
		2903772011	二氯二氟甲烷（CFC-12）	千克
		2903772012	三氯三氟乙烷，用于清洗剂除外（CFC-113）	千克
		2903772014	二氯四氟乙烷（CFC-114）	千克
		2903772015	一氯五氟乙烷（CFC-115）	千克
		2903772016	一氯三氟甲烷（CFC-13）	千克
		2903791011	一氟二氯甲烷	千克
		2903791012	1，1，1，2-四氟-2-氯乙烷	千克
		2903791013	三氟一氯乙烷	千克
		2903791014	1-氟-1，1-二氯乙烷	千克
		2903791015	1，1-二氟-1-氯乙烷	千克
		2903791090	其他仅含氟和氯的甲烷、乙烷及丙烷的卤化衍生物	千克
		2903799021	其他仅含溴、氟的甲烷、乙烷和丙烷	千克
		3824710011	二氯二氟甲烷和二氟乙烷的混合物（R-500）	千克
		3824710012	一氯二氟甲烷和二氯二氟甲烷的混合物（R-501）	千克

续表

序号	货物种类	海关商品编号	货物名称	单位
35	消耗臭氧层物质	3824710013	一氯二氟甲烷和一氯五氟乙烷的混合物（R-502）	千克
		3824710014	三氟甲烷和一氯三氟甲烷的混合物（R-503）	千克
		3824710015	二氟甲烷和一氯五氟乙烷的混合物（R-504）	千克
		3824710016	二氯二氟甲烷和一氟一氯甲烷的混合物（R-505）	千克
		3824710017	一氟一氯甲烷和二氯四氟乙烷的混合物（R-506）	千克
		3824710018	二氯二氟甲烷和二氯四氟乙烷的混合物（R-400）	千克
		3824740011	二氟一氯甲烷、二氟乙烷和一氯四氟乙烷的混合物（R-401）	千克
		3824740012	五氟乙烷、丙烷和二氟一氯甲烷的混合物（R-402）	千克
		3824740013	丙烷、二氟一氯甲烷和八氟丙烷的混合物（R-403）	千克
		3824740014	二氟一氯甲烷、二氟乙烷、一氯二氟乙烷和八氟环丁烷的混合物（R-405）	千克
		3824740015	二氟一氯甲烷、2-甲基丙烷（异丁烷）和一氯二氟乙烷的混合物（R-406）	千克
		3824740016	五氟乙烷、三氟乙烷和二氟一氯甲烷的混合物（R-408）	千克
		3824740017	二氟一氯甲烷、一氯四氟乙烷和一氯二氟乙烷的混合物（R-409）	千克
		3824740018	丙烯、二氟一氯甲烷和二氟乙烷的混合物（R-411）	千克
		3824740019	二氟一氯甲烷、八氟丙烷和一氯二氟乙烷的混合物（R-412）	千克
		3824740021	二氟一氯甲烷、一氯四氟乙烷、一氯二氟乙烷和2-甲基丙烷的混合物（R-414）	千克
		3824740022	二氟一氯甲烷和二氟乙烷的混合物（R-415）	千克
		3824740023	四氟乙烷、一氯四氟乙烷和丁烷的混合物（R-416）	千克
		3824740024	丙烷、二氟一氯甲烷和二氟乙烷的混合物（R-418）	千克
		3824740025	二氟一氯甲烷和八氟丙烷的混合物（R-509）	千克
		3824740026	二氟一氯甲烷和一氯二氟乙烷的混合物	千克
		3824740090	其他含甲烷、乙烷或丙烷的氢氯氟烃混合物（不论是否含甲烷、乙烷或丙烷的全氟烃或氢氟烃，但不含全氯氟烃）	千克
36	柠檬酸	2918140000	柠檬酸	千克
		2918150000	柠檬酸盐及柠檬酸酯	千克

续表

序号	货物种类	海关商品编号	货物名称	单位
37	锯材	4406110000	未浸渍的铁道及电车道针叶木枕木	千克/立方米
		4406120000	未浸渍的铁道及电车道非针叶木枕木	千克/立方米
		4407111091	经纵锯、纵切、刨切或旋切的非端部接合的红松厚板材（厚度超过6毫米）	千克/立方米
		4407111099	经纵锯、纵切、刨切或旋切的非端部接合的樟子松厚板材（厚度超过6毫米）	千克/立方米
		4407120091	经纵锯、纵切、刨切或旋切的非端部接合的濒危云杉及冷杉厚板材（厚度超过6毫米）	千克/立方米
		4407120099	经纵锯、纵切、刨切或旋切的非端部接合的其他云杉及冷杉厚板材（厚度超过6毫米）	千克/立方米
		4407112090	经纵锯、纵切、刨切或旋切的非端部接合的辐射松厚板材（厚度超过6毫米）	千克/立方米
		4407113090	经纵锯、纵切、刨切或旋切的非端部接合的花旗松厚板材（厚度超过6毫米）	千克/立方米
		4407119091	经纵锯、纵切、刨切或旋切的非端部接合的其他濒危松木厚板材（厚度超过6毫米）	千克/立方米
		4407119099	经纵锯、纵切、刨切或旋切的非端部接合的其他松木厚板材（厚度超过6毫米）	千克/立方米
		4407190091	经纵锯、纵切、刨切或旋切的非端部接合的其他濒危针叶木厚板材（厚度超过6毫米）	千克/立方米
		4407190099	经纵锯、纵切、刨切或旋切的非端部接合的其他针叶木厚板材（厚度超过6毫米）	千克/立方米
		4407210090	经纵锯、纵切、刨切或旋切的非端部接合的美洲桃花心木（厚度超过6毫米）	千克/立方米
		4407220090	经纵锯、纵切、刨切或旋切的非端部接合的苏里南肉豆蔻木、细孔绿心樟及美洲轻木（厚度超过6毫米）	千克/立方米
		4407250090	经纵锯、纵切、刨切或旋切的非端部接合的红柳桉木板材（指深红色、浅红色及巴栲红柳桉木，厚度超过6毫米）	千克/立方米
		4407260090	经纵锯、纵切、刨切或旋切的非端部接合的白柳桉、其他柳桉木和阿兰木板材（厚度超过6毫米）	千克/立方米
		4407270090	经纵锯、纵切、刨切或旋切的非端部接合的沙比利木板材（厚度超过6毫米）	千克/立方米

续表

序号	货物种类	海关商品编号	货物名称	单位
37	钢锯	4407280090	经纵锯、纵切、刨切或旋切的非端部接合的伊罗科木板材（厚度超过6毫米）	千克/立方米
		4407291090	经纵锯、纵切、刨切或旋切的非端部接合的柚木板材（厚度超过6毫米）	千克/立方米
		4407294091	经纵锯、纵切、刨切或旋切的非端部接合的濒危热带红木厚板材（厚度超过6毫米）	千克/立方米
		4407294099	经纵锯、纵切、刨切或旋切的非端部接合的其他热带红木厚板材（厚度超过6毫米）	千克/立方米
		4407299091	经纵锯、纵切、刨切或旋切的非端部接合的南美蒺藜木（玉檀木）厚板材（厚度超过6毫米）	千克/立方米
		4407299092	经纵锯、纵切、刨切或旋切的非端部接合的其他未列名濒危热带木板材（厚度超过6毫米）	千克/立方米
		4407299099	经纵锯、纵切、刨切或旋切的非端部接合的其他未列名热带木板材（厚度超过6毫米）	千克/立方米
		4407910091	经纵锯、纵切、刨切或旋切的非端部接合的蒙古栎厚板材	千克/立方米
		4407910099	经纵锯、纵切、刨切或旋切的非端部接合的其他栎木（橡木）厚板材	千克/立方米
		4407920090	经纵锯、纵切、刨切或旋切的非端部接合的水青冈木（山毛榉木）厚板材（厚度超过6毫米）	千克/立方米
		4407930090	经纵锯、纵切、刨切或旋切的非端部接合的槭木（枫木）厚板材（厚度超过6毫米）	千克/立方米
		4407940090	经纵锯、纵切、刨切或旋切的非端部接合的樱桃木厚板材（厚度超过6毫米）	千克/立方米
		4407950091	经纵锯、纵切、刨切或旋切的非端部接合的水曲柳厚板材	千克/立方米
		4407950099	经纵锯、纵切、刨切或旋切的非端部接合的其他白蜡木厚板材	千克/立方米
		4407960091	经纵锯、纵切、刨切或旋切的非端部接合的濒危桦木厚板材（厚度超过6毫米）	千克/立方米
		4407960099	经纵锯、纵切、刨切或旋切的非端部接合的其他桦木厚板材（厚度超过6毫米）	千克/立方米
		4407970090	经纵锯、纵切、刨切或旋切的非端部接合的杨木厚板材（厚度超过6毫米）	千克/立方米

续表

序号	货物种类	海关商品编号	货物名称	单位
37	钢锯	4407991091	经纵锯、纵切、刨切或旋切的非端部接合的濒危红木厚板材（厚度超过6毫米，税号4407.2940所列热带红木除外）	千克/立方米
		4407991099	经纵锯、纵切、刨切或旋切的非端部接合的其他红木厚板材（厚度超过6毫米，税号4407.2940所列热带红木除外）	千克/立方米
		4407998091	经纵锯、纵切、刨切或旋切的非端部接合的其他温带濒危非针叶厚板材（厚度超过6毫米）	千克/立方米
		4407998099	经纵锯、纵切、刨切或旋切的非端部接合的其他温带非针叶厚板材（厚度超过6毫米）	千克/立方米
		4407999092	经纵锯、纵切、刨切或旋切的非端部接合的沉香木及拟沉香木厚板材（厚度超过6毫米）	千克/立方米
		4407999095	经纵锯、纵切、刨切或旋切的非端部接合的其他濒危木厚板材（厚度超过6毫米）	千克/立方米
		4407999099	经纵锯、纵切、刨切或旋切的非端部接合的其他木厚板材（厚度超过6毫米）	千克/立方米
38	棉花	5201000001	未梳的棉花（包括脱脂棉花）	千克
		5201000080	未梳的棉花（包括脱脂棉花）	千克
		5201000090	未梳的棉花（包括脱脂棉花）	千克
		5203000001	已梳的棉花	千克
		5203000090	已梳的棉花	千克
39	白银	7106101100	平均粒径在3微米以下的非片状银粉	克
		7106101900	平均粒径在3微米及以上的非片状银粉	克
		7106102100	平均粒径在10微米以下的片状银粉	克
		7106102900	平均粒径在10微米及以上的片状银粉	克
		7106911000	纯度在99.99%及以上的未锻造银（包括镀金、镀铂的银）	克
		7106919000	其他未锻造银（包括镀金、镀铂的银）	克
		7106921000	纯度在99.99%及以上的半制成银（包括镀金、镀铂的银）	克
		7106929000	其他半制成银（包括镀金、镀铂的银）	克
40	铂金（铂或白金）	7110110000	未锻造或粉末状铂（加工贸易方式）	克
		7110191000	板、片状铂（加工贸易方式）	克

续表

序号	货物种类	海关商品编号	货物名称	单位
41	铟及铟制品	8112923010	未锻轧的铟、铟粉末	千克
		8112923090	未锻轧的铟废碎料	千克
		8112993000	锻轧的铟及其制品	千克
42	摩托车（含全地形车及其发动机、车架）	8407310000	气缸容量不超过50毫升的往复式活塞内燃发动机（用于第87章所列车辆）	台/千克
		8407320000	气缸容量超过50毫升但不超过250毫升的往复式活塞内燃发动机（用于第87章所列车辆）	台/千克
		8703101100	全地形车	辆/千克
		8711100010	微马力摩托车及脚踏两用车（装有气缸容量为50毫升的往复式活塞内燃发动机）	辆/千克
		8711201000	小马力摩托车及脚踏两用车（装有气缸容量超过50毫升但不超过100毫升的往复式活塞内燃发动机）	辆/千克
		8711202000	小马力摩托车及脚踏两用车（装有气缸容量超过100毫升但不超过125毫升的往复式活塞内燃发动机）	辆/千克
		8711203000	小马力摩托车及脚踏两用车（装有气缸容量超过125毫升但不超过150毫升的往复式活塞内燃发动机）	辆/千克
		8711204000	小马力摩托车及脚踏两用车（装有气缸容量超过150毫升但不超过200毫升的往复式活塞内燃发动机）	辆/千克
		8711205010	小马力摩托车及脚踏两用车（装有气缸容量超过200毫升但在250毫升以下的往复式活塞内燃发动机）	辆/千克
		8711205090	小马力摩托车及脚踏两用车（装有气缸容量为250毫升的往复式活塞内燃发动机）	辆/千克
		8711301000	小马力摩托车及脚踏两用车（装有气缸容量超过250毫升但不超过400毫升的往复式活塞内燃发动机）	辆/千克
		8711302000	小马力摩托车及脚踏两用车（装有气缸容量超过400毫升但不超过500毫升的往复式活塞内燃发动机）	辆/千克
		8711400000	摩托车及脚踏两用车（装有气缸容量超过500毫升但不超过800毫升的往复式活塞内燃发动机）	辆/千克
		8711500000	摩托车及脚踏两用车（装有气缸容量超过800毫升的往复式活塞内燃发动机）	辆/千克
		8714100010	摩托车架	千克
43	汽车（包括成套散件）及其底盘	8701200000	半挂车用的公路牵引车	辆/千克
		8702109100	30座及以上的仅装有压燃式活塞内燃发动机（柴油或半柴油发动机）的大型客车	辆/千克

续表

序号	货物种类	海关商品编号	货物名称	单位
43	汽车（包括成套散件）及其底盘	8702109210	20座及以上但不超过23座的仅装有压燃式活塞内燃发动机（柴油或半柴油发动机）的客车	辆/千克
		8702109290	24座及以上但不超过29座的仅装有压燃式活塞内燃发动机（柴油或半柴油发动机）的客车	辆/千克
		8702109300	10座及以上但不超过19座的仅装有压燃式活塞内燃发动机（柴油或半柴油发动机）的客车	辆/千克
		8702209100	30座及以上的同时装有压燃式活塞内燃发动机（柴油或半柴油发动机）及驱动电动机的大型客车（指装有柴油或半柴油发动机的30座及以上的客运车）	辆/千克
		8702209210	20座及以上但不超过23座的同时装有压燃式活塞内燃发动机（柴油或半柴油发动机）及驱动电动机的客车	辆/千克
		8702209290	24座及以上但不超过29座的同时装有压燃式活塞内燃发动机（柴油或半柴油发动机）及驱动电动机的客车	辆/千克
		8702209300	10座及以上但不超过19座的同时装有压燃式活塞内燃发动机（柴油或半柴油发动机）及驱动电动机的客车	辆/千克
		8702301000	30座及以上的同时装有点燃往复式活塞内燃发动机及驱动电动机的大型客车	辆/千克
		8702302010	20座及以上但不超过23座的同时装有点燃往复式活塞内燃发动机及驱动电动机的客车	辆/千克
		8702302090	24座及以上但不超过29座的同时装有点燃往复式活塞内燃发动机及驱动电动机的客车	辆/千克
		8702303000	10座及以上但不超过19座的同时装有点燃往复式活塞内燃发动机及驱动电动机的客车	辆/千克
		8702401090	其他30座及以上仅装有驱动电动机的大型客车	辆/千克
		8702402010	20座及以上但不超过23座的仅装有驱动电动机的客车	辆/千克
		8702402090	24座及以上但不超过29座的仅装有驱动电动机的客车	辆/千克
		8702403000	10座及以上但不超过19座的仅装有驱动电动机的客车	辆/千克
		8702901000	30座及以上的大型客车（指装有其他发动机的30座及以上的客运车）	辆/千克
		8702902001	20座及以上但不超过23座的装有非压燃式活塞内燃发动机的客车	辆/千克
		8702902090	24座及以上但不超过29座的装有非压燃式活塞内燃发动机的客车	辆/千克

续表

序号	货物种类	海关商品编号	货物名称	单位
43	汽车（包括成套散件）及其底盘	8702903000	10座及以上但不超过19座的装有非压燃式活塞内燃发动机的客车	辆/千克
		8703213010	仅装有气缸容量不超过1升的点燃往复式活塞内燃发动机的小轿车	辆/千克
		8703213090	仅装有气缸容量不超过1升的点燃往复式活塞内燃发动机小轿车的成套散件	辆/千克
		8703214010	仅装有气缸容量不超过1升的点燃往复式活塞内燃发动机的越野车（4轮驱动）	辆/千克
		8703214090	仅装有气缸容量不超过1升的点燃往复式活塞内燃发动机的越野车（4轮驱动）的成套散件	辆/千克
		8703215010	仅装有气缸容量不超过1升的点燃往复式活塞内燃发动机的小客车（9座及以下）	辆/千克
		8703215090	仅装有气缸容量不超过1升的点燃往复式活塞内燃发动机的小客车的成套散件（9座及以下）	辆/千克
		8703219010	仅装有气缸容量不超过1升的点燃往复式活塞内燃发动机的其他载人车辆	辆/千克
		8703219090	仅装有气缸容量不超过1升的点燃往复式活塞内燃发动机的其他载人车辆的成套散件	辆/千克
		8703223010	仅装有气缸容量超过1升但不超过1.5升的点燃往复式活塞内燃发动机小轿车	辆/千克
		8703223090	仅装有气缸容量超过1升但不超过1.5升的点燃往复式活塞内燃发动机小轿车的成套散件	辆/千克
		8703224010	仅装有气缸容量超过1升但不超过1.5升的点燃往复活塞内燃发动机四轮驱动越野车	辆/千克
		8703224090	仅装有气缸容量超过1升但不超过1.5升的点燃往复活塞内燃发动机四轮驱动越野车的成套散件	辆/千克
		8703225010	仅装有气缸容量超过1升但不超过1.5升的点燃往复式活塞内燃发动机小客车（9座及以下）	辆/千克
		8703225090	仅装有气缸容量超过1升但不超过1.5升的点燃往复式活塞内燃发动机小客车的成套散件（9座及以下）	辆/千克
		8703229010	仅装有气缸容量超过1升但不超过1.5升的点燃往复式活塞内燃发动机其他载人车辆	辆/千克
		8703229090	仅装有气缸容量超过1升但不超过1.5升的点燃往复式活塞内燃发动机其他载人车的成套散件	辆/千克
		8703234110	仅装有气缸容量超过1.5升但不超过2升的点燃往复式活塞内燃发动机小轿车	辆/千克

续表

序号	货物种类	海关商品编号	货物名称	单位
43	汽车（包括成套散件）及其底盘	8703234190	仅装有气缸容量超过1.5升但不超过2升的点燃往复式活塞内燃发动机小轿车的成套散件	辆/千克
		8703234210	仅装有气缸容量超过1.5升但不超过2升的点燃往复式活塞内燃发动机越野车（4轮驱动）	辆/千克
		8703234290	仅装有气缸容量超过1.5升但不超过2升的点燃往复式活塞内燃发动机越野车的成套散件（4轮驱动）	辆/千克
		8703234310	仅装有气缸容量超过1.5升但不超过2升的点燃往复式活塞内燃发动机小客车（9座及以下）	辆/千克
		8703234390	仅装有气缸容量1.5升但不超过2升的点燃往复式活塞内燃发动机小客车的成套散件（9座及以下）	辆/千克
		8703234910	仅装有气缸容量超过1.5升但不超过2升的点燃往复式活塞内燃发动机的其他载人车辆	辆/千克
		8703234990	仅装有气缸容量超过1.5升但不超过2升的点燃往复式活塞内燃发动机的其他载人车辆的成套散件	辆/千克
		8703235110	仅装有气缸容量超过2升但不超过2.5升的点燃往复式活塞内燃发动机小轿车	辆/千克
		8703235190	仅装有气缸容量超过2升但不超过2.5升的点燃往复式活塞内燃发动机小轿车的成套散件	辆/千克
		8703235210	仅装有气缸容量超过2升但不超过2.5升的点燃往复式活塞内燃发动机越野车（4轮驱动）	辆/千克
		8703235290	仅装有气缸容量超过2升但不超过2.5升的点燃往复式活塞内燃发动机越野车的成套散件（4轮驱动）	辆/千克
		8703235310	仅装有气缸容量超过2升但不超过2.5升的点燃往复式活塞内燃发动机小客车（9座及以下）	辆/千克
		8703235390	仅装有气缸容量超过2升但不超过2.5升的点燃往复式活塞内燃发动机的小客车的成套散件（9座及以下）	辆/千克
		8703235910	仅装有气缸容量超过2升但不超过2.5升的点燃往复式活塞内燃发动机的其他载人车辆	辆/千克
		8703235990	仅装有气缸容量超过2升但不超过2.5升的点燃往复式活塞内燃发动机的其他载人车辆的成套散件	辆/千克
		8703236110	仅装有气缸容量超过2.5升但不超过3升的点燃往复式活塞内燃发动机小轿车	辆/千克
		8703236190	仅装有气缸容量超过2.5升但不超过3升的点燃往复式活塞内燃发动机小轿车的成套散件	辆/千克

续表

序号	货物种类	海关商品编号	货物名称	单位
43	汽车（包括成套散件）及其底盘	8703236210	仅装有气缸容量超过2.5升但不超过3升的点燃往复式活塞内燃发动机越野车（4轮驱动）	辆/千克
		8703236290	仅装有气缸容量超过2.5升但不超过3升的点燃往复式活塞内燃发动机越野车的成套散件（4轮驱动）	辆/千克
		8703236310	仅装有气缸容量超过2.5升但不超过3升的点燃往复式活塞内燃发动机小客车（9座及以下）	辆/千克
		8703236390	仅装有气缸容量超过2.5升但不超过3升的点燃往复式活塞内燃发动机小客车的成套散件（9座及以下）	辆/千克
		8703236910	仅装有气缸容量超过2.5升但不超过3升的点燃往复式活塞内燃发动机的其他载人车辆	辆/千克
		8703236990	仅装有气缸容量超过2.5升但不超过3升的点燃往复式活塞内燃发动机的其他载人车辆的成套散件	辆/千克
		8703241110	仅装有气缸容量超过3升但不超过4升的点燃往复式活塞内燃发动机小轿车	辆/千克
		8703241190	仅装有气缸容量超过3升但不超过4升的点燃往复式活塞内燃发动机小轿车的成套散件	辆/千克
		8703241210	仅装有气缸容量超过3升但不超过4升的点燃往复式活塞内燃发动机越野车（4轮驱动）	辆/千克
		8703241290	仅装有气缸容量超过3升但不超过4升的点燃往复式活塞内燃发动机越野车的成套散件（4轮驱动）	辆/千克
		8703241310	仅装有气缸容量超过3升但不超过4升的点燃往复式活塞内燃发动机的小客车（9座及以下）	辆/千克
		8703241390	仅装有气缸容量超过3升但不超过4升的点燃往复式活塞内燃发动机的小客车的成套散件（9座及以下）	辆/千克
		8703241910	仅装有气缸容量超过3升但不超过4升的点燃往复式活塞内燃发动机的其他载人车辆	辆/千克
		8703241990	仅装有气缸容量超过3升但不超过4升的点燃往复式活塞内燃发动机的其他载人车辆的成套散件	辆/千克
		8703242110	仅装有气缸容量超过4升的点燃往复式活塞内燃发动机小轿车	辆/千克
		8703242190	仅装有气缸容量超过4升的点燃往复式活塞内燃发动机小轿车的成套散件	辆/千克
		8703242210	仅装有气缸容量超过4升的点燃往复式活塞内燃发动机越野车（4轮驱动）	辆/千克
		8703242290	仅装有气缸容量超过4升的点燃往复式活塞内燃发动机越野车的成套散件（4轮驱动）	辆/千克

续表

序号	货物种类	海关商品编号	货物名称	单位
43	汽车（包括成套散件）及其底盘	8703242310	仅装有气缸容量超过4升的点燃往复式活塞内燃发动机的小客车（9座及以下）	辆/千克
		8703242390	仅装有气缸容量超过4升的点燃往复式活塞内燃发动机的小客车的成套散件（9座及以下）	辆/千克
		8703242910	仅装有气缸容量超过4升的点燃往复式活塞内燃发动机的其他载人车辆	辆/千克
		8703242990	仅装有气缸容量超过4升的点燃往复式活塞内燃发动机的其他载人车辆的成套散件	辆/千克
		8703311110	仅装有气缸容量不超过1升的压燃式活塞内燃发动机小轿车	辆/千克
		8703311190	仅装有气缸容量不超过1升的压燃式活塞内燃发动机小轿车的成套散件	辆/千克
		8703311910	仅装有气缸容量不超过1升的压燃式活塞内燃发动机的其他载人车辆	辆/千克
		8703311990	仅装有气缸容量不超过1升的压燃式活塞内燃发动机的其他载人车辆的成套散件	辆/千克
		8703312110	仅装有气缸容量超过1升但不超过1.5升的压燃式活塞内燃发动机小轿车	辆/千克
		8703312190	仅装有气缸容量超过1升但不超过1.5升的压燃式活塞内燃发动机小轿车的成套散件	辆/千克
		8703312210	仅装有气缸容量超过1升但不超过1.5升的压燃式活塞内燃发动机越野车（4轮驱动）	辆/千克
		8703312290	仅装有气缸容量超过1升但不超过1.5升的压燃式活塞内燃发动机越野车的成套散件（4轮驱动）	辆/千克
		8703312310	仅装有气缸容量超过1升但不超过1.5升的压燃式活塞内燃发动机小客车（9座及以下）	辆/千克
		8703312390	仅装有气缸容量超过1升但不超过1.5升的压燃式活塞内燃发动机小客车的成套散件（9座及以下）	辆/千克
		8703312910	仅装有气缸容量超过1升但不超过1.5升的压燃式活塞内燃发动机的其他载人车辆	辆/千克
		8703312990	仅装有气缸容量超过1升但不超过1.5升的装压燃式活塞内燃发动机的其他载人车辆的成套散件	辆/千克
		8703321110	仅装有气缸容量超过1.5升但不超过2升的压燃式活塞内燃发动机小轿车	辆/千克
		8703321190	仅装有气缸容量超过1.5升但不超过2升的压燃式活塞内燃发动机小轿车的成套散件	辆/千克

续表

序号	货物种类	海关商品编号	货物名称	单位
43	汽车（包括成套散件）及其底盘	8703321210	仅装有气缸容量超过1.5升但不超过2升的压燃式活塞内燃发动机越野车（4轮驱动）	辆/千克
		8703321290	仅装有气缸容量1.5升但不超过2升的压燃式活塞内燃发动机越野车的成套散件（4轮驱动）	辆/千克
		8703321310	仅装有气缸容量超过1.5升但不超过2升的装压燃式活塞内燃发动机小客车（9座及以下）	辆/千克
		8703321390	仅装有气缸容量超过1.5升但不超过2升的压燃式活塞内燃发动机小客车的成套散件（9座及以下）	辆/千克
		8703321910	仅装有气缸容量超过1.5升但不超过2升的压燃式活塞内燃发动机的其他载人车辆	辆/千克
		8703321990	仅装有气缸容量超过1.5升但不超过2升的压燃式活塞内燃发动机的其他载人车辆的成套散件	辆/千克
		8703322110	仅装有气缸容量超过2升但不超过2.5升的压燃式活塞内燃发动机小轿车	辆/千克
		8703322190	仅装有气缸容量超过2升但不超过2.5升的燃式活塞内燃发动机小轿车的成套散件	辆/千克
		8703322210	仅装有气缸容量超过2升但不超过2.5升的燃式活塞内燃发动机越野车（4轮驱动）	辆/千克
		8703322290	仅装有气缸容量超过2升但不超过2.5升的燃式活塞内燃发动机越野车的成套散件（4轮驱动）	辆/千克
		8703322310	仅装有气缸容量超过2升但不超过2.5升的燃式活塞内燃发动机小客车（9座及以下）	辆/千克
		8703322390	仅装有气缸容量超过2升但不超过2.5升的压燃式活塞内燃发动机小客车的成套散件（9座及以下）	辆/千克
		8703322910	仅装有气缸容量超过2升但不超过2.5升的压燃式活塞内燃发动机的其他载人车辆	辆/千克
		8703322990	仅装有气缸容量超过2升但不超过2.5升的压燃式活塞内燃发动机的其他载人车辆的成套散件	辆/千克
		8703331110	仅装有气缸容量超过2.5升但不超过3升的压燃式活塞内燃发动机小轿车	辆/千克
		8703331190	仅装有气缸容量超过2.5升但不超过3升的压燃式活塞内燃发动机小轿车的成套散件	辆/千克
		8703331210	仅装有气缸容量超过2.5升但不超过3升的压燃式活塞内燃发动机越野车（4轮驱动）	辆/千克
		8703331290	仅装有气缸容量超过2.5升但不超过3升的压燃式活塞内燃发动机越野车的成套散件（4轮驱动）	辆/千克

续表

序号	货物种类	海关商品编号	货物名称	单位
43	汽车（包括成套散件）及其底盘	8703331310	仅装有气缸容量超过2.5升但不超过3升的压燃式活塞内燃发动机小客车（9座及以下）	辆/千克
		8703331390	仅装有气缸容量超过2.5升但不超过3升的压燃式活塞内燃发动机小客车的成套散件（9座及以下）	辆/千克
		8703331910	仅装有气缸容量超过2.5升但不超过3升的压燃式活塞内燃发动机的其他载人车辆	辆/千克
		8703331990	仅装有气缸容量超过2.5升但不超过3升的压燃式活塞内燃发动机的其他载人车辆的成套散件	辆/千克
		8703332110	仅装有气缸容量超过3升但不超过4升的压燃式活塞内燃发动机小轿车	辆/千克
		8703332190	仅装有气缸容量超过3升但不超过4升的压燃式活塞内燃发动机小轿车的成套散件	辆/千克
		8703332210	仅装有气缸容量超过3升但不超过4升的压燃式活塞内燃发动机越野车（4轮驱动）	辆/千克
		8703332290	仅装有气缸容量超过3升但不超过4升的压燃式活塞内燃发动机越野车的成套散件（4轮驱动）	辆/千克
		8703332310	仅装有气缸容量超过3升但不超过4升的压燃式活塞内燃发动机小客车（9座及以下）	辆/千克
		8703332390	仅装有气缸容量超过3升但不超过4升的压燃式活塞内燃发动机小客车的成套散件 （9座及以下）	辆/千克
		8703332910	仅装有气缸容量超过3升但不超过4升的压燃式活塞内燃发动机的其他载人车辆	辆/千克
		8703332990	仅装有气缸容量超过3升但不超过4升的压燃式活塞内燃发动机的其他载人车辆的成套散件	辆/千克
		8703336110	仅装有气缸容量超过4升的压燃式活塞内燃发动机小轿车	辆/千克
		8703336190	仅装有气缸容量超过4升的压燃式活塞内燃发动机小轿车的成套散件	辆/千克
		8703336210	仅装有气缸容量超过4升的压燃式活塞内燃发动机越野车（4轮驱动）	辆/千克
		8703336290	仅装有气缸容量超过4升的压燃式活塞内燃发动机越野车的成套散件（4轮驱动）	辆/千克
		8703336310	仅装有气缸容量超过4升的压燃式活塞内燃发动机小客车（9座及以下）	辆/千克
		8703336390	仅装有气缸容量超过4升的压燃式活塞内燃发动机小客车的成套散件（9座及以下）	辆/千克

续表

序号	货物种类	海关商品编号	货物名称	单位
43	汽车（包括成套散件）及其底盘	8703336910	仅装有气缸容量超过4升的压燃式活塞内燃发动机其他载人车辆	辆/千克
		8703336990	仅装有气缸容量超过4升的压燃式活塞内燃发动机其他载人车辆的成套散件	辆/千克
		8703401110	同时装有点燃往复式活塞内燃发动机（气缸容量不超过1升）及驱动电动机的小轿车（可通过接插外部电源进行充电的除外）	辆/千克
		8703401190	同时装有点燃往复式活塞内燃发动机（气缸容量不超过1升）及驱动电动机的小轿车的成套散件（可通过接插外部电源进行充电的除外）	辆/千克
		8703401210	同时装有点燃往复式活塞内燃发动机（气缸容量不超过1升）及驱动电动机的越野车（4轮驱动）（可通过接插外部电源进行充电的除外）	辆/千克
		8703401290	同时装有点燃往复式活塞内燃发动机（气缸容量不超过1升）及驱动电动机的越野车（4轮驱动）的成套散件（可通过接插外部电源进行充电的除外）	辆/千克
		8703401310	同时装有点燃往复式活塞内燃发动机（气缸容量不超过1升）及驱动电动机的小客车（9座及以下，可通过接插外部电源进行充电的除外）	辆/千克
		8703401390	同时装有点燃往复式活塞内燃发动机（气缸容量不超过1升）及驱动电动机的小客车的成套散件（9座及以下，可通过接插外部电源进行充电的除外）	辆/千克
		8703401910	同时装有点燃往复式活塞内燃发动机（气缸容量不超过1升）及驱动电动机的其他载人车辆（可通过接插外部电源进行充电的除外）	辆/千克
		8703401990	同时装有点燃往复式活塞内燃发动机（气缸容量不超过1升）及驱动电动机的其他载人车辆的成套散件（可通过接插外部电源进行充电的除外）	辆/千克
		8703402110	同时装有点燃往复式活塞内燃发动机（气缸容量超过1升但不超过1.5升）及驱动电动机的小轿车（可通过接插外部电源进行充电的除外）	辆/千克
		8703402190	同时装有点燃往复式活塞内燃发动机（气缸容量超过1升但不超过1.5升）及驱动电动机的小轿车的成套散件（可通过接插外部电源进行充电的除外）	辆/千克
		8703402210	同时装有点燃往复式活塞内燃发动机（气缸容量超过1升但不超过1.5升）及驱动电动机的四轮驱动越野车（可通过接插外部电源进行充电的除外）	辆/千克

续表

序号	货物种类	海关商品编号	货物名称	单位
43	汽车（包括成套散件）及其底盘	8703402290	同时装有点燃往复式活塞内燃发动机（气缸容量超过1升但不超过1.5升）及驱动电动机的四轮驱动越野车的成套散件（可通过接插外部电源进行充电的除外）	辆/千克
		8703402310	同时装有点燃往复式活塞内燃发动机（气缸容量超过1升但不超过1.5升）及驱动电动机的小客车（9座及以下，可通过接插外部电源进行充电的除外）	辆/千克
		8703402390	同时装有点燃往复式活塞内燃发动机（气缸容量超过1升但不超过1.5升）及驱动电动机的小客车的成套散件（9座及以下，可通过接插外部电源进行充电的除外）	辆/千克
		8703402910	同时装有点燃往复式活塞内燃发动机（气缸容量超过1升但不超过1.5升）及驱动电动机的其他载人车辆（可通过接插外部电源进行充电的除外）	辆/千克
		8703402990	同时装有点燃往复式活塞内燃发动机（气缸容量超过1升但不超过1.5升）及驱动电动机的其他载人车辆的成套散件（可通过接插外部电源进行充电的除外）	辆/千克
		8703403110	同时装有点燃往复式活塞内燃发动机（气缸容量超过1.5升但不超过2升）及驱动电动机的小轿车（可通过接插外部电源进行充电的除外）	辆/千克
		8703403190	同时装有点燃往复式活塞内燃发动机（气缸容量超过1.5升但不超过2升）及驱动电动机的小轿车的成套散件（可通过接插外部电源进行充电的除外）	辆/千克
		8703403210	同时装有点燃往复式活塞内燃发动机（气缸容量超过1.5升但不超过2升）及驱动电动机的四轮驱动越野车（可通过接插外部电源进行充电的除外）	辆/千克
		8703403290	同时装有点燃往复式活塞内燃发动机（气缸容量超过1.5升但不超过2升）及驱动电动机的四轮驱动越野车的成套散件（可通过接插外部电源进行充电的除外）	辆/千克
		8703403310	同时装有点燃往复式活塞内燃发动机（气缸容量超过1.5升但不超过2升）及驱动电动机的小客车（9座及以下，可通过接插外部电源进行充电的除外）	辆/千克
		8703403390	同时装有点燃往复式活塞内燃发动机（气缸容量超过1.5升但不超过2升）及驱动电动机的小客车的成套散件（9座及以下，可通过接插外部电源进行充电的除外）	辆/千克

续表

序号	货物种类	海关商品编号	货物名称	单位
43	汽车（包括成套散件）及其底盘	8703403910	同时装有点燃往复式活塞内燃发动机（气缸容量超过1.5升但不超过2升）及驱动电动机的其他载人车辆（可通过接插外部电源进行充电的除外）	辆/千克
		8703403990	同时装有点燃往复式活塞内燃发动机（气缸容量超过1.5升但不超过2升）及驱动电动机的其他载人车辆的成套散件（可通过接插外部电源进行充电的除外）	辆/千克
		8703404110	同时装有点燃往复式活塞内燃发动机（气缸容量超过2升但不超过2.5升）及驱动电动机的小轿车（可通过接插外部电源进行充电的除外）	辆/千克
		8703404190	同时装有点燃往复式活塞内燃发动机（气缸容量超过2升但不超过2.5升）及驱动电动机的小轿车的成套散件（可通过接插外部电源进行充电的除外）	辆/千克
		8703404210	同时装有点燃往复式活塞内燃发动机（气缸容量超过2升但不超过2.5升）及驱动电动机的四轮驱动越野车（可通过接插外部电源进行充电的除外）	辆/千克
		8703404290	同时装有点燃往复式活塞内燃发动机（气缸容量超过2升但不超过2.5升）及驱动电动机的四轮驱动越野车的成套散件（可通过接插外部电源进行充电的除外）	辆/千克
		8703404310	同时装有点燃往复式活塞内燃发动机（气缸容量超过2升但不超过2.5升）及驱动电动机的小客车（9座及以下，可通过接插外部电源进行充电的除外）	辆/千克
		8703404390	同时装有点燃往复式活塞内燃发动机（气缸容量超过2升但不超过2.5升）及驱动电动机的小客车的成套散件（9座及以下，可通过接插外部电源进行充电的除外）	辆/千克
		8703404910	同时装有点燃往复式活塞内燃发动机（气缸容量超过2升但不超过2.5升）及驱动电动机的其他载人车辆（可通过接插外部电源进行充电的除外）	辆/千克
		8703404990	同时装有点燃往复式活塞内燃发动机（气缸容量超过2升但不超过2.5升）及驱动电动机的其他载人车辆的成套散件（可通过接插外部电源进行充电的除外）	辆/千克
		8703405110	同时装有点燃往复式活塞内燃发动机（气缸容量超过2.5升但不超过3升）及驱动电动机的小轿车（可通过接插外部电源进行充电的除外）	辆/千克

续表

序号	货物种类	海关商品编号	货物名称	单位
43	汽车（包括成套散件）及其底盘	8703405190	同时装有点燃往复式活塞内燃发动机（气缸容量超过2.5升但不超过3升）及驱动电动机的小轿车的成套散件（可通过接插外部电源进行充电的除外）	辆/千克
		8703405210	同时装有点燃往复式活塞内燃发动机（气缸容量超过2.5升但不超过3升）及驱动电动机的四轮驱动越野车（可通过接插外部电源进行充电的除外）	辆/千克
		8703405290	同时装有点燃往复式活塞内燃发动机（气缸容量超过2.5升但不超过3升）及驱动电动机的四轮驱动越野车的成套散件（可通过接插外部电源进行充电的除外）	辆/千克
		8703405310	同时装有点燃往复式活塞内燃发动机（气缸容量超过2.5升但不超过3升）及驱动电动机的小客车（9座及以下，可通过接插外部电源进行充电的除外）	辆/千克
		8703405390	同时装有点燃往复式活塞内燃发动机（气缸容量超过2.5升但不超过3升）及驱动电动机的小客车的成套散件（9座及以下，可通过接插外部电源进行充电的除外）	辆/千克
		8703405910	同时装有点燃往复式活塞内燃发动机（气缸容量超过2.5升但不超过3升）及驱动电动机的其他载人车辆（可通过接插外部电源进行充电的除外）	辆/千克
		8703405990	同时装有点燃往复式活塞内燃发动机（气缸容量超过2.5升但不超过3升）及驱动电动机的其他载人车辆的成套散件（可通过接插外部电源进行充电的除外）	辆/千克
		8703406110	同时装有点燃往复式活塞内燃发动机（气缸容量超过3升但不超过4升）及驱动电动机的小轿车（可通过接插外部电源进行充电的除外）	辆/千克
		8703406190	同时装有点燃往复式活塞内燃发动机（气缸容量超过3升但不超过4升）及驱动电动机的小轿车的成套散件（可通过接插外部电源进行充电的除外）	辆/千克
		8703406210	同时装有点燃往复式活塞内燃发动机（气缸容量超过3升但不超过4升）及驱动电动机的四轮驱动越野车（可通过接插外部电源进行充电的除外）	辆/千克
		8703406290	同时装有点燃往复式活塞内燃发动机（气缸容量超过3升但不超过4升）及驱动电动机的四轮驱动越野车的成套散件（可通过接插外部电源进行充电的除外）	辆/千克

续表

序号	货物种类	海关商品编号	货物名称	单位
43	汽车（包括成套散件）及其底盘	8703406310	同时装有点燃往复式活塞内燃发动机（气缸容量超过3升但不超过4升）及驱动电动机的小客车（9座及以下，可通过接插外部电源进行充电的除外）	辆/千克
		8703406390	同时装有点燃往复式活塞内燃发动机（气缸容量超过3升但不超过4升）及驱动电动机的小客车的成套散件（9座及以下，可通过接插外部电源进行充电的除外）	辆/千克
		8703406910	同时装有点燃往复式活塞内燃发动机（气缸容量超过3升但不超过4升）及驱动电动机的其他载人车辆（可通过接插外部电源进行充电的除外）	辆/千克
		8703406990	同时装有点燃往复式活塞内燃发动机（气缸容量超过3升但不超过4升）及驱动电动机的其他载人车辆的成套散件（可通过接插外部电源进行充电的除外）	辆/千克
		8703407110	同时装有点燃往复式活塞内燃发动机（气缸容量超过4升）及驱动电动机的小轿车（可通过接插外部电源进行充电的除外）	辆/千克
		8703407190	同时装有点燃往复式活塞内燃发动机（气缸容量超过4升）及驱动电动机的小轿车的成套散件（可通过接插外部电源进行充电的除外）	辆/千克
		8703407210	同时装有点燃往复式活塞内燃发动机（气缸容量超过4升）及驱动电动机的四轮驱动越野车（可通过接插外部电源进行充电的除外）	辆/千克
		8703407290	同时装有点燃往复式活塞内燃发动机（气缸容量超过4升）及驱动电动机的四轮驱动越野车的成套散件（可通过接插外部电源进行充电的除外）	辆/千克
		8703407310	同时装有点燃往复式活塞内燃发动机（气缸容量超过4升）及驱动电动机的小客车（9座及以下，可通过接插外部电源进行充电的除外）	辆/千克
		8703407390	同时装有点燃往复式活塞内燃发动机（气缸容量超过4升）及驱动电动机的小客车的成套散件（9座及以下，可通过接插外部电源进行充电的除外）	辆/千克
		8703407910	同时装有点燃往复式活塞内燃发动机（气缸容量超过4升）及驱动电动机的其他载人车辆（可通过接插外部电源进行充电的除外）	辆/千克
		8703407990	同时装有点燃往复式活塞内燃发动机（气缸容量超过4升）及驱动电动机的其他载人车辆的成套散件（可通过接插外部电源进行充电的除外）	辆/千克

续表

序号	货物种类	海关商品编号	货物名称	单位
43	汽车（包括成套散件）及其底盘	8703409010	其他同时装有点燃往复式活塞内燃发动机及驱动电动机的载人车辆（可通过接插外部电源进行充电的除外）	辆/千克
		8703409090	其他同时装有点燃往复式活塞内燃发动机及驱动电动机的载人车辆的成套散件（可通过接插外部电源进行充电的除外）	辆/千克
		8703501110	同时装有压燃式活塞内燃发动机（柴油或半柴油发动机，气缸容量不超过1升）及驱动电动机的小轿车（可通过接插外部电源进行充电的除外）	辆/千克
		8703501190	同时装有压燃式活塞内燃发动机（柴油或半柴油发动机，气缸容量不超过1升）及驱动电动机的小轿车的成套散件（可通过接插外部电源进行充电的除外）	辆/千克
		8703501910	同时装有压燃式活塞内燃发动机（柴油或半柴油发动机，气缸容量不超过1升）及驱动电动机的其他载人车辆（可通过接插外部电源进行充电的除外）	辆/千克
		8703501990	同时装有压燃式活塞内燃发动机（柴油或半柴油发动机，气缸容量不超过1升）及驱动电动机的其他载人车辆的成套散件（可通过接插外部电源进行充电的除外）	辆/千克
		8703502110	同时装有压燃式活塞内燃发动机（柴油或半柴油发动机，气缸容量超过1升但不超过1.5升）及驱动电动机的小轿车（可通过接插外部电源进行充电的除外）	辆/千克
		8703502190	同时装有压燃式活塞内燃发动机（柴油或半柴油发动机，气缸容量超过1升但不超过1.5升）及驱动电动机的小轿车的成套散件（可通过接插外部电源进行充电的除外）	辆/千克
		8703502210	同时装有压燃式活塞内燃发动机（柴油或半柴油发动机，气缸容量超过1升但不超过1.5升）及驱动电动机的四轮驱动越野车（可通过接插外部电源进行充电的除外）	辆/千克
		8703502290	同时装有压燃式活塞内燃发动机（柴油或半柴油发动机，气缸容量超过1升但不超过1.5升）及驱动电动机的四轮驱动越野车的成套散件（可通过接插外部电源进行充电的除外）	辆/千克

续表

序号	货物种类	海关商品编号	货物名称	单位
43	汽车（包括成套散件）及其底盘	8703502310	同时装有压燃式活塞内燃发动机（柴油或半柴油发动机，气缸容量超过1升但不超过1.5升）及驱动电动机的小客车（9座及以下，可通过接插外部电源进行充电的除外）	辆/千克
		8703502390	同时装有压燃式活塞内燃发动机（柴油或半柴油发动机，气缸容量超过1升但不超过1.5升）及驱动电动机的小客车的成套散件（9座及以下，可通过接插外部电源进行充电的除外）	辆/千克
		8703502910	同时装有压燃式活塞内燃发动机（柴油或半柴油发动机，气缸容量超过1升但不超过1.5升）及驱动电动机的其他载人车辆（可通过接插外部电源进行充电的除外）	辆/千克
		8703502990	同时装有压燃式活塞内燃发动机（柴油或半柴油发动机，气缸容量超过1升但不超过1.5升）及驱动电动机的其他载人车辆的成套散件（可通过接插外部电源进行充电的除外）	辆/千克
		8703503110	同时装有压燃式活塞内燃发动机（柴油或半柴油发动机，气缸容量超过1.5升但不超过2升）及驱动电动机的小轿车（可通过接插外部电源进行充电的除外）	辆/千克
		8703503190	同时装有压燃式活塞内燃发动机（柴油或半柴油发动机，气缸容量超过1.5升但不超过2升）及驱动电动机的小轿车的成套散件（可通过接插外部电源进行充电的除外）	辆/千克
		8703503210	同时装有压燃式活塞内燃发动机（柴油或半柴油发动机，气缸容量超过1.5升但不超过2升）及驱动电动机的四轮驱动越野车（可通过接插外部电源进行充电的除外）	辆/千克
		8703503290	同时装有压燃式活塞内燃发动机（柴油或半柴油发动机，气缸容量超过1.5升但不超过2升）及驱动电动机的四轮驱动越野车的成套散件（可通过接插外部电源进行充电的除外）	辆/千克
		8703503310	同时装有压燃式活塞内燃发动机（柴油或半柴油发动机，气缸容量超过1.5升但不超过2升）及驱动电动机的小客车（9座及以下，可通过接插外部电源进行充电的除外）	辆/千克

续表

序号	货物种类	海关商品编号	货物名称	单位
43	汽车（包括成套散件）及其底盘	8703503390	同时装有压燃式活塞内燃发动机（柴油或半柴油发动机，气缸容量超过1.5升但不超过2升）及驱动电动机的小客车的成套散件（9座及以下，可通过接插外部电源进行充电的除外）	辆/千克
		8703503910	同时装有压燃式活塞内燃发动机（柴油或半柴油发动机，气缸容量超过1.5升但不超过2升）及驱动电动机的其他载人车辆（可通过接插外部电源进行充电的除外）	辆/千克
		8703503990	同时装有压燃式活塞内燃发动机（柴油或半柴油发动机，气缸容量超过1.5升但不超过2升）及驱动电动机的其他载人车辆的成套散件（可通过接插外部电源进行充电的除外）	辆/千克
		8703504110	同时装有压燃式活塞内燃发动机（柴油或半柴油发动机，气缸容量超过2升但不超过2.5升）及驱动电动机的小轿车（可通过接插外部电源进行充电的除外）	辆/千克
		8703504190	同时装有压燃式活塞内燃发动机（柴油或半柴油发动机，气缸容量超过2升但不超过2.5升）及驱动电动机的小轿车的成套散件（可通过接插外部电源进行充电的除外）	辆/千克
		8703504210	同时装有压燃式活塞内燃发动机（柴油或半柴油发动机，气缸容量超过2升但不超过2.5升）及驱动电动机的四轮驱动越野车（可通过接插外部电源进行充电的除外）	辆/千克
		8703504290	同时装有压燃式活塞内燃发动机（柴油或半柴油发动机，气缸容量超过2升但不超过2.5升）及驱动电动机的四轮驱动越野车的成套散件（可通过接插外部电源进行充电的除外）	辆/千克
		8703504310	同时装有压燃式活塞内燃发动机（柴油或半柴油发动机，气缸容量超过2升但不超过2.5升）及驱动电动机的小客车（9座及以下，可通过接插外部电源进行充电的除外）	辆/千克
		8703504390	同时装有压燃式活塞内燃发动机（柴油或半柴油发动机，气缸容量超过2升但不超过2.5升）及驱动电动机的小客车的成套散件（9座及以下，可通过接插外部电源进行充电的除外）	辆/千克

续表

序号	货物种类	海关商品编号	货物名称	单位
43	汽车（包括成套散件）及其底盘	8703504910	同时装有压燃式活塞内燃发动机（柴油或半柴油发动机，气缸容量超过2升但不超过2.5升）及驱动电动机的其他载人车辆（可通过接插外部电源进行充电的除外）	辆/千克
		8703504990	同时装有压燃式活塞内燃发动机（柴油或半柴油发动机，气缸容量超过2升但不超过2.5升）及驱动电动机的其他载人车辆的成套散件（可通过接插外部电源进行充电的除外）	辆/千克
		8703505110	同时装有压燃式活塞内燃发动机（柴油或半柴油发动机，气缸容量超过2.5升但不超过3升）及驱动电动机的小轿车（可通过接插外部电源进行充电的除外）	辆/千克
		8703505190	同时装有压燃式活塞内燃发动机（柴油或半柴油发动机，气缸容量超过2.5升但不超过3升）及驱动电动机的小轿车的成套散件（可通过接插外部电源进行充电的除外）	辆/千克
		8703505210	同时装有压燃式活塞内燃发动机（柴油或半柴油发动机，气缸容量超过2.5升但不超过3升）及驱动电动机的四轮驱动越野车（可通过接插外部电源进行充电的除外）	辆/千克
		8703505290	同时装有压燃式活塞内燃发动机（柴油或半柴油发动机，气缸容量超过2.5升但不超过3升）及驱动电动机的四轮驱动越野车的成套散件（可通过接插外部电源进行充电的除外）	辆/千克
		8703505310	同时装有压燃式活塞内燃发动机（柴油或半柴油发动机，气缸容量超过2.5升但不超过3升）及驱动电动机的小客车（9座及以下，可通过接插外部电源进行充电的除外）	辆/千克
		8703505390	同时装有压燃式活塞内燃发动机（柴油或半柴油发动机，气缸容量超过2.5升但不超过3升）及驱动电动机的小客车的成套散件（9座及以下，可通过接插外部电源进行充电的除外）	辆/千克
		8703505910	同时装有压燃式活塞内燃发动机（柴油或半柴油发动机，气缸容量超过2.5升但不超过3升）及驱动电动机的其他载人车辆（可通过接插外部电源进行充电的除外）	辆/千克

续表

序号	货物种类	海关商品编号	货物名称	单位
43	汽车（包括成套散件）及其底盘	8703505990	同时装有压燃式活塞内燃发动机（柴油或半柴油发动机，气缸容量超过2.5升但不超过3升）及驱动电动机的其他载人车辆的成套散件（可通过接插外部电源进行充电的除外）	辆/千克
		8703506110	同时装有压燃式活塞内燃发动机（柴油或半柴油发动机，气缸容量超过3升但不超过4升）及驱动电动机的小轿车（可通过接插外部电源进行充电的除外）	辆/千克
		8703506190	同时装有压燃式活塞内燃发动机（柴油或半柴油发动机，气缸容量超过3升但不超过4升）及驱动电动机的小轿车的成套散件（可通过接插外部电源进行充电的除外）	辆/千克
		8703506210	同时装有压燃式活塞内燃发动机（柴油或半柴油发动机，气缸容量超过3升但不超过4升）及驱动电动机的四轮驱动越野车（可通过接插外部电源进行充电的除外）	辆/千克
		8703506290	同时装有压燃式活塞内燃发动机（柴油或半柴油发动机，气缸容量超过3升但不超过4升）及驱动电动机的四轮驱动越野车的成套散件（可通过接插外部电源进行充电的除外）	辆/千克
		8703506310	同时装有压燃式活塞内燃发动机（柴油或半柴油发动机，气缸容量超过3升但不超过4升）及驱动电动机的小客车（9座及以下，可通过接插外部电源进行充电的除外）	辆/千克
		8703506390	同时装有压燃式活塞内燃发动机（柴油或半柴油发动机，气缸容量超过3升但不超过4升）及驱动电动机的小客车的成套散件（9座及以下，可通过接插外部电源进行充电的除外）	辆/千克
		8703506910	同时装有压燃式活塞内燃发动机（柴油或半柴油发动机，气缸容量超过3升但不超过4升）及驱动电动机的其他载人车辆（可通过接插外部电源进行充电的除外）	辆/千克
		8703506990	同时装有压燃式活塞内燃发动机（柴油或半柴油发动机，气缸容量超过3升但不超过4升）及驱动电动机的其他载人车辆的成套散件（可通过接插外部电源进行充电的除外）	辆/千克
		8703507110	同时装有压燃式活塞内燃发动机（柴油或半柴油发动机，气缸容量超过4升）及驱动电动机的小轿车（可通过接插外部电源进行充电的除外）	辆/千克

续表

序号	货物种类	海关商品编号	货物名称	单位
43	汽车（包括成套散件）及其底盘	8703507190	同时装有压燃式活塞内燃发动机（柴油或半柴油发动机，气缸容量超过4升）及驱动电动机的小轿车的成套散件（可通过接插外部电源进行充电的除外）	辆/千克
		8703507210	同时装有压燃式活塞内燃发动机（柴油或半柴油发动机，气缸容量超过4升）及驱动电动机的四轮驱动越野车（可通过接插外部电源进行充电的除外）	辆/千克
		8703507290	同时装有压燃式活塞内燃发动机（柴油或半柴油发动机，气缸容量超过4升）及驱动电动机的四轮驱动越野车的成套散件（可通过接插外部电源进行充电的除外）	辆/千克
		8703507310	同时装有压燃式活塞内燃发动机（柴油或半柴油发动机，气缸容量超过4升）及驱动电动机的小客车（9座及以下，可通过接插外部电源进行充电的除外）	辆/千克
		8703507390	同时装有压燃式活塞内燃发动机（柴油或半柴油发动机，气缸容量超过4升）及驱动电动机的小客车的成套散件（9座及以下，可通过接插外部电源进行充电的除外）	辆/千克
		8703507910	同时装有压燃式活塞内燃发动机（柴油或半柴油发动机，气缸容量超过4升）及驱动电动机的其他载人车辆（可通过接插外部电源进行充电的除外）	辆/千克
		8703507990	同时装有压燃式活塞内燃发动机（柴油或半柴油发动机，气缸容量超过4升）及驱动电动机的其他载人车辆的成套散件（可通过接插外部电源进行充电的除外）	辆/千克
		8703509010	其他同时装有压燃式活塞内燃发动机（柴油或半柴油发动机）及驱动电动机的载人车辆（可通过接插外部电源进行充电的除外）	辆/千克
		8703509090	其他同时装有压燃式活塞内燃发动机（柴油或半柴油发动机）及驱动电动机的载人车辆的成套散件（可通过接插外部电源进行充电的除外）	辆/千克
		8703601000	同时装有点燃往复式活塞内燃发动机及驱动电动机、可通过接插外部电源进行充电的其他载人车辆，气缸容量（排气量）不超过1000毫升	辆/千克
		8703602000	同时装有点燃往复式活塞内燃发动机及驱动电动机、可通过接插外部电源进行充电的其他载人车辆，气缸容量（排气量）超过1000毫升，但不超过1500毫升	辆/千克
		8703603000	同时装有点燃往复式活塞内燃发动机及驱动电动机、可通过接插外部电源进行充电的其他载人车辆，气缸容量（排气量）超过1500毫升，但不超过2000毫升	辆/千克

续表

序号	货物种类	海关商品编号	货物名称	单位
43	汽车（包括成套散件）及其底盘	8703604000	同时装有点燃往复式活塞内燃发动机及驱动电动机、可通过接插外部电源进行充电的其他载人车辆，气缸容量（排气量）超过2000毫升，但不超过2500毫升	辆/千克
		8703605000	同时装有点燃往复式活塞内燃发动机及驱动电动机、可通过接插外部电源进行充电的其他载人车辆，气缸容量（排气量）超过2500毫升，但不超过3000毫升	辆/千克
		8703606000	同时装有点燃往复式活塞内燃发动机及驱动电动机、可通过接插外部电源进行充电的其他载人车辆，气缸容量（排气量）超过3000毫升，但不超过4000毫升	辆/千克
		8703607000	同时装有点燃往复式活塞内燃发动机及驱动电动机、可通过接插外部电源进行充电的其他载人车辆，气缸容量（排气量）超过4000毫升	辆/千克
		8703701000	同时装有压燃活塞内燃发动机（柴油或半柴油发动机）及驱动电动机、可通过接插外部电源进行充电的其他载人车辆，气缸容量（排气量）不超过1000毫升	辆/千克
		8703702000	同时装有压燃活塞内燃发动机（柴油或半柴油发动机）及驱动电动机、可通过接插外部电源进行充电的其他载人车辆，气缸容量（排气量）超过1000毫升，但不超过1500毫升	辆/千克
		8703703000	同时装有压燃活塞内燃发动机（柴油或半柴油发动机）及驱动电动机、可通过接插外部电源进行充电的其他载人车辆，气缸容量（排气量）超过1500毫升，但不超过2000毫升	辆/千克
		8703704000	同时装有压燃活塞内燃发动机（柴油或半柴油发动机）及驱动电动机、可通过接插外部电源进行充电的其他载人车辆，气缸容量（排气量）超过2000毫升，但不超过2500毫升	辆/千克
		8703705000	同时装有压燃活塞内燃发动机（柴油或半柴油发动机）及驱动电动机、可通过接插外部电源进行充电的其他载人车辆，气缸容量（排气量）超过2500毫升，但不超过3000毫升	辆/千克
		8703706000	同时装有压燃活塞内燃发动机（柴油或半柴油发动机）及驱动电动机、可通过接插外部电源进行充电的其他载人车辆，气缸容量（排气量）超过3000毫升，但不超过4000毫升	辆/千克
		8703707000	同时装有压燃活塞内燃发动机（柴油或半柴油发动机）及驱动电动机、可通过接插外部电源进行充电的其他载人车辆，气缸容量（排气量）超过4000毫升	辆/千克

续表

序号	货物种类	海关商品编号	货物名称	单位
43	汽车（包括成套散件）及其底盘	8703800010	旧的仅装有驱动电动机的其他载人车辆	辆/千克
		8703900021	其他型气缸容量不超过1升的其他载人车辆	辆/千克
		8703900022	其他型气缸容量超过1升但不超过1.5升的其他载人车辆	辆/千克
		8703900023	其他型气缸容量超过1.5升但不超过2升的其他载人车辆	辆/千克
		8703900024	其他型气缸容量超过2升但不超过2.5升的其他载人车辆	辆/千克
		8703900025	其他型气缸容量超过2.5升但不超过3升的其他载人车辆	辆/千克
		8703900026	其他型气缸容量超过3升但不超过4升的其他载人车辆	辆/千克
		8703900027	其他型气缸容量超过4升的其他载人车辆	辆/千克
		8704210000	柴油型其他小型货车（装有压燃式活塞内燃发动机，车辆总重量不超过5吨）	辆/千克
		8704223000	柴油型其他中型货车（装有压燃式活塞内燃发动机，车辆总重量超过5吨但在14吨以下）	辆/千克
		8704224000	柴油型其他重型货车（装有压燃式活塞内燃发动机，车辆总重量在14吨及以上但不超过20吨）	辆/千克
		8704230010	固井水泥车、压裂车、混砂车、连续油管车、液氮泵车用底盘	辆/千克
		8704230020	起重55吨及以上的汽车起重机用底盘	辆/千克
		8704230030	车辆总重量在31吨及以上的清障车专用底盘	辆/千克
		8704230090	柴油型的其他超重型货车（装有压燃式活塞内燃发动机，车辆总重量超过20吨）	辆/千克
		8704310000	车辆总重量不超过5吨的其他货车（汽油型，装有点燃式活塞内燃发动机）	辆/千克
		8704323000	车辆总重量超过5吨但不超过8吨的其他货车（汽油型，装有点燃式活塞内燃发动机）	辆/千克
		8704324000	车辆总重量超过8吨的其他货车（汽油型，装有点燃式活塞内燃发动机）	辆/千克
		8704900000	装有其他发动机的货车	辆/千克
		8706002100	车辆总重量在14吨及以上的货车底盘（装有发动机）	台/千克
		8706002200	车辆总重量在14吨以下的货车底盘（装有发动机）	台/千克
		8706003000	大型客车底盘（装有发动机）	台/千克
		8706009000	其他机动车辆底盘（装有发动机，用于税目87.01、87.03和87.05所列车辆）	台/千克

说明：对外贸易经营者出口标有“*”的货物可免于申领《中华人民共和国出口许可证》，但需按规定申领《中华人民共和国两用物项和技术出口许可证》。

4　国家发展改革委、商务部发布《2021年农产品进口关税配额再分配公告》

【发布单位】中华人民共和国国家发展和改革委员会　中华人民共和国商务部

【发布文号】2021年 第6号

【发布日期】2020年8月12日

根据《农产品进口关税配额管理暂行办法》（商务部、国家发展和改革委员会令2003年第4号，以下简称《暂行办法》）、《2021年粮食进口关税配额申请和分配细则》《2021年棉花进口关税配额申请和分配细则》（国家发展和改革委员会公告2020年第6号）和《2021年食糖进口关税配额申请和分配细则》（商务部公告2020年第44号）有关规定，现将2021年农产品进口关税配额再分配有关事项公告如下：

一、持有2021年小麦、玉米、大米、棉花、食糖进口关税配额的最终用户，当年未就全部配额数量签订进口合同，或已签订进口合同但预计年底前无法从始发港出运的，均应将其持有的关税配额量中未完成或不能完成的部分于9月15日前交还所在地（省、自治区、直辖市、计划单列市、新疆生产建设兵团）发展改革委、商务主管部门。国家发展改革委、商务部将对交还的配额进行再分配。对9月15日前没有交还且年底前未充分使用配额的最终用户，国家发展改革委、商务部在分配下一年农产品进口关税配额时对相应品种按比例扣减。

二、获得本公告第一条所列商品2021年进口关税配额并全部使用完毕（需提供进口报关单复印件）的最终用户，以及符合相关分配细则所列申请条件但在年初分配时未获得2021年进口关税配额的新用户，可以提出农产品进口关税配额再分配申请。

三、申请企业需在9月1日至15日向所在地（省、自治区、直辖市、计划单列市、新疆生产建设兵团）发展改革委、商务主管部门提交再分配申请材料。相关商品申请表见附件1、2、3。

四、各省、自治区、直辖市、计划单列市、新疆生产建设兵团发展改革委、商务主管部门9月1日开始接收按照要求填写完成的申请材料，并将再分配申请表中所包含的信息上传至关税配额管理系统进行网上申报，9月17日前将汇总后的再分配申请材料，以书面形式分别转报并同时抄报国家发展改革委或商务部。

五、国家发展改革委、商务部对用户交回的配额按照先来先领方式进行再分配。10月1日前将关税配额再分配的结果通知到最终用户。

六、再分配关税配额的有效期等其他事项按照《暂行办法》及相关分配细则执行。

七、小麦、玉米、大米、棉花进口关税配额的再分配，由国家发展改革委会同商务部以及各省、自治区、直辖市、计划单列市、新疆生产建设兵团发展改革委组织实施；食糖进口关税配额再分配，由商务部以及各省、自治区、直辖市、计划单列市、新疆生产建设兵团商务主管部门组织实施。

附件：1.2021年粮食进口关税配额再分配申请表

2. 2021年棉花进口关税配额再分配申请表

3. 2021年食糖进口关税配额再分配申请表

国家发展改革委

商务部

2021年8月12日

附件1

2021年粮食进口关税配额再分配申请表

单位：吨

企业名称:				
企业注册地址:				
企业性质：□国有　□股份制　□民营　□外商投资				
统一社会信用代码:				
联系方式:				
申请配额品种名称:（　）	□2021年获得该品种年度配额者 □2021年未获得该品种年度配额者			
申请配额种类、数量及贸易方式	□非国营贸易配额，其中		□国营贸易配额，其中	
	（1）一般贸易：		（1）一般贸易：	
	（2）加工贸易：		（2）加工贸易：	
2020年企业生产加工能力	加工原料名称:		产品名称:	
	该原料年加工能力:		该产品年生产能力:	
	该原料年实际用量:		该产品年实际产量:	
以下由获得年度配额的企业填写（代理企业不得将代理其他企业完成的进口量计入本企业进口实绩）				
	2020年		2021年	
	非国营贸易配额	国营贸易配额	非国营贸易配额	国营贸易配额
分配到的配额量	一般贸易:	一般贸易:	一般贸易:	一般贸易:
	加工贸易:	加工贸易:	加工贸易:	加工贸易:
实际进口量（核销量）	一般贸易:	一般贸易:	一般贸易:	一般贸易:
	加工贸易:	加工贸易:	加工贸易:	加工贸易:
中期调整退回量	一般贸易:	一般贸易:	一般贸易:	一般贸易:
	加工贸易:	加工贸易:	加工贸易:	加工贸易:
本企业已阅知《2021年农产品进口关税配额再分配公告》相关内容，并郑重承诺本企业符合粮食进口关税配额申请条件，提交的粮食进口关税配额各项申报材料真实、准确、有效；获得粮食进口关税配额后，保证按照国家有关法律、法规、规章开展进口业务。如违反本承诺，愿意承担相应法律责任和后果，并接受相关惩戒。 申请企业（盖章）　　企业法定代表人（签字）:				

填表说明

1.企业名称与统一社会信用代码必须一一对应，一码一申请。

2.在“申请配额种类”中，企业可勾选非国营贸易配额，或者国营贸易配额，或者两者皆勾选。

3.企业根据申请的粮食配额品种，填写对应的“企业生产加工能力”，包括：（1）对作为加工原料的粮食的年加工能力和实际用量。（2）对以粮食为主要原料生产出的产品的年生产能力和实际产量。

附件2

2021年棉花进口关税配额再分配申请表

<table>
<tr><td colspan="3">申请企业名称：</td><td colspan="2">统一社会信用代码：</td></tr>
<tr><td colspan="3">2020年初以来企业是否更名：□是 □否</td><td colspan="2">曾用名：</td></tr>
<tr><td colspan="5">企业注册地址：</td></tr>
<tr><td colspan="4">企业性质：□国有 □股份制 □民营 □外商投资</td><td>联系电话：</td></tr>
<tr><td colspan="2">注册资本（万元）：</td><td colspan="2">2020年纳税额（万元）：</td><td>2020年资产负债率：</td></tr>
<tr><td colspan="5">配额申请数量（吨，不区分贸易方式）：</td></tr>
<tr><td colspan="2">□2021年有棉花一般贸易进口实绩者</td><td colspan="2">□2021年有棉花加工贸易进口实绩者</td><td>□2021年无棉花进口实绩者</td></tr>
<tr><td rowspan="7">企业生产经营情况（2021年1~7月）</td><td colspan="2">纺纱能力： 锭</td><td colspan="2">棉花用量： 吨</td></tr>
<tr><td colspan="2">其中，环锭纺： 锭</td><td colspan="2">其中，进口棉用量： 吨</td></tr>
<tr><td colspan="2">转杯纺： 头</td><td colspan="2">纱线产量： 吨</td></tr>
<tr><td colspan="2">喷气涡流纺： 头</td><td colspan="2">其中，棉纱产量： 吨</td></tr>
<tr><td colspan="2">全棉水刺非织造布产能： 吨</td><td colspan="2">#纯棉纱产量： 吨</td></tr>
<tr><td colspan="2">棉制品出口金额： 万美元</td><td colspan="2">全棉水刺非织造布产量： 吨</td></tr>
<tr><td colspan="2">其中，自营出口金额： 万美元</td><td colspan="2"></td></tr>
<tr><td rowspan="4">关税配额获得及使用情况</td><td colspan="2">2020年</td><td colspan="2">2021年</td></tr>
<tr><td colspan="2">分配量（吨）：</td><td colspan="2">分配量（吨）：</td></tr>
<tr><td colspan="2">实际进口量（吨）：</td><td colspan="2">已完成进口量（吨）：</td></tr>
<tr><td colspan="2">调整期退回量（吨）：</td><td colspan="2">调整期退回量（吨）：</td></tr>
<tr><td colspan="5">备注：</td></tr>
</table>

本企业已阅知《2021年农产品进口关税配额再分配公告》相关内容，郑重承诺：保证本企业符合国家规定的棉花进口关税配额申请条件，保证本申请表所填写的内容真实有效、有据可查，没有任何隐瞒或虚假信息。获得棉花进口关税配额后，保证按照国家有关法律、法规、规章和相关规定开展进口业务。如违反本承诺，本企业愿意承担相关责任和后果，并接受有关部门相应惩戒。

申请企业（盖章） 企业法定代表人（签字）：

填表说明：

1. 企业名称与统一社会信用代码必须一一对应，一码一申请。

2. “纺纱能力”指折环锭纺产能，须填报本企业自有设备且2021年7月31日已投产使用的实际纺纱能力。转杯纺和喷气涡流纺分别按每头10锭和20锭折算为环锭纺纱锭数，全棉水刺非织造布产能按每吨6.25锭折算为环锭纺纱锭数。

3. 本表棉纱指以棉花为原料之一加工的纱线，纯棉纱指含棉量为100%的棉纱线。

4. 填报数据精确到个位。企业须保存与上述填报数据相一致的采购、销售发票和出入库凭证等证明材料备查。检查时，如无法完整提供，将视为虚假填报。

5. 2021年7月31日纺纱能力较最近一次国家发展改革委及其委托机构组织的产能现场核查及抽查有变化的，请保留相关凭据备查，并在“备注”栏说明。

附件3

2021年食糖进口关税配额再分配申请表

数量单位：吨

企业名称：		
企业注册地址：		
企业性质：　□国有　□股份制　□民营　□外商投资		
统一社会信用代码：		
联系方式：		
申请配额名称：	□ 2021年获得食糖关税配额	□ 2021年未获得食糖关税配额者
申请关税配额种类、数量及贸易方式	□ 非国营贸易关税配额，其中	□ 国营贸易关税配额，其中
	（1）一般贸易：	（1）一般贸易：
	（2）加工贸易：	（2）加工贸易：
2020年企业产品及生产能力	产品名称：	
	年产量：	年食糖使用量：
	该产品年销售额（万元）：	

以下由获得年度配额的企业填写（不包括代理进口）

	2020年		2021年	
	非国营贸易配额	国营贸易配额	非国营贸易配额	国营贸易配额
分配到配额量	一般贸易：	一般贸易：	一般贸易：	一般贸易：
	加工贸易：	加工贸易：	加工贸易：	加工贸易：
实际进口量（核销量）	一般贸易：	一般贸易：	一般贸易：	一般贸易：
	加工贸易：	加工贸易：	加工贸易：	加工贸易：
中期调整退回量	一般贸易：	一般贸易：	一般贸易：	一般贸易：
	加工贸易：	加工贸易：	加工贸易：	加工贸易：

是否同意对外提供本企业配额申领数量　□是　□否

本企业已阅知《2021年农产品进口关税配额再分配公告》相关内容，并郑重承诺本企业符合食糖进口关税配额申请条件，提交的食糖进口关税配额各项申报材料真实、准确、有效；获得食糖进口关税配额后，保证按照国家有关法律、法规、规章开展进口业务。如违反本承诺，愿意承担相应法律责任和后果，并接受相关惩戒。

填表说明：

1. 企业名称与统一社会信用代码必须一一对应，一码一申请。

2. 在“申请关税配额种类”中，企业可勾选非国营贸易配额，或者国营贸易配额，或者两者皆勾选。

5 国家粮食和物资储备局、中华人民共和国财政部发布2020年度新疆棉轮入的公告

【发布单位】国家粮食和物资储备局 财政部

【发布文号】2020年第2号

【发布日期】2020年10月19日

为加强中央储备棉管理，进一步优化储备结构、提高储备质量，决定轮入部分新疆棉。现就有关事项公告如下：

一、轮入时间

2020年12月1日至2021年3月31日的国家法定工作日。

二、数量安排

总量50万吨左右，每日挂牌竞买7000吨左右。

三、轮入方式

轮入工作由中国储备粮管理集团有限公司（以下简称“中储粮集团公司”）具体实施，通过全国棉花交易市场公开竞价交易。

四、轮入价格

轮入竞买最高限价（到库价格）随行就市动态确定，原则上与国内棉花现货价格挂钩联动并上浮一定比例，每周调整一次。轮入期间，当内外棉价差连续3个工作日超过800元/吨时，暂停交易；当内外棉价差回落到800元/吨以内时，重新启动交易。由中储粮集团公司会同全国棉花交易市场统一公布轮入竞买最高限价和内外棉价差数据。（具体计算公式见附件）

五、质量要求

轮入的棉花为2020/2021年度生产加工且已纳入新疆棉花专业监管的锯齿细绒棉，要求颜色级白棉3级及以上、长度级28mm及以上、马克隆值级B级及以上的比例均不得低于80%，具体质量要求由中储粮集团公司另行公布。棉花包装应采用棉布外捆扎，且符合棉花包装国家标准（GB 6975—2013）。

六、相关规定

1.新疆棉送到储备库点后，由中国纤维质量监测中心组织开展公证检验，采取现场扦样、100%检验（即包包检）方式，出具品质和重量检验证书。公检结果不符合入储要求的不得作为中央储备棉入储。

2.中储粮集团公司会同全国棉花交易市场、中国纤维质量监测中心制定储备棉轮入、竞价交易、公证检验等方面的实施细则并对外公布。

3.在新疆棉轮入过程中，如国内外棉花市场发生重大变化，根据市场调控等需要，国家粮食和物资储备局将会同有关部门对轮入安排作必要调整。

特此公告。

附件：中央储备棉轮入价格等计算公式

国家粮食和物资储备局 财政部

2020年10月19日

附件

中央储备棉轮入价格等计算公式

1.本周储备棉轮入竞买最高限价（折标准级3128B）=上一周国内市场棉花现货价格指数算术平均值×（1+2%）。

其中，国内市场棉花现货价格指数=[中国棉花价格指数（3128B品种）+国家棉花价格指数（3128B品种）]÷2。

质量等级差价按照中国棉花协会公布的棉花质量差价表执行。

2.内外棉价差=国内市场棉花现货价格指数-国际市场棉花现货价格指数。

其中，国际市场棉花现货价格指数=考特鲁克A指数（折美元/吨）×汇率×（1+关税1%）×（1+增值税9%）。

汇率参照海关征税方式，采用上一个月第三个星期三（如逢法定节假日，则顺延采用第四个星期三）中国人民银行公布的外币对人民币的基准汇率。

6 关于组织2020年度新疆棉轮入的公告

【发布单位】中国储备粮管理集团有限公司

【发布文号】2020年[轮入]第1号

【发布日期】2020年11月27日

各涉棉企业：

根据国家粮食和物资储备局、财政部公告（2020年第2号）精神，中国储备粮管理集团有限公司商全国棉花交易市场、中国纤维质量监测中心制定了《2020年度新疆棉轮入实施细则》（见附件），现予以公布。新疆棉轮入竞价交易、公证检验实施细则由全国棉花交易市场、中国纤维质量监测中心另行发布。

特此公告。

附件：《2020年度新疆棉轮入实施细则》

中国储备粮管理集团有限公司

二〇二〇年十一月二十七日

附件

2020年度新疆棉轮入实施细则

第一章 总 则

第一条 根据国家粮食和物资储备局、财政部2020年第2号公告及中央储备棉管理有关规定，中国储备粮管理集团有限公司特制订本实施细则。

第二条 2020年度新疆棉轮入交易时间为2020年12月1日至2021年3月31日的国家法定工作日。轮入品种为2020/2021年度生产加工且已纳入新疆棉花专业监管的锯齿细绒棉。

第三条 中国储备粮管理集团有限公司授权中国储备棉管理有限公司（以下简称中储棉公司）负责具体实施，通过全国棉花交易市场（以下简称交易市场）挂牌，公开竞价交易。

第四条 中储棉公司（买方）及其直属企业、交储企业（卖方）、储备棉承储仓库、储备棉公证检验承检机构等相关各方均须遵守本实施细则。

第二章 轮入交易和价格

第五条 参加新疆棉轮入交易的交储企业须具备以下条件：

1. 经市场监管部门登记注册的企业法人；

2. 具备一般纳税人资格，并能开具增值税专用发票；

3. 无未处理完毕涉及储备棉交易纠纷、交易遗留等问题。

第六条 交易市场联合中储棉公司对参与轮入的交储企业资格进行审核，审核结果由交易市场通知有关交储企业。交储企业须在交易市场开户成为交易商后，方可参与轮入交易。

第七条　依据国家有关部门规定，中储棉公司会同交易市场通过中国棉花网和中国棉花信息网统一对外公布轮入竞买最高限价。轮入竞买最高限价为中储棉公司指定轮入仓库的到库最高限价，每周调整一次，于每周日发布下一周价格。

第八条　轮入棉花的交易报价品种为3128B级锯齿细绒棉，长度整齐度为U3档，断裂比强度为S3档，轧工质量为P2档，异性纤维含量为L档。实际货款根据公证检验结果据实结算。

第九条　每个交易日上午，中储棉公司通过中国棉花网公布当日挂牌采购详细信息，包括交货仓库、数量、采购最高限价等。由交易市场组织竞价交易，以最低价成交。具体按《2020年度新疆棉轮入竞价交易办法》执行。

交易结束后，由交易市场通过中国棉花信息网和中国棉花网统一公布每日成交价格。

第十条　交易市场根据竞价交易成交结果生成《中央储备棉采购合同》。交储企业须在成交后次日起5个工作日内签订合同，同时将拟交储棉花批次信息作为附件提交交易市场，交易市场确认该批次为新疆专业仓储监管的棉花后，办理合同见证。

第十一条　依据国家有关部门规定，轮入期间，当国内棉花价格连续3个工作日高于国际棉花价格（按1%关税）800元/吨时，于第4个工作日起暂停轮入交易；当国内棉价与国际棉价价差回落到800元/吨以内时，于回落后第一个工作日重新启动轮入交易。

中储棉公司所属中储棉花信息中心会同交易市场有关单位负责跟踪内外棉价差，并于每个工作日上午10:00前通过中国棉花网和中国棉花信息网统一对外公布前一个工作日内外棉价差。

第十二条　轮入交易实行履约保证金和质量保证金制度。交储企业须于交易前在交易市场存放一定数额保证金。交易市场根据成交情况按照每吨500元实时扣划，其中400元作为履约保证金由交易市场保管，100元作为棉花质量保证金由中储棉公司保管。

履约保证金用于保障交储企业如期履约。因交储企业违约而扣减的履约保证金由中储棉公司上缴中央财政。棉花质量保证金用于入储期间棉花崩包、炸包、污染霉变的整理复包，保障入储棉花质量和包装符合要求，并在必要时用于有关棉花二次结算事宜。

第三章　质量与包装要求

第十三条　轮入棉花质量要求

交储的棉花每批质量要求如下：

1.颜色级为白棉1、2、3级的比例不得低于80%；

2.长度级为28毫米及以上的比例不得低于80%；

3.马克隆值级要求为A级、B级比例不低于80%；

4.长度整齐度指数为U3档（中等）及以上的比例不低于80%；

5.断裂比强度为S3档（中等）及以上的比例不低于80%；

6.轧工质量要求为中档及以上；

7.单批在检验中发现异性纤维的样品个数不超过2个；

8.现场实测单包回潮率均低于10%；

9.其他质量要求按国家有关标准执行。

第十四条　轮入棉花包装要求采用棉布外捆扎方式。包装材料和捆扎材料须符合GB 6975—2013《棉花包装》国家标准、GH/T 1068—2010《棉花包装用聚酯捆扎带》等规定。同一批次棉包的包装和捆扎材料应使用同一生产厂家生产的同一型号产品。棉包外形和尺寸要符合GB

6975—2013《棉花包装》国家标准中Ⅰ型包规定，每批平均单包净重（生产在线重量）227公斤（允差幅度为±10公斤）。棉包条码固定在棉包两头，刷唛要按照《棉花国家标准》（GB 1103.1—2012）中包装标识标志要求，在棉包两头刷明棉花产地、棉花加工单位、批号、包号、毛重、异性纤维含量代号、生产日期等内容，内容应齐全，字迹应清晰。

第十五条　轮入棉花原则上每批186包或93包，186包批次的不得少于170包，93包批次的不得少于85包。不同采摘方式的棉花应分别组批。棉花批号规则按国家有关规定执行。

第四章　入库初验

第十六条　交储企业应在合同签署后次日起45日内，将拟交储棉花送到合同约定的承储仓库并完成初验。

第十七条　中储棉公司根据中央储备棉采购合同下发《预入库通知书》至相关承储仓库。承储仓库据此做好入库各项准备工作。

第十八条　交储企业签订中央储备棉采购合同后，需及时与承储仓库联系，提交《申报入储公证检验表》（纸质和电子版）、《条码汇总表》（电子版）（与合同附件批次信息一致），送承储仓库审核。棉花入库时，随货提供与交储棉花包装材料相同的包皮和捆扎材料一套。

第十九条　承储仓库应对照中储棉公司下发的合同号及拟交储批次信息，审核交储企业提供的材料，并及时将审核结果通知交储企业。审核通过的，排定入库计划，通知交储企业在规定时间将交储棉花送至承储仓库。

第二十条　交储企业要按合同集中交货，在棉花发运前须与承储仓库沟通联系并通过中国棉花网或e棉仓登陆“储备棉轮入自助服务平台”进行入库预约登记，便于承储仓库做好入库安排、协调检验机构做好入库公证检验工作。如交储企业未按预约期限运输到库或未办理预约直接运输到库，仓库有权拒收，有关责任及费用由交储企业承担。交储企业累计3次未办理预约直接到库或无故未按预约时间到库，暂停其交易两周；累计6次未办理预约直接到库或无故未按预约时间到库，则直接取消其本年度储备棉交易（含轮入和轮出）资格。

第二十一条　承储仓库负责入库初验。在接收入库前，承储仓库应检查拟入库棉花批次是否已通过审核、火车运输车厢铅封是否完好、汽车运输车辆是否苫盖严密、棉花包装是否符合要求。凡棉花批次信息、外观、包装不符合本实施细则有关规定的，一律不得接收入库。

如运输车辆未按规定苫盖的，需按规定苫盖完好，并在库外观察24小时后方可入库卸车。

第二十二条　经检查符合入库要求的棉花，由承储仓库安排入库卸车，并安排专人监卸和查验，填写《卸车情况记录表》和《入库信息登记表》，核对条码和唛头是否清晰、棉包露白比例是否超过规定、是否有污染霉变破损棉包等。

第二十三条　如承储仓库初验发现下列情况之一的整批退出，不得接收，由交储企业自行处理。

（1）棉包露白数量超过该批总包数的10%，或有较严重崩包、炸包的；

（2）交储棉花与《申报入储公证检验表》或合同附件批次不符的；

（3）污染、霉变、水残、雨淋的棉包单批超过3%的；

（4）混有地脚棉、回收棉等；

（5）包装材料不符合棉花包装标准；

（6）未悬挂条码，或条码不完整、脱落、丢失单批超过5%的；

（7）棉包上没有取样切割刀口；

（8）棉包包头有二次缝合或有条码更换痕迹的；

（9）入库棉花超出合同规定入库期限的；

（10）每批平均单包净重（生产在线重量）超标。

第二十四条　如承储仓库初验发现下列情况之一的，可剔除问题棉包，按剔除后实际重量报验：

（1）污染、霉变、水残、雨淋的棉花单批低于3%的；

（2）未悬挂条码，或条码不完整、脱落、丢失单批低于5%的。

（3）有少量或轻微崩包、炸包的。

第二十五条　入库棉花露白包数不超过该批总包数10%的，可以入库，由承储仓库负责整理，交储企业负责整理费用。

第二十六条　初验过程中，承储仓库发现交储棉花存在弄虚作假和严重质量问题的，要及时向驻库检验机构反映，同时停止该企业棉花入库，及时上报中储棉公司。中储棉公司向国家有关部门报告，由相关部门负责组织进行核查，经核查属实的，依法对该企业进行处罚。中储棉公司通知交易市场取消该企业交储资格。

初验合格后，承储库填报《储备棉初验入库单》。

第二十七条　交储企业对入库的棉花可进行全程监卸，因承储仓库野蛮装卸导致的破包、崩包、炸包，责任由承储仓库承担。

第二十八条　每个合同实际交储批次中不得混有其他批次棉包，发现混批的棉包由承储仓库在初验入库时予以剔除。

第二十九条　棉花入库后承储仓库需72小时不间断巡查，确保安全。

第三十条　已填报《储备棉初验入库单》的棉花，承储仓库未接到中储棉公司出具的《不合格棉花出库单》《异常棉花出库单》或《储备棉出库单》等出库手续，一律不得出库及核减库存。

第三十一条　初验时查验信息不一致的、不符合入储要求的、超过合同规定期限交储的棉花不予上报初验，由承储仓库要求交储企业代表签字确认，并通知交储企业对棉花自行处置。承储仓库需填写《初验异常情况报告单》上报中储棉公司。交储企业未在承储仓库规定期限内移库的棉花，需与承储仓库签订代保管合同，并及时投保，明确责任。

第五章　公证检验

第三十二条　在中储棉新疆承储仓库专业监管且已经公证检验的棉花，在本库交储的，可以不再公检，经中国纤维质量监测中心及中储棉公司确认后，按照监管棉公证检验结果结算。

第三十三条　在中储棉新疆承储仓库专业监管且已经公证检验的棉花，可试点定向交储至其他承储仓库。定向交储的棉花须经其他承储仓库初验合格，中储棉公司可申请进行重量公证检验，由中国纤维质量监测中心组织实施；经中国纤维质量检测中心及中储棉公司确认后，质量指标按监管棉公证检验结果为准。棉花自中储棉新疆承储库调运到定向承储库的所需费用，按商品棉标准由交储企业与中储棉新疆承储库自行议定，并由交储企业承担。

第三十四条　中储棉公司将拟轮入承储仓库提前通知中国纤维质量监测中心，由中国纤维质量监测中心安排承检机构负责承储仓库现场公证检验。

第三十五条　入库公证检验采取现场扦样、逐包检验的方式。入库公证检验的重量和品质结果，作为交储企业提供的棉花是否符合轮入质量要求及结算货款的依据。

第三十六条 中国纤维质量监测中心指定的在库公证检验承检机构应及时与承储仓库联系和衔接。承储仓库将《申报入储公证检验表》、《条码汇总表》、包装材料等交承检机构，并根据承检力量合理安排工作场地，配备满足现场作业和公证检验需要的称重、装卸、复包、数据传输等必要设备，做好配合公证检验工作。

第三十七条 承储仓库对入储棉花数量、质量负责把关。包括核验入库重量、确保每包棉花必须现场取样、配合承检机构检查棉包是否有调换痕迹、必要时开包检查异常棉包等，以尽可能确保入储棉花质量符合要求。发现异常，应通知承检机构对异常批次停检，并及时报告中储棉公司。

第三十八条 现场扦样若必需剪开捆扎带开包，应从原取样切割刀口就近位置进行，原则上剪开捆扎带数量不得超过1根。禁止在棉包两端或随意在任意位置剪开捆扎带，禁止未经承储仓库现场人员许可随意增加剪开捆扎带数量，否则造成的后果由承检机构负责。

第三十九条 承检机构应在现场扦样后10日内出具储备棉公证检验证书，将公证检验电子证书交承储仓库，并进行书面交接；同时公证检验结果上报中国纤维质量监测中心数据系统。中国纤维质量监测中心统一将检验数据以电子数据接口方式交中储棉公司。

第四十条 公证检验结果的确认

1. 承储仓库需根据承检机构出具的公证检验证书对储备棉公证检验结果进行确认。如对公证检验结果有异议，应在2日内报告中储棉公司统一申请复检，否则视为认同检验结果。

2. 承储仓库应在收到储备棉公证检验证书后2日内通知交储企业确认检验结果。如果交储企业对公证检验结果有异议，应在收到结果后5日内向交易市场提出复检申请，交易市场初审符合申请条件的，交中国纤维质量监测中心，中国纤维质量监测中心指定复检机构按申请人申请项目进行复检。复检维持原验结果的，复检所发生的搬倒、检验等费用由申请方承担。

第四十一条 中储棉公司根据公证检验结果，符合入储要求的棉花出具《储备棉入库通知书》下发承储仓库。不符合入储要求的棉花开具《不合格棉花出库单》下发承储仓库，由承储仓库通知交储企业出库。

交储企业应于《不合格棉花出库单》开具之日起10个工作日（含）内办理出库，超过10个工作日（不含）未出库的，交储企业需与承储仓库签订代保管合同，并及时投保，明确责任。

第四十二条 承储仓库接到《储备棉入库通知书》后，要核对储备棉公证检验结果是否经本库及交储企业确认，已经确认的通过主营业务系统填制《储备棉入库单》并上报；未经确认的不得上报。

第四十三条 填报《储备棉入库单》的棉花，承储仓库未接到中储棉公司的《储备棉出库单》或《异常棉花出库单》等出库手续，一律不得出库及核减库存。任何情况下承储仓库均不得擅自动用、抵押储备棉。

第四十四条 承检机构完成检验后，除用于复检等用途消耗的，应将棉样按批整理交回承储仓库。承储仓库应按中储棉公司统一要求规范管理棉样。

第四十五条 轮入期间，中储棉公司和承储仓库可根据需要对入储棉花随机抽样，密码送检。检验结果如与承检机构出具结果差异超过合理范围，中储棉公司可申请中国纤维质量监测中心安排对该库部分或全部棉花进行再检验。再检验结果差异超过允差的，追究原承检机构责任。如已与交储企业结算的，中储棉公司将依据再检验结果与交储企业二次结算，优先从交储企业履约保证金、质量保证金中扣取，交储企业须予以配合。允差标准由中储棉公司商中国纤维质量监测中心另行规定。

第六章　货款结算与保证金释放

第四十六条　中储棉公司收到《储备棉入库单》后进行审核、登记，根据中国纤维质量监测中心提供的公证检验数据生成《储备棉入库结算单》。

第四十七条　收储棉花颜色级、长度级、马克隆值级、断裂比强度、长度整齐度、轧工质量差价按中国棉花协会2020年12月质量差价表执行，货款计算以包为单位。

第四十八条　《储备棉入库结算单》通过中国棉花网及e棉仓《储备棉轮入自助服务平台》发布，交储企业自行登陆中国棉花网或e棉仓查询、下载、打印。

第四十九条　交储企业根据《储备棉入库结算单》的金额和要求开具增值税专用发票，并将发票邮寄至中储棉公司，中储棉公司收到增值税专用发票验证无误后向交储企业支付全部货款。

邮寄地址：北京市西城区华远街17号

收件人：中储棉公司财务部

联系电话：010- 83326500

第五十条　交储企业若在当地农发行有贷款，应向中储棉公司提供农发行账户信息，供结算货款使用。中储棉公司按合同约定付款。因未提供正确账户导致货款延付等，产生的损失由交储企业自行承担。

第五十一条　释放保证金

1. 履约保证金。交储企业对交储棉花入库公证检验结果确认并完成结算后，中储棉公司根据《储备棉入库单》，通知交易市场释放履约保证金。

2. 棉花质量保证金。储备棉采购结束，如棉包未发生严重崩包炸包（即上垛后崩包炸包比例不超过3%的），中储棉公司扣除崩包、炸包、污染霉变棉包的整理费用，在入库完成后90日内予以释放。

需复包整理的棉包，承储仓库应与交储企业事先确认。复包整理费用标准为：崩包炸包复包（恢复包型）50元/包，因崩包炸包造成棉垛垮塌倒垛搬倒20元/吨，污染、霉变晾晒整理25元/包，破包缝补10元/包。整理费用从质量保证金中扣除，由承储仓库向交储企业开具发票。

如入库码垛后棉包发生严重崩包、炸包，即上垛后崩包炸包比例超过3%（含）的，棉花质量保证金全部扣除不予释放。

第五十二条　初验、公证检验等过程中产生的不符合入储要求棉花的入、出库费、配合公检费、搬倒费、剔包挑拣费、超过规定出库期限的保管费由承储仓库向交储企业收取。收费标准为：汽车入（出）库费30元/吨，火车入（出）库费50元/吨，保管费0.6元/吨天，配合入库公检费80元/吨，倒垛搬倒费50元/吨，剔包挑拣费（含所需倒垛搬倒）55元/吨。

第七章　违约责任

第五十三条　交储企业存在以下情形之一，按照履约违约处理，扣除违约批次或违约合同的履约保证金。

1. 交储企业在规定时间内未签订《中央储备棉采购合同》或未提交拟交储棉花批次信息；

2. 最终交储棉花批次与《中央储备棉采购合同》附件批次不一致的；

3. 未在约定时间内将拟交储棉花运抵合同指定承储仓库办理初验入库的（以承储仓库初验合格并填报《储备棉初验入库单》日期为准）。属于承储仓库原因导致交储企业违约的，由承储仓库赔偿交储企业损失。

4. 棉花质量存在掺杂使假、弄虚作假行为的；

5. 未按储备棉购销合同所约定的数量交货，每个合同实际交储数量少于合同数量超过15%的；

若交储企业能证明所交棉花在新疆监管库公证检验结果符合入储要求，入库公证检验结果不符合入储要求，不能入储，但不计违约。

6. 其他严重违反本办法及有关规定情形。

第五十四条　交储企业如通过更换包装、更换唛头标识或拆包后重新加工皮棉用于交储，一经发现，中储棉公司将通知交易市场立即取消其交储资格，并报告国家有关部门依法处置。

第五十五条　凡参与2020年度新疆棉轮入的交储企业发生一次违约（按合同计算次数），则在扣除其履约保证金基础上暂停交易一周；第二次发生违约，在扣除其履约保证金基础上暂停交易两周；第三次发生违约，则直接取消其本年度储备棉交易（含轮入和轮出）资格并扣除履约保证金。

第五十六条　轮入过程中，如交储企业提供的棉花质量、数量不符合规定的入储条件，无论棉花是否已运至中储棉公司指定仓库，所发生的费用及所有责任均由交储企业承担。

第五十七条　交储企业开具的增值税专用发票寄出后，如需作废或更改，必须征得中储棉公司同意。否则中储棉公司将暂停其交储资格，并由交储企业承担相应损失。

第五十八条　轮入棉花质量由加工企业终身负责，交储企业负总责。在入库、保管和出库使用过程中，如发现棉花质量存在入库时未发现的严重问题，必要时中储棉公司将会同中国纤维质量监测中心提交国家有关部门进行查处，交储企业须承担相应的经济和法律责任。经查属实的，中储棉公司将取消该加工企业加工棉花的交储资格，并通知交易市场暂停交储企业储备棉交易资格直至交储企业全部赔偿中储棉公司损失。

第五十九条　在储备棉轮入过程中，如发现承储单位存在乱收费等问题，交储企业可向中储棉公司投诉，投诉电话：400-660-2856，传真：010-58931123。交储企业也可登录中央储备棉轮入自助服务平台《在线投诉》模块进行投诉反馈。

第八章　附　则

第六十条　交易市场、中国纤维质量监测中心根据《国家粮食和物资储备局、财政部公告（2020年第2号）》，分别制定《2020年度新疆棉轮入竞价交易办法》《2020年度新疆棉轮入公证检验实施细则》。

第六十一条　本实施细则所涉及的业务时间，均在正常情况下适用。如遇特殊情况，可根据实际情况适当调整业务处理期限。

第六十二条　本实施细则实施过程中如有特殊情况，中储棉公司将商有关单位另行规定。

第六十三条　本实施细则未尽事宜参照相关规定执行。

第六十四条　本实施细则由中储棉公司负责解释。

第六十五条　本实施细则自2020年12月1日起生效。

附件：《中央储备棉采购合同》

中央储备棉采购合同

出卖人：　合同编号：　签订地点：北京市西城区
买受人：中国储备棉管理有限公司
见证编号：　　　签订时间：　年　月　日

第一条　根据《中华人民共和国民法典》、《国家粮食和物资储备局 中华人民共和国财政部公告（2020年第2号）》、《2020年度新疆棉轮入实施细则》、《2020年度新疆棉轮入竞价交易办法》、《2020年度新疆棉轮入公证检验实施细则》，经双方协商一致，签订本合同。

第二条　品名、质量、数量、单价、金额、承储仓库。

品名	质量	数量（吨）	单价（元/吨）	金额（元）	承储仓库
锯齿细绒棉	3128B				
合计人民币金额（大写）					
备注					

第三条　质量标准：按（GB 1103.1—2012）《棉花锯齿加工细绒棉国家标准》、《2020年度新疆棉轮入实施细则》、《2020年度新疆棉轮入公证检验实施细则》及有关规定执行。

第四条　验收办法：按《2020年度新疆棉轮入实施细则》、《2020年度新疆棉轮入竞价交易办法》、《2020年度新疆棉轮入公证检验实施细则》及有关规定由买受人在指定承储仓库验收。

第五条　交（提）货方式：出卖人按《2020年度新疆棉轮入实施细则》、《2020年度新疆棉轮入竞价交易办法》、《2020年度新疆棉轮入公证检验实施细则》及相关公告、通知要求自行送达合同约定承储仓库。

第六条　货款支付方式、期限及结算：根据《2020年度新疆棉轮入实施细则》及有关规定执行。

第七条　保证金：按照《2020年度新疆棉轮入实施细则》、《2020年度新疆棉轮入竞价交易办法》及有关规定执行。

第八条　违约责任：

（一）按《2020年度新疆棉轮入实施细则》、《2020年度新疆棉轮入竞价交易办法》及有关规定执行

（二）因不可抗力不能执行本合同或需修改合同时，需经双方协商认可并报全国棉花交易市场备案或见证。

第九条　合同履行中发生争议可由当事人双方协商解决；协商不成，可报请全国棉花交易市场调解：协商或调解不成，当事人双方一致同意向合同签订地所在地人民法院提起诉讼。

第十条　本合同其他未列款项按《2020年度新疆棉轮入实施细则》、《2020年度新疆棉轮入竞价交易办法》、《2020年度新疆棉轮入公证检验实施细则》及有关规定执行。

第十一条　本合同一式三份，出卖人、买受人各一份，全国棉花交易市场见证一份。本合同由全国棉花交易市场给出唯一编号，并加盖全国棉花交易市场见证专用章。

第十二条　本合同所指《2020年度新疆棉轮入实施细则》、《2020年度新疆棉轮入竞价交易办法》、《2020年度新疆棉轮入公证检验实施细则》及有关规定与本合同具有同等法律效力。

出卖人（章）：	买受人（章）：中国储备棉管理有限公司
地　址：	地　址：北京市西城区华远街17号
邮　编：	邮　编：100032
法定代表人：	法定代表人：
委托人：	委托人：
见证（章）：	
电　话：	电　话：010-83326550
开户行：	开户行：中国农业发展银行总行营业部
经办人：	
帐　号：	帐　号：20399990010100000017651
税　号：	税　号：911100007109309745

7　2020年度新疆棉轮入竞价交易办法

第一章　总则

第一条　为保证新疆棉轮入交易按照“公开、公正、公平”的原则进行，根据《中华人民共和国合同法》及有关规定，制订本办法。

第二条　本办法适用于规范2020年度新疆棉轮入交易行为，全国棉花交易市场（以下简称“交易市场”）、买方、卖方和承储仓库等相关各方须遵守此办法。

第二章　交易时间

第三条　轮入交易时间为2020年12月1日至2021年3月31日期间的国家法定工作日。每日具体交易时间为15：00开始交易，15：15开始30秒倒计时，15：30开始15秒倒计时，直至闭市。

根据国家有关部门规定，轮入交易期间，当国内棉花价格连续3个工作日高于国际棉花价格（按1%关税）800元/吨时，于第4个工作日起暂停轮入交易；当国内棉价与国际棉价价差（计算公式见附件1）回落到800元/吨以内时，于回落后第1个工作日重新启动轮入交易。

中国储备粮管理集团有限公司（以下简称“中储粮集团”）所属中国储备棉管理有限公司（以下简称“中储棉公司”）会同交易市场负责跟踪内外棉价差，并于每个工作日上午10：00前通过中国棉花网和中国棉花信息网统一对外公布前1个工作日内外棉价差。

第三章　交易资格

第四条　轮入交易的买方为中储棉公司。

参与轮入交易的卖方为经国家市场监管部门登记注册的法人企业，资信状况良好，无不良经营记录，无未处理完毕涉及储备棉交易纠纷、交易遗留等问题。

参与轮入交易的卖方应注册为交易市场交易商。如企业尚未成为交易市场交易商，须按照交易市场有关规定办理入市手续，交易市场相应开通交易权限。

因严重违反本办法和中储粮集团发布的新疆棉轮入实施细则相关规定，交易市场有权取消卖方参与轮入交易的资格。

第五条　卖方通过网络远程参与轮入交易。卖方对其在交易市场的一切交易活动承担经济和法律责任。

第四章　交易方式

第六条　轮入交易通过竞买交易方式实施。

竞买交易是指中储棉公司通过交易市场预先挂牌公布拟采购的产地、生产年度、数量、质量、交货仓库和最高限价等基础数据，由符合资格的卖方自行选择拟交货仓库并自主减价，按价格优先、时间优先原则，以最低销售价成交，双方通过交易市场签订购销合同的交易方式。

第七条　竞买交易报价的品种为3128B标准级锯齿细绒棉，长度整齐度为U3档，断裂比强度为S3档，轧工质量为P2档，异性纤维含量为L档。卖方报价为送至中储棉公司指定交货仓库并以公定重量计算的交货价格。

竞买交易成交数量以20吨为最小单位，成交数量为20吨的整数倍。

每日轮入标准级（3128B）新疆棉最高限价（计算公式见附件1）按国家有关部门规定的方式计算确定。

第八条　竞买交易实行倒计时制，即所有参与交易的卖方在规定时间内不再提出任何新的销售报价，则全场结束竞价，自动成交。

第九条　卖方每次自主减价幅度为10元/吨的整数倍。

第十条　成交后，卖方与中储棉公司签订《中央储备棉采购合同》，交易市场见证。

第十一条　交易的计量单位为“吨”，计价单位为“元/吨”（含增值税）。

第五章　交易信息披露

第十二条　中储棉公司于每个交易日上午按照有关部门规定的格式向交易市场提供拟采购的产地、生产年度、数量、质量、交货仓库和最高限价等信息。

第十三条　交易市场会同中储棉公司于每个交易日上午通过官网（www.cnce.cn）、中国棉花信息网、i棉网和中国棉花网对外公布拟采购的产地、生产年度、数量、质量、交货仓库和最高限价等信息，供卖方浏览，并在成交后及时公布成交结果。

如需暂停交易或恢复交易，交易市场及时通过官网、中国棉花信息网、i棉网和中国棉花网对外发布公告。

第十四条　每日拟采购的产地、生产年度、数量、质量、交货仓库和最高限价等以交易系统实际数据为准。

第十五条　交易市场通过官网“2020年度新疆棉轮入”专栏免费提供交易实时行情服务。

第十六条　交易市场通过官网“2020年度新疆棉轮入”专栏及时公布违约情况，接受公众监督。

第十七条　交易市场及时将成交结果报送国家有关部门和中储棉公司。

第六章　保证金和手续费

第十八条　参加轮入交易的卖方须于交易前在交易市场指定账户存放不少于20万元的保证金。交易市场预存交易商交易保证金的账户实行专户管理。

交易市场只接受卖方本单位的汇款作为交易保证金。为确保保证金及时入账，请卖方在汇款用途里注明交易商代码和储备棉保证金。

第十九条　交易过程中，如卖方保证金不足，交易市场将暂停卖方交易，直至卖方补足保证金方可开通交易权限。

第二十条　成交后，交易市场从卖方交易保证金中根据成交数量按500元/吨的标准暂扣保证金，其中400元/吨作为履约保证金，100元/吨作为质量保证金。

第二十一条　卖方须于成交后次日起5个工作日内签订《中央储备棉采购合同》（见附件2），并同步提交拟交储批次信息作为附件。为简化操作手续，卖方在交易市场提供的《中央储备棉采购合同》和附件上加盖电子签章即视为签订《中央储备棉采购合同》，具体办理手续按交易市场有关规定程序执行。

拟交储批次须为2020年度已纳入新疆专业仓储监管的新疆棉。

卖方若在当地农发行有贷款，应向中储棉公司提供农发行账户信息，供结算货款使用。中储棉公司按合同约定付款。因未提供正确账户导致货款延付等，产生的损失由卖方自行承担。

第二十二条　交易市场根据中储棉公司的通

知释放卖方履约保证金。

第二十三条 交易市场按10元/吨（含税）向成交的卖方收取交易手续费。中储棉公司的交易手续费按有关政策规定执行。

第七章 交货与货款结算

第二十四条 除不可抗力外，卖方应按《中央储备棉采购合同》要求于合同签署后次日起45日内将符合轮入要求的棉花送至中储棉公司指定交货仓库。

第二十五条 中国纤维质量监测中心按相关要求进行检验，并出具公证检验证书。在中储棉公司新疆承储仓库申报入库的棉花，由中国纤维质量监测中心组织按照相应批次的监管棉公证检验结果直接出具储备棉轮入公证检验证书。

第二十六条 中储棉公司根据《中央储备棉采购合同》成交价和实际批次棉花的公证检验结果计算货款。

轮入期间，货款质量差价按中国棉花协会公布的2020年12月质量差价表执行。

第二十七条 交货流程、货款结算等按中储粮集团或中储棉公司发布的相关规定执行。

第八章 质量重量纠纷与违约处理

第二十八条 拟轮入的棉花在实施在库公检并出具公证检验结果后，买卖双方均可作为申请方对拟轮入的棉花提出复检。中储棉公司作为买方直接向中国纤维质量监测中心提出复检。

卖方对在库公检结果有异议，可向交易市场提交复检申请，交易市场经初审符合申请条件的，及时转交中国纤维质量监测中心并抄送中储棉公司，中国纤维质量监测中心指定复检机构按申请人申请项目进行复检。经过在库公证检验的拟轮入的新疆棉可接受公定重量、颜色级、轧工质量、长度、马克隆值、断裂比强度和长度整齐度指数的复检申请。

有关复检程序和结果反馈按照中国纤维质量监测中心有关规定执行。

交易市场复检申请联系电话：010-59338692。

第二十九条 申请方在提交复检申请的同时，需将复检费用预存在交易市场储备棉交易保证金账户，或申请方保证在交易市场预存的可动用保证金数额足够支付复检费用。

复检检验费用标准按照国家棉花公证检验经费管理相应规定中的费用成本标准执行，仓库配合复检发生的搬倒费用由申请方承担。

第三十条 质量复检结果中，颜色级、轧工质量、长度级、马克隆值级、断裂比强度、长度整齐度指数中任意一项指标超出中国纤维质量监测中心规定的允差幅度，则该项目按照新的公证检验结果计算货款。在此情况下，交易市场将除公证检验搬倒费以外的其他预交复检费用退回申请方。

质量、重量复检结果作为最终货款结算依据。

第三十一条 发生下列情形之一，视为卖方违约。

1. 在成交后次日起5个工作日内未签订《中央储备棉采购合同》或未及时提交拟交储批次信息；

2. 未在规定时间内将符合交储条件的棉花送至交货仓库；

3. 最终交储批次与《中央储备棉采购合同》附件批次不一致；

4. 经有关单位认定掺杂使假；或棉包内部有污染、霉变现象时卖方不能提供符合轮入质量要求的棉花；

5. 未按《中央储备棉采购合同》所约定的数量交货。

若卖方能证明所交棉花在新疆监管库公证检验结果符合交储要求，入库公证检验结果不符合交储要求的，不能轮入，但不作为违约处理。

发现卖方存在掺杂使假等严重质量问题时，按照《棉花质量监督管理条例》由有关棉花质量监督机构处理。

第三十二条　卖方违约时，交易市场扣划卖方履约保证金作为违约金，并定期将违约金划转给中储棉公司，由中储棉公司上交中央财政。

第三十三条　为规范卖方行为，凡参与2020年度新疆棉轮入的卖方发生一次违约（按合同计算次数），在扣除履约保证金的基础上暂停交易一周；第二次发生违约，在扣除履约保证金的基础上暂停交易两周；第三次发生违约，在扣除履约保证金的基础上取消其本年度储备棉交易（含轮入和轮出）资格。

第三十四条　交易市场鼓励交易双方协商解决纠纷，协商不成的可向交易市场申请调解，协商或调解不成的，可以向合同签订地人民法院提起法律诉讼。

第九章　附则

第三十五条　在交易或交货过程中发现交易资料有误时，属于提供资料错误，由中储棉公司负责；属于交易市场数据处理错误，由交易市场负责。因上述原因造成的退货，不作为卖方违约处理。

第三十六条　承储仓库和卖方存在历史债务纠纷，不得与储备棉入库业务挂钩。

第三十七条　交货过程中，所有票据的合法性和有效性由提供方负责。

第三十八条　交易市场于轮入交易结束后及时向买卖双方交付各种费用清单和发票。

第三十九条　轮入交易期间，交易市场每日对外公布价格行情、成交结果等信息。

第四十条　轮入交易过程通过各种媒体向社会公开，接受公众监督。交易市场咨询、举报电话：010-59338647。

第四十一条　本办法由交易市场负责制订和解释。

第四十二条　本办法自2020年12月1日起生效。

附件1：中央储备棉轮入价格等计算公式

附件2：《中央储备棉采购合同》

附件1

中央储备棉轮入价格等计算公式

1.本周储备棉轮入竞买最高限价（折标准级3128B）=上一周国内市场棉花现货价格指数算术平均值×（1+2%）。

其中，国内市场棉花现货价格指数=[中国棉花价格指数（3128B品种）+国家棉花价格指数（3128B品种）]÷2。

质量等级差价按照中国棉花协会公布的棉花质量差价表执行。

2.内外棉价差=国内市场棉花现货价格指数-国际市场棉花现货价格指数。其中，国际市场棉花现货价格指数=考特鲁克A指数（折美元/吨）×汇率×（1+关税1%）×（1+增值税9%）。

汇率参照海关征税方式，采用上一个月第三个星期三（如逢法定节假日，则顺延采用第四个星期三）中国人民银行公布的外币对人民币的基准汇率。

附件2

中央储备棉采购合同

出卖人:　　　　　　　　　合同编号:　　　　　　　　　签订地点：北京市西城区

买受人:中国储备棉管理有限公司　　　　见证编号:　　　　　　　　　签订时间:　　年　月　日

品名	质量	数量（吨）	单位（元/吨）	金额（元）	承储仓库
锯齿细绒棉	3128B				
合计人民币金额（大写）					
备注					

第一条　根据《中华人民共和国合同法》、《国家粮食和物资储备局 中华人民共和国财政部公告（2020年第2号）》、《2020年度新疆棉轮入实施细则》、《2020年度新疆棉轮入竞价交易办法》、《2020年度新疆棉轮入公证检验实施细则》，经双方协商一致，签订本合同。

第二条　品名、质量、数量、单价、金额、承储仓库。

第三条　质量标准：按（GB 1103.1—2012）《棉花锯齿加工细绒棉国家标准》、《2020年度新疆棉轮入实施细则》、《2020年度新疆棉轮入公证检验实施细则》及有关规定执行。

第四条　验收办法：按《2020年度新疆棉轮入实施细则》、《2020年度新疆棉轮入竞价交易办法》、《2020年度新疆棉轮入公证检验实施细则》及有关规定由买受人在指定承储仓库验收。

第五条　交（提）货方式：出卖人按《2020年度新疆棉轮入实施细则》、《2020年度新疆棉轮入竞价交易办法》、《2020年度新疆棉轮入公证检验实施细则》及相关公告、通知要求自行送达合同约定承储仓库。

第六条　货款支付方式、期限及结算：根据《2020年度新疆棉轮入实施细则》及有关规定执行。

第七条　保证金：按照《2020年度新疆棉轮入实施细则》、《2020年度新疆棉轮入竞价交易办法》及有关规定执行。

第八条　违约责任：

（一）按《2020年度新疆棉轮入实施细则》、《2020年度新疆棉轮入竞价交易办法》及有关规定执行。

（二）因不可抗力不能执行本合同或需修改合同时，需经双方协商认可并报全国棉花交易市场备案或见证。

第九条　合同履行中发生争议可由当事人双方协商解决；协商不成，可报请全国棉花交易市场调解：协商或调解不成，当事人双方一致同意向合同签订地所在地人民法院提起诉讼。

第十条　本合同其他未列款项按《2020年度新疆棉轮入实施细则》、《2020年度新疆棉轮入竞价交易办法》、《2020年度新疆棉轮入公证检验实施细则》及有关规定执行。

第十一条　本合同一式三份，出卖人、买受人各一份，全国棉花交易市场见证一份。本合同由全国棉花交易市场给出唯一编号，并加盖全国棉花交易市场见证专用章。

第十二条　本合同所指《2020年度新疆棉轮入实施细则》、《2020年度新疆棉轮入竞价交易办法》、《2020年度新疆棉轮入公证检验实施细则》及有关规定与本合同具有同等法律效力。

出卖人（章）：
地　址：
邮　编：
法定代表人：
委托人：
电　话：
开户行：
经办人：
帐　号：
税　号：

买受人（章）：中国储备棉管理有限公司
地　址：北京市西城区华远街17号
邮　编：10003
法定代表人：
委托人：　　　　　　　　见证（章）：
电　话：010-83326550
开户行：中国农业发展银行总行营业部
帐　号：20399990010100000017651
税　号：911100007109309745

8　2020年度新疆棉轮入公证检验实施细则

第一章　总　则

第一条　为配合2019年度中央储备棉（以下简称储备棉）轮入工作，做好轮入储备棉的公证检验，保障轮入储备棉的数量和质量检验数据客观、准确，根据《棉花质量监督管理条例》、国家粮食和物资储备局、中华人民共和国财政部2019年第3号公告关于轮入部分新疆棉的相关部署及中央储备棉管理和棉花公证检验管理有关规定，制定本实施细则。

第二条　本实施细则适用于参加2019年度储备棉竞价交易的新疆棉的公证检验。

第二章　组织管理

第三条　中国纤维质量监测中心负责轮入储备棉公证检验的管理工作，按照统一受理申报、统一检验标准、统一技术规范、统一质量考核、统一经费核算的原则负责组织专业纤维检验机构（以下简称承检机构）对轮入的储备棉实施公证检验。

第四条　承检机构由承担在仓库检验的机构（以下简称在库机构）和承担实验室检验的机构（以下简称公检实验室）组成。

承检机构的工作内容包括：入库重量检验（以下简称重量检验）、抽取品质检验样品（以下简称取样）和品质检验样品的后续仪器化公证检验（以下简称品质检验）。

第三章　工作职责

第五条　中国纤维质量监测中心职责

（一）根据国家有关部门研究确定的2019年度储备棉轮入工作职责分工和检验项目与要求，制定公证检验实施细则，组织承检机构做好相关准备。

（二）根据国家有关部门制定的2019年度储备棉轮入计划及竞买成交情况，按照中国储备棉管理有限公司（以下简称中储棉公司）提供的入库地点及数量，及时组织承检机构实施公证检验。

（三）负责向国家有关部门提供储备棉轮入公证检验进度和相关情况，并及时协调有关单位解决公证检验中的问题。

（四）负责向中储棉公司提供轮入储备棉公证检验结果的电子数据。

第六条　检验机构职责

（一）按照中国纤维质量监测中心的管理要求，提前做好储备棉轮入公证检验各项准备工作。

（二）在库机构根据中国纤维质量监测中心下达的检验任务，及时与承储仓库联系接洽，督促其落实配合公证检验所需的现场工作条件及搬倒设备，确定启动公证检验的时间；按时到库，对经过仓库初验可以入库的批次进行核验，查看批号、包号等信息与报验信息是否一致；按照国家标准和检验操作规程进行重量公证检验、报送电子数据，出具重量公检证书；逐批抽取品质检验所需的样品并与公检实验室在仓库进行交接。

在库机构需配合承储仓库做好各项安全防范

工作。

（三）公检实验室根据中国纤维质量监测中心下达的公证检验任务，及时与在库机构做好衔接，确定在库机构开始工作时间；按时到仓库与在库机构进行样品交接，在符合要求的公检实验室完成品质检验，报送电子数据，出具品质公检证书。

第七条　中储棉公司职责

（一）负责提供成交储备棉的入库地点、数量、时间及承储仓库联系方式等信息。

（二）负责通知承储仓库做好公证检验相关准备工作，并抄送中国纤维质量监测中心等有关单位。

（三）负责协调承储仓库配备满足现场检验所需的工作场地及装卸、搬倒、称重等设备。

（四）协调承储仓库配合公检机构做好公证检验，保证公证检验进度。

第八条　承储仓库职责

（一）根据承储仓库实际条件，提供满足现场公证检验所需的装卸、搬倒、称重等设备和配合人员。称重等现场设备应在有效法定检定周期内，并确保称重设备准确可靠。

（二）开辟专门的检验工作区域，按检验需求将到库棉花逐批码放在检验区，配合承检机构做好公证检验。

（三）提供独立并由在库机构负责管理的待交接检验样品场所。

（四）对交储棉花进行初验。

（五）指定专人负责解决公证检验期间相关事宜。

（六）保障现场检验安全；负责现场取样棉包的复包整理等。

第四章　质量要求

第九条　承检机构依据《棉花　第1部分：锯齿加工细绒棉》国家标准（GB 1103.1—2012）和中国纤维质量监测中心发布的技术规范，对竞买成交的储备棉实施公证检验，逐批出具公证检验证书。

重量检验包括测定毛重、皮重、回潮率、含杂率，计算公定重量。

品质检验项目包括轧工质量、颜色级、长度、马克隆值、断裂比强度、长度整齐度指数。

在实验室进行品质检验的过程中，对于发现异性纤维的样品，按批标注发现异性纤维的样品个数。

第十条　交储的棉花每批质量要求如下：

（一）颜色级为白棉1、2、3级的比例不得低于80%，且不含白棉5级、淡点污棉3级、淡黄染棉、黄染棉；

（二）长度级为28毫米及以上的比例不得低于90%，且不含有27毫米以下；

（三）马克隆值级要求为A级、B级比例不低于90%，且不含有C1档。

（四）长度整齐度指数为U3档（中等）及以上的比例不低于90%，且不含有U5档（很低）；

（五）断裂比强度为S3档（中等）及以上的比例不低于90%，且不含有S5档（很差）；

（六）轧工质量要求为中档及以上；

（七）单批在检验中发现异性纤维的样品个数不超过2个；

（八）现场实测单包回潮率均低于10%；

（九）其他质量要求按国家有关标准执行。

第十一条　轮入棉花包装要求采用棉布外捆扎方式。包装材料和捆扎材料须符合GB 6975—2013《棉花包装》国家标准、GH/T 1068—2010《棉花包装用聚酯捆扎带》等规定。同一批次棉包的包装和捆扎材料应使用同一生产厂家生产的同一型号产品。棉包外形和尺寸要符合GB 6975—2013《棉花包装》国家标准中Ⅰ型包规定，单包净重227公斤（允差幅度为±10公斤）。棉包条码固定在棉包两头，刷唛要按照《棉花国家标准》（GB 1103.1—2012）中包装标识标志要求，在棉包两头刷明棉花产地、棉花加工单位、批号、包号、毛重、异性纤维含量代号、生产日期等内容，内容应齐全，字迹应清晰。

第五章 报验与入库要求

第十二条 在库公检采取预约方式。交储企业竞拍成功后，中国纤维质量监测中心根据中储棉公司“储备棉轮入自助服务平台”导出的入库预约登记信息及时安排承检机构；承检机构收到公检通知后，及时与仓库进行联系，准备入库公检；仓库确定棉花拟到库的具体时间后，应尽早（至少提前24小时）通知在库机构。

第十三条 交储企业在中储棉公司“储备棉轮入自助服务平台”提交预约信息后，不得修改。经中储棉公司同意修改的，需由中储棉公司通知中国纤维质量监测中心确认后，方可修改。

第十四条 在库机构到库后，承储仓库将审核后的《申报入储公证检验表》（纸质和电子版）、《条码汇总表》（电子版）交承检机构。对棉花到库前未完成报验，及报验材料不完整、内容不准确或提供的电子文件格式不正确的，承储仓库要及时通知交储企业补充或修改材料至符合要求后，方可进行公证检验。

第十五条 轮入棉花原则上每批186包或93包，186包批次的不得少于170包，93包批次的不得少于85包。不同采摘方式的棉花应分别组批。棉花批号规则按国家有关规定执行。

第十六条 交储企业组批装车发运应当本着提高入库和公证检验效率的原则，以批为单位申报公证检验。装车和卸车放置时应尽量采用对排码包方式，即棉包唛头朝外码放。

第十七条 同一批次全部棉包到库后，方可对该批棉花进行公证检验。

对以下情况，经承储仓库向交储企业书面确认该批棉包不再到货的情况下，在库机构可对实际到货的该批棉花进行入库公证检验，且不再接受对后续补充的该批次其他棉包进行检验：

（一）实际到库件数少于报验件数，但满足第十五条中规定批次最少件数。

（二）承储仓库初验或在库机构扫码核查时，将发现混入的其他批次棉包剔除后，入库公检件数少于报验件数，但满足第十五条中规定批次最少件数。

第六章 公证检验程序及相关要求

第十八条 承储仓库按照中储棉公司《2019年度国产储备棉轮入实施细则》进行入库初验合格后，通知承检机构开展公证检验。承检机构在公证检验中如发现不符合仓库初验相关规定的，立即暂停公证检验，通知仓库重新进行初验，初验通过后开始公证检验。

为提高入库效率，在条件允许的情况下，承储仓库的入库初验可与在库机构的重量检验和取样工作同步进行。

第十九条 在库机构应在储备棉到库过磅后，及时完成重量检验、取样及重量检验结果的审核上传，并与公检实验室在仓库及时完成样品交接。公检实验室应在收到样品后及时完成品质检验及品质检验结果的审核上传。

承检机构应及时完成检验出证，由在库机构统一在中国纤维质量监测中心储备棉轮入公证检验信息系统中下载公证检验电子证书，在整批棉包全部到库过磅后10日内交承储仓库，并进行交接书面签收。

第二十条 交储棉花的重量检验、取样工作，原则上按照“边入库、边公检”（即过磅、卸车、扫码核查、取样、测水、码垛、回皮、测杂）的流程进行。

在非集中入库时期，中国纤维质量监测中心将根据入库预约情况，合理安排在库机构进行重量检验、取样工作。

第二十一条　承检机构要建立健全工作质量管理和责任追究制度，严格执行中国纤维质量监测中心的相关规定，保证检验数据真实、可靠。

第七章　扫码核查与重量检验

第二十二条　在库机构入库前，通过中国纤维质量监测中心储备棉入库公证检验管理系统将报验信息下载至手持扫描设备内。通过逐包扫描棉包条码，核查棉包条码信息与报验信息是否一致。

下列情况，要暂停相应批次的检验，如实记录并经在库机构和承储仓库共同签字确认后，由承储仓库及时通知交储企业在48小时内予以改正。改正后重新核对无误或经过妥善处理的棉花，承储仓库通知在库机构重新安排重量检验和取样工作。未按规定改正的棉花，要予以剔除。

（一）报验材料不完整、内容不准确或提供的电子文件格式不正确；

（二）棉包条码卡不完整、不清晰，或棉包条码卡无法扫描；

（三）棉包两头刷唛信息不完整或明显错误；

（四）存在严重污染、水渍（冰块）、雨淋、火烧、霉变、炸包；

（五）外包装材质不符合包装标准规定。

（六）混入其他批次棉包的。

第二十三条　毛重检验采取逐批整车过磅方式称重，不得混批称重。混批次装载的，应先挑包整理批次，然后再逐批过磅称重。称重记录、空车回皮的全过程由在库机构和承储仓库工作人员共同承担并共同签字确认。

第二十四条　棉花入库时，交储企业应随货提供与交储棉花包装材料相同的包皮和捆扎材料一套用于测试皮重。交储企业不能提供的，经交储企业同意，可由在库机构打开一个棉包进行皮重测试，因开包测试皮重造成该棉包不符合交储条件的，交储企业自负责任。

第二十五条　在棉包按批过磅称重、卸车后，随机选取该批棉包数量10%的样品测试回潮率，并填写棉花回潮率检验单。回潮率检验执行现行有效的国家标准。

遇有天气状况可能影响检验结果的，应暂停检验；若交储企业和承储仓库均同意立即检验的，应详细记录并经双方签字确认后方可继续检验。

第二十六条　杂质检验样品应当和品质检验样品同时抽取，每10包抽取1包形成一个总重量不少于600克的杂质项目检验样品，依据《原棉含杂率试验方法》（GB/T 6499—2012）国家标准进行含杂率检验，填写棉花含杂率检验单。不得采取估验方式进行杂质检验。

第二十七条　重量检验工作完成后，在库机构应及时将重量检验相关数据通过中国纤维质量监测中心储备棉轮入公证检验管理软件上传中国纤维质量监测中心，并将入库报验材料及重量检验原始单据装订成册，以存档备查。具备在线上传条件的项目，通过在线实时上传方式上传。

第二十八条　在库机构应对重量检验及取样完成的棉包包身和包头加盖验讫印章。印章内容应清晰可见。印章内容包括：验讫标志、检验机构代码和入储公检标志。印章形状为圆形，直径6cm。印章第一行内容是检验机构代码，第二行内容是“入储公检”字样，第三行内容是“验讫”字样。

第八章　取样

第二十九条　在库机构必须在卸车后、上垛前逐包取样。样品为长方形且平整不乱，且每个样品的重量应控制在125至150克范围内，符合品质检验的要求。

现场扦样若必需剪开捆扎带开包，应从原取样切割刀口就近位置进行，原则上剪开捆扎带数量不得超过1根。禁止在棉包两端或随意在任意位置剪开捆扎带，禁止未经承储库现场人员许可随意增加剪开捆扎带数量，否则造成的后果由承检机构负责。

第三十条 每个样品应按照纵向、平整要求从棉包上取下，连同清晰可识读的条码卡联逐一装入样品包装小袋中。取样过程中要保证样品、条码卡一一对应。

在库机构须对装有样品和条码卡的包装小袋逐一清点无误后，按批集中装入品质检验样品袋。

第三十一条 品质检验样品包装袋中需放入已填写企业名称、批号、公检实验室名称、样品数量和包装袋编号的棉花公证检验品质检验样品交接卡（见附件1）。

第三十二条 品质检验样品包装袋由仪器化公检实验室提供，必须为棉布材料，并印有“棉花质量公证检验专用样品袋”字样和包装袋编号。

样品包装小袋由在库机构提供，要求为质量较好、透明度高的塑料小包装袋。

第三十三条 每个品质检验样品包装袋内的样品必须属于同一个批次，不得混入其他批次样品。样品交接前，品质检验样品包装袋按批次集中存放于全程受在库机构控制的样品交接周转库房。

第三十四条 取样完成后，在库机构样品交接人员应填写棉花品质检验样品交接单（见附件2），一式2份，1份由在库机构留存，1份由公检实验室留存。样品交接单的内容必须与实际情况相符。

第九章 样品交接验收和品质检验

第三十五条 公检实验室应派样品管理人员到承储仓库与在库机构取样人员进行样品交接，对在库机构的取样工作是否规范进行检查，并按照样品交接单核对以下项目：

（一）样品袋数、样品交接卡、批号是否与样品交接单相符；

（二）样品交接单和样品交接卡填写是否规范、真实、准确。

同一加工批的样品应一次完成交接。发现含有不符合要求的样品的情况，整批样品不得交接。

第三十六条 公检实验室应在样品到达实验室后进行样品验收，用手持扫码装置逐样扫描核查以下项目：

（一）每个样品是否夹有条码卡；

（二）条码卡打印是否正确、清晰；

（三）逐样扫描核查条码卡能否识读、是否有重复或混有其他加工批的条码；

（四）样品规格是否符合要求；

（五）样品交接单人员签字是否完整。

对不符合品质检验要求的样品，应立即协调在库机构核对、重新抽样。

第三十七条 样品交接和运输过程中应当保证样品外观形态不受破坏，防止样品雨淋、污染和丢失等。

在库机构取样人员取样时、在库机构取样人员与公检实验室样品管理人员交接样品时、仪器化公检实验室样品管理人员运输样品过程中，应当采取必要措施防止异性纤维混入。

第三十八条 公检实验室完成品质检验后，除用于复检等用途消耗的，应将品质公证检验样品保管30天后，将棉样按批整理，以批为单位交回承储仓库，并做交接签收。对于承储仓库和交储企业均已按照《2019年度国产储备棉轮入实施细则》有关规定完成公证检验结果确认的批次，承储仓库可通知公检实验室提前退还样品。

第三十九条 公检实验室进行品质检验时，按照中国纤维质量监测中心制定发布的现行《棉花质量仪器化公证检验工作规程》执行。

第十章　复检

第四十条　承储仓库收到在库机构交接的公证检验电子证书后，如对公证检验结果有异议，应在2日内报告中储棉公司统一申请复检，否则视为认同检验结果。

交储单位如对公证检验结果有异议，应在收到承储仓库向其提供的公证检验电子证书后2日内向全国棉花交易市场（以下简称交易市场）提出复检申请，交易市场初审符合申请条件的，交中国纤维质量监测中心，中国纤维质量监测中心指定复检机构，按申请人申请项目进行复检。

第四十一条　复检申请人可在现场监督复检过程，未派代表到达复检现场的，视同认可复检程序和结果。

第四十二条　复检样品原则上使用留样检验，必要时可重新抽样。

第四十三条　申请复检应当提交的材料：《储备棉轮入公证检验复检申请》（见附件3）、申请复检批次的入储合同复印件。复检申请材料应当加盖申请方单位公章。

第四十四条　中国纤维质量监测中心收到符合要求的复检申请资料后，出具《储备棉（轮入）公证检验复检受理通知书》（见附件4），符合受理条件的，向复检申请人告知复检机构，并抄送复检机构；不符合受理条件的，向复检申请人告知不予受理理由。

对超出规定时限的复检申请不予受理。

第四十五条　复检机构应当在收到《储备棉轮入公证检验复检申请单》之日起7个工作日内出具复检证书，原公证检验证书作废。一次复检为终局检验。复检申请方对复检结论仍有异议，可依法向人民法院提起诉讼。

第四十六条　复检申请方提起复检申请时应通过交易市场预缴复检费用，根据复检允差值判定标准，复检结果与原公证检验结果一致的，由复检申请方承担因复检发生的搬倒、检验等相关费用；复检结果与原公证检验结果不一致的，复检申请方只承担搬倒费用。

第四十七条　复检的检验费用标准按照国家棉花公证检验经费管理相关规定中的费用成本标准执行。

第四十八条　复检项目：公定重量、轧工质量、颜色级、长度、马克隆值、断裂比强度、长度整齐度指数。

第十一章　质量问题和举报投诉处理

第四十九条　对在公证检验过程中发现存在弄虚作假和严重质量问题线索的（如：将棉花及通过更换包装、更换唛头标识或拆包后重新加工皮棉用于交储等迹象的），承检机构应立即暂停公证检验，报中国纤维质量监测中心，中国纤维质量监测中心会同中储棉公司通报国家有关部门依法查证处置。

第五十条　对在公证检验过程中不能正确履行职责或存在严重工作质量问题的承检机构，中国纤维质量监测中心将暂停其公证检验工作，并依据相关规定予以处理。

第五十一条　中国纤维质量监测中心欢迎棉花货权人、承储仓库以及其他人员对承检机构的工作质量、工作作风等进行监督。监督举报电话：010-51006258，邮箱：jubao@cfi.gov.cn。

第十二章　附则

第五十二条　在中储棉新疆承储仓库本库申报入储的棉花，收到中储棉公司报验信息后，由中国纤维质量监测中心组织按照相应批次的监管棉公证检验结果直接出具储备棉轮入公证检验证书。证书交仓库后，仓库应及时在相应批次棉包上加盖储备棉验讫印章。

第五十三条　本实施细则由中国纤维质量监

测中心制定和解释。并根据国家有关部门关于储备棉轮入相关要求对本实施细则部分规定进行补充和调整。

第五十四条 本实施细则自发布之日起实施。

附件1

棉花公证检验品质检验样品交接卡（编号：　　）

批号	
棉花加工企业名称	
仪器化公检实验室	
包装袋号	
样品数	
备注：	

在库机构品质检验样品取样人员：

仪器化公检实验室样品管理员：

交接时间：　　年　　月　　日　　时　　分

交接地点：

附件2

棉花公证检验品质检验样品交接单（编号：　　）

仪器化公检实验室			在库机构		
监管仓库					
序号	加工批号	加工企业	包装袋编号	样品只数	备注
				只	
				只	
				只	
				只	
				只	
				只	
				只	
				只	
				只	
				只	
				只	
				只	
				只	
备注					

在库机构取样人员：

仪器化公检实验室样品管理员：

交接时间：　　年　　月　　日　　时　　分

交接地点：

附件 3

储备棉轮入公证检验复检申请

中国纤维质量监测中心：

我单位在储备棉轮入过程中，认为公证检验结果与我单位自检结果不一致，特提出复检申请，请安排检验机构进行复检。

如复检结果与原验结果在允差范围内，我公司同意缴纳复检所需费用。

<table>
<tr><td colspan="4">申请单位：（加盖公章）</td><td></td><td>申请日期</td><td></td></tr>
<tr><td colspan="4">全国棉花交易市场初审意见</td><td></td><td>审核日期</td><td></td></tr>
<tr><td colspan="4">入储仓库</td><td></td><td></td><td></td></tr>
<tr><td colspan="4">棉花现存放单位</td><td></td><td></td><td></td></tr>
<tr><td colspan="4">棉花现存放地址</td><td></td><td></td><td></td></tr>
<tr><td colspan="4">申请方联系人及联系电话</td><td></td><td></td><td></td></tr>
<tr><td colspan="5">棉花是否件数完整、按批次单独码放</td><td></td><td></td></tr>
<tr><td>序号</td><td>批号</td><td>产地</td><td>件数</td><td>公检证书编号</td><td>出证日期</td><td>申请复检项目</td></tr>
<tr><td>1</td><td></td><td></td><td></td><td></td><td></td><td></td></tr>
<tr><td>2</td><td></td><td></td><td></td><td></td><td></td><td></td></tr>
<tr><td>3</td><td></td><td></td><td></td><td></td><td></td><td></td></tr>
<tr><td>4</td><td></td><td></td><td></td><td></td><td></td><td></td></tr>
<tr><td colspan="7">公检结果（附证书复印件）：</td></tr>
<tr><td colspan="7">自检结果（附检验报告复印件）：</td></tr>
<tr><td colspan="7">购棉企业质量验收过程、使用的仪器设备型号、仪器设备检定情况：</td></tr>
</table>

附件 4

储备棉（轮入）公证检验复检受理通知书

______________________：

你单位提出的轮入储备棉公证检验复检申请（公检证书编号：______________________），经我单位审核，□同意 / □不同意受理。

对我单位同意复检的申请，请你单位据此受理通知书及时联系复检机构，安排复检事宜。

特此通知。

附：

（一）复检机构：______________________（同意受理情况下填写）

联系人：______________________

电　话：______________________

（二）不予受理原因：（不同意受理情况下填写）

1.	
2.	
3.	
4.	
5.	

中国纤维质量监测中心（复检受理章）

年　　月　　日

9　关于暂停新疆棉轮入挂牌交易的公告

各交储企业：

根据《2020年度新疆棉轮入实施细则》第十一条规定，2020年11月26日至30日，内外棉价差已连续三个工作日超过800元/吨，12月1日开始暂停新疆棉轮入挂牌交易。在轮入期间，当内外棉价差回落到800元/吨以内时，回落后第一个工作日重新启动挂牌交易。

中国储备棉管理有限公司

2020年12月1日

10 关于2021年中央储备棉轮出的公告

【发布单位】中国储备棉管理有限公司

【发布日期】2021年7月2日

根据国家有关部门要求及中国储备粮管理集团有限公司安排，为优化中央储备棉结构，确保质量良好，增强中央储备调控能力，2021年将对部分中央储备棉进行轮出。现将有关事项公告如下：

一、轮出安排

（一）时间。2021年7月5日至2021年9月30日期间的国家法定工作日。

（二）数量。总量安排60万吨，轮出期间除暂停交易日外，原则上实行均衡投放。

（三）价格。挂牌销售底价随行就市动态确定，与国内外棉花现货价格挂钩联动，由国内市场棉花现货价格指数和国际市场棉花现货价格指数各按50%的权重计算确定，每周调整一次。轮出期间，当国内市场棉花现货价格指数连续3个工作日累计跌幅超过500元/吨时，下个工作日起暂停交易；当国内市场棉花现货价格指数连续3个工作日累计不再下跌时，下个工作日重新启动交易。（具体计算公式见附件）

（四）方式。通过全国棉花交易市场公开挂牌竞价销售。

（五）公证检验。轮出的中央储备棉由中国纤维质量监测中心组织对质量和重量按100%进行公证检验。

二、其他事项

（一）中国储备棉管理有限公司会同全国棉花交易市场和中国纤维质量监测中心，将制定中央储备棉轮出、竞价交易、公证检验等方面的实施细则，并提前通过各自官网和全国棉花交易市场网站对外公布。

（二）在中央储备棉轮出过程中，如国内外棉花市场发生重大变化，根据有关部门调控意见要求，需对轮出安排作必要调整的，届时另行通知。

（三）国家有关部门将根据储备棉实际轮出情况和棉花市场形势等，视情况择机安排轮入国产棉。

特此公告。

附件：中央储备棉轮出销售底价计算公式

中国储备棉管理有限公司

2021年7月2日

附件

中央储备棉轮出销售底价计算公式

中央储备棉轮出销售底价每周调整确定一次，具体计算公式如下：

本周储备棉轮出销售底价（折标准级3128B）=上一周国内市场棉花现货价格指数算术平均值×权重50%+上一周国际市场棉花现货价格指数算术平均值×权重50%。其中：

1. 国内市场棉花现货价格指数=[中国棉花价格指数（3128B品种）+国家棉花价格指数（3128B品种）]÷2；

2. 国际市场棉花现货价格指数=考特鲁克A指数（折美元/吨）×汇率×（1+关税1%）×（1+增值税9%）；

3. 汇率参照海关征税方式，采用上一个月第三个星期三（如逢法定节假日，则顺延采用第四个星期三）中国人民银行公布的外币对人民币的基准汇率。

质量等级差价按照中国棉花协会公布的棉花质量差价表执行。

11　2021年中央储备棉轮出实施细则

根据国家有关部门要求及中国储备粮管理集团有限公司安排，中国储备棉管理有限公司（以下简称中储棉公司）制订2021年中央储备棉轮出实施细则。

一、轮出中央储备棉结构和库点安排

本年度轮出中央储备棉原则上为2011- 2013年度生产。具体轮出中央储备棉结构和库点根据出库公证检验情况，同时兼顾安全管理需要进行安排。

二、中央储备棉销售和提货流程

（一）销售方式。2021年中央储备棉轮出通过全国棉花交易市场（以下简称“交易市场”）公开竞价挂牌销售。

（二）销售价格。轮出中央储备棉的销售底价按《中央储备棉轮出销售底价计算公式》确定，质量等级价差按中国棉花协会公布的2021年6月棉花质量差价表执行。每日上市中央储备棉数量和实际批次的销售底价届时以公布的数据为准。

（三）销售时间。销售时间为2021年7月5日至2021年9月30日的国家法定工作日。每日具体交易时间为15:00开始交易，15:15开始30秒倒计时，15:30开始15秒倒计时，直至闭市。

依据国家有关部门规定，轮出期间，当国内市场棉花现货价格指数连续3个工作日累计跌幅超过500元/吨时，下个工作日起暂停交易；当国内市场棉花现货价格指数连续3个工作日累计不再下跌时，下个工作日重新启动交易。

中储棉公司会同交易市场有关单位负责跟踪国内市场棉花现货价格指数，并于每个工作日下午17:00通过中国棉花网和中国棉花信息网统一对外公布国内市场棉花现货价格指数。如需暂停交易或恢复交易，中储棉公司会同交易市场分别通过中国棉花网和中国棉花信息网及时对外发布公告。

（四）数据的发布和传递。中央储备棉出库库点和相关检验数据由中储棉公司、中国纤维质量监测中心、交易市场对外发布。交易数据由中储棉公司在交易的前一日向交易市场提供。交易闭市后交易市场将成交结果及时传中储棉公司。

（五）签订合同。竞卖交易成交即《中央储备棉销售合同》（见附件1）生效。在成交后次日起3个工作日内，买方应通过电子印章、传真等方式办理盖章签字手续并经交易市场见证以完备合同形式，否则视为买方违约。

（六）货款结算。买方须于成交后次日起5个工作日内将成交货款汇至中储棉公司“储备棉结算专户”，账号为：

收款单位：中国储备棉管理有限公司

开户行：中国农业发展银行总行营业部

行 号：203100000027

账 号：20399990010100000242801

中储棉公司不接受承兑汇票和代付款。超过5个工作日未收到货款视同买方违约，中储棉公司通知交易市场扣除相应保证金。为加快结算速度，减少资金在途时间，买方要按照合同金额汇款，并在汇款备注栏标注成交合同号。

（七）办理提货单。中储棉公司确认资金到账后的2个工作日内开具《中央储备棉出库单》，《中央储备棉出库单》由中储棉公司客服中心统一办理。中储棉公司客服中心地址及联系方式：

地址：北京市海淀区紫竹院路116号嘉豪国际中心B座15层

邮编：100097

联系电话：010-58931136

传真号码：010-58931123

（八）提货要求。买方凭《中央储备棉出库单》原件或者电子验证码到相应承储单位办理提货手续。承储仓库应及时通知买方办理棉花预约出库提货事宜。买方在棉花提货前须与承储仓库沟通联系，并通过中国棉花网或e棉仓登陆“中央储备棉出库（自助）服务系统”进行出库预约确认，便于承储仓库做好出库安排。

买方应于《中央储备棉出库单》开具之日起10个工作日（含）内提货，超过10个工作日（不含）未提货的，承储单位必须转作商品棉保管，并移出中央储备棉存储区域，买方应及时与承储单位签订商品棉保管合同，明确保管、保险等相关责任及费用标准，有关费用由买方承担。转为商品棉后，棉花若发生保管及出库等问题与中储棉公司无关。

应买方要求，承储单位应在代办运输、申报车皮计划、搬倒、装运等方面提供必要协助。中央储备棉出库费执行国家有关部门统一规定。除双方事先另有约定外，中央储备棉承储单位不得额外收取任何费用，不得强行要求买方使用指定的运输工具。提货批次中存在崩包、炸包情况的，买方与承储单位现场协商解决。中央储备棉提货过程中所有票据的合法性和有效性由提供方负责。

（九）释放交易保证金。开具《中央储备棉出库单》或提供电子验证码后，中储棉公司通知交易市场释放买方交易保证金。保证金已释放，如买方出现违约，中储棉公司将从买方货款中扣除违约金。

（十）开具增值税专用发票。买方需提货完成并验收无误后，方可向中储棉公司申请开具增值税专用发票。买方通过中央储备棉出库（自助）服务信息系统《开票申请》模块在线提交开具增值税专用发票申请，中储棉公司不接收纸质《开票申请》。

为提高开具发票速度，确保提供开票的相关资料准确无误，买方须通过中央储备棉出库（自助）服务信息系统在线填写《中央储备棉竞买企业基本信息备案表》（见附件2），并盖章传真至中储棉公司客服中心。

中央储备棉出库（自助）服务信息系统 网址：http://paochu.emiancang.com/。

（十一）交易手续费。中储棉公司根据有关规定，按照最终销售出库的数量支付交易手续费。

三、公证检验和质量纠纷处理

（一）中央储备棉出库公证检验

本年度出库的中央储备棉按照国家有关规定进行公证检验，质量和重量差异在允差范围内的按照轮出公证检验结果销售。出库中央储备棉质量和重量以相关机构出具的公证检验证书为准。

出库公证检验由中国纤维质量监测中心组织实施，相关细则按照《2015/2016年度国家储备棉轮出公证检验实施办法》（办法中“国家储备棉”即中央储备棉，下同）执行，相关承储单位要全力做好配合公证检验工作，确保中央储备棉出库任务顺利进行。

（二）质量重量纠纷处理

质量重量纠纷采用复检机制进行处理。买方按照《2015/2016年度国家储备棉轮出公证检验实施办法》关于复检的有关规定，向交易市场提出申请，交易市场初审后转中国纤维质量监测中心受理复检。

已经销售的中央储备棉除以下情况外，一律不予退货。

1. 经中国纤维质量监测中心认定属于掺杂使假。

2. 经中国纤维质量监测中心组织复检，质量或重量不相符的。

3. 棉包内部有严重污染、霉变情况。

鉴于中央储备棉按捆销售，发生以上情况退货时，仅接受整捆棉花全部退货，买方负责将退货棉花交回指定承储单位，经验收无误后方可退货。

在库复检和退货所发生的配合公检费、入库费按国家核定标准执行。退货棉花需保持包装完好，如需回包整理的，费用由买方承担。

四、信息发布和上报

中储棉公司通过中国棉花网和中国棉花信息网发布每日上市数据和相关公告，每周将出库情况汇总统计，连同存在的问题报有关部门。

五、其他事项

（一）此次轮出中央储备棉按捆销售，每捆棉花具体情况以中国棉花网、交易市场官网、中国棉花信息网公布的上市数据为准。

（二）买方须出具委托书，委托指定经办人员办理《中央储备棉出库单》以及增值税专用发票领取等手续。

（三）中储棉公司委托中储棉花信息中心有限公司（以下简称信息中心）免费对《中央储备棉出库单》实行电子认证，买方可凭《中央储备棉出库单》验证码短信到相关承储库办理提货手续，也可凭中储棉公司出具的纸质《中央储备棉出库单》原件到相关仓库办理提货手续。使用《中央储备棉出库单电子认证服务》详见信息中心发布的《关于〈中央储备棉出库单〉电子认证服务有关事项的公告》。

（四）中央储备棉出库费为45元/吨（国家法定节假日出库费为60元/吨）。由于储备棉提前进行出库公证检验，大部分储备棉压批堆码，装车出库时需倒垛。倒垛费最高不得超过40元/吨。以上费用由买方自行承担，提货前与相关承储单位结清。严禁承储单位超标准收费。

（五）各承储单位要进一步完善出库流程，接到中储棉公司出库指令后，及时联系买方，合理安排出库时间，不得以任何理由延迟出库。如发生买方投诉或提起诉讼，将由故意拖延提货的承储企业承担相应责任。

（六）买方违约后，交易市场定期将违约金划转至中储棉公司账户。本次中央储备棉竞卖结束后，由中储棉公司统一上缴财政部。

（七）中储棉公司投诉电话：400-660-2856，传真：010-58931123。买方企业也可登录中央储备棉出库（自助）服务信息系统《在线投诉与评价》模块进行投诉和在线评价。

附件：1.《中央储备棉销售合同》

2.《中央储备棉竞买企业基本信息备案表》

中国储备棉管理有限公司

2021年7月2日

附件1

中央储备棉销售合同

出卖人: 合同编号: 签订地点：北京市西城区

买受人: 见证编号: 签订时间： 年 月 日

捆号	数量（吨）	单价（元/吨）	金额（元）	承储仓库	备注
					提货需倒垛、或转商品棉后需移出中央储备棉存放区域产生的费用由买方自行承担
人民币金额（大写）					

第一条　根据《中华人民共和国民法典》及《关于2021年中央储备棉轮出的公告》，经双方协商一致，签订本合同。

第二条　数量、单价、承储仓库。

第三条　质量标准：按（GB 1103.1—2012）《棉花锯齿加工细绒棉国家标准》、《2015/2016年度国家储备棉轮出公证检验实施办法》及有关规定执行。

第四条　验收办法：按相关检验机构出具的公证检验证书及有关公告规定验收。

第五条　提货方式：本合同项下货物所有权自出卖人将《中央储备棉出库单》或电子验证码交付买受人时转移至买受人。买受人自提。出库费由买受人自理。

第六条　运输方式：买受人负责运输，费用及风险自理，出卖人可代办运输。

第七条　货款支付方式、期限及结算：买受人自交易成交后次日起5个工作日内，按合同载明的金额和出卖人账号向出卖人支付货款。出卖人不接受承兑汇票和代付款。出卖人在收到货款后向买受人开具《中央储备棉出库单》或提供电子验证码。买受人对所购买棉花验收无异议，且提货完毕后，提出开票申请，出卖人开具增值税发票。

第八条　履约保证金：经双方认可同意，各自向全国棉花交易市场交纳履约保证金人民币1000元/吨。如合同执行完毕，双方没有异议，由全国棉花交易市场退还各自的履约保证金。如一方有违约行为，按第九条规定，由全国棉花交易市场负责从违约方的履约保证金中扣除相应的金额给另一方。

第九条　违约责任：

（一）买受人未按合同第七条付款，超过合同规定付款期限之日起，出卖人有权单方解除合同，买受人应按未履行的合同数量按人民币1000元/吨的标准向出卖人偿付违约金。违约金由出卖人上交国家财政。

（二）买受人已支付货款，出卖人未按合同交货，并未能及时纠正的，买受人有权单方解除合同。合同终止后，出卖人应于10个工作日内退还货款，并按中国人民银行同期存款利率标准，支付已预付货款的利息。

（三）买受人须于出卖人开具《中央储备棉出库单》或生成电子验证码之日起10个工作日（含）内提货完毕。买受人10个工作日（含）内未完成提货的，买受人应与承储仓库签订商品棉保管合同，并将棉花移出中央储备棉存储区域，全部仓库费用包括但不限于仓储费等及货物毁损灭失风险由买受人承担。

（四）因不可抗力不能执行本合同或需修改合同时，需经双方协商认可并报全国棉花交易市场备案或见证。

第十条 合同履行中发生争议可由当事人双方协商解决；协商不成，可报请全国棉花交易市场调解；协商或调解不成，当事人双方一致同意向出卖人所在地有管辖权的人民法院提起诉讼。

第十一条 《2021年中央储备棉轮出竞价交易办法》、《2021年中央储备棉轮出实施细则》、《2015/2016年度国家储备棉轮出公证检验实施办法》及中国棉花网（www.cncotton.com）或全国棉花交易市场官网（www.cnce.cn）或中国棉花信息网（www.cottonchina.org.cn）适时发布的相关规定与本合同具有同等法律效力。

第十二条 其他事项：

（一）买受人如对购买的中央储备棉质量和重量检验结果有异议，应在《中央储备棉出库单》出具之日起的10个工作日内向全国棉花交易市场提交复检申请，全国棉花交易市场经初审符合申请条件的，及时转交中国纤维质量监测中心，中国纤维质量监测中心指定复检机构按买受人申请项目进行复检；超出10个工作日的，视为质量和重量符合要求。具体按《2015/2016年度国家储备棉轮出公证检验实施办法》、《2021年中央储备棉轮出竞价交易办法》、《2021年中央储备棉轮出实施细则》和有关规定处理。

（二）出卖人交货是指出卖人在确认收到买受人货款后开具《中央储备棉出库单》或提供电子验证码，同时向承储仓库发出出库通知。承储仓库根据出库量情况及时安排合同项下货物出库。

（三）未尽事宜，双方协商解决。

第十三条 本合同由全国棉花交易市场给出唯一编号，经出卖人和买受人加盖公章以及全国棉花交易市场加盖见证专用章后生效。

第十四条 本合同一式三份，出卖人、买受人各一份，全国棉花交易市场见证一份，具有同等法律效力。

（以下无正文）。

出卖人（章）：	买受人（章）：
地址：	地址：
邮编：	邮编：
法定代表人：	法定代表人：
委托人：	委托人：
见证（章）：	
电话：	电话：
开户行：	开户行：
行号：	
经办人：	
账号：	账号：
税号：	税号：

附件2

中央储备棉竞买企业基本信息备案表（纺织企业）

企业基本信息	单位名称		交易商代码	
	所在地		企业类型	
	纱锭规模（万锭）		2020年用棉总量（吨）	
	2020年纯棉纱产量（吨）		是否织布	
	主要纱线品种（支）		使用进口棉产地	
	采购需求			
	发票快递地址		邮编	
	法定代表人姓名		手机号码	
	业务联系人姓名		手机号码	
	座机号码		传真号码	
增值税发票开票信息	单位名称			
	纳税人类型			
	纳税人识别号			
	地址			
	电话			
	开户行			
	银行账号			
	财务联系人		电话	

注 1. 交易商代码为竞拍企业在全国棉花交易市场的交易商代码。

2. 首次填写，请将纸质版备案表加盖公章传真至中储棉客户服务中心。

3. 如需变更信息请在线修改，并将纸质版备案表加盖公章传真至中储棉客户服务中心。

4. 提交前认真查看录入内容，保证信息正确性。

5. 联系电话010–58931136，传真号码：010–58931123

企业名称：

（加盖企业公章）

年　月　日

中央储备棉竞买企业基本信息备案表（贸易企业）

企业基本信息	单位名称			交易商代码	
	所在地			企业类型	
	2019年棉花经营总量		2020年棉花经营总量		
	发票快递地址		邮编		
	法定代表人姓名		手机号码		
	业务联系人姓名		手机号码		
	座机号码		传真号码		
增值税发票开票信息	单位名称				
	纳税人类型				
	纳税人识别号				
	地址				
	电话				
	开户行				
	银行账号				
	财务联系人		电话		

注 1. 交易商代码为竞拍企业在全国棉花交易市场的交易商代码；

2. 首次填写，请将纸质版备案表加盖公章传真至中储棉客户服务中心；

3. 如需变更信息请在线修改，并将纸质版备案表加盖公章传真至中储棉客户服务中心；

4. 提交前认真查看录入内容，保证信息正确性。

5. 联系电话010–58931136，传真号码：010–58931123

企业名称：

（加盖企业公章）

年　月　日

12　2021年中央储备棉轮出竞价交易办法

第一章　总则

第一条　为保证中央储备棉（以下简称“储备棉”）轮出交易按照“公开、公正、公平”的原则进行，根据《中华人民共和国民法典》及有关规定，制定本办法。

第二条　本办法适用于规范2021年储备棉轮出交易行为，全国棉花交易市场（以下简称“交易市场”）、买方、卖方和储备棉承储仓库等相关各方须遵守此办法。

第二章　交易时间

第三条　轮出交易时间为2021年7月5日至2021年9月30日期间的国家法定工作日。每日具体交易时间为15：00开始交易，15：15开始30秒倒计时，15：30开始15秒倒计时，直至闭市。

依据国家有关部门要求，轮出期间，当国内市场棉花现货价格指数连续3个工作日累计跌幅超过500元/吨时，下个工作日起暂停交易；当国内市场棉花现货价格指数连续3个工作日累计不再下跌时，下个工作日重新启动交易。中国储备棉管理有限公司（以下简称“中储棉公司”）会同交易市场负责跟踪国内市场棉花现货价格指数，并于每个工作日下午17:00通过中国棉花网和中国棉花信息网统一对外公布国内市场棉花现货价格指数。

第三章　交易资格

第四条　储备棉轮出交易的卖方为中储棉公司。参与储备棉轮出交易的买方为经国家市场监管部门登记注册的法人企业，资信状况良好，无不良经营记录，无未处理完毕及涉及储备棉交易纠纷等遗留问题。

参与轮出交易的买方应注册为交易市场交易商。如企业尚未成为交易市场交易商，须按照交易市场有关规定办理入市手续，交易市场相应开通交易权限。

因严重违反本办法和中储棉公司发布的轮出实施细则相关规定，交易市场有权取消买方参与轮出交易的资格。

第五条　买方通过网络远程参与轮出交易。买方应对其在交易市场的一切交易活动承担经济和法律责任。

第四章　交易方式

第六条　储备棉轮出通过竞卖交易方式销售。竞卖交易是指拟销售的储备棉质量和数量等基础数据通过交易市场预先公布后挂牌报价，由符合资格的买方自主加价，按价格优先、时间优先原则，以最高购买价成交，双方通过交易市场签订购销合同的交易方式。

第七条　竞卖交易实行倒计时制。即所有参与交易的买方对当日所有批次的储备棉在规定时间内不再提出任何新的报价，则全场结束竞价，自动成交。

第八条　标准级（3128B）储备棉的销售底价按《中央储备棉轮出销售底价计算公式》确

定，非标准级储备棉的销售底价由交易市场按中国棉花协会公布的有关质量差价表计算确定。每日上市数量和实际批次储备棉的销售底价以届时公布的上市数据为准。

买方在销售底价基础上自主加价，每次最小加价幅度为20元/吨。

第九条 成交后，买方与中储棉公司签订《中央储备棉销售合同》，交易市场见证。

第十条 交易的计量单位为“吨”，计价单位为“元/吨”（含增值税）。

第五章 交易信息披露

第十一条 上市交易的轮出储备棉的公证检验数据及时通过交易市场网站发布。

第十二条 储备棉轮出交易资源由国家有关部门委托中储棉公司负责组织，由中国纤维质量监测中心按照GB 1103.1—2012《棉花 第1部分：锯齿加工细绒棉》国家标准组织公证检验，每批储备棉的公证检验证书标示结果作为参与交易和成交结算货款的质量、重量依据。

第十三条 中储棉公司至迟于上市交易1个工作日前，按照有关部门规定的格式，向交易市场提供拟上市交易的储备棉生产年度、产地、存放仓库、质量、数量、上市日期等基础资料。

依据国家有关部门要求，如需暂停交易或恢复交易，中储棉公司会同交易市场分别通过中国棉花网和中国棉花信息网及时对外发布公告。

第十四条 交易市场至迟于上市交易前1个工作日对外公布拟上市交易的储备棉资料。

第十五条 交易市场通过官网（www.cnce.cn）“2021年中央储备棉轮出”专栏免费提供交易实时行情服务。

第十六条 交易市场及时将成交情况报送国家有关部门。

第六章 保证金、货款收付和手续费

第十七条 参加储备棉轮出交易的买方须于交易前在交易市场指定账户存放不少于30万元的保证金。交易市场预存交易商的交易保证金实行专户管理。

交易市场只接受本单位的汇款作为交易保证金。为确保保证金及时入账，请在汇款用途里注明交易商代码和“储备棉保证金”字样。

第十八条 交易过程中，买方如保证金不足，将暂停交易，直至补足为止。

第十九条 成交后，交易市场从买方预存保证金中根据成交数量按1000元/吨的标准暂扣其保证金作为履约保证金。

第二十条 买方须于成交后次日起3个工作日内签订《中央储备棉销售合同》，并于成交后次日起5个工作日内将成交货款汇至中储棉公司指定的“储备棉结算专户”，否则视为买方违约，交易市场扣除相应合同违约金后，相关批次棉花重新上市交易。

为简化操作手续、提高业务办理效率，买方通过在交易市场提供的电子版《中央储备棉销售合同》上加盖电子印章的方式完成买方签订销售合同的手续，具体办理手续按交易市场有关规定程序执行。

为加快结算速度，减少资金在途时间，买方应按照合同金额汇款，并在汇款备注栏中标注成交合同号。

第二十一条 交易市场根据中储棉公司的通知释放买方履约保证金，或将有关保证金扣为违约金。交易市场定期将违约金划转给中储棉公司，由中储棉公司上交中央财政。

为规范买方行为，凡参与2021年储备棉竞卖交易的买方发生一次违约（按合同计算次数），在扣除履约保证金的基础上暂停交易一周；第二次发生违约，在扣除履约保证金的基础上暂停交易两周；第三次发生违约，在扣除履约保证金的基础上取消其本年度储备棉交易（含轮入和轮出）资格。交易市场通过官网（www.cnce.cn）“2021年中央储备棉轮出”专栏公布违约情况，接受公众监督。

第二十二条　交易市场按10元/吨（含税）向成交的买方收取交易手续费。中储棉公司的交易手续费按有关政策规定执行。

第七章　交货及提货

第二十三条　除不可抗力外，买方应于有关批次《储备棉出库单》开具之日起10个工作日（含）内提货完毕，承储仓库应及时办理出库有关手续，不得无故拒绝、拖延、阻扰。

买方逾期未提货的，相关棉花转作商品棉管理，具体由买方与承储仓库协商签订商品棉保管合同，并按双方协议执行。

第二十四条　应买方要求，承储仓库应在代办运输、申报车皮计划、搬倒、装运等方面提供必要协助。

第二十五条　储备棉交货和提货过程中，所有票据的合法性和有效性由提供方负责。

第二十六条　储备棉出库相关费用执行国家有关部门统一规定的标准。除双方事先另有约定外，储备棉承储仓库不得额外收取任何费用，不得强行要求买方使用指定的运输工具。

第八章　质量重量保障和交易纠纷处理

第二十七条　买方如对购买的储备棉的质量和重量检验结果有异议，可以在《储备棉出库单》出具之日起的10个工作日内向交易市场提交复检申请，交易市场经初审符合申请条件的，及时转交中国纤维质量监测中心并抄送中储棉公司，中国纤维质量监测中心指定复检机构按申请人申请项目进行复检；超出10个工作日，有关单位不接受复检申请。

已经过公证检验的储备棉可接受公定重量、颜色级、轧工质量、长度、马克隆值、断裂比强度和长度整齐度指数的复检申请。

有关复检程序和结果反馈按照中国纤维质量监测中心有关规定执行。

交易市场接受复检申请的联系电话：010-59338692。

第二十八条　买方在提交复检申请的同时，需将复检费用预存在交易市场储备棉交易保证金账户，或保障买方在交易市场预存的可动用保证金数额足够支付复检费用。

复检费用标准为：只检验质量的，费用标准为58元/吨；只检验重量的，费用标准为42元/吨；同时检验质量和重量的，费用标准为100元/吨。

第二十九条　储备棉的质量复检结果中，颜色级、轧工质量、长度级、马克隆值级、断裂比强度级、长度整齐度指数中任意一项指标与原公证检验结果不一致的，买方可提出退货，如买方选择不退货，仍按原公证检验结果结算货款。

储备棉的重量复检结果与原公定重量检验结果差异在1%及以内的，按原公定重量检验结果结算货款；重量复检结果与原公定重量检验结果差异在1%以上的，买方可提出退货，如买方选择不退货，仍按原公定重量检验结果结算货款。

仓库配合复检发生的搬倒费用（40元/吨）由买方承担。如复检结果与原公证检验结果一致的，有关复检费用由买方承担，否则，买方交易商不承担复检费用。

质量复检结果与原公证检验结果是否一致的标准按中国纤维质量监测中心有关规定执行。

第三十条　除非发生下列情形，已成交储备棉不予退货。

1. 经中国纤维质量监测中心认定的掺杂使假；

2. 经中国纤维质量监测中心复检认定质量或重量与原检验结果不一致的；

3. 棉包内部有严重污染、霉变现象。

轮出的储备棉如存在掺杂使假等严重质量问题，由棉花质量监督机构按照《棉花质量监督管理条例》有关规定处理。

第三十一条　买方购买的储备棉符合退货条件且买方选择退货，中储棉公司按相关规定办理退货手续。

买方只能按成交时的整“捆”办理退货。

第三十二条　交易市场鼓励交易双方协商解决纠纷，协商不成的可向交易市场申请调解，协商或调解不成的，交易双方应向合同签订地人民法院提起法律诉讼。

第九章　其他

第三十三条　买方可到中储棉公司自行领取《储备棉出库单》（纸质）以及增值税专用发票，也可委托指定人员凭委托书到中储棉公司办理有关单据和发票的领取手续。

第三十四条　在交易或提货过程中发现交易资料有误时，属于提供资料错误，由中储棉公司负责；属于交易市场数据处理错误，由交易市场负责。因上述原因造成的退货，不作为买方违约处理。

第三十五条　承储仓库和买方的历史债务纠纷，不得与储备棉提货业务挂钩。

第三十六条　买方对所购买储备棉验收无异议后，向中储棉公司申请开具增值税发票。

第三十七条　交易市场于轮出交易结束后及时向买卖双方交付各种费用清单和发票。

第十章　附则

第三十八条　储备棉轮出交易期间，交易市场每日对外公布价格行情、成交量、成交单位、成交价格等信息。公布的价格行情主要包括最高价、最低价、加权平均价等。

第三十九条　储备棉轮出交易过程通过各种媒体向社会公开，接受公众监督。交易市场咨询、举报电话：010-59338647、59338695。

第四十条　本办法由交易市场负责制定和解释。

附件：中央储备棉销售合同（格式模板）

附件

中央储备棉销售合同

出卖人:　　　　　　合同编号:　　　　　　签订地点：北京市西城区

买受人:　　　　　　见证编号:　　　　　　签订时间:　　年　月　日

<table>
<tr><th>捆号</th><th>数量（吨）</th><th>单价（元/吨）</th><th>金额（元）</th><th>承储仓库</th><th>备注</th></tr>
<tr><td></td><td></td><td></td><td></td><td rowspan="3"></td><td rowspan="3">提货需倒垛或转商品棉后需移出中央储备棉存放区域产生的费用，由买方自行承担</td></tr>
<tr><td></td><td></td><td></td><td></td></tr>
<tr><td></td><td></td><td></td><td></td></tr>
<tr><td colspan="3">人民币金额（大写）</td><td colspan="3"></td></tr>
</table>

第一条　根据《中华人民共和国民法典》及《关于2021年中央储备棉轮出的公告》，经双方协商一致，签订本合同。

第二条　数量、单价、承储仓库。

第三条　质量标准：按（GB 1103.1—2012）《棉花锯齿加工细绒棉国家标准》、《2015/2016年度国家储备棉轮出公证检验实施办法》及有关规定执行。

第四条　验收办法：按相关检验机构出具的公证检验证书及有关公告规定验收。

第五条　提货方式：本合同项下货物所有权自出卖人将《中央储备棉出库单》或电子验证码交付买受人时转移至买受人。买受人自提。出库费由买受人自理。

第六条　运输方式：买受人负责运输，费用及风险自理。出卖人可代办运输。

第七条　货款支付方式、期限及结算：买受人自交易成交后次日起5个工作日内，按合同载明的金额和出卖人账号向出卖人支付货款。出卖人不接受承兑汇票和代付款。出卖人在收到货款后向买受人开具《中央储备棉出库单》或提供电子验证码。买受人对所购买棉花验收无异议且提货完毕后，提出开票申请，出卖人开具增值税发票。

第八条　履约保证金：经双方认可同意，各自向全国棉花交易市场交纳履约保证金人民币1000元/吨。如合同执行完毕，双方没有异议，由全国棉花交易市场退还各自的履约保证金。如一方有违约行为，按第九条规定，由全国棉花交易市场负责从违约方的履约保证金中扣除相应的金额给另一方。

第九条　违约责任：（一）买受人未按合同第七条付款，超过合同规定付款期限之日起，出卖人有权单方解除合同，买受人应按未履行的合同数量按1000元/吨的标准向出卖人偿付违约金。违约金由出卖人上交国家财政。（二）买受人已支付货款，出卖人未按合同交货，并未能及时纠正的，买受人有权单方解除合同。合同终止后，出卖人应于10个工作日内退还货款，并按中国人民银行同期存款利率标准，支付已预付货款的利息。（三）买受人须于出卖人开具《中央储备棉出库单》或生成电子验证码之日起10个工作日（含）内提货完毕。买受人10个工作日（含）内未完成提货的，买受人应与承储仓库签订商品棉保管合同，并将棉花移出储备棉存储区域，全部仓库费用包括但不限于仓储费等及货物毁损灭失风险由买受人承担。（四）因不可抗力不能执行本合同或需修改合同时，需经双方协商认可并报全国棉花交易市场备案或见证。

第十条　合同履行中发生争议可由当事人双方协商解决；协商不成，可报请全国棉花交易市场调解；协商或调解不成，当事人双方一致同意向出卖人所在地有管辖权的人民法院提起诉讼。

第十一条　《2021年中央储备棉轮出竞价交易办法》、《2021年中央储备棉轮出实施细则》、《2015/2016年国家储备棉轮出公证检验实施办法》及中国棉花网（www.cncotton.com）或全国棉花交易市场官网（www.cnce.cn）或中国棉花信息网（www.cottonchina.org.cn）适时发布的相关规定与本合同具有同等法律效力。

第十二条　其他事项：（一）买受人如对购买的储备棉质量和重量检验结果有异议，应在《中央储备棉出库单》出具之日起的10个工作日内向全国棉花交易市场提交复检申请，全国棉花交易市场经初审符合申请条件的，及时转交中国纤维质量监测中心，中国纤维质量监测中心指定复检机构按买受人申请项目进行复检；超出10个工作日的，视为质量和重量符合要求。具体按《2015/2016年国家储备棉轮出检验实施办法》、《2021年中央储备棉轮出竞价交易办法》、

《2021年中央储备棉轮出实施细则》和有关规定处理。

（二）出卖人交货是指出卖人在确认收到买受人货款后开具《中央储备棉出库单》或提供电子验证码，同时向承储仓库发出出库通知。承储仓库根据出库量情况及时安排合同项下货物出库。

（三）未尽事宜，双方协商解决。

第十三条 本合同由全国棉花交易市场给出唯一编号，经出卖人和买受人加盖公章以及全国棉花交易市场加盖见证专用章后生效。

第十四条 本合同一式三份，出卖人、买受人各一份，全国棉花交易市场见证一份，具有同等法律效力。

（以下无正文）。

出卖人（章）：	买受人（章）：
地址:	地址:
邮编:	邮编:
法定代表人:	法定代表人:
委托人:	委托人:
见证（章）:	
电话:	电话:
开户行:	开户行:
行号：	
经办人：	
账号:	账号:
税号:	税号:

13　关于2021年度中央储备棉轮出公证检验的公告

【发布单位】中国纤维质量监测中心
【发布日期】2021年7月2日

根据《国家粮食和物资储备局　财政部关于下达2021年度第一批中央储备棉轮换计划的通知》（国粮粮〔2021〕125号）精神，轮出的储备棉由中国纤维质量监测中心组织对质量和重量按100%进行公证检验。经研究，公证检验相关事宜按照原中国纤维检验局发布的《2015/2016年度国家储备棉轮出公证检验实施办法》（见附件，办法中“国家储备棉”改为“中央储备棉”，“中国纤维检验局”改为“中国纤维质量监测中心”）执行。

特此公告。

附件：《2015/2016年度国家储备棉轮出公证检验实施办法》

中国纤维质量监测中心
2021年7月2日

附件

2015/2016年度国家储备棉轮出公证检验实施办法

第一章　总　则

第一条　为配合2015/2016年度国家储备棉（以下简称国储棉）轮出工作，做好轮出国储棉的公证检验，保障轮出国储棉质量和重量检验数据的真实性和准确性，根据《棉花质量监督管理条例》、国家有关部门发布的2015/2016年度国储棉轮出计划，制定本办法。

第二条　本办法适用于2015/2016年度轮出的国储棉公证检验。

第二章　组织管理及检验项目

第三条　中国纤维检验局（以下简称中纤局）负责轮出国储棉公证检验的管理工作，并依据2015/2016年度国储棉轮出计划，负责组织承担国储棉公证检验的专业纤维检验机构（以下简称承检机构）对轮出的国储棉实施公证检验。

承检机构由承担在仓库检验的机构（以下简称在库机构）和承担实验室检验的机构（以下简称公检实验室）组成。

第四条　检验依据及检验方式：依据《棉花 第1部分：锯齿加工细绒棉》国家标准（GB 1103.1—2012）和中纤局发布的技术规范，承检机构对轮出的国储棉实施公证检验，逐批出具公检证书。

第五条　公证检验项目：国产棉检验公定重量、颜色级、轧工质量、长度、马克隆值、断裂比强度、长度整齐度指数；进口棉检验颜色级、轧工质量、长度、马克隆值、断裂比强度、长度整齐度指数。

第三章 工作职责

第六条 中纤局职责

（一）根据国家有关部门研究确定的2015/2016年度国储棉轮出工作职责分工和检验项目与要求，制定公证检验实施办法，组织承检机构做好相关准备。

（二）根据国家有关部门制定的2015/2016年度国储棉轮出计划及销售进度，以及中国储备棉管理总公司（以下简称中储棉总公司）提供的国储棉存放地点及数量，及时下达公证检验任务并组织承检机构实施公证检验。

（三）负责向国家有关部门提供轮出国储棉公证检验进度和相关情况，并及时协调有关单位解决公证检验中的新问题、新情况。

（四）负责向中储棉总公司提供轮出国储棉公证检验结果的电子数据。

第七条 检验机构职责

（一）按照中纤局的管理要求，提前做好国储棉轮出公证检验各项准备工作。

（二）在库机构根据中纤局下达的检验任务，及时与承储仓库联系接洽，督促其落实配合公证检验所需的现场工作条件及搬倒设备，确定启动公证检验的时间；按时到库，负责现场核验轮出国储棉的实物、数量、垛位卡、批号、包号等信息与中储棉总公司提供的台账等报验信息是否一致；按照国家标准和检验操作规程对国产棉进行重量公证检验、报送电子数据，出具重量公检证书；分别按照对进口棉和国产棉的抽样比例要求，逐批抽取品质公证检验所需的样品并与公检实验室在仓库进行交接。

在库机构需配合承储仓库做好各项安全防范工作。

（三）公检实验室根据中纤局下达的公证检验任务，及时与在库机构做好衔接，确定在库机构开始工作时间；按时到仓库与在库机构进行样品交接，在符合要求的公检实验室完成品质公证检验，报送电子数据，出具品质公检证书。

第八条 中储棉总公司职责

（一）负责提供轮出国储棉的存放地点、数量、台账明细表及承储仓库联系方式等报验信息。

（二）负责通知承储仓库做好公证检验相关准备工作，并抄送中纤局等有关单位。

（三）负责协调承储仓库配备满足现场检验所需的工作场地及装卸、搬倒、称重等设备。

（四）协调承储仓库配合公检机构做好公证检验，保证公证检验进度。

第九条 承储仓库职责

（一）根据承储仓库实际条件，提供满足现场公证检验所需的装卸、搬倒、称重等设备和配合人员。称重等现场设备应在有效法定检定周期内。

（二）开辟专门的检验工作区域，对需要公证检验的国储棉进行拆垛整理，按检验需求逐批码放在检验区，配合承检机构做好公证检验。

（三）指定专人负责解决公证检验期间相关事宜。

（四）保障现场检验安全；负责现场取样棉包的回包、回垛整理等。

第四章 公证检验工作流程

第十条 拆捆整理：

承储仓库将待公证检验的国储棉进行拆捆整理，按批次码放到检验区域。原则上应以4层8包或3层6包为一个单元，码放时要露出棉包两侧的取样口。同一批棉花应码放在同一个工作面上。

在可以达到随机抽样的比例要求的前提下，进口棉可以不进行拆捆，在原棉垛抽样。抽样时仓库应提供必要的配合人员和设备。

在确保安全作业和检验工作质量的前提下，在库机构应与承储仓库配合，根据仓库实际情况优化流程，可以采取棉花下垛、过磅、取样穿插进行的方式进行检验。

第十一条　核验货物：

中纤局将中储棉公司提供的台账明细表下发承检机构，在库机构据此现场核验棉包实物、数量、垛位卡、批号、包号等信息与中储棉公司提供的台账等报验信息是否一致。有以下任一情况，该批棉花暂不检验，在库机构与承储仓库确认情况后，及时上报中纤局，中纤局协调中储棉总公司进行检查核实后，由中纤局和中储棉总公司分别将处理意见书面通知在库机构和承储仓库。

（一）批次棉包实物与报验信息不一致或存在人为调换迹象的，如：同一批次棉包唛头标示不一致、悬挂条码与唛头标识不符、改换包头、无验讫印章等现象；

（二）在库机构收到中纤局下发的台账信息中批次总包数与导出条码明细的批次总数不一致的；

（三）承储仓进行拆捆时，整理出的某批次实际包数未达到该批次报验包数，且缺失数量达到或超过报验包数5%的；

（四）因复包等原因出现白包数量占该批次总包数的比例达到或超过5%的；

（五）棉包出现严重污染、水渍，发现火烧、霉变等现象，或者有异味及包装不完整、严重崩包（炸包）等现象的。

第十二条　国产棉重量公证检验：

国产棉重量公证检验的项目包括：毛重、皮重、净重、回潮率、含杂率、公定重量。

毛重检验由在库机构在承储仓库的配合下完成，相关记录填写在棉花衡重检验单上。

皮重检验的棉包皮重原则上采用入库检验的棉包皮重结果。必要时可在现场测试一个棉包。

回潮率检验执行现行有效的国家标准。遇有天气状况可能影响检验结果的，应暂停检验。

含杂率检验样品应当和品质检验样品同时抽取，依据《原棉含杂率试验方法》（GB/T 6499—2012）国家标准进行检验，填写棉花含杂率检验单。不得采取估验方式进行杂质检验。

在库机构应于每日将当日已完成批次的检验数据进行审核，审核后及时将相关电子数据报送至中纤局。数据一经上报，不得变更。

重量公证检验过程中的原始单据应与台账明细等报验材料装订成册，存档备查。

第十三条　取样：

所有样品抽取应当在称重之后进行。

在库机构依据棉花国家标准规定的取样方法及国家有关部门要求，进口棉按照10%的比例、国产棉按照100%比例对核验合格批次的国储棉逐批抽取品质检验样品，并抽取含杂率检验样品。

对于无法取到符合检验需求样品的棉包，可开包取样。但要避免对棉包包装的过度破坏，以减小对回垛及运输的影响。

第十四条　加盖验讫印章：

对取样的棉包应逐包加盖验讫印章，印章字迹应清晰可辨认。棉布包装的加盖在棉包包身和包头，塑料包装的棉包加盖在不干胶标签上。对无法加盖印章的棉包（如塑料材质包装），须标注便于辨认的标记。

印章内容包括：验讫标志、检验机构代码和中储棉总公司英文缩写（CNCRC）。印章形状为圆形，直径6cm。印章第一行内容是中储棉总公司英文缩写，第二行内容是检验机构代码，第三行内容是验讫标志。

第十五条　样品交接：

在库机构和公检实验室样品交接人员按照检

验操作规程有关要求，逐批清点样品无误后，在样品交接单上签字确认，完成交接。

第十六条　品质公证检验：

依据棉花国家标准、相关技术规范和棉花颜色级、轧工质量实物标准等，公检实验室对抽取棉样进行品质公证检验，检验项目包括：颜色级、轧工质量、长度、马克隆值、断裂比强度、长度整齐度指数。

品质公证检验执行中纤局制定发布的相关检验操作规程。

公检实验室应于每日将当日已完成批次的检验数据进行审核，审核后及时将电子数据报送中纤局。数据一经上报，不得变更。

第十七条　中纤局审核发送数据：

中纤局对承检机构上报的公证检验数据审核后，以电子数据形式发送至中储棉总公司。同时，中纤局将审核结果通知承检机构。

第十八条　出具公检证书：

在库机构和公检实验室分别根据中纤局通知的审核结果出具重量公检证书和品质公检证书。品质公检证书由公检实验室交予在库机构后，在库机构将品质公检证书与重量公检证书一并交予承储仓库，并与承储仓库办理证书交接手续。证书一式两联，一联由承储仓库留存，一联随货同行。

第十九条　交接公检证书时，相应批次的品质检验样品应随证书一同交接给承储仓库并办理交接手续，供承储仓库随货提供给购棉方（与中储棉总公司签署合同的买受人）。

第五章　复检规定

第二十条　购棉方应对所购国储棉质量、重量进行验收，对轮出国储棉中存在崩包、炸包问题的，应在提货时及时协调仓库予以解决。购棉方若对质量、重量有异议，且提供相关检验结果的，可在储备棉出库单开具后10个工作日内向全国棉花交易市场提交复检申请，全国棉花交易市场初审符合申请条件的交中纤局，中纤局指定复检机构，按申请人申请项目进行复检。

第二十一条　复检项目：2014/2015年度公证检验的进口棉可接受颜色级、轧工质量、长度、马克隆值的复检申请；2015/2016年度公证检验的进口棉可接受颜色级、轧工质量、长度、马克隆值、断裂比强度、长度整齐度指数的复检申请；2015/2016年度公证检验的国产棉可接受公定重量、颜色级、轧工质量、长度、马克隆值、断裂比强度、长度整齐度指数的复检申请。

第二十二条　复检样品重新抽取，申请人应确保棉花按批次单独码放，件数完整、未经使用。

第二十三条　申请复检应当提交的材料：《国家储备棉（轮出）公证检验复检申请单》（附件1）、购买合同复印件、储备棉出库单复印件、轮出国储棉公证检验证书复印件。复检所有申请材料应当加盖购棉方单位公章。

第二十四条　中纤局收到符合要求的复检申请资料后，出具《国家储备棉（轮出）公证检验复检受理通知书》（附件2），向复检申请人告知复检机构或不予受理理由。

对超出规定时限的复检申请不予受理。

第二十五条　复检后由复检单位出具棉花国家公证检验复检证书，原公检证书作废。一次复检为终局检验。

第二十六条　根据复检允差值判定标准（附件3），复检结果与原公证检验结果一致的，由复检申请方承担因复检发生的相关费用；复检结果与原公证检验结果不一致的，复检申请方不承担任何费用。

第六章　附则

第二十七条　对公证检验过程中发现质量违

法问题线索的，停止公证检验，按照《棉花质量监督管理条例》予以处理。

第二十八条　中纤局接受各购棉企业、承储仓库以及涉棉行业的企业单位对检验机构的工作质量、工作作风等进行监督。中纤局监督举报电话：010–51006258，举报邮箱：jubao@cfi.gov.cn。

第二十九条　本办法由中国纤维检验局负责解释。

第三十条　本办法自发布之日起实施。

附件：1. 国家储备棉（轮出）公证检验复检申请单

2. 国家储备棉（轮出）公证检验复检受理通知书

3. 国家储备棉（轮出）公证检验复检允差判定标准

附件1：

国家储备棉（轮出）公证检验复检申请单

中国纤维检验局：

我公司竞拍购买的国家储备棉，经初步检验与公检结果不一致，特提出复检申请，请你局安排检验机构进行复检。

如复检结果与原验结果一致，我公司同意缴纳复检所需费用。

<table>
<tr><td colspan="4">申请单位：（加盖公章）</td><td colspan="2"></td><td>申请日期</td><td></td></tr>
<tr><td colspan="4">全国棉花交易市场初审意见</td><td colspan="2"></td><td>审核日期</td><td></td></tr>
<tr><td colspan="4">储备棉轮出提货仓库</td><td colspan="4"></td></tr>
<tr><td colspan="4">棉花现存放单位</td><td colspan="4"></td></tr>
<tr><td colspan="4">棉花现存放地址</td><td colspan="4"></td></tr>
<tr><td colspan="4">联系人及联系电话</td><td colspan="4"></td></tr>
<tr><td colspan="6">棉花是否未经使用、件数完整、按批次单独码放</td><td colspan="2"></td></tr>
<tr><td>序号</td><td>批号</td><td>产地</td><td>件数</td><td>公检证书编号</td><td>出证日期</td><td colspan="2">申请复检项目</td></tr>
<tr><td>1</td><td></td><td></td><td></td><td></td><td></td><td colspan="2"></td></tr>
<tr><td>2</td><td></td><td></td><td></td><td></td><td></td><td colspan="2"></td></tr>
<tr><td>3</td><td></td><td></td><td></td><td></td><td></td><td colspan="2"></td></tr>
<tr><td>4</td><td></td><td></td><td></td><td></td><td></td><td colspan="2"></td></tr>
</table>

公检结果（附证书复印件）：

自检结果（附检验报告复印件）：

购棉企业质量验收过程、使用的仪器设备型号、仪器设备检定情况：

附件2：

国家储备棉（轮出）公证检验复检受理通知书

________：

你单位提出的轮出国储棉公证检验复检申请（轮出国储棉公检证书编号：________________），经我局审核，□同意/□不同意受理。

对我局同意复检的申请，请你单位据此受理通知书及时联系复检机构，安排复检事宜。

特此通知。

附表：

（一）复检机构：__________（同意受理情况下填写）

联系人：__________

电话：__________

（二）不予受理原因：（不同意受理情况下填写）

1.	
2.	
3.	
4.	
5.	

中国纤维检验局（复检受理章）

年 月 日

附件3

国家储备棉（轮出）公证检验复检允差判定标准

项目	单位	允差值	判定标准
上半部平均长度	mm	± 0.6	批次比对，平均长度在允差值范围内，判定为一致
长度整齐度指数	%	± 1.5	批次比对，长度整齐度指数平均值在允差值范围内，判定为一致
断裂比强度	cN/tex	± 1.5	批次比对，断裂比强度平均值在允差值范围内，判定为一致
马克隆值	—	± 0.2	批次比对，马克隆值平均值在允差值范围内，判定为一致
颜色级	—	—	逐样比对，每批棉花颜色级相符率不低于80%，判定为一致
轧工质量	好、中、差	—	逐样比对，每批棉花轧工质量相符率不低于80%，判定为一致
公定重量	Kg	± 1%	复检公定重量与原公定重量相差在 ± 1%范围内，判定为一致

14　关于中央储备棉轮出交易有关公告

各涉棉企业：

国家将进一步加强棉花市场调控，加大市场资源供应量，后续储备棉投放单日挂牌规模、投放时间、竞价交易办法等事宜另行公告。为做好相关准备和衔接工作，9月30日暂停储备棉挂牌交易。

中国储备棉管理有限公司

全国棉花交易市场

2021年9月30日

15 中国储备棉管理有限公司关于2021年第一批中央储备棉投放的公告

【发布单位】中国储备棉管理有限公司

【发布日期】2021年10月7日

根据国家相关部门要求，为促进棉花市场平稳运行，并满足棉纺企业用棉需求，中国储备棉管理有限公司将组织2021年第一批中央储备棉投放。现将有关事项公告如下：

一、投放安排

（一）时间。2021年10月—11月。10月8日起开始投放。

（二）数量。投放期间每个法定工作日原则上投放1.5万吨左右，根据市场形势等情况动态调整。

（三）方式。通过全国棉花交易市场公开竞价挂牌销售。

（四）价格。挂牌销售底价随行就市动态确定，原则上与国内外棉花现货价格挂钩联动，由国内市场棉花现货价格指数和国际市场棉花现货价格指数各按50%的权重计算确定，每周调整一次。（具体计算公式见附件）

（五）公证检验。投放的储备棉由中国纤维质量监测中心组织按10%抽样开展公证检验。

二、其他事项

（一）中国储备棉管理有限公司、全国棉花交易市场和中国纤维质量监测中心将制定储备棉投放、竞价交易、公证检验等方面的实施细则，并提前通过各自官网和全国棉花交易市场网站对外公布。

（二）储备棉投放交易仅限纺织用棉企业参与竞买。如非纺织用棉企业违规参与竞买，结果无效，并取消其今后参与储备棉交易资格。纺织用棉企业购买的储备棉，仅限于本企业自用（竞买企业与纺织用棉企业的统一社会信用代码或税务登记号必须相同），不得转卖。否则一经发现，将取消其今后参与储备棉交易资格。

（三）中央储备棉投放过程中，如国内外棉花市场发生重大变化，根据国家相关部门市场调控等需要，将对第一批投放安排作必要调整，或继续安排中央储备棉投放，届时另行通知。

特此公告。

附件：中央储备棉投放销售底价计算公式

中国储备棉管理有限公司

2021年10月7日

附件

中央储备棉投放销售底价计算公式

中央储备棉投放销售底价每周调整确定一次，具体计算公式如下：

本周储备棉投放销售底价（折标准级3128B）=上一周国内市场棉花现货价格指数算术平均值×权重50%+上一周国际市场棉花现货价格指数算术平均值×权重50%。其中：

1.国内市场棉花现货价格指数=[中国棉花价格指数（3128B品种）+国家棉花价格指数（3128B品种）]÷2；

2.国际市场棉花现货价格指数=考特鲁克A指数（折美元/吨）×汇率×（1+关税1%）×（1+增值税9%）；

3.汇率参照海关征税方式，采用上一个月第三个星期三（如逢法定节假日，则顺延采用第四个星期三）中国人民银行公布的外币对人民币的基准汇率。

质量等级差价按照中国棉花协会公布的棉花质量差价表执行。

16 中国储备棉管理有限公司关于2021年第二批中央储备棉投放的公告

【发布单位】中国储备棉管理有限公司

【发布日期】2021年11月9日

2021年第一批中央储备棉已结束投放。根据国家相关部门要求，为更好满足棉纺企业用棉需求，中国储备棉管理有限公司将组织2021年第二批中央储备棉投放。现将有关事项公告如下：

一、投放安排

（一）时间。2021年11月10日起开始投放。

（二）数量。投放总量60万吨。每日投放量根据市场形势等情况合理安排。

（三）方式。通过全国棉花交易市场公开竞价挂牌销售。

（四）价格。挂牌销售底价随行就市动态确定，原则上与国内外棉花现货价格挂钩联动，每周调整一次。（具体计算公式见附件）

（五）公证检验。投放的储备棉由中国纤维质量监测中心组织按10%抽样开展公证检验。

二、相关事项

（一）投放有关实施细则、交易细则及检验细则按照2021年第一批中央储备棉投放有关办法执行。

（二）储备棉投放交易仅限纺织用棉企业参与竞买。如非纺织用棉企业违规参与竞买，结果无效，并取消其今后参与储备棉交易资格。纺织用棉企业购买的储备棉，仅限于本企业自用（竞买企业与纺织用棉企业的统一社会信用代码或税务登记号必须相同），不得转卖。否则一经发现，将取消其今后参与储备棉交易资格。

（三）投放期间，根据国内外棉花市场形势和国家宏观调控等需要，将对投放安排作必要调整，或进一步增加中央储备棉投放，届时另行通知。

特此公告。

附件：2021年中央储备棉投放销售底价计算公式

中国储备棉管理有限公司

2021年11月9日

附件

2021年中央储备棉投放销售底价计算公式

中央储备棉投放销售底价每周调整确定一次，具体计算公式如下：

本周新疆及进口储备棉投放销售底价（折标准级3128B）=上一周国内市场棉花现货价格指数

算术平均值×权重50%+上一周国际市场棉花现货价格指数算术平均值×权重50%。

本周地产储备棉投放销售底价（折标准级3128B）=上一周国际市场棉花现货价格指数算术平均值。

其中：1.国内市场棉花现货价格指数=[中国棉花价格指数（3128B品种）+国家棉花价格指数（3128B品种）]÷2；2.国际市场棉花现货价格指数=考特鲁克A指数（折美元/吨）×汇率×（1+关税1%）×（1+增值税9%）；3.汇率参照海关征税方式，采用上一个月第三个星期三（如逢法定节假日，则顺延采用第四个星期三）中国人民银行公布的外币对人民币的基准汇率。

质量等级差价按照中国棉花协会公布的棉花质量差价表执行。

17 2021年中央储备棉投放实施细则

根据国家相关部门要求，中国储备棉管理有限公司制订2021年中央储备棉投放实施细则。

一、投放储备棉结构和库点安排

具体投放储备棉结构和库点根据出库公证检验情况，同时兼顾储备棉安全管理需要进行安排。

二、储备棉销售和提货流程

（一）销售方式。2021年储备棉投放通过全国棉花交易市场（以下简称“交易市场”）公开竞价挂牌销售。

（二）销售价格。投放储备棉的销售底价按《中央储备棉投放销售底价计算公式》确定，质量等级价差按中国棉花协会公布的2021年9月棉花质量差价表执行。每日上市数量和实际批次储备棉的销售底价届时以公布的上市数据为准。

（三）销售时间。销售时间为2021年10月~11月，10月8日起国家法定工作日。每日具体交易时间为15:00开始交易，15:15开始30秒倒计时，15:30开始15秒倒计时，直至闭市。

（四）数据的发布和传递。储备棉出库库点和储备棉相关检验数据由中储棉公司、全国棉花交易市场对外发布。交易数据由中储棉公司在交易前向交易市场提供。交易闭市后交易市场将成交结果及时传中储棉公司。

（五）签订合同。竞卖交易成交即《中央储备棉销售合同》（见附件）生效。在成交后次日起3个工作日内，买方应通过电子印章、传真等方式办理盖章签字手续并经交易市场见证以完备合同形式，否则视为买方违约。

（六）货款结算。买方须于成交后次日起5个工作日内将成交货款汇至中储棉公司“储备棉结算专户”，账号为：

收款单位：中国储备棉管理有限公司

开户行：中国农业发展银行总行营业部

行 号：203100000027

账 号：20399990010100000242801

中储棉公司不接受承兑汇票和代付款。超过5个工作日未收到货款视同买方违约，中储棉公司通知交易市场扣除相应保证金。为加快结算速度，减少资金在途时间，买方要按照合同金额汇款，并在汇款备注栏标注成交合同号。

（七）办理提货单。中储棉公司确认资金到账后的2个工作日内开具《储备棉出库单》，《储备棉出库单》由中储棉公司客服中心统一办理。中储棉公司客服中心地址及联系方式：

地址：北京市海淀区紫竹院路116号嘉豪国际中心B座15层

邮编：100097

联系电话：010-58931136

传真号码：010-58931123

（八）提货要求。买方凭《储备棉出库单》原件或者电子验证码到相应承储单位办理提货手续。承储仓库应及时通知买方办理棉花预约出库提货事宜。买方在棉花提货前须与承储仓库沟通联系，并通过中国棉花网或e棉仓登陆“储备棉出库（自助）服务系统”进行出库预约确认，便于承储仓库做好出库安排。

买方应于《储备棉出库单》开具之日起10个工作日（含）内提货，超过10个工作日（不含）未提货的，承储单位必须转作商品棉保管，并移出储备棉存储区域，买方应及时与承储单位签订商品棉保管合同，明确保管、保险等相关责任及费用标准，有关费用由买方承担。转为商品棉后，棉花若发生保管及出库等问题与中储棉公司无关。

应买方要求，承储单位应在代办运输、申报车皮计划、搬倒、装运等方面提供必要协助。储备棉出库费执行国家有关部门统一规定。除双方事先另有约定外，储备棉承储单位不得额外收取任何费用，不得强行要求买方使用指定的运输工具。提货批次中存在崩包、炸包情况的，买方与承储单位现场协商解决。储备棉提货过程中所有票据的合法性和有效性由提供方负责。

（九）释放交易保证金。开具《储备棉出库单》或提供电子验证码后，中储棉公司通知交易市场释放买方交易保证金。保证金已释放，如买方出现违约，中储棉公司将从买方货款中扣除违约金。

（十）开具增值税专用发票。买方需提货完成并验收无误后，方可向中储棉公司申请开具增值税专用发票。买方通过储备棉出库（自助）服务信息系统《开票申请》模块在线提交开具增值税专用发票申请，中储棉公司不接收纸质《开票申请》。

为提高开具发票速度，确保提供开票的相关资料准确无误，买方须通过储备棉出库（自助）服务信息系统在线填写《储备棉竞买企业基本信息备案表》（见附件2），并盖章传真至中储棉公司客服中心。

储备棉出库（自助）服务信息系统 网址：http://paochu.emiancang.com/。

（十一）交易手续费。中储棉公司根据有关规定，按照最终销售出库的数量支付交易手续费。

三、公证检验和质量纠纷处理

（一）储备棉出库公证检验

本年度出库的储备棉按照国家有关规定进行公证检验，质量和重量差异在允差范围内的按照投放公证检验结果销售。出库储备棉质量和重量以相关机构出具的公证检验证书为准。

出库公证检验由中国纤维质量监测中心组织实施，除按10%抽样公证检验以外，其他相关细则按照《2015/2016年度国家储备棉轮出公证检验实施办法》（办法中“国家储备棉”即中央储备棉，下同）执行，相关承储单位要全力做好配合公证检验工作，确保储备棉出库任务顺利进行。

（二）质量重量纠纷处理

质量重量纠纷采用复检机制进行处理。买方按照《2015/2016年度国家储备棉轮出公证检验实施办法》关于复检的有关规定，向交易市场提出申请，交易市场初审后转中国纤维质量监测中心受理复检。

已经销售的储备棉除以下情况外，一律不予退货。

1. 经中国纤维质量监测中心认定属于掺杂使假。

2. 经中国纤维质量监测中心组织复检，质量或重量不相符的。

3. 棉包内部有严重污染、霉变情况。

鉴于储备棉按捆销售，发生以上情况退货时，仅接受整捆棉花全部退货，买方负责将退货棉花交回指定承储单位，经验收无误后方可退货。

在库复检和退货所发生的配合公检费、入库费按国家核定标准执行。退货棉花需保持包装完好，如需回包整理的，费用由买方承担。

四、信息发布和上报

中储棉公司通过中国棉花网和中国棉花信息网发布每日上市数据和相关公告，每周将出库情况汇总统计，连同存在的问题报有关部门。

五、其他事项

（一）此次出库储备棉按捆销售，每捆棉花具体情况以中国棉花网、交易市场官网、中国棉花信息网公布的上市数据为准。

（二）买方须出具委托书，委托指定经办人员办理《储备棉出库单》以及增值税专用发票领取等手续。

（三）中储棉公司委托中储棉花信息中心有限公司（以下简称信息中心）免费对《储备棉出库单》实行电子认证，买方可凭《储备棉出库单》验证码短信到相关承储库办理提货手续，也可凭中储棉公司出具的纸质《储备棉出库单》原件到相关仓库办理提货手续。使用《储备棉出库单电子认证服务》详见信息中心发布的《关于〈储备棉出库单〉电子认证服务有关事项的公告》。

（四）储备棉出库费为45元/吨（国家法定节假日出库费为60元/吨）。由于本年度储备棉提前进行出库公证检验，大部分储备棉压批堆码，装车出库时需倒垛。倒垛费最高不得超过40元/吨。以上费用由买方自行承担，提货前与相关承储单位结清。严禁承储单位超标准收费。

（五）各承储单位要进一步完善出库流程，接到中储棉公司出库指令后，及时联系买方，合理安排出库时间，不得以任何理由延迟出库。如发生买方投诉或提起诉讼，将由故意拖延提货的承储企业承担相应责任。

（六）买方违约后，交易市场定期将违约金划转至中储棉公司账户。本次储备棉竞卖结束后，由中储棉公司统一上缴财政部。

（七）中储棉公司投诉电话：400-660-2856，传真：010-58931123。买方企业也可登录储备棉出库（自助）服务信息系统《在线投诉与评价》模块进行投诉和在线评价。

附件：《中央储备棉销售合同》

中国储备棉管理有限公司

二〇二一年十月七日

附件

中央储备棉销售合同

出卖人：　　合同编号：　　签订地点：北京市西城区

买受人：　　见证编号：　　签订时间：　　年　月　日

捆号	数量（吨）	单价（元/吨）	金额（元）	承储仓库	备注
					提货需倒垛、或转商品棉后需移出储备棉存放区域产生的费用由买方自行承担
人民币金额（大写）					

第一条　根据《中华人民共和国合同法》及国家粮食和物资储备局、财政部公告（2020年第1号），经双方协商一致，签订本合同。

第二条　数量、单价、承储仓库。

第三条　质量标准：按（GB 1103.1—2012）《棉花锯齿加工细绒棉国家标准》、《2015/2016年度国家储备棉轮出公证检验实施办法》及有关规定执行。

第四条　验收办法：按相关检验机构出具的公证检验证书及有关公告规定验收。

第五条　交（提）货方式：本合同项下货物所有权自出卖人将《储备棉出库单》或电子验证码交付买受人时转移至买受人。买受人自提。出库费由买受人自理。

第六条　运输方式：买受人负责运输，费用及风险自理，出卖人可代办运输。

第七条　货款支付方式、期限及结算：买受人自交易成交后次日起5个工作日内，按合同载明的金额和出卖人账号向出卖人支付货款。出卖人不接受承兑汇票和代付款。出卖人在收到货款后向买受人开具《储备棉出库单》或提供电子验证码。买受人对所购买棉花验收无异议，且提货完毕后，提出开票申请，出卖人开具增值税发票。

第八条　履约保证金：经双方认可同意，各自向全国棉花交易市场交纳履约保证金1000元/吨。如合同执行完毕，双方没有异议，由全国棉花交易市场退还各自的履约保证金。如一方有违约行为，按第九条规定，由全国棉花交易市场负责从违约方的履约保证金中扣除相应的金额给另一方。

第九条　违约责任：

（一）买受人未按合同第七条付款，超过合同规定付款期限之日起，出卖人有权单方解除合同，买受人应按未履行的合同数量按1000元/吨的标准向出卖人偿付违约金。违约金由出卖人上交国家财政。

（二）买受人已支付货款，出卖人未按合同交货，并未能及时纠正的，买受人有权单方解除合同。合同终止后，出卖人应于10个工作日内退还货款，并按中国人民银行同期存款利率标准，支付已预付货款的利息。

（三）买受人须于出卖人开具《储备棉出库单》或生成电子验证码之日起10个工作日（含）内提货完毕。买受人10个工作日（含）内未完成提货的，买受人应与承储仓库签订商品棉保管合同，并将棉花移出储备棉存储区域，全部仓库费用包括但不限于仓储费等及货物毁损灭失风险由买受人承担。

（四）因不可抗力不能执行本合同或需修改合同时，需经双方协商认可并报全国棉花交易市场备案或见证。

第十条　合同履行中发生争议可由当事人双方协商解决；协商不成，可报请全国棉花交易市场调解；协商或调解不成，当事人双方一致同意向出卖人所在地人民法院提起诉讼。

第十一条　《2020年中央储备棉轮出竞价交易办法》、《2020年中央储备棉轮出实施细则》、《2015/2016年国家储备棉轮出公证检验实施办法》及中国棉花网（www.cncotton.com）或全国棉花交易市场官网（www.cnce.cn）或中国棉花信息网（www.cottonchina.org.cn）适时发布的相关规定与本合同具有同等法律效力。

第十二条　其他事项：

（一）买受人如对购买的储备棉质量和重量检验结果有异议，应在《储备棉出库单》出具之日起的10个工作日内向全国棉花交易市场提交复检申请，全国棉花交易市场经初审符合申请条件的，及时转交中国纤维质量监测中心，中国纤维质量监测中心指定复检机构按买受人申请项目进行复检；超出10个工作日的，视为质量和重量符合要求。具体按《2015/2016年国家储备棉轮出公证检验实施办法》、《2020年中央储备棉轮出竞价交易办法》、《2020年中央储备棉轮出实施细则》和有关规定处理；（二）出卖人交货是指出卖人在确认收到买受人货款后开具《储备棉出库单》

或提供电子验证码，同时向承储仓库发出出库通知。承储仓库根据出库量情况及时安排合同项下货物出库；（三）未尽事宜，双方协商解决。

第十三条 本合同一式三份，出卖人、买受人各一份，全国棉花交易市场见证一份。本合同由全国棉花交易市场给出唯一编号，并加盖全国棉花交易市场见证专用章。

出卖人（章）:
地址:
邮编:
法定代表人:
委托人:
见证（章）:
电话:
开户行:
行号:
经办人:
账号:
税号:

买受人（章）:
地址:
邮编:
法定代表人:
委托人:
电话:
开户行:
账号:
税号:

18　2021年中央储备棉投放竞价交易办法

第一章　总则

第一条　为保证中央储备棉（以下简称“储备棉”）投放交易按照“公开、公正、公平”的原则进行，根据《中华人民共和国民法典》及有关规定，制定本办法。

第二条　本办法适用于规范2021年储备棉投放交易行为，全国棉花交易市场（以下简称“交易市场”）、买方、卖方和储备棉承储仓库等相关各方须遵守此办法。

第二章　交易时间

第三条　投放交易为2021年10月8日开始至11月期间的国家法定工作日。每日具体交易时间为15：00开始交易，15：15开始30秒倒计时，15：30开始15秒倒计时，直至闭市。

中国储备棉管理有限公司（以下简称“中储棉公司”）会同交易市场负责跟踪国内市场棉花现货价格指数，并于每个工作日下午17:00通过中国棉花网和中国棉花信息网统一对外公布国内市场棉花现货价格指数。

第三章　交易资格

第四条　储备棉投放交易的卖方为中储棉公司。

参与储备棉投放交易的买方为经国家市场监管部门登记注册的法人企业，资信状况良好，无不良经营记录，无未处理完毕及涉及储备棉交易纠纷等遗留问题。

参与投放交易的买方应注册为交易市场交易商。如企业尚未成为交易市场交易商，须按照交易市场有关规定办理入市手续，交易市场相应开通交易权限。

参与投放交易的买方仅限纺织用棉企业，且只能本企业自用（竞买企业与纺织用棉企业的统一社会信用代码或税务登记号必须相同），不得转卖，一经发现，将取消其今后参与储备棉交易资格。

如非纺织用棉企业违规参与竞买，结果无效，并取消其今后参与储备棉交易资格。

因严重违反本办法和中储棉公司发布的投放实施细则相关规定，交易市场有权取消买方参与投放交易的资格。

第五条　买方通过网络远程参与投放交易。买方应对其在交易市场的一切交易活动承担经济和法律责任。

第四章　交易方式

第六条　储备棉投放通过竞卖交易方式销售。

竞卖交易是指拟销售的储备棉质量和数量等基础数据通过交易市场预先公布后挂牌报价，由符合资格的买方自主加价，按价格优先、时间优先原则，以最高购买价成交，双方通过交易市场签订购销合同的交易方式。

第七条　竞卖交易实行倒计时制。即所有参与交易的买方对当日所有批次的储备棉在规定时间内不再提出任何新的报价，则全场结束竞价，自动成交。

第八条 标准级（3128B）储备棉的销售底价按《中央储备棉投放销售底价计算公式》确定，非标准级储备棉的销售底价由交易市场按中国棉花协会公布的有关质量差价表计算确定。每日上市数量和实际批次储备棉的销售底价以届时公布的上市数据为准。

买方在销售底价基础上自主加价，每次最小加价幅度为20元/吨。

第九条 成交后，买方与中储棉公司签订《中央储备棉销售合同》，交易市场见证。

第十条 交易的计量单位为“吨”，计价单位为“元/吨”（含增值税）。

第五章 交易信息披露

第十一条 上市交易的投放储备棉的公证检验数据及时通过交易市场网站发布。

第十二条 储备棉投放交易资源由国家有关部门委托中储棉公司负责组织，由中国纤维质量监测中心按照GB 1103.1—2012《棉花第1部分：锯齿加工细绒棉》国家标准组织公证检验，每批储备棉的公证检验证书标示结果作为参与交易和成交结算货款的质量、重量依据。

第十三条 中储棉公司至迟于上市交易前，按照有关部门规定的格式，向交易市场提供拟上市交易的储备棉生产年度、产地、存放仓库、质量、数量、上市日期等基础资料。

依据国家有关部门要求，如需暂停交易或恢复交易，中储棉公司会同交易市场分别通过中国棉花网和中国棉花信息网及时对外发布公告。

第十四条 交易市场至迟于上市交易前对外公布拟上市交易的储备棉资料。

第十五条 交易市场通过官网（www.cnce.cn）“2021年中央储备棉投放”专栏免费提供交易实时行情服务。

第十六条 交易市场及时将成交情况报送国家有关部门。

第十七条 交易市场和中储棉公司将对每日成交企业进行公示，接受全社会监督。

第六章 保证金、货款收付和手续费

第十八条 参加储备棉投放交易的买方须于交易前在交易市场指定账户存放不少于30万元的保证金。交易市场预存交易商的交易保证金实行专户管理。

交易市场只接受本单位的汇款作为交易保证金。为确保保证金及时入账，请在汇款用途里注明交易商代码和“储备棉保证金”字样。

第十九条 交易过程中，买方如保证金不足，将暂停交易，直至补足为止。

第二十条 成交后，交易市场从买方预存保证金中根据成交数量按1500元/吨的标准暂扣其保证金作为履约保证金。

第二十一条 买方须于成交后次日起3个工作日内签订《中央储备棉销售合同》，并于成交后次日起5个工作日内将成交货款汇至中储棉公司指定的“储备棉结算专户”，否则视为买方违约，交易市场扣除相应合同违约金。

为简化操作手续、提高业务办理效率，买方通过在交易市场提供的电子版《中央储备棉销售合同》上加盖电子印章的方式完成买方签订销售合同的手续，具体办理手续按交易市场有关规定程序执行。

为加快结算速度，减少资金在途时间，买方应按照合同金额汇款，并在汇款备注栏中标注成交合同号。

第二十二条 交易市场根据中储棉公司的通知释放买方履约保证金，或将有关保证金扣为违约金。交易市场定期将违约金划转给中储棉公司，由中储棉公司上交中央财政。

为规范买方行为，凡参与2021年储备棉竞卖交易的买方发生一次违约（按合同计算次数），在扣除履约保证金的基础上暂停交易一周；第二次发生违约，在扣除履约保证金的基础上暂停交易两周；第三次发生违约，在扣除履约保证金的基础上取消其本年度储备棉交易资格。交易市场通过官网（www.cnce.cn）“2021年中央储备棉投放”专栏公布违约情况，接受公众监督。

第二十三条　交易市场按10元/吨（含税）向成交的买方收取交易手续费。中储棉公司的交易手续费按有关政策规定执行。

第七章　交货及提货

第二十四条　除不可抗力外，买方应于有关批次《中央储备棉出库单》开具之日起10个工作日（含）内提货完毕，承储仓库应及时办理出库有关手续，不得无故拒绝、拖延、阻扰。

买方逾期未提货的，相关棉花转作商品棉管理，具体由买方与承储仓库协商签订商品棉保管合同，并按双方协议执行。

第二十五条　应买方要求，承储仓库应在代办运输、申报车皮计划、搬倒、装运等方面提供必要协助。

第二十六条　储备棉交货和提货过程中，所有票据的合法性和有效性由提供方负责。

第二十七条　储备棉出库相关费用执行国家有关部门统一规定的标准。除双方事先另有约定外，储备棉承储仓库不得额外收取任何费用，不得强行要求买方使用指定的运输工具。

第八章　质量重量保障和交易纠纷处理

第二十八条　买方如对购买的储备棉的质量和重量检验结果有异议，可以在《中央储备棉出库单》出具之日起的10个工作日内向交易市场提交复检申请，交易市场经初审符合申请条件的，及时转交中国纤维质量监测中心并抄送中储棉公司，中国纤维质量监测中心指定复检机构按申请人申请项目进行复检；超出10个工作日，有关单位不接受复检申请。

已经过公证检验的储备棉可接受公定重量、颜色级、轧工质量、长度、马克隆值、断裂比强度和长度整齐度指数的复检申请。

有关复检程序和结果反馈按照中国纤维质量监测中心有关规定执行。

交易市场接受复检申请的联系电话：010-59338692。

第二十九条　买方在提交复检申请的同时，需将复检费用预存在交易市场储备棉交易保证金账户，或保障买方在交易市场预存的可动用保证金数额足够支付复检费用。

复检费用标准为：只检验质量的，费用标准为58元/吨；只检验重量的，费用标准为42元/吨；同时检验质量和重量的，费用标准为100元/吨。

第三十条　储备棉的质量复检结果中，颜色级、轧工质量、长度级、马克隆值级、断裂比强度级、长度整齐度指数中任意一项指标与原公证检验结果不一致的，买方可提出退货，如买方选择不退货，仍按原公证检验结果结算货款。

储备棉的重量复检结果与原公定重量检验结果差异在1%及以内的，按原公定重量检验结果结算货款；重量复检结果与原公定重量检验结果差异在1%以上的，买方可提出退货，如买方选择不退货，仍按原公定重量检验结果结算货款。

仓库配合复检发生的搬倒费用（40元/吨）由买方承担。如复检结果与原公证检验结果一致的，有关复检费用由买方承担，否则，买方交易商不承担复检费用。

质量复检结果与原公证检验结果是否一致的标准按中国纤维质量监测中心有关规定执行。

第三十一条　除非发生下列情形，已成交储备棉不予退货。

1. 经中国纤维质量监测中心认定的掺杂使假；

2. 经中国纤维质量监测中心复检认定质量或重量与原检验结果不一致的；

3. 棉包内部有严重污染、霉变现象。

投放的储备棉如存在掺杂使假等严重质量问题，由棉花质量监督机构按照《棉花质量监督管理条例》有关规定处理。

第三十二条　买方购买的储备棉符合退货条件且买方选择退货，中储棉公司按相关规定办理退货手续。

买方只能按成交时的整“捆”办理退货。

第三十三条　交易市场鼓励交易双方协商解决纠纷，协商不成的可向交易市场申请调解，协商或调解不成的，交易双方应向合同签订地人民法院提起法律诉讼。

第九章　其他

第三十四条　买方可到中储棉公司自行领取《中央储备棉出库单》（纸质）以及增值税专用发票，也可委托指定人员凭委托书到中储棉公司办理有关单据和发票的领取手续。

第三十五条　在交易或提货过程中发现交易资料有误时，属于提供资料错误，由中储棉公司负责；属于交易市场数据处理错误，由交易市场负责。因上述原因造成的退货，不作为买方违约处理。

第三十六条　承储仓库和买方的历史债务纠纷，不得与储备棉提货业务挂钩。

第三十七条　买方对所购买储备棉验收无异议后，向中储棉公司申请开具增值税发票。

第三十八条　交易市场于投放交易结束后及时向买卖双方交付各种费用清单和发票。

第十章　附则

第三十九条　储备棉投放交易期间，交易市场每日对外公布价格行情、成交量、成交单位、成交价格等信息。公布的价格行情主要包括最高价、最低价、加权平均价等。

第四十条　储备棉投放交易过程通过各种媒体向社会公开，接受公众监督。交易市场咨询、举报电话：010-59338647、59338695。

第四十一条　本办法由交易市场负责制定和解释。

19　关于2021年度中央储备棉投放公证检验的公告

【发布单位】中国纤维质量监测中心

【发布日期】2021年10月7日

根据国家相关部门要求，为促进棉花市场平稳运行，并满足棉纺企业用棉需求，中国储备棉管理有限公司将组织2021年第一批中央储备棉投放。投放的储备棉由中国纤维质量监测中心组织对质量和重量进行公证检验，其中质量检验抽样比例为10%。公证检验相关事宜按照原中国纤维检验局发布的《2015/2016年度国家储备棉轮出公证检验实施办法》(见附件，办法中“国家储备棉”改为“中央储备棉”，“中国纤维检验局”改为“中国纤维质量监测中心”)执行。

特此公告。

附件:《2015/2016年度国家储备棉轮出公证检验实施办法》

中国纤维质量监测中心

2021年10月7日

附件

2015/2016年度国家储备棉轮出公证检验实施办法

第一章　总则

第一条　为配合2015/2016年度国家储备棉(以下简称国储棉)轮出工作，做好轮出国储棉的公证检验，保障轮出国储棉质量和重量检验数据的真实性和准确性，根据《棉花质量监督管理条例》、国家有关部门发布的2015/2016年度国储棉轮出计划，制定本办法。

第二条　本办法适用于2015/2016年度轮出的国储棉公证检验。

第二章 组织管理及检验项目

第三条　中国纤维检验局(以下简称中纤局)负责轮出国储棉公证检验的管理工作，并依据2015/2016年度国储棉轮出计划，负责组织承担国储棉公证检验的专业纤维检验机构(以下简称承检机构)对轮出的国储棉实施公证检验。

承检机构由承担在仓库检验的机构(以下简称在库机构)和承担实验室检验的机构(以下简称公检实验室)组成。

第四条　检验依据及检验方式：依据《棉花　第1部分：锯齿加工细绒棉》国家标准(GB 1103.1—2012)和中纤局发布的技术规范，承检机构对轮出的国储棉实施公证检验，逐批出具公检证书。

第五条　公证检验项目：国产棉检验公定重量、颜色级、轧工质量、长度、马克隆值、断裂比强度、长度整齐度指数；进口棉检验颜色级、轧工质量、长度、马克隆值、断裂比强度、长度整齐度指数。

第三章 工作职责

第六条 中纤局职责

（一）根据国家有关部门研究确定的2015/2016年度国储棉轮出工作职责分工和检验项目与要求，制定公证检验实施办法，组织承检机构做好相关准备。

（二）根据国家有关部门制定的2015/2016年度国储棉轮出计划及销售进度，以及中国储备棉管理总公司（以下简称中储棉总公司）提供的国储棉存放地点及数量，及时下达公证检验任务并组织承检机构实施公证检验。

（三）负责向国家有关部门提供轮出国储棉公证检验进度和相关情况，并及时协调有关单位解决公证检验中的新问题、新情况。

（四）负责向中储棉总公司提供轮出国储棉公证检验结果的电子数据。

第七条 检验机构职责

（一）按照中纤局的管理要求，提前做好国储棉轮出公证检验各项准备工作。

（二）在库机构根据中纤局下达的检验任务，及时与承储仓库联系接洽，督促其落实配合公证检验所需的现场工作条件及搬倒设备，确定启动公证检验的时间；按时到库，负责现场核验轮出国储棉的实物、数量、垛位卡、批号、包号等信息与中储棉总公司提供的台账等报验信息是否一致；按照国家标准和检验操作规程对国产棉进行重量公证检验、报送电子数据，出具重量公检证书；分别按照对进口棉和国产棉的抽样比例要求，逐批抽取品质公证检验所需的样品并与公检实验室在仓库进行交接。

在库机构需配合承储仓库做好各项安全防范工作。

（三）公检实验室根据中纤局下达的公证检验任务，及时与在库机构做好衔接，确定在库机构开始工作时间；按时到仓库与在库机构进行样品交接，在符合要求的公检实验室完成品质公证检验，报送电子数据，出具品质公检证书。

第八条 中储棉总公司职责

（一）负责提供轮出国储棉的存放地点、数量、台账明细表及承储仓库联系方式等报验信息。

（二）负责通知承储仓库做好公证检验相关准备工作，并抄送中纤局等有关单位。

（三）负责协调承储仓库配备满足现场检验所需的工作场地及装卸、搬倒、称重等设备。

（四）协调承储仓库配合公检机构做好公证检验，保证公证检验进度。

第九条 承储仓库职责

（一）根据承储仓库实际条件，提供满足现场公证检验所需的装卸、搬倒、称重等设备和配合人员。称重等现场设备应在有效法定检定周期内。

（二）开辟专门的检验工作区域，对需要公证检验的国储棉进行拆垛整理，按检验需求逐批码放在检验区，配合承检机构做好公证检验。

（三）指定专人负责解决公证检验期间相关事宜。

（四）保障现场检验安全；负责现场取样棉包的回包、回垛整理等。

第四章 公证检验工作流程

第十条 拆捆整理：

承储仓库将待公证检验的国储棉进行拆捆整理，按批次码放到检验区域。原则上应以4层8包或3层6包为一个单元，码放时要露出棉包两侧的取样口。同一批棉花应码放在同一个工作面上。

在可以达到随机抽样的比例要求的前提下，进口棉可以不进行拆捆，在原棉垛抽样。抽样时仓库应提供必要的配合人员和设备。

在确保安全作业和检验工作质量的前提下，在库机构应与承储仓库配合，根据仓库实际情况优化流程，可以采取棉花下垛、过磅、取样穿插进行的方式进行检验。

第十一条　核验货物：

中纤局将中储棉公司提供的台账明细表下发承检机构，在库机构据此现场核验棉包实物、数量、垛位卡、批号、包号等信息与中储棉公司提供的台账等报验信息是否一致。有以下任一情况，该批棉花暂不检验，在库机构与承储仓库确认情况后，及时上报中纤局，中纤局协调中储棉总公司进行检查核实后，由中纤局和中储棉总公司分别将处理意见书面通知在库机构和承储仓库。

（一）批次棉包实物与报验信息不一致或存在人为调换迹象的，如：同一批次棉包唛头标示不一致、悬挂条码与唛头标识不符、改换包头、无验讫印章等现象；

（二）在库机构收到中纤局下发的台账信息中批次总包数与导出条码明细的批次总数不一致的；

（三）承储仓进行拆捆时，整理出的某批次实际包数未达到该批次报验包数，且缺失数量达到或超过报验包数5%的；

（四）因复包等原因出现白包数量占该批次总包数的比例达到或超过5%的；

（五）棉包出现严重污染、水渍，发现火烧、霉变等现象，或者有异味及包装不完整、严重崩包（炸包）等现象的。

第十二条　国产棉重量公证检验：

国产棉重量公证检验的项目包括：毛重、皮重、净重、回潮率、含杂率、公定重量。

毛重检验由在库机构在承储仓库的配合下完成，相关记录填写在棉花衡重检验单上。

皮重检验的棉包皮重原则上采用入库检验的棉包皮重结果。必要时可在现场测试一个棉包。

回潮率检验执行现行有效的国家标准。遇有天气状况可能影响检验结果的，应暂停检验。

含杂率检验样品应当和品质检验样品同时抽取，依据《原棉含杂率试验方法》（GB/T 6499—2012）国家标准进行检验，填写棉花含杂率检验单。不得采取估验方式进行杂质检验。

在库机构应于每日将当日已完成批次的检验数据进行审核，审核后及时将相关电子数据报送至中纤局。数据一经上报，不得变更。

重量公证检验过程中的原始单据应与台账明细等报验材料装订成册，存档备查。

第十三条　取样：

所有样品抽取应当在称重之后进行。

在库机构依据棉花国家标准规定的取样方法及国家有关部门要求，进口棉按照10%的比例、国产棉按照100%比例对核验合格批次的国储棉逐批抽取品质检验样品，并抽取含杂率检验样品。

对于无法取到符合检验需求样品的棉包，可开包取样。但要避免对棉包包装的过度破坏，以减小对回垛及运输的影响。

第十四条　加盖验讫印章：

对取样的棉包应逐包加盖验讫印章，印章字迹应清晰可辨认。棉布包装的加盖在棉包包身和包头，塑料包装的棉包加盖在不干胶标签上。对无法加盖印章的棉包（如塑料材质包装），须标注便于辨认的标记。

印章内容包括：验讫标志、检验机构代码和中储棉总公司英文缩写（CNCRC）。印章形状为圆形，直径6cm。印章第一行内容是中储棉总公司英文缩写，第二行内容是检验机构代码，第三行内容是验讫标志。

第十五条 样品交接：

在库机构和公检实验室样品交接人员按照检验操作规程有关要求，逐批清点样品无误后，在样品交接单上签字确认，完成交接。

第十六条 品质公证检验：

依据棉花国家标准、相关技术规范和棉花颜色级、轧工质量实物标准等，公检实验室对抽取棉样进行品质公证检验，检验项目包括：颜色级、轧工质量、长度、马克隆值、断裂比强度、长度整齐度指数。

品质公证检验执行中纤局制定发布的相关检验操作规程。

公检实验室应于每日将当日已完成批次的检验数据进行审核，审核后及时将电子数据报送中纤局。数据一经上报，不得变更。

第十七条 中纤局审核发送数据：

中纤局对承检机构上报的公证检验数据审核后，以电子数据形式发送至中储棉总公司。同时，中纤局将审核结果通知承检机构。

第十八条 出具公检证书：

在库机构和公检实验室分别根据中纤局通知的审核结果出具重量公检证书和品质公检证书。品质公检证书由公检实验室交予在库机构后，在库机构将品质公检证书与重量公检证书一并交予承储仓库，并与承储仓库办理证书交接手续。证书一式两联，一联由承储仓库留存，一联随货同行。

第十九条 交接公检证书时，相应批次的品质检验样品应随证书一同交接给承储仓库并办理交接手续，供承储仓库随货提供给购棉方（与中储棉总公司签署合同的买受人）。

第五章 复检规定

第二十条 购棉方应对所购国储棉质量、重量进行验收，对轮出国储棉中存在崩包、炸包问题的，应在提货时及时协调仓库予以解决。购棉方若对质量、重量有异议，且提供相关检验结果的，可在储备棉出库单开具后10个工作日内向全国棉花交易市场提交复检申请，全国棉花交易市场初审符合申请条件的交中纤局，中纤局指定复检机构，按申请人申请项目进行复检。

第二十一条 复检项目：2014/2015年度公证检验的进口棉可接受颜色级、轧工质量、长度、马克隆值的复检申请；2015/2016年度公证检验的进口棉可接受颜色级、轧工质量、长度、马克隆值、断裂比强度、长度整齐度指数的复检申请；2015/2016年度公证检验的国产棉可接受公定重量、颜色级、轧工质量、长度、马克隆值、断裂比强度、长度整齐度指数的复检申请。

第二十二条 复检样品重新抽取，申请人应确保棉花按批次单独码放，件数完整、未经使用。

第二十三条 申请复检应当提交的材料：《国家储备棉（轮出）公证检验复检申请单》（附件1）、购买合同复印件、储备棉出库单复印件、轮出国储棉公证检验证书复印件。复检所有申请材料应当加盖购棉方单位公章。

第二十四条 中纤局收到符合要求的复检申请资料后，出具《国家储备棉（轮出）公证检验复检受理通知书》（附件2），向复检申请人告知复检机构或不予受理理由。

对超出规定时限的复检申请不予受理。

第二十五条 复检后由复检单位出具棉花国家公证检验复检证书，原公检证书作废。一次复检为终局检验。

第二十六条 根据复检允差值判定标准（附件3），复检结果与原公证检验结果一致的，由复检申请方承担因复检发生的相关费用；复检结果与原公证检验结果不一致的，复检申请方不承担任何费用。

第六章　附则

第二十七条　对公证检验过程中发现质量违法问题线索的，停止公证检验，按照《棉花质量监督管理条例》予以处理。

第二十八条　中纤局接受各购棉企业、承储仓库以及涉棉行业的企业单位对检验机构的工作质量、工作作风等进行监督。中纤局监督举报电话：010–51006258，举报邮箱：jubao@cfi.gov.cn。

第二十九条　本办法由中国纤维检验局负责解释。

第三十条　本办法自发布之日起实施。

附件：1.国家储备棉（轮出）公证检验复检申请单

2.国家储备棉（轮出）公证检验复检受理通知书

3.国家储备棉（轮出）公证检验复检允差判定标准

附件 1

国家储备棉（轮出）公证检验复检申请单

中国纤维检验局：

我公司竞拍购买的国家储备棉，经初步检验与公检结果不一致，特提出复检申请，请你局安排检验机构进行复检。

如复检结果与原验结果一致，我公司同意缴纳复检所需费用。

<table>
<tr><td colspan="4">申请单位：（加盖公章）</td><td colspan="2"></td><td>申请日期</td><td></td></tr>
<tr><td colspan="4">全国棉花交易市场初审意见</td><td colspan="2"></td><td>审核日期</td><td></td></tr>
<tr><td colspan="4">储备棉轮出提货仓库</td><td colspan="4"></td></tr>
<tr><td colspan="4">棉花现存放单位</td><td colspan="4"></td></tr>
<tr><td colspan="4">棉花现存放地址</td><td colspan="4"></td></tr>
<tr><td colspan="4">联系人及联系电话</td><td colspan="4"></td></tr>
<tr><td colspan="6">棉花是否未经使用、件数完整、按批次单独码放</td><td colspan="2"></td></tr>
<tr><td>序号</td><td>批号</td><td>产地</td><td>件数</td><td>公检证书编号</td><td>出证日期</td><td colspan="2">申请复检项目</td></tr>
<tr><td>1</td><td></td><td></td><td></td><td></td><td></td><td colspan="2"></td></tr>
<tr><td>2</td><td></td><td></td><td></td><td></td><td></td><td colspan="2"></td></tr>
<tr><td>3</td><td></td><td></td><td></td><td></td><td></td><td colspan="2"></td></tr>
<tr><td>4</td><td></td><td></td><td></td><td></td><td></td><td colspan="2"></td></tr>
</table>

公检结果（附证书复印件）：

自检结果（附检验报告复印件）：

购棉企业质量验收过程、使用的仪器设备型号、仪器设备检定情况：

附件2

国家储备棉（轮出）公证检验复检受理通知书

________________：

你单位提出的轮出国储棉公证检验复检申请（轮出国储棉公检证书编号：________________），经我局审核，□同意/□不同意受理。

对我局同意复检的申请，请你单位据此受理通知书及时联系复检机构，安排复检事宜。

特此通知。

附表

（一）复检机构：__________（同意受理情况下填写）

联系人：__________

电话：__________

（二）不予受理原因：（不同意受理情况下填写）

1.	
2.	
3.	
4.	
5.	

中国纤维检验局（复检受理章）

年 月 日

附件3

国家储备棉（轮出）公证检验复检允差判定标准

项目	单位	允差值	判定标准
上半部平均长度	mm	± 0.6	批次比对，平均长度在允差值范围内，判定为一致
长度整齐度指数	%	± 1.5	批次比对，长度整齐度指数平均值在允差值范围内，判定为一致
断裂比强度	cN/tex	± 1.5	批次比对，断裂比强度平均值在允差值范围内，判定为一致
马克隆值	—	± 0.2	批次比对，马克隆值平均值在允差值范围内，判定为一致
颜色级	—	—	逐样比对，每批棉花颜色级相符率不低于80%，判定为一致
轧工质量	好、中、差	—	逐样比对，每批棉花轧工质量相符率不低于80%，判定为一致
公定重量	kg	± 1%	复检公定重量与原公定重量相差在 ± 1%范围内，判定为一致

20　关于调整2021年中央储备棉投放销售底价的公告

各涉棉企业：

自2021年11月1日起，2021年投放储备棉中地产棉的销售底价计算方式调整为与国际市场棉花现货价格挂钩联动，即：本周地产储备棉销售底价（折标准级3128B）=上一周国际市场棉花现货价格指数算术平均值，其余储备棉的投放销售底价计算方式不变。

特此公告。

中国储备棉管理有限公司
全国棉花交易市场
2021年10月30日

21 关于暂停第二批中央储备棉投放的公告

各相关企业：

综合考虑当前棉花市场形势，经有关部门同意，自2021年12月1日起暂停第二批中央储备棉投放。如果后期棉花市场出现较大变化，将根据市场形势和调控需要，适时重新启动中央储备棉投放。

中国储备棉管理有限公司

2021年12月1日

附　录

附录1 国内主要涉棉机构通讯录

涉棉机构	通信地址	电话
国家发展和改革委员会经济贸易司	北京市西城区月坛南街38号	010-68502000
财政部经济建设司	北京市西城区三里河南三巷3号	010-68551114
商务部对外贸易司	北京市东长安街2号	010-65197420
农业农村部种植业管理司	北京市朝阳区农展馆南里11号	010-64193366
农业农村部农村经济研究中心	北京市西城区西四砖塔胡同56号	010-66115901
中国海关总署信息中心	北京市建国门内大街6号	010-65195623
国家发展和改革委员会农村经济司	北京市西城区月坛南街38号	010-68783311
国家统计局工交司	北京市西城区月坛南街57号	010-68782859
中国农业发展银行	北京市西城区月坛北街甲2号	010-68081453
中国纤维质量监测中心	北京市东城区安定门东大街5号	010-51106110
中国棉花协会	北京市复兴门内大街45号主楼7层	010-66053900
中国棉麻流通经济研究会	北京市西城区复兴门内大街45号	010-66095202
中国棉花协会棉花加工分会	北京市西直门南大街2号成铭大厦	010-66118607
中国棉花协会棉花贸易分会	北京市西城区宣武门外大街甲1号环球财讯中心B座6层610室	010-59336328
中国纺织工业联合会	北京市朝阳区朝阳门北大街18号9层	010-85229207
中国棉纺织行业协会	北京市朝阳区东二环朝阳门北大街18号7层	010-85229479
中国纺织品进出口商会	北京市朝阳区潘家园南里12号楼	010-67739316
中国储备棉管理有限公司	北京市西城区华远街17号	010-58519365
中华棉花集团有限公司	北京市西城区宣武门外大街甲1号环球财讯中心B座11-12层	010-59338189
中棉工业有限责任公司	北京市西城区宣武门外大街甲1号环球财讯中心B座6层	010-59338976
中纺棉花进出口有限公司	北京市建国门内大街19号中纺大厦7层	010-85112255
国家棉花市场监测系统	北京市海淀区紫竹院路116号嘉豪国际中心B座15层	010-58931122
全国棉花交易市场有限公司	北京市西城区宣武门外大街甲1号环球财讯中心B座15层	010-88086850
郑州商品交易所	河南省郑州市郑东新区商务外环路30号	0371-65610069
中国农科院棉花研究所	河南省安阳市开发区黄河大道38号	0372-2562200
安徽财经大学棉花工程研究所	安徽省蚌埠市宏业路255号	0552-3112124
山东天鹅棉业机械股份有限公司	山东省济南市天桥区大魏庄东路99号	0531-58675811

附录2　国内主要棉花纤维检验机构

单位名称	地址	电话
中国纤维质量监测中心	北京市东城区安定门东大街5号	010-51106110
北京市纺织纤维检验所	北京市朝阳区朝阳北路60号	010-59796990
天津市产品质量监督检测技术研究院纺织纤维检验中心	天津市南开区科研西路2号增6号	022-60266979
河北省纤维质量监测中心	河北省石家庄市中华南大街537号	0311-67568296
山西省纤维质量监测中心	山西省太原市并州西街51号	0351-2024189
内蒙古自治区纤维检验局	内蒙古自治区呼和浩特市新城区内蒙展览馆东路	0471-4963542
辽宁省纤维检验局	辽宁省沈阳市和平区永安北路8号	024-23894057
吉林省纤维检验处	吉林省长春市卫星路7440号	0431-85315584
黑龙江省纤维检验局	黑龙江省哈尔滨市香坊区珠江路100号	0451-82309475
上海市纤维检验所	上海市长乐路1228号	021-62495305
江苏省纤维检验局	江苏省南京市光华东街3号	025-84670512
浙江省纤维质量监测中心	浙江省杭州市天目山路222号	0571-85123534
宁波市产品食品质量检验研究院（宁波市纤维检验所）	浙江省宁波市江南路1588号F座	0574- 87326309
安徽省纤维检验局	安徽省合肥市包河工业园省质检中心园区内（延安路13号）	0551-63356467
福建省纤维检验中心	福建省福州市仓山区照屿路17号	0591-83710801 0591-87893952
江西省纤维检验局	江西省南昌市高新技术开发区火炬大街188号	0791-8101480
山东省纤维质量监测中心	山东省济南市经二路343号（济南二环北路18号）	0531-87911540
青岛市纤维纺织品监督检验研究院	山东省青岛市延安三路123号	0532-83890032
河南省纤维检验局	河南省郑州市东明路北17号	0371-63297181
湖北省纤维检验局	湖北省武汉市武昌区公平路8号	027-88224867
湖南省纤维检验局	湖南省长沙市新建西路41号	0731-89967222
广州纤维产品检测研究院	广东省广州市海珠区滨江中路草芳围35-2号	020-34402303

续表

广西壮族自治区纤维检验所	广西南宁市新竹路12号	0771-5869795 0771-5843391
重庆市纤维质量监测中心	重庆市渝北区高新园云杉北路50号	023-89232606
四川省纤维检验局	四川省成都市蜀都大道少城路7号（人民公园斜对面）	028-86639111
贵州省纤维检验局	贵州省贵阳市云岩区头桥海马冲街45号	0851-6518084
云南省产品质量监督检验研究院（云南省纤维质量监测中心）	云南省昆明市教场东路21号	0871-5191011
陕西省纤维质量监测中心	陕西省西安市西八路尚平路18号	029-87444832
甘肃省纤维检验局	甘肃省兰州市金昌南路208号质检大楼	0931-8828553
青海省纤维检验局	青海省西宁市西关大街31号古城台青海质监大楼	0971-6111169
宁夏回族自治区纤维质量监测中心	宁夏银川市兴庆区凤凰南街193号	0951-7860500
新疆维吾尔自治区纤维质量监测中心	新疆乌鲁木齐市新华南路167号	0991-2823582

附录3　2020/2021年度全国新体制棉花加工企业名录

全国统计1050家，统计截止时间到2021年08月31日24点

序号	企业代码	企业名称	检验吨数
自治区709家			3981661.839
1	65021	博尔塔拉蒙古自治州中亚有限责任公司	9447.5478
2	65679	博乐市聚鑫棉业有限责任公司	8254.7752
3	65081	博尔塔拉蒙古自治州恒昌棉业有限责任公司	4865.4866
4	65154	博州亚东有限责任公司	9530.9383
5	65247	博乐市银博棉业有限责任公司	5022.8643
6	65266	博乐银丰棉花加工有限责任公司	7123.3048
7	65282	博乐捷福棉业有限公司贝乡轧花厂	4469.329
8	65303	博乐市协力棉花加工有限责任公司	5274.7831
9	65376	博尔塔拉蒙古自治州华棉棉业有限责任公司	2768.6071
10	65403	博尔塔拉蒙古自治州恒昌棉业有限责任公司套特轧花厂	4866.2348
11	65404	博乐捷福棉业有限公司乌镇轧花厂	3593.1838
12	65525	新疆新贝棉业有限公司	2578.8942
13	65530	新疆东新旺棉业有限责任公司	2710.004
14	66148	新疆昊星八十四棉业有限公司	2804.6539
15	65782	博乐市华棉棉业有限公司	2856.9011
16	65773	博乐市鑫诚油脂有限公司	4427.8339
17	65004	新疆贝正国合棉业有限公司贝正轧花厂	4011.9278

续表

序号	企业代码	企业名称	检验吨数
18	65661	精河县恒隆棉业有限公司	5702.6798
19	65666	精河县裕泰棉业有限公司河西分公司	11978.3566
20	65670	精河县群品棉业有限公司	6852.3272
21	65682	精河县保利农业科技发展有限公司	5228.3793
22	65005	精河县托里金穗棉业有限公司	3675.8984
23	65028	新疆惠农棉业有限公司大河沿子轧花厂	3268.897
24	65029	新疆贝正国合棉业有限公司八家户轧花厂	3669.4689
25	65121	精河县天顺祥棉花加工有限公司	4523.089
26	65128	新疆贝正国合棉业有限公司南方轧花厂	3261.0308
27	65192	新疆惠农棉业有限公司阿合其轧花厂	3032.7566
28	65193	精河县诺森农业发展有限公司	8079.0278
29	65219	新疆惠农棉业有限公司棉种轧花厂	2616.2162
30	65225	新疆贝正国合棉业有限公司二牧场轧花厂	6525.635
31	65296	精河县天顺祥棉花加工有限公司河西分公司	6126.7155
32	65304	精河县康瑞棉花加工有限公司	4280.1514
33	65432	精河县和丰棉业有限公司	11090.0366
34	65433	新疆贝正国合棉业有限公司曼福轧花厂	5363.8236
35	65436	新疆贝正国合棉业有限公司托托轧花厂	3694.1026
36	65437	精河县鸿泰民丰棉业有限公司	3408.0747
37	65619	精河县裕泰棉业有限公司	6850.2973
38	65640	精河县卓辉万泽棉花加工有限公司	4206.2071
39	65046	新疆丰汇棉业有限公司	11500.0474
40	65098	昌吉一通工贸有限公司大西渠轧花厂	4501.1844

续表

序号	企业代码	企业名称	检验吨数
41	65258	新疆昌吉州棉麻有限责任公司	3957.7867
42	65259	中棉集团昌吉市棉花有限公司老龙河轧花厂	7651.0766
43	65267	昌吉利华棉业有限责任公司昌吉市佃坝轧花厂	1131.2047
44	65324	昌吉市下巴湖棉花加工厂	8805.2514
45	65546	新疆锦华东戈壁棉业有限公司	2444.9288
46	65558	昌吉回族自治州海天棉花加工有限责任公司	4021.5928
47	65572	昌吉利华棉业有限责任公司昌吉市老龙河分公司	3402.7605
48	65701	阜康市喜丰棉业有限责任公司	8031.2585
49	65009	呼图壁县万源棉业有限公司	4572.3086
50	65010	呼图壁县新浙农业开发有限责任公司	4481.2706
51	65011	呼图壁县宏昌棉业有限公司	4899.0865
52	65012	呼图壁县新米棉业有限责任公司	3516.1443
53	65016	新疆锦华廿里店棉业有限公司	4115.9015
54	65017	新疆锦华大桥棉业有限公司	6074.5738
55	65027	呼图壁县隆祥轧花有限责任公司	7239.693
56	65075	呼图壁县银丰棉业有限公司	3254.1169
57	65077	呼图壁县三富棉业有限公司	6695.3865
58	65090	呼图壁县嘉丰棉业有限公司	3362.9075
59	65094	呼图壁县天源棉业有限公司	3196.3713
60	65099	新疆锦华祁家户棉业有限公司	7386.1683
61	65100	新疆锦华北戈壁棉业有限公司	3895.019
62	65814	玛纳斯县鸿盛祥棉业有限公司	5551.9986
63	65126	呼图壁县康瑞棉花加工有限公司	3546.6671

续表

序号	企业代码	企业名称	检验吨数
64	65133	呼图壁县西域良种棉有限责任公司	3164.0128
65	65257	呼图壁县云龙棉业集团有限公司	6992.941
66	65340	新疆超翔农业发展有限公司	4616.6629
67	65341	新疆京驰农业科技有限公司	3169.7739
68	65370	呼图壁县隆华棉业有限公司	6589.8031
69	65417	呼图壁县天鼎棉业有限公司	7364.9392
70	65478	呼图壁县东泉棉业有限公司	4178.762
71	65568	呼图壁县大丰棉业有限公司	7248.6188
72	65592	新疆万达棉业有限公司	6420.5729
73	65648	乌鲁木齐市米东区供销棉麻有限责任公司昌吉市农之鑫轧花厂	5461.9194
74	65382	吉木萨尔县庭州棉麻有限责任公司	2755.1594
75	65001	中棉集团玛纳斯棉业有限公司	9762.9981
76	65002	玛纳斯银天棉业有限公司乐土驿轧花厂	11526.3841
77	65013	玛纳斯县拓宏棉业有限责任公司	11353.9172
78	65015	玛纳斯县金海利棉业有限公司	6801.955
79	65025	玛纳斯新众棉业有限责任公司	5317.8922
80	65079	新疆鑫棉科技发展有限责任公司六户地镇轧花厂	3731.016
81	65176	新疆广物棉业有限责任公司	6563.2812
82	65221	玛纳斯银天棉业有限公司北五岔金仕达轧花厂	3535.6028
83	65222	玛纳斯银天棉业有限公司北五岔轧花厂	3546.7752
84	65243	玛纳斯县丰元棉花育种基地良种棉轧花厂	1531.103
85	65334	玛纳斯县丰棉棉业有限公司	5110.833
86	65343	玛纳斯县沣泽棉业有限责任公司	8397.7352

续表

序号	企业代码	企业名称	检验吨数
87	65481	玛纳斯县兰桥棉业有限公司	6850.7437
88	65503	玛纳斯万盈棉业有限公司	3666.3535
89	65510	玛纳斯县大漠棉业有限责任公司	4581.6649
90	65527	新疆宏祥棉业有限公司	6078.4358
91	65575	玛纳斯县新民畜产品有限责任公司	4097.3337
92	65612	玛纳斯县潮鑫棉业有限责任公司	8691.2952
93	65780	玛纳斯县久宇棉业有限公司	10660.9754
94	65658	哈密市锦渝棉业有限责任公司	2289.7473
95	65660	哈密市益加棉业有限公司	2692.3022
96	65662	哈密市万隆棉花有限责任公司	2727.4997
97	65663	哈密市绵棉种植专业合作社	3898.3049
98	65664	哈密市祥腾农副产品专业合作社	1349.8602
99	65699	哈密二堡镇白银棉花专业合作社	2154.6225
100	65717	哈密市欢乐农民专业合作社	2677.335
101	65465	新疆利嘉棉业有限公司	3330.3091
102	65630	哈密市良种棉加工厂	3279.4702
103	65637	哈密市中亿商贸有限公司	2963.2203
104	65776	克拉玛依群德棉业有限公司	2699.8878
105	65085	克拉玛依市独山子华银棉花产业有限责任公司	16575.7276
106	65116	克拉玛依华扬棉业有限公司	3628.7821
107	65210	克拉玛依鑫达棉业有限公司	4873.4227
108	65363	克拉玛依市银磊棉业有限公司	5293.13
109	65384	克拉玛依市天地农牧实业有限公司棉花加工厂	9249.9891

续表

序号	企业代码	企业名称	检验吨数
110	65638	克拉玛依市小拐乡聚源机械化采棉农民专业合作社	7068.9265
111	65452	奎屯银锦棉业有限公司	4224.2064
112	65628	奎屯瑞丰轧花有限公司锦丰分公司	4896.2608
113	65649	奎屯利锦棉业有限公司	4157.4494
114	65653	奎屯泰鑫棉业有限公司	8551.8624
115	65654	奎屯聚丰棉业有限责任公司	5267.3231
116	65665	奎屯昌鑫棉业有限责任公司	2174.918
117	65676	奎屯利丰棉业有限责任公司	3517.7263
118	65678	奎屯恒锦棉业有限公司	4889.9192
119	65687	奎屯林丰棉业有限责任公司	4018.6212
120	65620	奎屯起步达农业发展有限公司	9791.9984
121	65636	新疆佰郑棉纺有限公司	7709.0859
122	65018	伊犁哈萨克自治州伊欣棉业有限责任公司棉花油脂蛋白厂	919.8169
123	65168	奎屯浩泰棉业有限公司	9741.5952
124	65235	奎屯瑞丰轧花有限公司	8520.9985
125	65353	伊犁州奎屯银和棉业有限公司	3203.3179
126	65357	奎屯世丰棉业有限公司	9174.0341
127	65358	新疆华纺纺织有限公司	4757.2022
128	65430	奎屯银雪棉业有限公司	2654.595
129	65447	奎屯康瑞棉花加工有限公司	8651.4306
130	65462	奎屯准噶尔棉业有限公司	10908.5286
131	65551	奎屯康泰棉麻有限公司	11828.145
132	65585	新疆银汇棉纺织有限公司	8598.8376

续表

序号	企业代码	企业名称	检验吨数
133	65593	奎屯叁强棉麻工贸有限公司	3507.847
134	65311	奎屯裕盛棉业有限公司	5740.9158
135	65609	奎屯银瑞棉花贸易有限公司	8245.1968
136	65774	沙湾市瑞银海棉业有限公司	5120.159
137	65327	和布克赛尔县察和特开发区禹杰棉花加工厂	4864.3006
138	65330	和布克赛尔蒙古自治县华丰有限责任公司察和特棉花加工厂	3969.7234
139	65024	沙湾市康瑞棉花加工有限责任公司	3280.2482
140	65641	沙湾市鑫盛祥棉业有限公司	2430.0062
141	65677	沙湾市银瑞丰农业发展有限公司	4076.5296
142	65054	沙湾市秦岭棉业有限责任公司	4923.7246
143	65058	沙湾德盛棉业有限责任公司	6208.6197
144	65091	新疆康华工贸有限责任公司康华棉业分公司	2566.0943
145	65106	沙湾利华棉业有限公司第七棉花加工厂	3787.7947
146	65107	沙湾利华棉业有限公司第二棉花加工厂	1991.8427
147	65108	沙湾利华棉业有限公司第六棉花加工厂	3540.3697
148	65109	沙湾利华棉业有限公司第五棉花加工厂	1429.7484
149	65110	沙湾县棉花产业有限责任公司优质棉分公司	1067.9984
150	65111	沙湾利华棉业有限公司第四棉花加工厂	2189.7932
151	65113	新疆沙龙棉业有限责任公司柳毛湾分公司	3081.8786
152	65125	新疆天鹰鑫绿农业科技有限公司	9240.746
153	65215	沙湾市思远棉业有限责任公司	2818.2388
154	65220	沙湾市元一棉业有限责任公司	9138.4385
155	65230	沙湾县棉花产业有限责任公司秦棉分公司	10173.062

续表

序号	企业代码	企业名称	检验吨数
156	65278	中棉集团沙湾棉业有限公司	5322.6034
157	65361	沙湾县棉花产业有限责任公司荣棉分公司	5437.5807
158	65362	沙湾县棉花产业有限责任公司兴棉分公司	5589.9974
159	65419	沙湾市鑫达棉业有限公司	7418.01
160	65468	新疆银珠棉业有限公司	7810.2423
161	65538	新疆宝地种业有限责任公司棉花加工厂	4809.284
162	65550	沙湾利华棉业有限公司第八棉花加工厂	4052.6668
163	65566	沙湾市元康棉业有限公司	5201.4552
164	65584	沙湾如意品诚棉业有限公司	6490.6354
165	65586	沙湾利华棉业有限公司	3901.5447
166	65590	沙湾利华棉业有限公司第三棉花加工厂	4119.9028
167	65624	沙湾市泰和棉业有限公司	6923.1446
168	65625	新疆太和龙瑞农业发展有限责任公司	771.0269
169	65626	沙湾优采棉业有限公司	4820.2148
170	65751	沙湾县棉花产业有限责任公司银棉分公司	4941.1341
171	65752	沙湾县锦棉有限责任公司	4632.5404
172	65269	托里县顺志棉业加工有限公司	10329.9488
173	65391	托里县兵锦棉业有限公司	7063.7222
174	65022	乌苏市锦鹏棉纺织有限公司宏发棉花加工厂	3075.4602
175	65669	乌苏市恒辉棉业有限责任公司	6237.4796
176	65671	乌苏市骏腾工贸有限公司	5714.3956
177	65672	乌苏市昌和棉业有限公司	4478.9452
178	65674	乌苏市宏翔棉业有限公司	4119.4198

续表

序号	企业代码	企业名称	检验吨数
179	65675	乌苏市新海棉业有限公司	2771.0405
180	65683	乌苏市天和祥瑞棉业有限公司	9925.541
181	65684	乌苏市鑫胜棉业有限责任公司	4988.7852
182	65686	乌苏市祥瑞棉业有限公司	3932.4863
183	65688	乌苏市锦和棉业有限公司	8811.0156
184	65697	乌苏市江海棉业有限公司	2688.8698
185	65698	乌苏市星光棉麻有限责任公司头台分公司	3033.2318
186	65702	乌苏市锦丰祥良种棉科技开发有限公司	9101.0051
187	65721	乌苏市聚鑫棉业有限责任公司	5400.1544
188	65722	乌苏市鑫力棉业有限责任公司	3558.7772
189	65035	乌苏市光辉棉花加工有限责任公司	6313.933
190	65056	乌苏市创锦棉业有限公司	1826.7957
191	65069	乌苏市哈图布呼农牧发展有限责任公司	3360.9078
192	65122	新疆汇通天成棉业有限责任公司	2907.3832
193	65124	乌苏市星光棉麻有限责任公司	9009.2689
194	65131	乌苏市汇康棉业有限责任公司	3076.9599
195	65136	乌苏利华棉业有限公司第三棉花加工厂	2361.9846
196	65145	乌苏市昌茂纺织有限责任公司九间楼棉花加工厂	3582.19
197	65159	乌苏市阿克其棉业有限公司	3294.368
198	65161	乌苏市光辉棉花加工有限责任公司汇银分公司	3850.5246
199	65169	乌苏市利达棉花加工有限责任公司	5182.6648
200	65248	乌苏市杨帅棉花加工有限责任公司	3063.4235
201	65254	乌苏市顺达棉业有限公司	5322.1408

续表

序号	企业代码	企业名称	检验吨数
202	65301	乌苏市光辉棉花加工有限责任公司隆兴分公司	4553.7718
203	65349	乌苏市锦和棉业有限公司西湖分公司	11278.1668
204	65350	乌苏市百泉棉业有限责任公司	4765.3094
205	65354	乌苏市锦泰棉花加工有限责任公司	2173.0399
206	65372	乌苏市光辉棉花加工有限责任公司新棉分公司	3178.0352
207	65392	乌苏市古尔图锦纺棉业有限责任公司	4965.1134
208	65423	乌苏市新鑫棉业有限责任公司	1811.5558
209	65428	乌苏市康隆棉业有限责任公司	3767.702
210	65448	乌苏市石桥银翔棉业有限责任公司	4040.4272
211	65471	乌苏市皇宫银海棉业有限公司	2723.6718
212	65472	乌苏市新棉创业棉业有限责任公司	2235.7268
213	65475	乌苏利华棉业有限公司第二棉花加工厂	928.0337
214	65479	乌苏市隆兴棉业有限责任公司	1593.2746
215	65490	乌苏市立新棉花加工有限责任公司	5276.5862
216	65536	乌苏市康瑞棉花加工有限责任公司	8846.3189
217	65547	乌苏市星亚棉花加工有限责任公司	2618.7494
218	65548	乌苏市新棉红星棉业有限责任公司	3117.806
219	65559	乌苏市甘河子恒丰棉业有限公司	4195.8573
220	65591	乌苏市创新棉业有限公司	2868.0471
221	65618	乌苏市胜远棉业有限责任公司	4504.8576
222	65489	乌苏利华棉业有限公司	6629.6874
223	65727	乌苏市嘉鑫棉业有限公司	3692.622
224	65728	乌苏市鼎和祥棉业有限公司	6804.9738

续表

序号	企业代码	企业名称	检验吨数
225	65729	乌苏市利鑫棉业有限公司	4491.4436
226	65730	乌苏市锦汇棉业有限公司	3758.6583
227	65731	乌苏市恒顺棉业有限责任公司	4910.5827
228	65732	乌苏市丰和棉业有限责任公司	3321.7974
229	65733	乌苏市聚兴棉业有限公司	2788.1015
230	65734	乌苏市顺超棉业有限责任公司	4388.871
231	65737	乌苏市锦辉棉业有限公司	5066.9198
232	65738	乌苏市伟妍棉业有限公司	4119.9014
233	65739	乌苏市祥顺棉业有限责任公司	5281.1072
234	65740	乌苏市跃达棉业有限责任公司	4182.2871
235	65741	乌苏市伟林棉业有限公司	4975.246
236	65742	乌苏市益润棉业有限公司	3756.859
237	65743	乌苏市鑫启航棉业有限公司	5009.8717
238	65744	乌苏市鼎晟棉业有限公司	7472.4082
239	65754	乌苏市博远棉业有限公司	3254.9529
240	65755	乌苏市远达棉业有限责任公司	2697.612
241	65756	乌苏市恒汇棉业有限公司	4222.6267
242	65757	乌苏市豫四通棉业有限公司	4966.0147
243	65758	乌苏市昌鑫棉业有限公司	4708.5095
244	65759	乌苏市康辉棉业有限责任公司	2473.4027
245	65760	乌苏市强顺棉业有限公司	3729.6454
246	65761	乌苏市棉鑫棉业有限责任公司	4608.2268
247	65762	乌苏市康鑫棉业有限公司	4784.9147

续表

序号	企业代码	企业名称	检验吨数
248	65763	乌苏市盛达棉业有限公司	3352.8051
249	65764	乌苏市东峰棉业有限责任公司	3124.5558
250	65765	乌苏市恒信棉业有限责任公司	4527.3554
251	65766	乌苏市新源河棉业有限公司	2547.6406
252	65767	乌苏市福昌棉业有限公司	4006.4951
253	65768	乌苏市鹏飞棉业有限责任公司	3921.5368
254	65769	乌苏市盛峰棉业有限责任公司	1423.3612
255	65770	乌苏市顺舟棉业有限公司	3374.4587
256	65788	乌苏市明惠棉业有限责任公司	3639.2674
257	65789	乌苏市鹏鸣棉业有限公司	5255.8473
258	65790	乌苏市银利棉业有限责任公司	4268.9602
259	65791	乌苏市赛凌棉业有限公司	5385.7156
260	65792	乌苏市鹏达棉业有限公司	2046.2012
261	65793	乌苏市嘉华棉业有限公司	3918.3723
262	65794	乌苏市福兴棉业有限公司	4165.7138
263	65796	乌苏市盛天棉业有限责任公司	925.3028
264	65797	乌苏市昌瑞棉业有限公司	4569.6431
265	65798	新疆万意缘棉业有限公司	5278.2771
266	65799	乌苏市顺越棉业有限责任公司	3163.8794
267	65800	乌苏市润通棉业有限公司	2791.523
268	65802	乌苏市新河棉业有限公司	2338.4952
269	65803	乌苏市鑫隆元棉业有限公司	2606.995
270	65804	乌苏市鑫秀棉业有限公司	2178.2384

续表

序号	企业代码	企业名称	检验吨数
271	66001	新疆农垦现代农业产业化发展集团有限公司第一棉业分公司	18747.8738
272	66004	新疆农垦现代农业产业化发展集团有限公司第二棉业分公司	27570.3158
273	65785	奎屯银丰棉业有限公司	5415.1208
274	65786	喀什众恒棉业有限公司	3431.5186
275	65787	巴州一点水棉业有限责任公司	1965.9164
276	66226	新疆北亭棉业有限公司	6142.2508
277	66244	阿拉尔市众联幸福棉业有限公司	9955.333
278	66243	图木舒克市五零棉业有限公司	12461.3805
279	65487	鄯善县新昱棉麻有限责任公司新城棉花加工厂	1645.3594
280	65097	吐鲁番市大林棉业有限公司	3895.8475
281	65328	吐鲁番同润棉业有限责任公司	23.532
282	65245	托克逊县天马棉业有限责任公司	5495.6604
283	65300	托克逊县工尚棉花加工有限责任公司	5925.5562
284	65554	托克逊县天马棉业有限责任公司第一分公司	5834.514
285	65634	托克逊县天马种子有限公司	3057.687
286	65639	托克逊县银星棉业有限责任公司	5001.7501
287	65031	乌鲁木齐市米东区供销棉麻有限责任公司蒋家湾轧花厂	9812.2021
288	65497	乌鲁木齐市米东区供销棉麻有限责任公司昌吉市黎明轧花厂	6078.9143
289	65502	乌鲁木齐市米东区供销棉麻有限责任公司昌吉市五十户轧花厂	5704.468
290	65019	奎屯华生棉业有限责任公司	10494.1782
291	65151	奎屯诚丰棉业有限公司	11003.1988
292	65695	奎屯银乐棉业有限公司	2629.8262
293	65706	奎屯盛丰祥棉业有限公司	4629.474

续表

序号	企业代码	企业名称	检验吨数
294	65708	奎屯裕鼎棉业有限公司	8637.8026
295	65552	伊犁八棉锡达棉业有限公司	1096.4038
296	65033	阿克苏市同旺纺织有限责任公司棉花加工厂	5141.7299
297	65696	阿克苏兴昌棉业有限公司	10836.3762
298	65061	阿克苏地区金诚棉业有限责任公司	6628.7741
299	65080	阿克苏地区天泉棉业有限责任公司	12310.8652
300	65086	阿克苏天翔棉业有限公司	8920.943
301	65112	阿克苏地区金泰棉业有限责任公司	8862.2196
302	65196	阿克苏润通仓储服务有限责任公司	4144.8658
303	65199	阿克苏利华新创棉业有限公司二厂	4555.8695
304	65249	阿克苏建光棉业有限责任公司	6390.2172
305	65250	新疆阿克苏沧源棉业有限责任公司	1308.8737
306	65287	阿克苏地区宏丰棉业有限责任公司	2946.9156
307	65291	阿克苏科润良种棉业有限公司	9018.7168
308	65305	阿克苏鹏源棉业有限责任公司	7627.7618
309	65315	阿克苏天成棉业有限责任公司	6683.1787
310	65326	阿克苏西部棉业有限责任公司	1486.6539
311	65373	阿克苏恒信棉业有限公司	3518.5609
312	65375	阿克苏地区友谊棉花加工有限责任公司	6541.1024
313	65385	阿克苏市金田农场有限责任公司	7795.9886
314	65388	阿克苏昌盛棉业有限责任公司	8564.7274
315	65389	阿克苏新得利棉业有限公司	6595.7916
316	65393	新疆阿克苏市广联实业有限公司	6334.1124

续表

序号	企业代码	企业名称	检验吨数
317	65434	阿克苏永兴棉业有限责任公司	7241.363
318	65435	阿克苏地区宏欣棉业有限公司	3446.922
319	65473	阿克苏地区永衡棉业有限责任公司	6181.9842
320	65482	阿克苏地区供销社兴农合作农场棉花加工厂	5885.5442
321	65495	阿克苏贝乐棉业有限公司	4258.1975
322	65496	阿克苏地区百隆棉业有限责任公司	8154.04
323	65499	新和县华瑞棉业有限公司	8529.2906
324	65501	阿克苏地区天宇棉业有限责任公司	4884.2028
325	65509	库车盛华棉业有限公司	6387.7724
326	65524	阿克苏鑫牛棉业有限公司	15832.8888
327	65534	阿克苏地区金翔棉业有限责任公司	22608.9393
328	65537	新疆汇联棉花加工有限公司	3162.7504
329	65539	库车利生棉业有限责任公司	5319.4855
330	65542	阿克苏润德棉业有限公司	4862.506
331	65545	阿克苏昌盛实业轧花有限公司	2911.7056
332	65553	阿克苏泰星棉业有限公司	1564.345
333	65569	阿拉尔市新赛棉业有限公司	5811.9642
334	65582	阿克苏永翔棉业有限责任公司	8313.9821
335	65588	中棉集团阿瓦提棉花产业化有限公司阿瓦提县第二轧花厂	6129.8886
336	65600	阿克苏市侨兴棉业有限责任公司	677.1152
337	65601	阿克苏利华新创棉业有限公司一厂	4766.2456
338	65605	阿克苏永华棉业有限责任公司	11985.9898
339	65631	新疆得力棉业有限公司塔里木轧花厂	6308.4926

续表

序号	企业代码	企业名称	检验吨数
340	65627	新疆鑫隆棉业有限公司	6224.0281
341	65008	中棉集团阿瓦提县棉业有限公司	3384.5853
342	65103	阿瓦提新新棉业有限责任公司乌鲁却勒棉花收购加工厂	7761.6921
343	65114	新疆三场丰收棉业有限责任公司第一加工厂	12141.4212
344	65135	阿瓦提银花棉业有限责任公司	11752.9544
345	65162	阿瓦提禾源棉业有限公司	3992.5611
346	65174	新疆华孚恒丰棉业有限公司九连棉花加工厂	1243.9555
347	65318	阿克苏溢达农业发展有限公司	337.3104
348	65336	阿瓦提县农科院丰元科技有限责任公司	2323.9008
349	65342	阿瓦提县天韵棉业有限责任公司	12957.6807
350	65346	阿瓦提新雅棉业有限公司一厂	3081.1467
351	65347	阿克苏渝棉农业有限公司	3149.025
352	65359	中棉集团阿瓦提棉花产业化有限公司	8341.7491
353	65463	阿瓦提县金泰棉业有限公司	6793.1765
354	65491	阿瓦提万隆棉业有限责任公司	4139.4229
355	65492	阿瓦提县泰兴棉业有限公司	5797.1537
356	65493	新疆嘉圣华棉业有限公司	13222.9879
357	65500	新疆华孚恒丰棉业有限公司棉花加工厂	3415.2018
358	65597	阿瓦提县棉麻公司多浪棉花收购加工厂	5965.7834
359	65599	阿瓦提新新棉业有限责任公司塔木托拉克棉花收购加工厂	6886.4224
360	65602	阿瓦提县新雅宏伟棉业有限公司	8537.7624
361	65078	柯坪县汇隆棉业有限责任公司	2722.1227
362	65236	柯坪县金泰棉业有限公司	4300.1658

续表

序号	企业代码	企业名称	检验吨数
363	65461	柯坪县海峰棉业有限责任公司	2492.3508
364	65513	柯坪县兴丰棉业有限责任公司	4254.8608
365	65092	库车益康棉业有限公司	7173.7263
366	65101	库车县兴合棉花有限责任公司	5203.453
367	65117	库车天润棉业有限公司	8472.8436
368	65147	库车县白钻石棉花油脂加工有限责任公司	5487.4852
369	65152	库车腾联棉业有限公司库车英叶棉花加工厂	7500.4312
370	65171	库车中棉棉业科技有限公司	4861.5264
371	65179	库车县棉麻公司哈尼喀塔木轧花三厂	7237.9676
372	65204	库车昊昆棉业有限公司	4848.4418
373	65264	库车县龟兹种业公司比西巴格轧花厂	6834.0535
374	65271	库车腾欣棉业有限公司库车棉花加工厂	9482.658
375	65272	库车泰昌棉业有限公司	3735.8258
376	65273	新疆腾丰棉花产业有限公司库车草湖棉花加工厂	8275.6827
377	65274	库车县天富棉业有限公司	6530.4702
378	65275	库车腾宏丰棉业有限公司库车宏达棉花加工厂	4589.451
379	65284	库车昆仑棉业有限公司	8126.121
380	65344	库车县恒丰棉业有限责任公司	7897.4395
381	65345	库车县纵横棉业有限责任公司	6839.9406
382	65365	库车银花棉业有限责任公司	7523.1922
383	65394	库车县龟兹种业公司良种棉轧花厂	6693.0896
384	65410	库车县白泉棉业有限责任公司	6674.6782
385	65420	阿克苏英达雅军垦农场棉业有限公司	5305.7464

续表

序号	企业代码	企业名称	检验吨数
386	65477	库车金朋棉业有限责任公司团结轧花厂	8317.0348
387	65576	新疆恺缌珈棉业有限责任公司	5512.7734
388	65578	新疆腾丰棉花产业有限公司库车墩阔坦棉花加工厂	6578.0622
389	65581	库车县金朋棉业有限责任公司轧花厂	10239.035
390	65632	库车联发棉业有限公司	8880.4122
391	65629	库车金鑫棉业有限公司	9334.919
392	65633	库车永翔棉业有限责任公司	11491.2896
393	65748	库车腾丰棉业有限公司库车县二八台棉花加工厂	10911.9062
394	65753	库车水控农业发展有限公司	9426.1095
395	65071	沙雅富力棉花有限责任公司托依堡轧花厂	13271.6833
396	65723	沙雅利华棉业有限公司古力巴克加工厂	12103.3944
397	65724	沙雅利华棉业有限公司红旗加工厂	9059.7452
398	65089	沙雅新垦棉花有限责任公司	7968.678
399	65093	沙雅银花棉业有限责任公司	8323.0541
400	65102	沙雅塔里木兴农棉花有限责任公司	3872.3897
401	65138	沙雅华强棉业有限公司	1744.2804
402	65139	新疆天玉丰收棉业有限公司	11628.8829
403	65140	沙雅国泰棉花有限公司	8986.4783
404	65200	沙雅益康棉业有限公司红旗轧花厂	20459.3786
405	65201	沙雅正大棉业有限责任公司	11039.2426
406	65205	沙雅纵横棉花有限责任公司	6029.7487
407	65238	沙雅县华瑞棉业有限责任公司	8069.093
408	65239	新疆沙雅白云商贸有限责任公司努尔巴格轧花厂	10202.7286

续表

序号	企业代码	企业名称	检验吨数
409	65240	新疆守信种业科技有限责任公司	9086.1492
410	65241	沙雅守信棉业有限公司	9388.6896
411	65270	新疆国泰棉业有限公司	23293.4373
412	65321	阿克苏溢达棉业有限公司	420.2394
413	65338	沙雅银泰棉业有限公司	8485.3582
414	65397	新疆鸿力棉业有限公司海楼乡包孜墩轧花厂	7882.0585
415	65400	沙雅恒洋棉业有限责任公司	9135.1022
416	65520	沙雅新源棉业有限责任公司	4028.5476
417	65523	沙雅益康棉业有限公司托依堡分公司	8602.969
418	65541	沙雅县利华创新棉业有限公司	10056.8566
419	65611	新疆鸿力棉业有限公司盖孜库木轧花厂	8085.6922
420	65726	沙雅利华棉业有限公司盖孜库木加工厂	11543.2652
421	65747	沙雅县利华创新棉业有限公司沙雅第三棉花加工厂	20477.231
422	65120	温宿利华棉业有限公司	3411.1372
423	65137	温宿银花棉业有限责任公司	9550.431
424	65172	阿克苏永源棉业有限责任公司	10351.7623
425	65173	新和益新棉业有限公司	1755.626
426	65356	新疆致诚棉业有限责任公司	2171.1394
427	65431	温宿信泰棉业有限责任公司	4275.8526
428	65459	温宿县银利棉业有限公司	6658.9296
429	65470	新疆金丰源种业股份有限公司良种棉加工一厂	3019.9244
430	65096	中棉集团新和棉业有限公司	5964.5423
431	65718	阿克苏丰盛棉花加工厂	7922.4545

续表

序号	企业代码	企业名称	检验吨数
432	65105	新和县永红有限责任公司棉花加工厂	5843.0477
433	65167	新和金泰实业有限公司	8672.8731
434	65255	新疆益康集团有限责任公司轧花厂	10705.6827
435	65279	新和县嘉丰棉业有限公司	9691.7646
436	65309	新和县永红有限责任公司玉奇喀特乡棉花加工厂	14378.1961
437	65366	新和银花棉业有限责任公司	7341.8312
438	65517	新和县宏信棉业有限责任公司	8767.372
439	65610	新和县宏信机采棉有限公司	9183.8316
440	65749	新和县凯程兴农机采棉有限公司	11989.6586
441	65072	博湖宝丰棉业有限责任公司博斯腾湖棉花收购加工厂	4498.3029
442	65445	博湖县桦峰棉业有限责任公司	5278.8327
443	65449	新疆银通棉业有限公司	3735.4108
444	65020	新疆银硕棉业有限责任公司	3935.3834
445	65130	和硕县利华棉业有限责任公司	2402.2759
446	65030	新疆豫棉惠农农业发展有限公司库尔勒第一棉花加工厂	6576.2937
447	65691	新疆豫棉惠农农业发展有限公司库尔勒第二棉花加工厂	5459.2039
448	65692	新疆豫棉惠农农业发展有限公司库尔勒第三棉花加工厂	3097.7318
449	65049	库尔勒市良种棉轧花厂	2542.5594
450	65062	库尔勒宝丰棉业有限责任公司	3073.8439
451	65063	库尔勒鑫福棉业有限责任公司	3721.8082
452	65064	新疆维吾尔自治区国家农作物原种场库尔勒哈拉苏轧花厂	2851.6958
453	65067	巴州正圣棉业有限公司	2166.819
454	65070	新疆利华（集团）股份有限公司第一棉花加工厂	7765.8786

续表

序号	企业代码	企业名称	检验吨数
455	65082	新疆银通棉业有限公司库尔勒轧花厂	2906.8195
456	65095	巴州睿泰棉业有限公司	3843.7704
457	65224	库尔勒市银翔棉业有限公司	3757.9466
458	65229	库尔勒顺盛棉业有限责任公司	3556.4338
459	65237	新疆银通棉业有限公司哈拉玉宫轧花厂	9662.8788
460	65244	库尔勒包头湖棉花加工有限责任公司	4551.1462
461	65253	巴州万和棉业有限公司	4319.2876
462	65281	巴州冠农棉业有限责任公司库尔勒库尔楚轧花厂	3595.656
463	65295	巴州恒熙棉业有限公司	2128.0052
464	65316	巴州浩鑫棉业有限公司轧花厂	3695.3654
465	65319	巴州德润商贸有限公司普惠棉花加工厂	4827.1846
466	65320	巴州德福农贸有限责任公司	10536.8374
467	65809	新和百川棉业有限公司	3388.8919
468	65378	新疆利华（集团）股份有限公司第二棉花加工厂	4110.4625
469	65379	新疆利华（集团）股份有限公司第三棉花加工厂	6120.0634
470	65424	巴州同庆丰棉业有限公司	2444.637
471	65427	新疆利华（集团）股份有限公司第四棉花加工厂	6717.9495
472	65504	新疆利华（集团）股份有限公司第五棉花加工厂	4024.785
473	65535	库尔勒惠祥棉种有限公司	10107.6295
474	65573	新疆西部汇通棉业有限公司	4416.3522
475	65621	巴州宏益棉业有限公司轧花厂	4883.9918
476	65622	巴州尉杨棉业有限公司	1595.4318
477	65104	巴州鸿泰棉业有限公司轧花二厂	3766.2614

续表

序号	企业代码	企业名称	检验吨数
478	65656	新疆鸿泰种业科技有限公司草湖乡棉花收购站	6420.1944
479	65694	巴州鸿泰棉业有限公司野云沟棉花收购站	7725.298
480	65127	轮台县家家旺棉业有限责任公司	6502.4483
481	65132	轮台县远江农工贸有限责任公司棉花加工厂	12284.9952
482	65134	轮台县塔河棉业有限责任公司	6419.9153
483	65144	轮台县永盛棉花工贸有限责任公司	8343.5328
484	65251	巴州鸿泰棉业有限公司轧花一厂	7759.666
485	65277	轮台县银恒棉业有限公司	1230.6975
486	65329	新疆鸿泰种业科技有限公司原种棉轧花厂	7152.7428
487	65579	巴州鸿泰棉业有限公司轧花三厂	6530.1384
488	65616	巴州国欣棉业有限公司	15957.397
489	65208	且末县新垦棉业有限责任公司	3508.218
490	65331	且末县昆仑棉业有限责任公司棉花加工二厂	6440.685
491	65332	且末县昆仑棉业有限责任公司棉花加工三厂	1596.8836
492	65565	若羌县川棉棉业有限公司	3273.3692
493	65003	巴州宏业统其克棉花加工有限公司	4358.6044
494	65657	巴州天华种业有限责任公司	3919.9016
495	65681	巴州富德纺织有限责任公司	2035.4206
496	65685	尉犁县全俊棉业有限公司	8241.3531
497	65720	尉犁县众望纺织有限公司	4233.5372
498	65006	中棉集团巴州棉业有限公司	4266.041
499	65023	巴州恒通棉业有限公司	2927.1924
500	65065	新疆千棉棉业有限责任公司	5238.8088

续表

序号	企业代码	企业名称	检验吨数
501	65068	尉犁县中良棉业有限责任公司	11086.0444
502	65149	铁门关利华棉业有限公司尉犁塔里木棉花加工厂	11501.7349
503	65811	巴州惠丰华裕棉业有限公司	6435.9656
504	65812	轮台县中加棉业有限责任公司	9597.0335
505	66313	铁门关市世宏棉业有限公司	2636.6113
506	65153	尉犁县诸旺农牧业有限公司	4768.4272
507	65226	尉犁县九九棉业有限公司	11629.6028
508	65227	尉犁泰富棉业有限公司	3532.6534
509	65325	巴州泰昌农业开发有限公司轧花厂	6082.076
510	65337	尉犁县瑞华棉业有限责任公司	2845.2644
511	65348	铁门关利华棉业有限公司尉犁琼库勒分公司	9864.7272
512	65415	巴州孔雀棉业有限责任公司	5266.4308
513	65416	巴州迈思创棉业有限公司	3615.6848
514	65458	尉犁兴平棉业有限责任公司	5859.913
515	65466	尉犁县林丰棉业有限公司	5130.4368
516	65512	巴州顺泰棉业有限责任公司	5695.4638
517	65526	尉犁县中良棉业有限责任公司库尔勒分厂	2814.0975
518	65725	尉犁县恒裕商贸有限公司	4634.8256
519	65310	和田银丰棉业有限责任公司	746.6876
520	65288	和田天王纺织有限公司	1011.7998
521	65716	和田县银河棉业有限责任公司	396.1334
522	66289	新疆中垦农业科技有限公司	4921.5658
523	66290	胡杨河丰家祥棉业有限公司	3038.1269

续表

序号	企业代码	企业名称	检验吨数
524	66291	胡杨河通港棉业有限公司	3031.1123
525	66292	胡杨河华孚宏盛棉业有限公司	3361.6286
526	66293	胡杨河丰瑞农业发展有限公司	7801.4011
527	66294	胡杨河恒泰棉花产业有限公司	4393.1344
528	66295	新疆全丰棉业有限公司	97.4554
529	66301	新疆万德瑞棉业有限公司	3454.9775
530	66314	新疆尊泰棉业有限公司	4376.9907
531	65294	和田县种子经营中心斯玛瓦提良种棉加工厂	383.7242
532	65775	喀什神农丰棉业有限公司	7695.3079
533	65050	新疆棉花产业（集团）巴楚棉业有限责任公司英吾斯坦轧花厂	5026.1864
534	65652	巴楚县汇富棉业有限公司	4246.4258
535	65655	巴楚县银信棉纺有限公司	8188.9714
536	65051	新疆棉花产业（集团）巴楚棉业有限责任公司恰瓦克轧花厂	3256.4068
537	65163	新疆棉花产业（集团）巴楚棉业有限责任公司唐巴扎轧花厂	3469.6242
538	65164	新疆棉花产业（集团）巴楚棉业有限责任公司阿克萨克马热勒轧花厂	6735.8709
539	65165	新疆棉花产业（集团）巴楚棉业有限责任公司群库恰克轧花厂	3281.3016
540	65166	新疆棉花产业（集团）巴楚棉业有限责任公司阿拉根轧花厂	3366.4379
541	65178	巴楚县良种轧花厂（有限公司）三厂	6635.6748
542	65209	巴楚县良种轧花厂（有限公司）	21479.3826
543	65211	巴楚县银鑫良种棉有限责任公司	7490.5536
544	65262	新疆棉花产业（集团）巴楚棉业有限责任公司下马力轧花厂	4030.955
545	65263	新疆棉花产业（集团）巴楚棉业有限责任公司色力布亚轧花厂	3343.2512
546	65285	巴楚县光大棉业有限责任公司	15926.4061

续表

序号	企业代码	企业名称	检验吨数
547	65286	巴楚县康顺棉业有限责任公司	17096.4155
548	65292	巴楚县鑫鹏棉业有限责任公司	3009.0354
549	65297	新疆润孚棉业有限公司	13917.2483
550	65367	巴楚县博泰棉业有限公司	1749.3524
551	65368	新疆棉花产业（集团）巴楚棉业有限责任公司阿瓦提轧花厂	4287.1862
552	65369	巴楚县裕华棉业有限公司	14238.1185
553	65409	巴楚县济舟棉业有限责任公司	8605.4883
554	65425	巴楚县金谷棉业有限公司	10864.2702
555	65450	巴楚县华联棉业有限责任公司	15514.8783
556	65595	巴楚县冠农棉业有限责任公司	10390.3461
557	65651	巴楚县德昌棉业有限公司	6063.9317
558	65783	巴楚县亿昌棉业有限公司	3816.6846
559	65778	巴楚县新迪棉业有限公司	14799.3033
560	65772	巴楚县机采棉棉业有限公司	12318.3268
561	65807	巴楚县惠利棉业有限公司	14841.4925
562	65808	新疆华纺棉业有限公司	17640.1111
563	65806	巴楚县中泰棉业有限公司	21012.5387
564	65821	巴楚县震华棉纺有限公司	1186.5114
565	65188	新疆棉花产业集团伽师棉业有限公司卧里托呼拉克乡轧花厂	4539.2798
566	65673	喀什伽师金诚棉业有限公司	9316.8386
567	65703	新疆棉花产业集团伽师棉业有限公司古勒鲁克乡轧花厂	2982.482
568	65705	新疆棉花产业集团伽师棉业有限公司米夏乡轧花厂	6076.7902
569	65189	新疆棉花产业集团伽师棉业有限公司玉代克力克乡轧花厂	3061.4274

续表

序号	企业代码	企业名称	检验吨数
570	65312	伽师县银丰棉花有限责任公司	4589.1169
571	65406	新疆棉花产业集团伽师棉业有限公司县城轧花厂	6672.1871
572	65407	新疆棉花产业集团伽师棉业有限公司和夏瓦提乡轧花厂	7257.0976
573	65408	新疆棉花产业集团伽师棉业有限公司夏普吐勒乡轧花厂	2928.0876
574	65411	喀什广新纺织股份有限公司	6451.2392
575	65511	伽师新雅棉业有限公司	9693.1842
576	65514	新疆棉花产业集团伽师棉业有限公司克孜勒苏乡轧花厂	3605.8064
577	65564	伽师县中加棉业有限公司	5852.1379
578	65175	喀什实信棉业有限责任公司	1694.6308
579	65206	喀什永泰现代农业开发有限公司	9446.4496
580	65607	喀什新粤弘丰棉业有限公司	8131.0934
581	65650	新疆润野农业开发有限公司	11423.7754
582	66137	新疆前海泽农棉业股份有限公司	2576.5212
583	65043	新疆棉花产业（集团）麦盖提棉业有限责任公司尕孜库勒轧花厂	2516.3319
584	65268	麦盖提县浩杰农业开发有限公司	4357.1178
585	65680	麦盖提县博锦农业发展有限公司	8892.7584
586	65044	新疆棉花产业（集团）麦盖提棉业有限责任公司吐曼塔勒轧花厂	2758.0829
587	65813	麦盖提县创强农业发展有限公司	8918.1917
588	65045	新疆棉花产业（集团）麦盖提棉业有限责任公司希依提墩轧花厂	5493.2877
589	65059	新疆棉花产业（集团）麦盖提棉业有限责任公司央塔克轧花厂	2226.726
590	65087	新疆棉花产业（集团）麦盖提棉业有限责任公司克孜勒阿瓦提轧花厂	3228.6785
591	65088	新疆棉花产业（集团）麦盖提棉业有限责任公司库尔玛轧花厂	3881.5545
592	65203	麦盖提县浩峰棉业有限责任公司	2990.8634

续表

序号	企业代码	企业名称	检验吨数
593	65217	麦盖提基地军联棉业有限责任公司	6974.3426
594	65261	麦盖提良种棉业有限公司	2530.3091
595	65323	麦盖提九九棉业有限公司	10881.0198
596	65412	喀什新花棉业有限公司	2034.3736
597	65429	喀什金盛棉业有限责任公司	5511.6553
598	65544	融通农业发展（麦盖提）有限责任公司	3660.8087
599	65562	麦盖提县宏丰棉业有限公司	7971.6327
600	65606	喀什星宇农业开发有限公司	1897.7429
601	65642	伽师县皖新棉业有限责任公司	11313.714
602	65643	麦盖提县浩丰实业有限公司	6860.2755
603	65036	新疆棉花产业（集团）莎车棉业有限责任公司伯什坎轧花厂	2438.1878
604	65715	莎车华丰棉业有限公司	3588.5231
605	65037	新疆棉花产业集团英夏尔棉业有限公司英尔力克乡轧花厂	2657.6557
606	65038	新疆棉花产业集团英夏尔棉业有限公司牙甫泉镇轧花厂	3001.6984
607	65180	新疆棉花产业（集团）莎车棉业有限责任公司阿瓦提轧花厂	1689.5233
608	65181	新疆棉花产业（集团）莎车棉业有限责任公司艾力西湖轧花厂	2135.9307
609	65182	新疆棉花产业（集团）莎车棉业有限责任公司阿斯兰巴格轧花厂	2254.6934
610	65183	新疆棉花产业（集团）莎车棉业有限责任公司吾达力克轧花厂	2701.7938
611	65184	新疆棉花产业（集团）莎车棉业有限责任公司依干其轧花厂	3611.6307
612	65185	新疆棉花产业（集团）莎车棉业有限责任公司依什库力轧花厂	1778.7981
613	65186	新疆棉花产业（集团）莎车棉业有限责任公司荒地轧花厂	1761.166
614	65187	新疆棉花产业（集团）莎车棉业有限责任公司再热甫夏提轧花厂	1351.1079
615	65213	莎车县新龙棉业有限责任公司	7543.3467

续表

序号	企业代码	企业名称	检验吨数
616	65265	莎车县良种场轧花厂	1167.4189
617	65505	新疆棉花产业（集团）莎车棉业有限责任公司阿拉买提轧花厂	2199.2645
618	65506	新疆棉花产业（集团）莎车棉业有限责任公司阿扎提巴格轧花厂	2450.7404
619	65507	新疆棉花产业（集团）莎车棉业有限责任公司巴格阿瓦提轧花厂	2722.5586
620	65508	新疆棉花产业（集团）莎车棉业有限责任公司恰热克轧花厂	3517.5722
621	65594	莎车县中加棉业有限公司	4940.8795
622	65604	莎车县昆仑棉业有限责任公司	2369.8918
623	65645	莎车县银絮棉业有限责任公司	6142.8859
624	65052	喀什利明棉业有限公司	7513.161
625	65413	疏勒县忠兴棉业有限公司	4609.1004
626	65143	新疆棉花产业（集团）叶城棉业有限责任公司江格勒斯轧花厂	4127.704
627	65298	喀什丝绸棉业有限公司	5555.453
628	65302	新疆棉花产业（集团）叶城棉业有限责任公司库其轧花厂	844.197
629	65574	叶城县兵棉棉业有限公司	2180.4142
630	65156	英吉沙县棉麻公司克孜勒加工厂	3373.1113
631	65231	英吉沙县棉麻公司苏盖提加工厂	1486.4681
632	65557	英吉沙县棉麻公司芒申加工厂	1594.1527
633	65194	新疆棉花产业集团岳普湖棉业有限公司下巴扎乡轧花厂	4633.7162
634	65659	喀什富新棉业有限公司	5307.9998
635	65700	岳普湖县兵棉棉业有限公司	7026.0172
636	65704	喀什君丰农业发展有限公司	14679.355
637	65719	新疆棉花产业集团岳普湖棉业有限公司阿其克乡轧花厂	7060.1369
638	65195	新疆棉花产业集团岳普湖棉业有限公司铁力木乡轧花厂	1564.1418

续表

序号	企业代码	企业名称	检验吨数
639	65395	新疆棉花产业集团岳普湖棉业有限公司县城轧花厂	2533.0702
640	65488	新疆棉花产业集团岳普湖棉业有限公司绿洲轧花厂	4654.503
641	65498	岳普湖震源棉业有限公司	7311.2124
642	65580	新疆棉花产业集团岳普湖棉业有限公司巴依瓦提轧花厂	4683.9898
643	65735	岳普湖县鸿辉棉业有限责任公司	5348.5542
644	65745	岳普湖县良种棉轧花厂	4522.0174
645	65750	喀什银利农业开发有限公司	6632.5258
646	65771	岳普湖县双泓机采棉有限公司	7116.7904
647	65779	岳普湖县恒昌棉业有限公司	17602.8478
648	65784	岳普湖县鲁豫鑫棉业有限责任公司	3061.5841
649	65040	新疆棉花产业集团泽普棉业有限公司阿克塔木乡轧花厂	631.7816
650	65041	新疆棉花产业集团泽普棉业有限公司依玛乡轧花厂	885.3548
651	65042	新疆棉花产业集团泽普棉业有限公司古鲁巴格乡轧花厂	1426.6002
652	65234	泽普县富强棉业有限责任公司	2250.0614
653	65119	阿克陶县恒丰棉麻有限公司	1263.3194
654	65218	克州欣汇联实业有限公司	4144.4126
655	65246	阿克陶县昌隆棉业有限公司	5308.4218
656	65333	阿克陶县金泰棉业有限公司	4179.0416
657	65339	阿克陶县盛丰棉业有限责任公司	4642.473
658	65364	阿克陶县奔达实业有限公司	1296.882
659	65371	新疆阿图什金泉商贸有限责任公司阿克陶县轧花厂	413.2292
660	65426	克州宏健棉业有限责任公司	3961.9506
661	65516	阿克陶县天人棉业有限责任公司	4436.548

续表

序号	企业代码	企业名称	检验吨数
662	65518	阿克陶县昌盛棉业有限责任公司	7282.3544
663	65561	阿克陶县盛丰棉业有限责任公司第二轧花厂	1974.4898
664	65589	阿克陶县恒丰棉麻有限公司轧花厂	1909.0894
665	65155	克州百川棉业有限责任公司	3774.2546
666	65374	阿图什市海纳棉业有限公司	1637.2224
667	65377	中棉集团克州棉业有限公司	1117.5776
668	65390	阿图什市供销合作社联合社棉麻公司	3525.3076
669	65438	克州西星棉业有限责任公司	325.8903
670	65746	中棉集团尉犁棉业有限公司	5991.3787
671	66094	铁门关永瑞供销有限公司巴州棉麻二分公司	2244.5194
672	66098	巴州冠农棉业有限责任公司普惠轧花厂	3894.5724
673	66152	新疆群克棉业有限公司	841.3434
674	66103	尉犁银丰棉业有限公司	3598.1936
675	66180	巴州冠农棉业有限责任公司铁门关市第七轧花厂	1678.878
676	66186	且末县昆山棉业有限公司	3064.6868
677	66194	尉犁县银莱棉业有限公司	842.0502
678	66209	铁门关利华棉业有限公司	9675.5652
679	66044	新疆前海惠农生物科技股份有限公司	12836.6558
680	66075	新疆前海新农棉业股份有限公司	3923.2875
681	66296	图木舒克市丰华棉业有限公司	6966.8154
682	66298	图木舒克市南银棉业有限责任公司	7055.5048
683	66154	新疆前海益农棉业股份有限公司	5609.1825
684	66138	新疆前海利农棉业股份有限公司	1782.3868

续表

序号	企业代码	企业名称	检验吨数
685	66078	莎车县三得利棉业有限责任公司	4749.01
686	66100	奎屯创锦棉业有限公司	4130.0577
687	66080	新疆博赛银丰棉业有限公司	7220.2551
688	66126	双河市康顺棉业有限公司	4559.8278
689	66190	沙湾市新赛棉业有限责任公司	4565.5193
690	66200	新疆新赛精纺有限公司	4755.9756
691	66083	博州盛太棉业有限责任公司	2861.5452
692	66192	麦盖提县邦顺棉业有限公司	10950.9601
693	66124	克拉玛依市锦田棉业有限公司	6408.9563
694	66007	奎屯顺裕棉业有限公司	2186.236
695	66006	呼图壁县宏盛棉业有限公司	7601.9049
696	66207	新疆生产建设兵团第十三师立亨棉业有限公司	1842.93
697	66170	哈密市鑫棉棉业有限责任公司银华棉花加工厂	213.9072
698	66136	哈密银天棉业有限责任公司银盛棉花加工厂	2827.2025
699	66057	哈密银天棉业有限责任公司天之隆棉花加工厂	2935.8296
700	66099	新疆生产建设兵团第十三师天元供销（集团）有限公司棉花加工厂	1645.4261
701	66109	和田金泰棉业有限公司	5861.6492
702	66047	阿拉尔市天绒棉业有限责任公司	11316.1811
703	66053	新疆生产建设兵团棉麻有限公司库尔勒轧花厂	5565.4551
704	66151	伽师县兵棉棉业有限公司	9201.7833
705	66140	新疆三丰棉业有限公司	8368.8078
706	66141	昌吉金西域棉业有限责任公司玛纳斯县分公司	8301.3388
707	66205	哈密市兵棉棉业有限公司	2259.4522

续表

序号	企业代码	企业名称	检验吨数
708	66089	沙雅宏信棉花有限责任公司	6948.8976
709	66184	阿克苏锦阿棉业有限责任公司	5255.1533
		新疆生产建设兵团219家	1786646.19
1	66011	阿拉尔市鹏锦棉业有限责任公司	29568.3936
2	66020	阿拉尔市利华棉业有限公司夏合勒克镇分公司	14657.8113
3	66021	阿拉尔市金银川镇金鹏棉业有限公司	18913.7932
4	66025	阿拉尔市鹏越棉业有限责任公司	8241.5779
5	66026	阿拉尔市鹏创棉业有限责任公司	17393.1866
6	66027	阿拉尔市利华棉业有限公司玛滩镇分公司	14437.154
7	66032	阿拉尔市鹏发棉业有限责任公司	28046.8004
8	66033	阿拉尔市鹏硕棉业有限责任公司	15737.6836
9	66036	阿拉尔市新来达鹏辉棉业有限责任公司	5929.0732
10	66037	新疆塔里木河种业股份有限公司金银川分公司	6569.7357
11	66058	阿拉尔市鹏岗棉业有限责任公司	14389.0191
12	66090	阿拉尔市鹏运棉业有限责任公司	17180.0155
13	66112	阿拉尔市鹏达棉业有限责任公司	13905.8186
14	66133	新疆银徕通实业有限公司	7880.4003
15	66159	新疆塔里木河种业股份有限公司阿拉尔分公司	7389.4498
16	66161	阿拉尔市金银川镇金枫棉业有限公司	16041.7067
17	66208	阿拉尔市鹏润棉业有限责任公司	10927.5918
18	66039	新疆蓝泊湾棉业有限责任公司	29455.1934
19	66236	阿拉尔市利华棉业有限公司新井子镇分公司	11505.2582
20	66235	阿拉尔市利华棉业有限公司塔门镇分公司	11192.4401

续表

序号	企业代码	企业名称	检验吨数
21	66234	阿拉尔市利华棉业有限公司绿园镇分公司	12930.0644
22	66233	阿拉尔市新来达鹏丰棉业有限责任公司	11654.3404
23	66010	新疆水控国棉科技有限公司铁门关吾瓦轧花一厂	6205.2854
24	66030	铁门关永瑞供销有限公司双丰一厂	6552.8782
25	66038	巴州亿博棉业有限公司	5947.0202
26	66045	铁门关永瑞供销有限公司尉犁县蒲昌一厂	9082.8849
27	66046	新疆水控国棉科技有限公司铁门关蒲昌轧花厂	5050.2466
28	66051	铁门关永瑞供销有限公司尉犁县乌鲁克二厂	8803.0784
29	66056	铁门关永瑞供销有限公司尉犁县英库勒一厂	7791.1015
30	66077	新疆水控国棉科技有限公司铁门关乌鲁克轧花一厂	10771.3743
31	66092	巴州冠农棉业有限责任公司	7912.7297
32	66132	新疆水控国棉科技有限公司铁门关吾瓦轧花二厂	3827.3327
33	66134	铁门关永瑞供销有限公司双丰二厂	3790.5976
34	66171	新疆水控国棉科技有限公司铁门关卡拉轧花厂	4199.6452
35	66210	铁门关市丰润棉业有限公司	5516.4301
36	66211	铁门关永瑞供销有限公司尉犁县英库勒二厂	7747.9992
37	66300	铁门关市永祥棉业有限公司	6944.2105
38	66215	新疆美纺棉业有限公司	7848.794
39	66299	铁门关市程凯棉业有限公司	11739.56
40	66309	铁门关市冠垦棉业有限公司	6215.8334
41	66028	东方前海棉花股份有限公司四分公司	13874.0194
42	66055	东方前海棉花股份有限公司三分公司	15964.2891
43	66084	图木舒克市准噶尔棉业有限公司	16408.3744

续表

序号	企业代码	企业名称	检验吨数
44	66085	东方前海棉花股份有限公司二分公司	6716.2934
45	66035	东方前海棉花股份有限公司五分公司	9626.2071
46	66052	东方前海棉花股份有限公司七分公司	17292.7606
47	66087	东方前海棉花股份有限公司八分公司	10470.3168
48	66102	东方前海棉花股份有限公司六分公司	4391.9513
49	66120	东方前海棉花股份有限公司一分公司	20000.584
50	66131	新疆丰达农业有限公司	8235.1033
51	66022	可克达拉市创锦榆树庄棉花加工厂	2098.584
52	65810	沙湾市宏基农业发展有限公司	5618.279
53	65816	新疆源开祥棉业有限公司	582.6553
54	65818	沙湾县新亮天成棉业有限公司	1842.0757
55	66079	可克达拉市创锦苇湖棉花加工厂	2652.8342
56	66123	可克达拉市洪海棉花加工厂	2075.1409
57	66142	新疆锦硕源农业科技有限公司	7382.245
58	66012	双河市新赛博汇农业发展有限公司	8127.4619
59	66013	新疆昊星八十三棉业有限公司	13782.9401
60	66274	新疆铭创棉业有限公司	4685.5464
61	66276	双河市欣欣棉业有限公司	7268.7196
62	66277	新疆棉达棉业有限公司	2317.5786
63	66014	新疆昊星八十五棉业有限公司	5729.5798
64	66275	双河市协鼎棉业有限公司	4688.0093
65	66015	新疆昊星八十六棉业有限公司	8015.9234
66	66016	新疆双河水控八十九棉业有限公司	12667.0875

续表

序号	企业代码	企业名称	检验吨数
67	66081	新疆双河水控九十棉业有限公司	10967.0672
68	66082	新疆双河水控九十一棉业有限公司	6623.3345
69	66127	新疆昊星八十二棉业有限公司	3306.963
70	66008	新疆准噶尔棉麻有限公司新湖三场分公司	4434.2937
71	66009	新疆准噶尔棉麻有限公司一〇三团分公司	8287.92
72	66040	新疆准噶尔棉麻有限公司芳草湖四场分公司	5518.2261
73	66041	新疆准噶尔棉麻有限公司一〇五团分公司	3503.3134
74	66042	新疆准噶尔棉麻有限公司一〇二团分公司	6010.9396
75	66043	新疆准噶尔棉麻有限公司新湖一场分公司	6248.117
76	66101	新疆准噶尔棉麻有限公司枣园分公司	5367.823
77	66105	新疆准噶尔棉麻有限公司芳草湖二场分公司	6724.4632
78	66106	新疆准噶尔棉麻有限公司芳草湖六场分公司	3557.833
79	66107	新疆准噶尔棉麻有限公司共青团分公司	7663.05
80	66156	新疆准噶尔棉麻有限公司新湖二场分公司	8689.9501
81	66157	新疆准噶尔棉麻有限公司新湖六场分公司	3218.1857
82	66158	新疆准噶尔棉麻有限公司一〇六团分公司	5314.8738
83	66162	新疆准噶尔棉麻有限公司芳草湖一场分公司	5438.692
84	66163	新疆准噶尔棉麻有限公司芳草湖三场分公司	5907.3304
85	66164	新疆准噶尔棉麻有限公司芳草湖五场分公司	3522.5384
86	66165	新疆芳草湖准噶尔棉业有限责任公司	3130.9234
87	66168	新疆鹏飞棉业有限公司	7900.8474
88	66197	阜康市六运湖天山棉业有限公司	6085.731
89	66199	玛纳斯县旺隆农业开发有限公司	4537.9736

续表

序号	企业代码	企业名称	检验吨数
90	66201	新疆兵棉天盛棉业有限公司	4123.2988
91	66203	新疆准噶尔棉麻有限公司新湖七场分公司	3110.5999
92	66204	新疆准噶尔棉麻有限公司新湖四场分公司	3462.3597
93	66232	新疆茂顺棉业有限公司	5852.1946
94	66231	五家渠新来达棉业有限责任公司	4846.9323
95	66228	新疆温贸华域棉业有限公司	12412.95
96	66227	五家渠市吉鑫棉业有限公司	8615.9139
97	66230	五家渠兵棉棉业有限公司	8277.8905
98	66229	新疆耀强棉业有限公司	3567.8859
99	66256	五家渠国懋棉麻有限公司	4217.7716
100	66257	五家渠新来达鑫瑞棉业有限公司	5236.3569
101	66258	五家渠新来达鑫盛棉业有限公司	1549.2187
102	66259	五家渠新来达鑫和棉业有限公司	1161.3244
103	66264	五家渠市龙佰力棉业有限公司	11214.5023
104	66265	五家渠新来达鑫诚棉业有限公司	5809.661
105	66266	五家渠云腾棉业有限公司	1794.2778
106	66267	五家渠天银棉业有限公司	2904.9229
107	66268	五家渠七纺棉业有限公司	4332.5299
108	66269	五家渠嘉纺棉业有限公司	4170.5051
109	66270	五家渠新来达鑫棉业有限公司	2598.6064
110	66271	五家渠嘉立棉业有限公司	4870.5063
111	66272	五家渠巨昇棉业有限公司	5769.112
112	66273	五家渠诚鑫棉业有限公司	5487.2966

续表

序号	企业代码	企业名称	检验吨数
113	66255	五家渠恒达棉业有限公司	6075.0907
114	66253	五家渠永盛棉业有限公司	4985.9708
115	66249	五家渠浙新棉业有限公司	4400.129
116	66250	五家渠市西域芳乡农业发展有限责任公司	4279.9702
117	66251	新疆广联昌盛农业发展有限公司	10358.4968
118	66260	新疆杰华棉业有限公司	5654.2077
119	66261	新疆思华乐棉业有限公司	5590.1313
120	66254	新疆新芳丰丰棉业有限公司	7351.4699
121	66252	新疆永润棉业有限公司	6806.8502
122	66002	新疆胡杨河宝达棉业有限公司乌苏分公司	24888.5872
123	66003	新疆胡杨河利华棉业有限公司乌苏高泉分公司	11294.9379
124	66005	奎屯锦垦棉业有限公司	3526.2095
125	66091	新疆胡杨河利华棉业有限公司乌苏科克兰木分公司	15762.8836
126	66093	新疆冠维农业科技有限公司	21404.329
127	66095	新疆农垦现代农业产业化发展集团有限公司第四棉业分公司	25101.3051
128	66096	新疆农垦现代农业产业化发展集团有限公司第三棉业分公司	29183.9459
129	66111	新疆锦棉种业科技股份有限公司良种加工二厂	6463.3823
130	66160	新疆锦棉种业科技股份有限公司良种加工一厂	2316.0365
131	66181	新疆胡杨河利华棉业有限公司乌苏苏兴滩分公司	16808.0328
132	66188	奎屯锦和棉业有限责任公司	4817.2068
133	65709	奎屯贯硕棉业有限公司	4508.968
134	66198	克拉玛依市乌尔禾区锦宏棉业有限公司	4932.9543
135	65383	新疆奎屯云森纺织有限公司	6567.7354

续表

序号	企业代码	企业名称	检验吨数
136	66108	新疆锦荣棉业有限公司	2675.2074
137	65714	克拉玛依市杰鑫棉花加工厂	5973.136
138	66183	奎屯锦姿棉业有限公司	2868.9325
139	66114	奎屯惠民棉业有限公司	8135.9656
140	65777	奎屯诚丰棉业有限公司分公司	24009.7117
141	65805	奎屯环翊棉业有限公司	5314.1492
142	66214	新疆胡杨河利华棉业有限公司乌苏柳沟分公司	10966.5033
143	66017	石河子市银康棉业有限公司	18704.779
144	66018	石河子市银泽棉业有限公司	24095.0692
145	66019	石河子市银北棉业有限公司	4399.1197
146	66060	石河子市银耀棉业有限公司	11765.6523
147	66061	石河子市银宏棉业有限公司	16645.8493
148	66062	石河子市银恒棉业有限公司	12288.496
149	66063	石河子市银硕棉业有限公司	13061.9838
150	66064	石河子市利华棉业有限责任公司下野地第一分公司	5784.354
151	66065	石河子市银安棉业有限公司	23130.8847
152	66066	石河子市中棉华丰棉业有限公司华侨分公司	11707.7059
153	66067	石河子市银旭棉业有限公司	21580.6144
154	66068	石河子市银冠棉业有限公司	8146.8762
155	66070	石河子市银鼎棉业有限公司	20837.9912
156	66072	石河子市银畅棉业有限公司	31997.1668
157	66086	石河子市银沙棉业有限公司	12640.1074
158	66118	石河子市石城棉业有限责任公司	3244.4582

续表

序号	企业代码	企业名称	检验吨数
159	66121	石河子市富银棉业有限公司	2685.4053
160	66130	石河子开发区银祥棉业有限责任公司	4259.5758
161	66144	克拉玛依市银晓棉业有限公司	21225.1233
162	66174	石河子市农丰良种棉脱棉加工有限公司	2975.0692
163	66175	石河子市宏兴和棉业有限公司	4812.1072
164	66177	石河子开发区华丰棉业有限责任公司	3021.2138
165	66178	新疆银力棉业股份有限公司	3641.1997
166	66196	石河子市都邦天云棉业有限公司	2946.3616
167	66206	石河子市鸿福棉业有限公司	3594.6677
168	66239	新疆万德源棉业有限责任公司	6940.402
169	66240	新疆荣华阳棉业有限公司	6015.483
170	66216	石河子华孚宏盛棉业有限公司	5484.9746
171	66217	石河子市宝达棉业有限公司	8887.3969
172	66219	石河子市利华棉业有限责任公司莫索湾第三分公司	1203.9084
173	66220	石河子市利华棉业有限责任公司下野地第二分公司	3979.8735
174	66221	石河子市中棉宏泰棉业有限公司	6990.0538
175	66222	新疆铭鑫创达棉业有限公司	7469.4898
176	66223	新疆万德利棉业有限责任公司	11252.5758
177	66224	新疆鑫鼎泰棉业有限公司	5872.9324
178	66225	新疆旭耀棉业有限公司	9650.1736
179	66241	新疆天广银棉业有限公司	4200.1469
180	66238	石河子市正森棉业有限公司	11197.6911
181	66237	石河子市惠泽棉业有限责任公司	7798.1785

续表

序号	企业代码	企业名称	检验吨数
182	66242	新疆天辰农业科技发展有限公司	1369.5552
183	66218	石河子市宸银棉业有限责任公司	8739.4146
184	66286	石河子市鑫满仓棉业有限责任公司	6509.1668
185	66282	石河子市泉水盛润农业科技有限公司	4679.845
186	66281	石河子市力丰达棉业有限公司	6766.0987
187	66280	石河子市力丰和棉业有限公司	3494.6617
188	66248	石河子市中棉华丰棉业有限公司新安分公司	5778.9054
189	66247	石河子市中棉华丰棉业有限公司沙门子分公司	9931.5786
190	66246	石河子市中棉华丰棉业有限公司北泉分公司	7633.3935
191	66287	石河子市嘉创信合棉业有限责任公司	4132.7896
192	66303	石河子市万会和棉业有限公司	2695.6387
193	66308	石河子市鑫福金棉业有限公司	4997.6946
194	66306	石河子市泰海星棉业有限公司	7979.5472
195	66304	石河子市九霞棉业有限公司	5741.4296
196	66176	石河子开发区德威立业工贸有限责任公司基地轧花厂	3945.3131
197	66245	石河子华孚宏盛棉业有限公司第二分公司	3762.8388
198	66284	新疆景阳棉业有限公司	4387.596
199	66285	新疆达丰棉业有限公司	9334.5115
200	66288	新疆源立航农业科技发展有限公司	4233.9869
201	66307	新疆嘉亿峰棉业有限公司	3180.07
202	66311	新疆耘旺棉业有限公司	1562.6366
203	66312	石河子市鑫泰棉业有限公司	3086.4878
204	66317	石河子市锦农丰农业发展有限公司	1106.7067

续表

序号	企业代码	企业名称	检验吨数
205	66263	新疆朋汇棉业有限公司	7489.3325
206	66310	新疆锦泓润达农业科技有限公司	2537.3046
207	66279	新疆旗盛棉业有限公司	9372.1781
208	66278	新疆圣一棉业有限公司	5622.1273
209	66305	新疆万德通棉业有限责任公司	4148.3004
210	66262	新疆万农银泰棉业有限公司	6049.4695
211	66283	新疆旺硕棉花有限公司	4014.1709
212	66023	哈密银天棉业有限责任公司	8086.2632
213	66073	新疆屯南圣洁棉麻有限公司	9073.7429
214	66031	哈密市鑫棉棉业有限责任公司	7132.819
215	66049	新疆生产建设兵团第十三师天元供销（集团）有限公司哈密市银顺棉花加工厂	7393.5148
216	66054	哈密花乡棉业有限责任公司	8616.1076
217	66059	哈密花乡棉业有限责任公司黄田棉花加工厂	24.9999
218	65815	哈密东有棉业有限责任公司	89.242
219	66169	哈密市鑫棉棉业有限责任公司二牧场棉花加工厂	3034.1252
		安徽2家	1198.5058
1	34011	安徽省望江县绿色家园种植专业合作社	665.5746
2	34099	望江县兴云棉纺有限公司	532.9312
		甘肃12家	23672.5044
1	62002	瓜州敦种棉业有限公司	4756.8287
2	62019	瓜州县宏祥棉业有限责任公司	1865.3805
3	62031	瓜州县广源农业开发有限责任公司	1339.3699
4	62033	瓜州县长兴棉业有限责任公司	1748.9984

续表

序号	企业代码	企业名称	检验吨数
5	62034	敦煌市莫高棉业有限公司	1053.4258
6	62035	敦煌联友棉业有限责任公司	1932.0479
7	62041	金塔县金举棉业有限公司	187.7848
8	62043	敦煌富民棉业有限责任公司	1168.5588
9	62044	瓜州银地棉业有限公司	3790.4682
10	62051	瓜州县张氏农业综合开发有限责任公司	3524.376
11	62056	瓜州县广至钰翔棉业有限责任公司	1875.289
12	62057	瓜州县蜀陇棉业有限责任公司	429.9764
		河北25家	17642.7281
1	13001	河间市国欣棉花专业合作社	209.07
2	13013	东光县金源棉业有限公司	242.8498
3	13044	东光县兴业棉业有限公司	2845.2786
4	13085	吴桥俊龙棉业有限公司	449.5635
5	13132	东光县玉洁棉业有限公司	2030.0503
6	13149	东光县优佳棉业有限公司	21.7852
7	13158	东光县聚兴棉业有限公司	1132.9724
8	13189	沧州腾胜棉业有限公司	2089.2481
9	13234	沧州嘉佑棉业有限公司	14.8732
10	13238	吴桥麒丰棉业有限公司	1198.929
11	13248	成安县成聚棉业有限公司	51.9552
12	13048	河北桦雪棉业有限公司	106.5194
13	13103	故城县瑞祥棉业有限公司	32.8954
14	13138	故城县瑞康棉业有限公司	99.147

续表

序号	企业代码	企业名称	检验吨数
15	13249	故城县融润棉业有限公司	1444.689
16	13170	唐山市丰南区星河棉花收购加工厂	885.4938
17	13182	唐山市丰南鸿运棉花收购加工厂	629.2248
18	13215	唐山市丰南区鑫硕棉业有限公司	338.0093
19	13069	威县裕华棉业有限责任公司	801.5652
20	13070	南宫市云鑫棉业有限公司	32.249
21	13115	威县巨久棉业有限公司	2136.429
22	13221	河北腾盛棉业有限责任公司	188.2688
23	13227	广宗县东兴棉花加工厂	275.9548
24	13231	河北德博棉业有限公司	366.2077
25	13253	广宗县荆寨棉花加工厂	19.4996
湖北5家			2053.544
1	42148	洪湖市龙桥棉花贸易有限公司	158.5088
2	42005	荆州市华盛棉业有限公司	702.6166
3	42140	石首市茂祥棉贸有限公司	627.4506
4	42075	仙桃市银基棉业有限公司	343.8438
5	42037	黄梅县益民工贸有限公司	221.1242
江苏1家			2165.7022
1	32091	江苏华星轧花油脂有限公司	2165.7022
山东76家			104039.842
1	37039	滨州市泽兴棉业有限公司	1177.0444
2	37106	阳信县润田棉业有限公司	2398.1396
3	37149	山东省惠民县聚鑫棉业有限责任公司	3434.2304
4	37239	山东省博兴县德鑫棉业有限公司	621.089

续表

序号	企业代码	企业名称	检验吨数
5	37240	博兴县昌盛棉业有限公司	2113.3082
6	37242	山东省博兴县华茂棉业有限公司	2077.4816
7	37258	滨州鑫源棉花加工有限公司	549.2032
8	37261	惠民县瑞银棉业有限公司	202.4394
9	37271	成武鑫达果蔬有限公司	1109.8527
10	37324	滨州诚宸实业有限公司	882.929
11	37327	山东顺鑫棉业有限公司	295.0472
12	37328	滨州市恒昌棉业有限公司	74.7354
13	37329	菏泽立宇棉业股份有限公司	1192.9062
14	37397	武城县瑞金棉业有限公司	442.3828
15	37050	武城县發洋棉业有限公司	2529.6649
16	37054	武城县天宏棉业有限公司	501.263
17	37060	夏津县召泰棉业有限公司	267.3554
18	37087	武城县银海棉花加工厂	4781.2324
19	37125	武城县银恒棉业有限公司	3685.0207
20	37146	武城县第九棉花加工厂	758.9658
21	37166	武城县厚丰棉业有限公司	3506.0059
22	37167	夏津县旺盛皮棉经营有限公司	356.572
23	37170	夏津县宏丰棉业有限公司	2050.7528
24	37176	武城县万兴棉业有限公司	1476.2752
25	37179	武城县星海棉业有限公司	67.8496
26	37266	武城县龙强棉业有限公司	1390.3019
27	37311	武城县恒德棉业有限公司	215.5662

续表

序号	企业代码	企业名称	检验吨数
28	37314	武城县广发棉业有限公司	1620.6154
29	37332	武城县金亿棉业有限公司	3771.868
30	37367	武城县鑫玉棉业有限公司	1650.1088
31	37323	广饶县鲁饶棉业有限公司	323.5006
32	37016	利津海盛工贸有限责任公司	191.2458
33	37047	利津中正纺织有限公司	339.2781
34	37056	广饶县利源棉业有限公司	2679.8344
35	37058	广饶县胜源工贸有限责任公司	1484.869
36	37063	利津振山棉油有限公司	647.3112
37	37070	高唐昊宇棉业有限公司	602.6976
38	37103	东营市润丰棉业有限公司	372.8952
39	37114	东营华茂农业发展有限公司	1233.4918
40	37308	东营市禄昌纺织有限公司	678.1128
41	37320	利津县久翔农副产品有限公司	1470.6094
42	37373	东营三益棉业有限公司	1400.2306
43	37002	巨野县泰金棉业有限公司	180.0878
44	37160	成武县鑫隆棉业有限公司	840.7036
45	37182	巨野县光顺棉业有限公司	1012.2982
46	37184	成武县昌韵棉业有限公司	4749.0202
47	37199	成武县新鲁棉棉业有限公司	1133.7004
48	37204	巨野县国丰棉业有限公司	1173.9515
49	37221	山东锦美多棉业有限公司	532.977
50	37243	成武县东仁棉业有限公司	1887.9024

续表

序号	企业代码	企业名称	检验吨数
51	37359	巨野县振烨棉业有限公司	244.1679
52	37362	成武县晨翔棉业有限公司	705.4788
53	37370	巨野县宏兴棉业有限责任公司	1168.0724
54	37041	夏津县银东弘润棉业有限公司	1725.3869
55	37270	济宁市利民棉纺织股份有限公司	997.1166
56	37013	金乡县谦源棉业有限公司	254.0896
57	37020	金乡县霍古商贸有限公司	1295.4086
58	37052	金乡县鑫东棉业有限公司	767.9224
59	37127	金乡县银利农贸有限公司	1946.804
60	37135	金乡县众鑫商贸有限公司	1564.3502
61	37174	金乡县宏大棉业有限公司	1216.301
62	37194	金乡县东方棉业有限公司	2521.4916
63	37207	金乡县利顺祥棉业有限公司	457.172
64	37217	金乡县恒创棉业股份有限公司	844.5982
65	37237	济宁锦花商贸股份有限公司	4133.5677
66	37244	金乡县银星农贸有限公司	2323.2846
67	37267	济宁市众鑫棉纺织股份有限公司	1477.8483
68	37268	金乡县泰升棉业有限公司	4279.9492
69	37296	金乡县华星棉业有限公司	1502.346
70	37356	济宁市明源棉业有限公司	2460.0778
71	37372	金乡县泰鑫棉业有限公司	2437.0488
72	37384	金乡县东信棉业有限公司	892.773
73	37029	高唐县晟泽棉业有限公司	110.7295

续表

序号	企业代码	企业名称	检验吨数
74	37186	高唐县鑫洲棉业有限公司	367.8057
75	37282	高唐县兴成棉业有限公司	135.3417
76	37386	山东九州源棉业有限公司	75.7848
陕西1家			1793.9588
1	62061	瓜州县三祥棉业有限责任公司	1793.9588